Gunther Graßhoff | Markus Sauerwein (Hrsg.)
Rechtsanspruch auf Ganztag

Gunther Graßhoff |
Markus Sauerwein (Hrsg.)

Rechtsanspruch auf Ganztag

Zwischen Betreuungsnotwendigkeit
und fachlichen Ansprüchen

Dieses Buch ist erhältlich als:
ISBN 978-3-7799-6370-7 Print
ISBN 978-3-7799-5676-1 E-Book (PDF)

1. Auflage 2021

© 2021 Beltz Juventa
in der Verlagsgruppe Beltz · Weinheim Basel
Werderstraße 10, 69469 Weinheim
Alle Rechte vorbehalten

Herstellung: Ulrike Poppel
Satz: Helmut Rohde, Euskirchen
Druck und Bindung: Beltz Grafische Betriebe, Bad Langensalza
Printed in Germany

Weitere Informationen zu unseren Autor_innen und Titeln finden Sie unter: www.beltz.de

Inhalt

Einleitung

Gunther Graßhoff/Markus Sauerwein

Ein Rechtsanspruch auf Ganztagsbetreuung für Grundschulkinder umzusetzen bedeutet nicht nur eine erhebliche Ausweitung von Betreuungsangeboten in öffentlicher Verantwortung, sondern impliziert auch eine Diskussion über die Sicherstellung von Qualität der unterschiedlichen Angebote in Schule sowie Kinder- und Jugendhilfe. Es geht folglich bei der Diskussion um die Einführung eines Rechtsanspruch auf Ganztagsbetreuung nicht ausschließlich um die Frage der Sicherstellung von „Betreuung" über den (Vor-)Mittag hinaus, sondern um ein umfassendes gesellschaftliches Projekt der besseren Verschränkung von formaler und non-formaler Bildung und somit auch um eine Neujustierung öffentlicher Erziehungsverantwortung. Keiner der an diesem Diskurs beteiligten Akteure hat wirklich eine ausschließliche Betreuung (im Sinne einer reinen Beaufsichtigung) im Sinn. Dies macht das Projekt der Umsetzung jedoch auch so komplex, denn es geht eben nicht nur um die Gewinnung von Fachkräften und die Finanzierung der zusätzlichen Angebote, sondern auch um Qualität und Ziele dieser bildungs- und sozialpolitischen Intervention, die je nach Perspektive auch unterschiedlich ausfallen können.

Insgesamt betrachtet reiht sich der Rechtsanspruch auf Ganztagsbetreuung in vorhergehende bildungspolitische Reformen und Diskussionen ein, in dem eine Ausweitung pädagogischer Angebote zu beobachten ist. Zu Erinnern ist hier an Folgendes:

- die Ganztagsschulreform, im Rahmen des Investitionsprogramm Zukunft Bildung und Betreuung als Reaktion der schlechten Ergebnisse der PISA Studie 2000 und der Ermöglichung einer Vereinbarkeit von Beruf und Familie,
- den Ausbau der frühkindlichen Betreuungs-, Erziehungs- und Bildungsangebote, einschließlich eines Rechtsanspruchs,
- der Einführung des achtjährigen Gymnasiums und die weitestgehend erfolgte Zurücknahme dieser Reform, die auch mit einer Ausweitung der Unterrichtsstunden verbunden war und mit weniger Zeit für das Treffen mit Freunden oder sportlichen Betätigungen (vgl. Hübner et al. 2017),

- die Umsetzung der UN-Behindertenkonvention und der damit verbundenen Beschulung von Schüler*innen mit sonderpädagogischen Förderbedarfen an „Regelschulen" (und Kindertagesstätten),
- und schließlich die Schul- und Kindertagesstättenschließungen in Folge des Corona-Virus, die die Bedeutung von Betreuung und Bildung nochmals betonten und die Notwendigkeit der Digitalisierung von Schule unterstreichen sowie auf die Problematik von Bildungsungleichheiten hinweisen (vgl. van Ackeren/Endberg/Locker-Grütjen 2020; Buschle/Meyer 2020).

Diese Reformen gehen erstens insgesamt mit einer eine Veränderung von Familie, Kindheit und Jugend einher. Sie können – je nach Perspektive – als Institutionalisierung von Kindheit, Scholarisierung von Freizeit sowie einer generelle Auflösung zwischen schulischen und außerschulischen Lernorten und Lebenswelten gefasst werden (vgl. Bollig et al. 2018; Fölling-Albers 2000; Idel 2013; Reh et al. 2015). Mit der Ausweitung des Pädagogischen verbunden ist ferner eine Defizitzuschreibung von Familie sowie eine Grenzverschiebung zwischen öffentlicher und privater Erziehung (vgl. Lüders/Kade/Hornstein 2004; Fritzsche/Rabenstein 2009). Zweitens tangieren diese Reformen zunehmend mehrere pädagogische Berufsgruppen; in der Ganztagsschulreform oder der Umsetzung der UN-Behindertenrechtskonvention sind Lehrkräfte, Sonder- und Sozialpädagogen*innen und Erzieher*innen involviert. Die Trennung der jeweiligen pädagogischen Handlungsfelder wird demnach irritiert und die Komplexität pädagogischen Handelns in diesen multiprofessionellen Settings steigt.

Die geplante Einführung des Rechtsanspruchs auf Ganztagsbetreuung im Grundschulalter (vgl. Ein neuer Aufbruch für Europa. Eine neue Dynamik für Deutschland. Ein neuer Zusammenhalt für unser Land 2018) ist eine weitere umfassende bildungspolitische Reform, die sowohl Schule als auch die Kinder- und Jugendhilfe betreffen. Hierbei sind auch Analogien zur Einführung von Ganztagsschulen feststellbar. Im Fokus stehen unzweifelhaft ebenfalls die Vereinbarkeit von Beruf und Familie, aber auch weitere Ziele wie eine bessere individuelle Förderung, der Ausgleich herkunftsbedingter Disparitäten; die jeweilige Öffnung der institutionell gerahmten Bildungsangebote von Schule sowie Kinder- und Jugendhilfe scheinen auch für die Einführung des Rechtsanspruchs auf Ganztagsbetreuung relevant (vgl. für die Ziele von Ganztagsschule u. a. BMBF 2003; Fischer et al. 2011; Holtappels 2010). Die Reform tangiert neben diesen institutionellen Fragen der Vernetzung und Kooperation auch die individuelle Zusammenarbeit verschiedener pädagogischer Professionen (vor allem Lehrkräfte und Sozialpädagogen*innen) (vgl. Silkenbeumer/Thieme/ Kunze 2018; Kunze 2018; Breuer/Idel/Schütz 2019), Fragen der Kooperation zwischen Jugendhilfe und Schule (vgl. StEG-Konsortium 2019; Coelen 2014; Rother 2019) einschließlich der Veränderung von Angeboten der Jugendarbeit, die im Kontext des Ganztag durchgeführt werden (vgl. Graßhoff et al. 2019; Deinet 2011; Sauerwein 2018). Zugleich ist zu erörtern, wie Kinder neben dem Ganztag respektive einer Betreuung am Nachmittag noch in Vereinen, Musikschulen, Angeboten der Jugendarbeit teilnehmen können und wie viel pädagogisch nicht organisierte Zeit („Freizeit") eigentlich noch bleibt und bleiben soll (vgl. Hakim/Züchner 2021; Züchner/Arnoldt 2011; Otto/Coelen 2008; Thole 2013). Die Perspektive auf diese Fragen sind zwischen den einzelnen Stakeholdern wie auch Akteuren nicht kongruent, aktuell werden erstmals auch die Kinder selbst als handelnde Akteure wahrgenommen (vgl. Deinet et al. 2017; Walther/Nentwig-Gesemann in diesem Band).

Wird über den Rechtsanspruch auf Ganztagsbetreuung reflektiert, erscheinen Analogien zur Einführung von Ganztagsschulen naheliegend. Zugleich sind die Rahmenbedingungen jedoch anders verortet, wird der Rechtsanspruch voraussichtlich im SGB VIII verankert und fällt damit in den Bereich der Kinder- und Jugendhilfe (s. hierzu Wrase in diesem Band). Es besteht jedoch die Möglichkeit, aus der Ganztagsschulreform Rückschlüsse zu ziehen und entsprechend auf neuralgische Aspekte hinzuweisen.

Der hier vorliegende Sammelband versucht entsprechend prospektiv die Chancen und Risiken der Einführung des Rechtsanspruchs darzulegen und versammelt hierzu Beiträge unterschiedlicher Disziplinen. Insgesamt ist das Buch in vier zentrale Kapitel aufgeteilt: Rechtliche Grundlagen und Finanzierungsmodelle (Wrase; Guglhör-Rudan/Alt), Organisationale Rahmenbedingungen (Sauerwein/Lossen; Markert; Rother; Offermanns), Personal (Brust; Thieme; Speck; Idel) sowie Qualität: (Sozial-)pädagogische Herausforderungen (Graßhoff/Sauerwein; Schütz/Täubig; Walther/Nentwig-Gesemann; Braune).

Es wird in dem Band erstmals versucht, die unterschiedlichen Ebenen und Diskurse in dieser Debatte aufzufächern und aktuelle Forschungsergebnisse in dem Feld zu versammeln. Denn in wenigen anderen sozial- und bildungspolitischen Reformen scheint die gesellschaftliche Relevanz so Common Sense zu sein, wie bei der Umsetzung des Rechtsanspruchs auf Ganztagsbetreuung. Bei der Frage „Wie" der Rechtsanspruch praktisch umgesetzt werden kann, ist eine empirische Vergewisserung und eine Versachlichung jedoch sinnvoll.

Im ersten Beitrag erläutert *Michael Wrase* die Möglichkeiten der rechtlichen Umsetzung des Rechtsanspruchs auf Ganztagsbetreuung. Laut § 1 Abs. 1 SGB VIII hat „jeder junge Mensch ein Recht auf Förderung seiner Entwicklung und auf Erziehung" (ebd.). Die Kosten für die Umsetzung des Rechtsanspruchs können jedoch nicht vom Bund auf die Kommunen übertragen werden, ohne eine adäquate Kostenerstattung sicher zu stellen. Auch wenn der geplante Rechtsanspruch auf Ganztagsbetreuung die Schnittstelle zum Schulbereich tangiert, liegt die Gesetzgebungskompetenz beim Bund über das SGB VIII und ermöglicht somit eine sozialpädagogische Förderung im Ganztag. Die Bundeszuwendungen für Investitionen in die Ganztagsinfrastruktur sollten dabei an die Erfüllung konkreter (Mindest-)Standards bezüglich räumlicher Voraussetzungen und notwendiger sachlicher Ausstattung des Ganztagsbereichs gebunden werden.

Die voraussichtlichen Kosten, die für eine flächendeckende Einführung des Rechtsanspruchs auf Ganztagsbetreuung benötigt werden, berechnen *Angelika Guglhör-Rudan und Christian Alt*. Hierbei schlagen Sie zwei Modelle vor. In einem werden zusätzlich 820.000 Plätze benötigt, in der anderen Variante gar 1,1 Millionen neue Plätze bis 2025. Ab dem Jahr 2025 würden so, je nach Modell, zwischen 3,2 Milliarden Euro und 4,5 Milliarden Euro an Personalkosten fällig. An Investitionskosten für den Ausbau sind zwischen 5,3 Milliarden Euro und 7,5 Milliarden Euro veranschlagt. Egal welches der Modelle man anlegt, die Debatte wird nicht unerheblich von der Bereitstellung zusätzlicher Ressourcen geprägt sein. Zugleich weisen die Autor*innen darauf hin, dass für die Zusammenarbeit von Jugendhilfe und Schule sowie den Bedarfen der Eltern die vorhandenen Daten zusammengeführt werden müssen.

Markus Sauerwein und Karin Lossen analysieren anhand von Daten der Studie zur Entwicklung von Ganztagsschulen, welche Ganztagsschulen bereits jetzt den Rechtsanspruch erfüllen würden und worin diese sich von Schulen unterscheiden, die die Vorgabe von täglichen Öffnungszeiten von acht Stunden nicht erfüllen. Neben sozialräumlichen Unterschieden zugunsten von städtischen Regionen und ostdeutschen Bundesländern, wird an Schulen mit längeren Öffnungszeiten eher ein genereller Beitrag für die Teilnahme am Ganztag erhoben. Dies wird kritisch diskutiert insbesondere hinsichtlich des Ziels soziale Disparitäten qua Ganztagsschule auszugleichen.

Die angesprochenen Unterschiede zwischen den jeweiligen Bundesländern werden auch im anschließenden Beitrag von *Thomas Markert* aufgegriffen. Der alltägliche Sprachgebrauch von „Horten" und die jeweilige institutionelle Zuordnung bzw. politische Rahmung scheint unklar; selbst Eltern können die außerunterrichtlichen Bildungsangebote ihrer Kinder nicht richtig einordnen. Durch dieses „Durcheinander" führt Markert in seinem Beitrag und leistet wichtige Differenzierungsarbeit. Je nach Bundesland ersetzen oder ergänzen sich Ganztagsschule und Hort in unterschiedlichen Formen. Obwohl Horte (trotz Ganztagsschule) von einer beträchtlichen Anzahl an Kindern besucht werden, liegt kaum Forschung vor. Markert plädiert dafür, den Hort im Rahmen des Rechtsanspruchs nicht nur als Schulhilfe zu verstehen, die Angebotslücken schließt und Betreuung sicherstellt, sondern als „qualitativ potenziell hochwertigen Bildungsakteur zu berücksichtigen" ist.

Pia Rother geht in ihrem Beitrag auf die Kooperation zwischen Schule und der Kinder- und Jugendhilfe ein und konzentriert sich hierbei auf die Nutzer*innen der Angebote der Kinder- und Jugendarbeit im Rahmen schulischer Kooperation. Dies wird empirisch hinsichtlich des Umgangs mit Bildungsbenachteiligungen betrachtet. Ungleichheiten entlang einer Orientierung an meritokratischen Perspektiven bearbeiten zu können, beurteilt sie kritisch, äußert aber die Hoffnung, dass der Rechtsanspruch das Potenzial bietet, ein erweitertes Bildungsverständnis in die Kooperationsziele mit aufzunehmen.

Abgeschlossen wird die Diskussion um organisationale Rahmenbedingungen mit dem Praxisbeispiel von *Arne Offermanns*, der die in Hamburg bereits erfolge Umsetzung des Rechtsanspruchs auf Ganztagsbetreuung erläutert. Hier wird deutlich, dass dies ein längerer und vielschichtiger Prozess ist, der über mehrere Jahre hinweg erfolgt. Die Einführung des Rechtsanspruchs, so resümiert Offermanns, hat zu einer insgesamt positiven Entwicklung des Ganztags beigetragen. Hervorgehoben wird u. a. die enge Zusammenarbeit zwischen Schule und Jugendhilfe, die sich auch in der Corona-Pandemie als tragfähig erwiesen hat.

Den Einstieg in den Themenbereich Personal nimmt *Theresa Brust* vor. Sie skizziert multiprofessionelle Personalentwicklung als zentrale Anforderungen auf der Ebene der Zusammenarbeit unterschiedlicher Akteursgruppen und stellt heraus, dass viele Schulleitungen den aktuellen schulischen Herausforderungen mit einem multiprofessionellen Personalstab begegnen. Ein multiprofessioneller Ganztag ist jedoch hochgradig voraussetzungsvoll und benötigt gezielte Personal- und Organisationsentwicklungsmaßnahmen. Dabei spielt Verantwortung und deren interpersonelle Verankerung auf das Schulpersonal, z. B. über Steuerungsgruppen, eine wichtige Rolle in schulischen Entwicklungsprozessen. Hierüber können den Mitarbeiter*innen an Schulen Verantwortung und Vertrauen entgegengebracht und auch Nicht-Lehrkräfte mit einbezogen werden. Jedoch kritisiert Brust, dass in der Schulforschung Konzepte fehlen, die Schulentwicklung auch jenseits des Einbezugs von Lehrkräften thematisieren und als Unterstützungsressource für Schulleitungen dienen. Berufsgruppenübergreifende Zusammenarbeit kann jedoch nur erfolgreich sein, wenn Zuständigkeiten immer wieder neu ausgehandelt, ein gemeinsames Verständnis von Verantwortung entwickelt und Verantwortung zugleich auf mehrere Schultern verteilt werden kann, so die These des Beitrags.

Auch in dem Beitrag von *Nina Thieme* geht es um die berufsgruppenübergreifende Zusammenarbeit, die aus Diffusion von Zugehörigkeiten des Personals zu *einer* Organisation entsteht. Thieme argumentiert, dass pädagogische Berufsgruppen über keine klaren und eindeutig voneinander abgrenzbaren Zuständigkeiten verfügen, die im Kooperationsgeschehen weiter existent bleiben. So resultiert in kooperativen Zusammenhängen die „Erfordernis eines kontinuierlichen Aushandelns von Zuständigkeiten und Nichtzuständigkeiten zwischen den verschiedenen Berufsgruppen" (Thieme in diesem Band). Die Bearbeitung komplexer Aufgaben wird so nicht per se erleichtert, sondern ist in vielen Fällen mit einem Mehr an Zeit verbunden. Hierbei ist darauf zu achten, inwiefern die adressierten Kinder und Jugendlichen tatsächlich von Kooperation profitieren.

Die Bedeutung, die der Schulsozialarbeit bei der Umsetzung des Rechtsanspruchs zukommt, erläutert *Karsten Speck*. Hierfür sucht er nach Anschlüssen zwischen Schulsozialarbeit und den im Kontext von Ganztag diskutierten Begriffen, wie Ganztagsbildung, Ganztagsschule und Ganztagsbetreuung. Er resümiert, dass eine schulpädagogische Reform bislang zu wenig mit sozialpädagogischen Diskursen, Praxen und Ressourcen verknüpft ist. Bei der Umsetzung des Rechtsanspruchs ist darauf zu achten, dass Schulsozialarbeit nicht für Betreuungs- und Koordinationsaufgaben instrumentalisiert wird und stattdessen Konzepte und Bildungsverständnisse aufeinander abgestimmt werden.

Die Rolle des nicht einschlägig pädagogisch qualifizierten Personals im Ganztag diskutiert *Till-Sebastian Idel*. Er zeigt, dass Schulen unterschiedlich mit pädagogischen Laien im Ganztag umgehen und diese zumeist eher randständig in die Schule integriert sind. Viele von ihnen bringen zwar keine pädagogische Qualifikation mit, jedoch eine Sachexpertise (als Klettertrainer*in, Gärtner*in, Künstler*in etc.). Sie adaptieren Praktiken von außerhalb der Schule und integrieren diese in die Schule, stoßen dabei jedoch auf die schulisch-organisatorischen Anforderungen. Idel kann hier drei Handlungsmodi der pädagogischen Laien in außerunterrichtlichen Ganztagsangeboten herausarbeiten (Distanzierung von der schulischen Ordnung, Imitation von der schulischen Ordnung, (Re)Inszenierung von außerschulischen Alltagspraktiken). Abschließend weist der Beitrag – in Anlehnung an Helsper – auf drei pädagogische Antinomien hin, die Laien bearbeiten und reflektieren müssten. Hierfür wären aber zusätzliche Unterstützungs- und Fortbildungsangebote nötig, „vorausgesetzt man will an der normativen Leitidee festhalten, dass auch an den Rändern der Schule und über den Unterricht hinaus ein Mindestmaß an Professionalisiertheit herrschen soll" (Idel in diesem Band). Es ist deshalb notwendig dem Thema Laien mehr Aufmerksamkeit zu schenken.

Den Einstieg in den Aspekt Qualität – (Sozial-)pädagogische Herausforderungen nehmen *Gunther Graßhoff und Markus Sauerwein* in einem konzeptionellen Beitrag vor. In den Blick genommen werden sozialpädagogische Konzepte und Methoden in der Schule in Bezug auf die kommende Einführung des Rechtsanspruchs auf Ganztagsbetreuung. Gefordert wird eine stärkere sozialpädagogische Sichtweise auf Schule bei der Umsetzung des Rechtsanspruchs sowie unterschiedliche Konzepte wie Ganztagsbildung oder Bildungslandschaften in diesen Prozess zu integrieren. Im Gegensatz zur Ganztagsschulreform, so die Autoren, kann der Rechtsanspruch hierfür bessere Voraussetzungen bieten, da dieser über das SGB VIII umgesetzt wird und somit stärker in den Verantwortungsbereich der Jugendhilfe und weniger in der den Schule fällt. Andererseits geben sie zu bedenken, dass nicht alle Lebensbereiche von

Kindern pädagogisiert und institutionalisiert werden sollten. Dies sollte eine eigenständige sozialpädagogische Perspektive auf Schule mitdenken.

Das Mittagessen in der Schule steht im Fokus des Beitrags von *Anna Schütz und Vicki Täubig*. Das Mittagessen an Ganztagsschulen ist kein Randthema für die Autorinnen, sondern ein „Dreh- und Angelpunkt ganztägiger schulischer Bildungsorganisation" (Schütz und Täubig in diesem Band). Anhand Erfahrungen im Bundesland Berlin, das in dieser Legislaturperiode ein kostenfreies Mittagessen eingeführt hat, diskutiert der Beitrag die Möglichkeiten hinsichtlich der Verbesserung von Chancengleichheit, aber auch die organisatorischen Herausforderungen und strukturellen Umsetzung des Mittagessens an Schulen. Hierbei arbeiten die Autorinnen ein Dilemma heraus: Der Bedarf nach schulischer Verpflegung wird oftmals über eine Defizitkonstruktion von Familie legitimiert, reagiert zugleich aber auch auf Betreuungsbedarfe (Vereinbarkeit Beruf und Familie).

„Der Rechtsanspruch auf Ganztagsbetreuung und gerade das elternkostenbeteiligungsfreie Mittagessen werden zwar zu einer Normalisierung der Schulverpflegung beitragen, erfordern aber zugleich die Reflexion der Spannungsfelder zwischen öffentlicher und familiärer Sorge und zwischen unterschiedlichen Lebenswelten"

so resümieren Schütz und Täubig und fordern dies auch in der Qualitätsentwicklung von Ganztagsschule mit einzubeziehen.

Die Perspektive von Kindern arbeiten *Bastian Walther und Iris Nentwig-Gesemann* in ihrem Beitrag heraus. Sie rekonstruieren Erfahrungen und Praktiken sowie Orientierungen von Grundschulkindern in Bezug auf Ganztag, die sie mit unterschiedlichen Methoden (Mosaik Approach) erheben (u. a. Zeichnungen, Fotos, Teilnehmende Beobachtung). So gelingt es Ihnen aus kindheitstheoretischer Perspektive 14 Qualitätsdimensionen zu destillieren, die sie vier Qualitätsbereichen zuordnen können. Ihre Ergebnisse zeigen, dass die Gestaltung positiver Beziehungen im Ganztag, die Bearbeitung von Themen der mittleren bis späten Kindheit, die Gestaltung einer positiven Peer-Kultur sowie die Erweiterung des Bildungsraums für Kinder zentrale Bedeutung im Ganztag erhalten. Hierfür sind auch Frei- und Rückzugsräume bedeutsam, in denen Kinder ihre sozialen Beziehungen gestalten können. Desweitern resümieren Walther und Nentwig-Gesemann, Pausen und Freiräume nicht ausschließlich unter den Aspekt der Bildung zu verhandeln, sondern dass diese entspannenden Aktivitäten aus Perspektive der Kinder einen „Wert an sich" haben. Sie fordern an dieser Stelle ein interperspektivistisches Verständnis von Qualität ein. Zugleich „könn(t)en den Kindern wesentlich mehr Freiräume eröffnet werden, sich mit den eigenen Entwicklungsthemen und -aufgaben, mit ihren aktuellen

Ideen und Interessen zu beschäftigen" (Walther und Nentwig-Gesemann in diesem Band).

In einem abschließenden Praxisbericht skizziert *Holger Braune* die Möglichkeiten und Chancen der Digitalisierung im Kontext Ganztag. Beides, so die These von Holger Braune, sind Querschnittsthemen der Schulentwicklung. Auch wenn Schulen unter enormen Druck stehen, schnell eine die Digitalisierung ihrer Lehr- und Lernformen voranzutreiben, wird in dem Beitrag dafür argumentiert, mit Umsicht, Offenheit und unter Einbindung möglichst vieler Akteure den Wandel zu begleiten, um Fehlentwicklungen und Fehlinvestitionen zu vermeiden. In einer digitalen Ganztagsschule kann der Informationsfluss zwischen Fachunterricht und Ganztag reibungsloser und schneller erfolgen. So wird in dem Praxisbeispiel gezeigt, dass Ganztag und Digitalisierung zusammenzudenken sind und unterschiedliche bildungspolitische Reformanstrengungen miteinander verknüpft werden können.

Ein wirklich kurzes Fazit

Die hier vorgelegten Beiträge bilden die vielseitigen Perspektiven auf den kommenden Rechtsanspruch auf Ganztagsbetreuung ab und skizzieren so die Herausforderungen für Kinder- und Jugendhilfe, Schule, die Kommunen und Fachkräfte. Ein Resümee aller Beiträge zu ziehen, erscheint entsprechend als Herausforderung, gleichwohl darf es für einen Sammelband dieser Art erwartet werden. Um diesen Anspruch zu erfüllen wählen wir jedoch einen Umweg und möchten dem Fazit eine kurze Textpassage aus Michael Endes Kinderbuchklassiker Momo voranstellen, die womöglich an Aktualität noch nie übertroffen wurde:

> „Und da schon sehr viele Zeit-Sparer in der großen Stadt waren, gelang es ihnen in ziemlich kurzer Zeit, die Stadtverwaltung von der Notwendigkeit zu überzeugen, etwas für die vielen vernachlässigten Kinder zu tun. Daraufhin wurden in allen Stadtvierteln sogenannte ‚Kinder-Depots' gegründet. Das waren große Häuser, wo alle Kinder, um die sich niemand kümmern konnte, abgeliefert werden mußten und je nach Möglichkeit wieder abgeholt werden konnten.
> Auch Momos Freunde entgingen dieser neuen Regelung nicht. Sie wurden voneinander getrennt, je nach der Gegend, aus der sie kamen, und wurden in verschiedene Kinder-Depots gesteckt. Davon, daß sie sich hier selbst Spiele einfallen lassen durften, war natürlich keine Rede mehr. Die Spiele wurden ihnen von Aufsichtspersonen vorgeschrieben, und es waren nur solche, bei denen sie irgend etwas Nützliches lernten. Etwas anderes verlernten sie freilich dabei, und das war: sich zu freuen, sich zu begeistern und zu träumen" (Michael Ende – Momo 13. Kapitel)

Unweigerlich weckt diese Passage Assoziationen zum Ausbau der Ganztagsschulen, Kindergärten und Kindertagesstätten und gegenwärtig dem geplanten Rechtsanspruch. Heute würden wir das dort beschriebene als Formierung und Normierung von Kindheit (vgl. Bollig et al. 2018) oder als Scholarisierung von Freizeit (vgl. Fölling-Albers 2000) deuten. Gleichzeitig finden sich auch im Diskurs um Ganztagsbetreuung kulturpessimistische Stimmen, die vor allem einem romantisches Kindbild nachtrauern (vgl. Baader et al. 2014).

Aus erziehungswissenschaftlicher Sicht können aus der von Michael Ende beschrieben Passage vier zentrale Überlegungen angestellt werden, die leitend für das Fazit dieses Sammelbandes sein sollen:

- Erstens ist eine strikte Trennung zwischen Schule und außerschulischen Lernorten nicht mehr konsistent einzuhalten, da sich Schule für außerschulische Lebenswelten öffnet, zugleich aber in außer schulischen Institutionen formelles Lernen stattfindet (vgl. hierzu auch Idel 2013; Reh et al. 2015). Anders formuliert: Schule öffnet sich für weniger stark strukturierte Lernarrangements, während sich außerschulische Institutionen Elemente schulisches Lernens übernehmen.

- Zweitens übernimmt Schule so auch Funktionen von Familie und versucht verstärkt kompensatorisch zu arbeiten. Der Ganztagsschulausbau kann so auch als eine Grenzverschiebung zwischen öffentlicher und privater Erziehung gelesen werden, der Familien als potenziell Defizitär rahmt (vgl. Fritzsche/Rabenstein 2009). Schule wird also zum „Familienersatz" und über Bildungsinstitutionen sollen Defizite kompensiert werden. Dies zeigt sich auch in der Orientierung am „Reparieren" von als defizitär gerahmten Kindern in Einrichtungen der Kinder- und Jugendhilfe, die mit Schule kooperieren (vgl. Rother in diesem Band).

- Drittens können Ausweitungen der Beaufsichtigung von Kindern auch sozialintegrativ gedeutete werden (vgl. zur sozialintegrativen Jugendarbeit Rössner 1967). Diese Perspektive wird vor allem in nordamerikanischen Kontexten diskutiert (s. hierzu Larson 2011) und bezieht weniger die Familie, sondern stärker den Sozialraum, in dem Kinder aufwachsen, mit ein. Dieser Ansatz geht davon aus, dass die Welt insgesamt vielfältiger, komplexer und unübersichtlicher geworden und von Widersprüchen gekennzeichnet ist. In der beaufsichtigten Zeit können Kinder und Jugendliche entsprechend vor schädlichen Einflüssen der Umwelt geschützt werden, wichtige Kompetenzen für die „echte" Welt erlernen. Zudem fehlt schlicht die Zeit sozial unerwünschtes Verhalten einzuüben (vgl. Larson 2000; Eccles/Roeser 2011). So zeigen beispielsweise Anderson und Kollegen*innen (vgl. Anderson/Bohnert/Governale 2018), dass die Teilnahme in extracurricularen Angeboten steigt, wenn Gewalt im Stadtteil ein Problem ist. Begründet wird dies damit, dass über beaufsichtigte Aktivitäten versucht wird, Sicherheit für Kinder herzustellen.

- Viertens nimmt die Zeit, die Kinder (unbeaufsichtigt) außerhalb pädagogischer Institutionen verbringen, insgesamt ab. So verbringen Jugendliche heute mehr Zeit in der Schule, lernen freiwillig und die Bildungsaspirationen sind gestiegen (vgl. Fraij/Maschke/Stecher 2015). Es gibt mittlerweile Bildungspläne nicht nur für Schulen, sondern auch für Kitas und Kindergärten. Für jedes Alter bestehen Vorstellungen, was wie gelernt werden sollte. Zugespitzt formuliert: Die Bilderbuchkindheiten, in denen Kinder ihre Zeit frei einteilen, vor allem draußen spielen, unabhängig von Erwachsenen und Bildungsplänen, existieren nicht mehr.

Die Einführung des Rechtsanspruchs ist eine konsequente Fortführung unaufhaltsam voranschreitender gesellschaftlichen Entwicklungen. Kinder sollen nicht nur betreut, sondern vor schädlichen Einflüssen geschützt und Bildungsteilhabe ermöglicht werden. Dies dokumentiert sich in den politischen Absichtserklärungen. Ganztagsschulen wurden – neben der Ermöglichung einer Vereinbarkeit von Beruf und Familie – bekannterweise mit dem Ziel eingeführt, Kinder besser individuell zu fördern, soziale Kompetenzen zu stärken oder Bildungsungleichheiten zu kompensieren (vgl. Holtappels 2009/2010; Hurrelmann 1991; BMFSFJ 2005; Wiere 2011). Vor allem in konzeptioneller Hinsicht steht der Bildungsanspruch – und Bildung wird hier schulisch verstanden – im Fokus und weniger die Erschaffung von Freiräumen. Entsprechende Forschungsprojekte und Arbeiten fokussieren oftmals den „Nutzen" von Ganztagsangeboten (vgl. Fischer et al., 2011; StEG-Konsortium 2019). Allerdings wird sich der Erfolg ganztägiger Betreuungsangebote nicht ohne Beteiligung der Kinder und Jugendlichen selbst realisieren lassen. Denn hiervon wird zentral die Nutzung der Angebote, vor allem für ältere Kinder und Jugendliche abhängen. Der letzte Kinder- und Jugendbericht hat hier deutlich gemacht, dass Ganztagsschule noch weitgehend ohne Jugendlichen stattfindet (vgl. Graßhoff/ Haude 2019).

Wir haben die Beiträge für diesen Sammelband aber auch dahingehend ausgewählt, um die Diskussion um eine andere Schule und Betreuung weiter anzustoßen und empirisch zu erden. Sicher sind verbindliche Betreuungssettings für Eltern wichtig und stellen eine Verbesserung der gegenwärtigen Situation dar. Auch können hierüber Lebensverhältnisse (strukturell) angeglichen werden, da der Ausbaustand der Betreuung im Grundschulbereich stark zwischen den Bundesländern aber auch sozialräumlichen Lage variiert (s. hierzu Wrase, Sauerwein/Lossen, Markert in diesem Band). Für eine qualitätsvolle Umsetzung bedarf es jedoch der Bereitschaft erheblicher Investitionen. Die derzeit vom Bund diskutierten zwei Milliarden Euro genügen nicht. Guglhör-Rudan und Alt (in diesem Band) berechnen Investitionskosten von 5,3 bis 7,5 Milliarden Euro und zusätzlichen Personalkosten von 3,2 und 4,5 Milliarden Euro. Alleine in Hamburg, wo bereits jetzt ein Rechtsanspruch auf Betreuung im Grundschulalter existiert, wurden 2,22 Milliarden Euro in den Umbau der Schulen (jedoch nicht ausschließlich in Primarschulen) investiert (vgl. Offermanns in diesem Band). Zugleich braucht die Umsetzung Zeit, Unterstützung für Schulen und Träger der Kinder- und Jugendhilfe, um bei Kindern und Eltern Akzeptanz zu schaffen und um die Umsetzung des Rechtsanspruchs qualitätsvoll zu gestalten. Horte können ein zentraler Baustein bei der Gewährleistung des Rechtsanspruchs sein, dürfen aber nicht (nur) herangezogen werden, um Betreuungslücken zu schließen, sondern sind als Teil einer qualitätsvollen Umsetzung des Rechtsanspruchs als zentraler Akteur miteinzubeziehen (vgl. Markert in diesem Band). Wichtig scheint zudem, die Kostenbeteiligung der Eltern zu diskutieren, denn bereits jetzt verlangen Ganztagsschulen, die die zeitlichen Rahmenvorgaben des Rechtsanspruchs erfüllen eher einen generellen Beitrag für die Teilnahme am Ganztag (vgl. Sauerwein und Lossen in diesem Band). Gerade in den Bundesländern, in denen unterschiedliche Betreuungsangebote von Schule und Kinder- und Jugendhilfe bestehen, wird das Kostenargument zentrales Steuerungsmedium sein.

Ein weiterer wesentlicher Aspekt ist das Personal. Soll es um mehr als Betreuung gehen und steht auch Qualität im Fokus, ist eine erfolgreiche Umsetzung des Rechtsanspruchs auf die Zusammenarbeit von Schule und Jugendhilfe angewiesen. Zeiten für Kooperation sind entsprechend bereitzustellen (vgl. Offermanns; Sauerwein/Lossen in diesem Band). Die Zusammenarbeit unterschiedlicher pädagogischer Berufsgruppen kann auch erst mal Konfliktpotenzial beinhalten und entsprechend bedarf es hierfür ein Mehr an Zeit. Zugleich sollte diese Zeit nicht von der konkreten pädagogischen Arbeit mit den Kindern und Jugendlichen abgezogen werden. Zentral scheinen hierbei nicht persönliche und der eigenen pädagogischen Profession entstammende Befindlichkeiten, sondern der Blick ist hierbei auf die Kinder zu richten und auf ihre Bedürfnisse (vgl. Thieme in diesem Band; s. auch Rother in diesem Band). Diese Perspektive betonen auch Graßhoff und Sauerwein, aber vor allem Walther und Nentwig-Gesemann in ihren Beiträgen. Während Graßhoff und Sauerwein eine stärkere sozialpädagogische Perspektive befürworten, auch um verschiedene Konzepte wie Bildungslandschaften und Ganztagsbildung in den Diskurs des Rechtsanspruchs zu integrieren, erläutern Walther und Nentwig-Gesemann die Perspektive von Kindern auf den Ganztag und erinnern daran, dass Kinder auch ein Recht auf Spiel, Freizeit und Erholung haben. Die Beziehung zu professionellen Fachkräften ist für Kinder dabei ein wichtiges Qualitätsmerkmal. Diese können mit ihren fragenden Haltungen Kindern auch Partizipation und Mitbestimmung im Ganztag ermöglichen. Diese pädagogischen Haltungen sind jedoch – vor allem für nicht qualifiziertes Personal – keineswegs selbstverständlich. Laien können unzweifelhaft zu einer Öffnung von Schule und zu Bildungslandschaften beitragen, aber diese brauchen doch ein Mindestmaß an Professionalisiertheit (vgl. Idel in diesem Band), und es bedarf hierfür auch eines sozialpädagogischen Blicks innerhalb von Schule und kooperierenden Einrichtungen der Kinder- und Jugendhilfe (vgl. Graßhoff/Sauerwein in diesem Band).

Tatsächlich bietet der Rechtsanspruch neue Möglichkeiten. In Schulentwicklungsprozessen könnte die Sicht der Kinder- und Jugendhilfe stärker einbezogen werden (vgl. Brust in diesem Beitrag). Dabei sollte der Rechtsanspruch nicht als Add-on zu verstehen sein, sondern als eine Querschnittsaufgabe, die mit anderen Herausforderungen, wie Digitalisierung, bewältigt werden kann, wie Holger Braune exemplarisch ausführt. Da die Umsetzung voraussichtlich über das SGB VIII erfolgt (vgl. Wrase in diesem Band), scheint dies neue Handlungs- und Einflussmöglichkeiten zu bieten über andere Verständnisse von Bildung zu diskutieren. Somit können die über den Begriff der Ganztagsbildung (vgl. Coelen 2002; Coelen/Otto 2008; Bollweg et al. 2020) konzeptionellen Entwürfe einer Verknüpfung und Weiterentwicklung der Zusammenarbeit von Kinder- und Jugendhilfe mit der Schule nicht nur gedacht und interpretiert werden, sondern auch zu Veränderungen der Praxis beitragen.

Literatur

Anderson, N. A./Bohnert, A. M./Governale, A. (2018): Organized Activity Involvement among Urban Youth: Understanding Family- and Neighborhood-Level Characteristics as Predictors of Involvement. In: Journal of youth and adolescence 47, H. 8, S. 1697–1711.

Baader, M. S./Eßer, F./Schröer, W. (Hrsg.). (2014). Kindheiten in der Moderne. Eine Geschichte der Sorge. Frankfurt: Campus Verlag.

BMBF (2003): Investitionsprogramm „Zukuft Bildung und Betreuung". Ganztagsschulen. Zeit für mehr.

Bollig, S./Neumann, S./Betz, T./Joos, M. (2018): Einleitung: Institutionalisierungen von Kindheit. In: Betz, T./Bollig, S./Joos, M./Neumann, S. (Hrsg.): Institutionalisierungen von Kindheit. Childhood Studies zwischen Soziologie und Erziehungswissenschaft. 1. Auflage. Weinheim und Basel: Beltz Juventa. S. 7–20.

Bollweg, P./Buchna, J./Coelen, T./Otto, H.-U. (Hrsg.) (2020): Handbuch Ganztagsbildung. Wiesbaden: Springer VS.

Breuer, A./Idel, T.-S./Schütz, A. (2019): Professionsentwicklung im Ganztag. Verschiebungen im Spiegel praxeologischer Forschung. In: Berdelmann, K./Fritzsche, B./Rabenstein, K./Scholz, J. (Hrsg.): Transformationen von Schule, Unterricht und Profession. Wiesbaden: Springer VS. S. 307–324.

Buschle, C./Meyer, N. (2020): Soziale Arbeit im Ausnahmezustand?! Professionstheoretische Forschungsnotizen zur Corona-Pandemie. In: Soziale Passagen 43, H. 5, S. 335.

Coelen, T. (2002): Ganztagsbildung – Ausbildung und Identitätsbildung von Kindern und Jugendlichen durch die Zusammenarbeit von Schulen und Jugendeinrichtungen. In: Neue Praxis 32, S. 53–66.

Coelen, T. (2014): Kooperationen zwischen Ganztagsschulen und außerschulischen Organisationen. In: Coelen, T./Stecher, L. (Hrsg.): Die Ganztagsschule. Eine Einführung. Weinheim und Basel: Beltz Juventa. S. 29–48.

Coelen, T./Otto, H.-U. (Hrsg.) (2008): Grundbegriffe Ganztagsbildung. Das Handbuch. Wiesbaden: VS Verlag.

Deinet, U./Gumz, H./Muscutt, Ch./Thomas, S. (2017): Wie erleben Kinder die Ganztagsschule? In: Maschke, S./Schulz-Gade, G./Stecher, L. (Hrsg.): Junge Geflüchtete in der Ganztagsschule. Integration gestalten – Bildung fördern – Chancen eröffnen. Schwalbach/Ts.: Debus Pädagogik. S. 87–96.

Deinet, U. (2011): Jugendarbeit als Brücke zwischen Ganztagsschule und Bildungslandschaft. In: Zeitschrift für Erziehungswissenschaft 14, H. 3, S. 81–94.

Eccles, J. S./Roeser, R. W. (2011): Schools as Developmental Contexts During Adolescence. In: Journal of Research on Adolescence 21, H. 1, S. 225–241.

Ein neuer Aufbruch für Europa Eine neue Dynamik für Deutschland Ein neuer Zusammenhalt für unser Land. Koalitionsvertrag zwischen CDU, CSU und SPD (2018). Berlin.

Fischer, N./Holtappels, H. G/Stecher, L./Züchner, I. (2011): Theoretisch-konzeptionelle Bezüge. ein Analyserahmen für die Entwicklung von Ganztagsschulen. In: Fischer, N./Holtappels, H. G/Klieme, E./Rauschenbach, T./Stecher, L./Züchner, I. (Hrsg.): Ganztagsschule: Entwicklung, Qualität, Wirkungen. Längsschnittliche Befunde der Studie zur Entwicklung von Ganztagsschulen (StEG). Weinheim und Basel: Beltz Juventa. S. 18–29.

Fölling-Albers, M. (2000): Entscholarisierung von Schule und Scholarisierung von Freizeit? In: Zeitschrift für Soziologie der Erziehung und Sozialisation, H. 2, S. 118–131.

Fraij, A./Maschke, S./Stecher, L. (2015): Die Scholarisierung der Jugendphase – ein Zeitvergleich. In: Diskurs Kindheits- und Jugendforschung 10, H. 2, S. 167–182.

Fritzsche, B./Rabenstein, K. (2009): „Häusliches Elend" und „Familienersatz". Symbolische Konstruktionen in Legitimationsdiskursen von Ganztagsschulen der Gegenwart. In: Ecarius, J./Groppe, C./Malmede, H. (Hrsg.): Familie und öffentliche Erziehung. Theoretische Konzeptionen, historische und aktuelle Analysen. Wiesbaden: VS Verlag für Sozialwissenschaften, S. 183–200.

Graßhoff, G./Haude, C. (2019): Der Ganztag ohne die Jugend? Jugendtheoretische Perspektiven auf die Ganztagsschule. Sozialmagazin, 44, H. 1/2, S. 22–29.

Graßhoff, G./Haude, C./Bebek, C./Schütz, A./Idel, T.-S. (2019): Die andere Seite der Bildung? Versuch einer Ordnungsbestimmung von außerunterrichtlichen Angeboten an Ganztagsschulen. In: Neue Praxis 49, H. 2., S. 147–163.

Hakim, A.-M./Züchner, I. (2021): Non-formale Bildung in und außerhalb von Schule – Angleichung herkunftsspezifischer Bildungschancen durch Ganztagsschulbesuch? In: Holtappels, H. G/Fischer, N./Kielblock, S./Arnoldt, B./Gaiser, J. (Hrsg.): Individuelle Förderung an Ganztagsschulen. Weinheim und Basel: Beltz Juventa, S. 70–95.

Holtappels, H. G (2010): Die Entwicklung von Ganztagsschulen. Konzeptionen, Organisation und pädagogische Gestaltung. In: Buchen, H./Horster, L./Rolff, H.-G. (Hrsg.): Ganztagsschule: Erfolgsgeschichte und Zukunftsaufgabe. Stuttgart: Raabe, S. 7–18.

Hübner, N./Wagner, W./Kramer, J./Nagengast, B./Trautwein, U. (2017): Die G8-Reform in Baden-Württemberg. Kompetenzen, Wohlbefinden und Freizeitverhalten vor und nach der Reform. In: Zeitschrift für Erziehungswissenschaft 20, H. 4, S. 748–771.

Idel, T.-S (2013): Pädagogische Praktiken im Ganztag. In: Müller, Hans-Rüdiger (Hrsg.): Erziehungswissenschaftliche Grenzgänge. Markierungen und Vermessungen : Beiträge zum 23. Kongress der Deutschen Gesellschaft für Erziehungswissenschaft. Opladen u. a.: Budrich, S. 151–166.

Kunze, K. (2018): „Niemandem die Scheibe Brot vom Teller ziehen." Zuständigkeitsunsicherheit als Herausforderung multiprofessioneller Kooperationsbeziehungen. In: Friedrich Jahresheft, S. 70–72.

Larson, R. W. (2000): Toward a Psychology of Positive Youth Development. In: American Psychologist 55, H. 1, S. 170–183.

Larson, R. W. (2011): Positive Development in a Disorderly World. In: Journal of Research on Adolescence 21, H. 2, S. 317–334.

Lüders, C./Kade, J./Hornstein, W. (2004). Entgrenzung des Pädagogischen. In Krüger, H. H./Helsper, W. (Hrsg.), Einführung in Grundbegriffe und Grundfragen der Erziehungswissenschaft. Wiesbaden: VS Verlag, S. 223–232.

Otto, H.-U/Coelen (Hrsg.) (2008): Grundbegriffe der Ganztagsbildung. Beiträge zu einem neuen Bildungsverständnis in der Wissensgesellschaft. Wiesbaden: VS Verlag.

Reh, S./Idel, T.-S./Rabenstein, K./Fritzsche, B. (2015): Ganztagsschulforschung. Theoretische und empirsche Erräge des Projekts. In: Reh, S./Fritzsche, B./Idel, T.-S./Rabenstein, K. (Hrsg.): Lernkulturen. Wiesbaden: Springer VS, S. 297–336.

Rössner, L. (1967): Offene Jugendbildung: Ein Modell. München: Juventa.

Rother, P. (2019): Sortieren als Umgang mit Bildungsbenachteiligung. Orientierungen pädagogischer Akteure in einem kooperativen Ganztags-Setting. Weinheim und Basel: Beltz Juventa.

Sauerwein, M. (2018): Veränderungen der Jugendarbeit in Zeiten von Ganztagsschulen. In: Sozial Extra 42, H. 6, S. 52–54.

Silkenbeumer, M./Thieme, N./Kunze, K. (2018): Kooperation in multiprofessionellen Handlungskontexten. Zur Frage beruflicher Zuständigkeit/en Sozialer Arbeit. In: Neue Praxis Sonderheft, H. 14, S. 35–42.

StEG-Konsortium (2019): Ganztagsschule 2017/2018. Deskriptive Befunde einer bundesweiten Befragung. Frankfurt am Main, Dortmund, Gießen & München.

Thole, W. (2013): Die Kinder- und Jugendarbeit ist ein Bildungsprojekt. Ein nochmaliges Plädoyer anlässlich der Etablierung ganztägiger Bildungslandschaften. In: Deutsche Jugend 61, H. 1, S. 11–16.

van Ackeren, I./Endberg, M./Locker-Grütjen, O. (2020): Chancenausgleich in der Corona-Krise. Die soziale Bildungsschere wieder schließen. In: DDS – Die Deutsche Schule 112, H. 2, S. 245–248.

Züchner, I./Arnoldt, B. (2011): Schulische und außerschulische Freizeit- und Bildungsaktivitäten. Teilhabe und Wechselwirkungen. In: Fischer, N./Holtappels, H. G/Klieme, E./Rauschenbach, T./Stecher, L./Züchner, I. (Hrsg.): Ganztagsschule: Entwicklung, Qualität, Wirkungen. Längsschnittliche Befunde der Studie zur Entwicklung von Ganztagsschulen (StEG). Weinheim und München: Beltz, S. 267–290.

Rechtliche Grundlagen und Finanzierungsmodelle

Der Rechtsanspruch auf Ganztagsförderung zwischen Bildungs- und Jugendhilferecht

Verfassungs- und sozialrechtliche Vorgaben

Michael Wrase

1. Der Rechtsanspruch auf Ganztag: Ausgangslage und Ziele

Die Schaffung eines Rechtsanspruchs auf Ganztagsbetreuung für Kinder im Grundschulalter – d. h. für die 1. bis 4. Klassenstufe – zum Jahr 2025 zählt zu den weitreichendsten sozial- und bildungspolitischen Vorhaben der „Großen Koalition" aus CDU/CSU und SPD in dieser Legislaturperiode. Die klassische Halbtagsschule, die seit vielen Jahrzehnten für das deutsche Schulsystem prägend gewesen ist, gehört dann, zumindest für die Primarstufe, der Vergangenheit an. Dass der Bund einmal eine solch weitreichende Regelung im Bildungsbereich treffen würde, hätte noch vor einigen Jahren wohl kaum jemand für möglich gehalten. Zwei Entwicklungsstränge sind für diesen Wandel entscheidend gewesen.

Nicht denkbar wäre die Diskussion um den Rechtsanspruch für Grundschulkinder ohne die „Entdeckung" der grundlegenden Bedeutung frühkindlicher Bildungsprozesse und parallel dazu die Einführung von einklagbaren Rechtsansprüchen auf Kindertagesbetreuung für Kinder ab dem dritten Lebensjahr 1996 in § 24 Abs. 3 SGB VIII und ab dem ersten Lebensjahr seit August 2013 in § 24 Abs. 2 SGB VIII, die zu einem enormen Aus- und Aufbau entsprechender Betreuungsangebote in den Kommunen geführt haben (vgl. Lakies/Beckmann 2019, Rn. 1 ff.). Diese Bedarfe enden aber natürlich nicht mit dem Schuleintritt. Vor diesem Hintergrund war und ist die Frage der Vereinbarkeit von Beruf der Eltern und Kinderbetreuung ein Treiber sowohl für den Ausbau der Betreuungsplätze im frühkindlichen Bereich als auch für die schulischen Ganztagsangebote. Eine wichtige Rolle spielt auch ein erweitertes Bildungsverständnis im wissenschaftlichen Diskurs und das verstärkte Zusammendenken von Sozial- und Bildungspolitik seit den 1990er Jahren (vgl. Allmendinger/Nikolai 2010). Die Ganztagsschule soll Schüler*innen, besonders aus sozial benachteiligten Elternhäusern, besser fördern und so zu einer Erhöhung von Bildungschancen beitragen (vgl. Sauerwein/Heer 2020, S. 78 f.). Beide Entwicklungsstränge finden sich auch in der offiziellen Begründung der Bundesregierung für das Projekt „Rechtsanspruch" prominent wieder. Zum einen, so wird ausgeführt, biete die Ganztagsbetreuung Bildungs- und Teilhabechancen. Zum anderen erleichtere sie die Vereinbarkeit von Beruf und Familie und trage damit zur tatsächlichen Durchsetzung der Gleichberechtigung von Frauen und Männern gemäß Art. 3 Abs. 2 Satz 1 Grundgesetz (GG) bei. Infolgedessen hätten ganztägige Bildungs- und Betreuungsangebote auch positive Effekte auf den Arbeitsmarkt und das Wirtschaftswachstum (BT-Drs. 2020, S. 9).

Der Rechtsanspruch auf Ganztagsförderung bis zur Vollendung der vierten Klassenstufe wird im Kinder- und Jugendhilferecht, dem SGB VIII, verankert werden (vgl. Münder 2017). Das zeigt, wie umfassend der pädagogische Auftrag der Jugendhilfe durch den Bundesgesetzgeber verstanden wird. Zugleich werden die Schnittstellen zum klassischen Bereich der Schulbildung ausgebaut, was auch rechtlich – vor allem bei der Verteilung der Regelungskompetenzen zwischen Bund und Ländern – eine grundlegende Neuerung darstellt. Vor diesem Hintergrund befasst sich der vorliegende Beitrag mit den rechtlichen Rahmenbedingungen des beabsichtigten Rechtsanspruchs und seiner Umsetzung – und nimmt dabei die Möglichkeiten und Grenzen der Ausgestaltung, besonders in Hinsicht auf die Verankerung von qualitativen Anforderungen auf Bundesebene, aus verfassungs- und sozialrechtlicher Perspektive in den Blick. Grundlage ist ein ausführliches Rechtsgutachten, das ich im Juni 2019 im Rahmen eines Expert*innennetzwerks erstellt habe (vgl. Wrase 2019). Der Beitrag endet dementsprechend mit einem kurzen Ausblick auf die weiteren Optionen, um Qualitätsstandards auch (bundes-)rechtlich umzusetzen.

2. Bisherige bundespolitische Entwicklungen

Erklärte Absicht der federführenden Ministerien ist, den Rechtsanspruch noch in dieser Legislaturperiode im SGB VIII zu verankern. Die Rahmenbedingungen hierfür wurde bereits im Koalitionsvertrag von CDU/CSU und SPD im März 2018 festgelegt. Dort heißt es:

> „Wir werden einen Rechtsanspruch auf Ganztagsbetreuung im Grundschulalter schaffen. Dabei werden wir auf Flexibilität achten, bedarfsgerecht vorgehen und die Vielfalt der in den Ländern und Kommunen bestehenden Betreuungsmöglichkeiten der Kinder- und Jugendhilfe und die schulischen Angebote berücksichtigen. Für die Ausgestaltung wollen wir das Sozialgesetzbuch VIII nutzen. Um diesen Rechtsanspruch bis 2025 zu verwirklichen, bedarf es konkreter rechtlicher, finanzieller und zeitlicher Umsetzungsschritte, die wir in einer Vereinbarung von Bund und Ländern unter Einbeziehung der kommunalen Spitzenverbände festlegen werden. Dabei wird der Bund sicherstellen, dass insbesondere der laufenden Kosten-

belastung der Kommunen Rechnung getragen wird" (Koalitionsvertrag 2018, Rn. 753 ff.).

Gleichzeitig wurde im Koalitionsvertrag eine Zusage gegeben, dass der Bund den Ländern für Investitionen in Ganztagsschul- und Betreuungsangebote zwei Milliarden Euro zur Verfügung stellt (vgl. Koalitionsvertrag 2018, Rn. 1151 f.).

2.1 Investitionsförderung über Bundessondervermögen nach Art. 104c GG

Zur Umsetzung dieser Investitionsförderung wurde im Januar 2020 der Entwurf für ein Ganztagsfinanzierungsgesetz in Bundestag und Bundesrat eingebracht, mit dem ein Sondervermögen des Bundes zum „Ausbau ganztägiger Bildungs- und Betreuungsangebote für Kinder im Grundschulalter" geschaffen wird. Die Bundesregierung hat am 3. Juni 2020 beschlossen, zusätzlich zu den vorgesehenen zwei Milliarden weitere 1,5 Milliarden an Investitionsmitteln bereitzustellen, wobei 750 Millionen Euro noch in diesem Jahr zur Verfügung gestellt werden sollen (vgl. Bundesregierung 2020). Damit erhöht sich das Gesamtvolumen, das im Sondervermögen verwaltet werden soll, auf 3,5 Milliarden Euro. Das sind in etwa die Hälfte der geschätzten 7,5 Milliarden zusätzlichen Investitionsausgaben, die durch den Rechtsanspruch bundesweit entstehen (vgl. BT-Drs. 2020, S. 14). Dabei geht es um die notwendigen Sachinvestitionen wie etwa der Neu-, Um- und Ausbau, z. B. die Einrichtung von Schulkantinen, Gebäuden und Räumen für den Freizeit- und Hortbereich, sowie die Sanierung von Gebäuden einschließlich der notwendigen Einrichtung und Ausstattung (vgl. Wrase 2019, S. 50). Zum Abruf der Förderung werden Verwaltungsverträge mit den einzelnen Ländern abgeschlossen.

Die erforderliche Verfassungsgrundlage für die Bundesfinanzierung des Ganztagsschulausbaus wurde – ursprünglich vor allem zur Umsetzung des DigitalPakts Schule – in Art. 104c GG geschaffen. Dieser sieht in seiner im März 2019 geänderten Fassung vor, dass der Bund den Ländern Finanzhilfen „für gesamtstaatlich bedeutsame Investitionen sowie besondere, mit diesen unmittelbar verbundene, befristete Ausgaben der Länder und Gemeinden (Gemeindeverbände) zur Steigerung der Leistungsfähigkeit der kommunalen Infrastruktur gewähren" kann. Die Einschränkung auf „Investitionen" in die „Bildungsinfrastruktur" und die damit „unmittelbar" verbundenen Ausgaben sowie das Erfordernis der Befristung schließen es aber zugleich aus, dass sich der Bund über diesen Weg ebenso an den laufenden Personal- und Betriebskosten beteiligt (vgl. Jarass/Pieroth/Kment 2020, Art. 104c Rn. 3).

2.2 Verhandlungen über die Entlastung bei den Personal- und Betriebskosten

Der Bund kann die Länder bei den laufenden (Personal-, Betriebs- und Erhaltungs-)Kosten, die mit Einführung des Rechtsanspruchs 2025 auf etwa 4,5 Milliarden Euro jährlich veranschlagt werden (vgl. BT-Drs. 2020, S. 14), letztlich dann nur über eine Umverteilung von Umsatzsteueranteilen nach Art. 106 Abs. 3 und 4, Art. 107 GG entlasten (vgl. Rixen 2019, S. 434 ff.). Zwar hat der Bund den Ländern eine Beteiligung an der Deckung dieser Ausgaben zugesagt, über die konkrete Höhe und Ausgestaltung wird aber gegenwärtig noch verhandelt. Bis Anfang September 2020 soll die dafür eingesetzte Arbeitsgemeinschaft aus Bund und Ländern unter Beteiligung der kommunalen Spitzenverbände konsentierte Eckpunkte für die Ausgestaltung und Finanzierung vorlegen (vgl. Wrase 2019, S. 13). Es erscheint plausibel, dass der Bund auch hier mindestens die Hälfte der geschätzten (Mehr-)Kosten, also 2 Milliarden Euro jährlich, deckt. Darunter wird es wohl kaum gehen, da allen Beteiligten der Handlungsdruck bewusst ist und die Koalition das Vorhaben – auch mit Blick auf den 2021 zu führenden Bundestagswahlkampf – mit Priorität zu einem erfolgreichen Abschluss führen will. Der Gesetzentwurf zur Verankerung des Rechtsanspruchs im SGB VIII – vermutlich in § 24 Abs. 4 SGB VIII – soll nach Vorliegen der Eckpunkte ins Kabinett und anschließend ins Gesetzgebungsverfahren eingebracht werden und muss bis zum Ende der Legislaturperiode, d. h. bis Juli 2021, Bundestag und Bundesrat passiert haben. Das Verfahren dürfte in diesem Tempo nur zu schaffen sein, wenn sich die entscheidenden Akteure – sprich: Bund, Länder und Kommunen – auf alle wesentlichen Punkte bereits geeinigt haben.

2.3 Konkretisierung des Rechtsanspruchs durch die Bundesregierung

Nach mehrfach bestätigten Aussagen der Bundesfamilienministerin Giffey soll der bundesweit garantierte Rechtsanspruch eine Betreuung an fünf Tagen in der Woche (Montag bis Freitag) von mindestens acht Stunden, d. h. von 8:00 bis wenigstens 16:00 Uhr, einschließlich der Unterrichtszeiten umfassen. Auch die Ferienzeiten sollen – bis auf eine Schließzeit von (bis zu) vier Wochen – abgedeckt sein (vgl. Bundesregierung 2020). Als zentraler Bestandteil wird das verlässliche Mittagsangebot betrachtet (vgl. ebd.). Ob darüber hinaus auch die von der Ministerin hervorgehobene Hausaufgabenbetreuung (vgl. Giffey 2019) in den Rechtsanspruch oder die Ausgestaltung des Förderauftrags einbezogen wird, ist bislang offen, erscheint aber in Anbetracht der Zurückhaltung des Ministeriums gegenüber zu weit gehenden bundesrechtlichen Vorgaben eher unwahrscheinlich.

2.4   Der Beschluss des Bundesverfassungsgerichts vom 7. Juli 2020

Eine besondere Herausforderung stellt sich dem Bundesgesetzgeber mit der aktuellen Entscheidung des Bundesverfassungsgerichts, durch die der Zweite Senat die Erweiterungen der Bildungs- und Teilhabeleistungen in § 34, § 34a SGB II in Verbindung mit der Kompetenzzuweisungsnorm des § 3 Abs. 2 Satz 1 SGB II für verfassungswidrig erklärt hat (BVerfG, Beschluss des Zweiten Senats vom 7. Juli 2020 – 2 BvR 696/12). Das Gericht erkannte in der Ausweitung des Leistungskatalogs einen Verstoß gegen das 2006 eingefügte „Durchgriffsverbot" des Art. 84 Abs. 1 Satz 7 GG, das es dem Gesetzgeber auf Bundesebene verbietet, den Gemeinden und Gemeindeverbänden unmittelbar Aufgaben zu übertragen. Wesentlicher Zweck der Verfassungsregelung ist es, die Kommunen davor zu schützen, dass ihnen neue Aufgaben „ohne Sicherstellung einer adäquaten Kostenerstattung übertragen werden" (BVerfG, ebd. Rn. 67). Das Problem ist bereits bei der Umsetzung des Rechtsanspruchs auf frühkindliche Tagesbetreuung in § 24 Abs. 2, 3 SGB VIII aufgetreten.

Eine unzulässige Aufgabenübertragung nach Art. 84 Abs. 1 Satz 7 GG liegt nach dem Bundesverfassungsgericht auch dann vor, wenn „Gemeinden und Gemeindeverbänden durch Bundesgesetz eine bestimmte Tätigkeit zur Pflicht gemacht und ihnen insoweit die Sach- und/oder die Wahrnehmungskompetenz zugewiesen wird" (BVerfG, ebd. Rn. 84). Das ist bei der Einführung eines Rechtsanspruchs auf Ganztagsbetreuung für Grundschulkinder im SGB VIII der Fall, da für seine Erfüllung nach § 69 SGB VIII grundsätzlich die Kommunen als Träger der öffentlichen Jugendhilfe zuständig wären. Der Bundesgesetzgeber wird daher, um die Verfassungswidrigkeit des neuen Rechtsanspruchs zu vermeiden, eine Ausnahme zu § 69 Abs. 1, 3 SGB VIII schaffen müssen, wonach die Erfüllung des Rechtsanspruchs auf Ganztagsbetreuung (nur) dann dem Träger der öffentlichen Jugendhilfe zugewiesen ist, wenn ihm diese Aufgabe durch das Landesrecht gesondert übertragen wurde. Soweit die Länder eine entsprechende Aufgabenzuweisung vornehmen, wovon auszugehen ist, sind sie aufgrund der in allen Flächenländern existierenden sogenannten Konnexitätsregelungen zum Ausgleich der entstehenden (Mehr-)Kosten verpflichtet (bspw. Art. 78 Abs. 3 Landesverfassung NRW). Die Kosten bleiben also beim Land.

Die weite Auslegung des Art. 84 Abs. 1 Satz 7 GG durch das Bundesverfassungsgericht schützt die Kommunen als Träger der öffentlichen Jugendhilfe im Ergebnis davor, dass sie die finanziellen Lasten des Ganztagsanspruchs (teilweise) aus ihrem bisherigen Haushalt stemmen müssen. Das ist zu begrüßen. Denn die Umsetzung des Rechtsanspruchs sollte nicht auf Kosten der Kommunen, vor allem durch Kürzung anderer Jugendhilfeleistungen, passieren.

3. Ausgestaltung des Ganztagsangebots in den Ländern

Die Einführung des bundesweit geltenden Rechtsanspruchs auf Ganztags-betreuung zum 1. Januar 2025 soll zu einer Angleichung einer bislang als „zer-klüftet" beschriebenen Ganztagslandschaft in den deutschen Bundesländern führen (Lange/Hüsken/Alt 2017, S. 44). Bislang ergibt sich mit Blick auf die einzelnen Länder das Bild einer großen Heterogenität sowohl im Umfang der vorhandenen Angebote als auch in Bezug auf die Form und Ausgestaltung des Ganztags. Übergreifende Differenzierungen lassen sich in Hinsicht (3.1) auf die Verpflichtung zur Teilnahme (gebundener oder offener Ganztag), (3.2) die Verzahnung von Unterricht und Ganztagsangebot (additive oder (teil-)integra-tive Ausgestaltung) sowie (3.3) die rechtlichen Umsetzungsformen (Ganztags-schul- oder Hortmodell) treffen. Dabei zeigen sich (3.4) beim Ausbau der An-gebote erhebliche Disparitäten zwischen den Bundesländern, insbesondere West- und Ostdeutschland.

3.1 Verbindlichkeit der Teilnahme

Eine zentrale Unterscheidung der Ganztagsmodelle besteht darin, ob die Teil-nahme am Nachmittagsangebot für die Schüler*innen freiwillig oder verpflich-tend ist. Offene Ganztagsschulen bzw. Schulhorte sind grundsätzlich so aus-gestaltet, dass das Nachmittagsangebot nicht von der Schulpflicht umfasst ist. Allein auf dieses Modell bezieht sich auch der Rechtsanspruch. In teilgebunde-nen Ganztagsschulen nimmt nur ein Teil der Schüler*innen (z. B. bestimmte Klassenstufen oder einzelne Klassen) verbindlich am Ganztag teil. Voll gebun-dene Ganztagsschulen sehen für alle Schüler*innen ein verpflichtendes Curri-culum bis in den Nachmittag vor; die Schulpflicht gilt dann über den gesamten Schultag (vgl. § 23 Niedersächsisches Schulgesetz).

3.2 Integrative vs. additive Ausgestaltung

Im Hinblick auf die Verknüpfung des Ganztagsangebots mit den Schul- und Unterrichtseinheiten lässt sich zwischen integrativen, teilintegrativen und ad-ditiven Modellen unterscheiden. So folgt der gebundene Ganztag in aller Regel einem integrativen Ansatz. Er steht unter der alleinigen Aufsicht und Verant-wortung der Schule und legt ein pädagogisches Gesamtkonzept zugrunde, auch wenn einzelne Bildungs- und Betreuungsangebote in Zusammenarbeit mit Trägern der freien Jugendhilfe und anderen außerschulischen Kooperations-partnern wie Vereinen, Stiftungen, Musikschulen etc. erbracht werden (vgl. Kultusministerkonferenz 2015, S. 8 f.; StEG-Konsortium 2015, S. 32 ff.). In der bildungswissenschaftlichen Literatur wird einerseits darauf hingewiesen, dass gerade die Form der gebundenen, rhythmisierten Ganztagsschule geeignet sei,

Schüler*innen besser zu fördern, Potenziale zu entwickeln und sozialen Benachteiligungen, vor allem bei Kindern aus bildungsfernen Elternhäusern, entgegenzuwirken (vgl. Blossfeld et al. 2013, S. 23, 43; Hanschmann 2017, S. 71). Anderseits wird hervorgehoben, dass valide Nachweise für kompensatorische Effekte der Ganztagsförderung fehlen und die Verpflichtung zur Teilnahme an den Förderangeboten gerade bei leistungsschwächeren Schüler*innen eher negative Folgen habe (vgl. Sauerwein/Heer 2020). Daraus lässt sich schließen, dass vor allem die Qualität und Attraktivität sowie eine gelungene Verzahnung von Unterricht und sozialpädagogischen Angeboten entscheidend ist, um das mit dem Ausbau des Ganztagsangebots verbundene Ziel einer besseren Förderung, vor allem von sozial benachteiligten Kindern, zu erreichen.

Beim offenen Ganztag oder Hortangebot sehen wir über die Bundesländer und Regionen unterschiedliche Organisationsformen, die oft einem teilintegrativen, mitunter aber auch einem rein additiven Modell folgen. Da die Teilnahme an den Nachmittagsangeboten des offenen Ganztags nicht verpflichtend ist, kann der Unterricht auch nicht einfach in den Nachmittag hinein rhythmisiert werden. Allerdings können die Angebote der Ganztagsbetreuung mit dem „klassischen" Schulbereich auf unterschiedliche Weise verzahnt sein. Die in den Bundesländern existierenden unterschiedlichen Modelle lassen sich am besten in einem Kontinuum denken, auf dessen einer Seite von einer weitgehenden Trennung zwischen schulischem Unterricht und dem nachmittäglichen Betreuungsangebot auszugehen ist (rein additives Modell), während auf der anderen Seite ein ganzheitliches pädagogisches Konzept und eine weitgehende Abstimmung der Betreuungs- und Förderangebote mit dem verpflichtenden Teil des Schulangebots im Sinne eines (teil-)integrativen Modells steht (vgl. Alt et al. 2019, S. 3; vgl. Graßhoff et al. 2019, S. 211 ff.).

3.3 Umsetzung über das Schul- oder Tagesbetreuungsrecht

Die rechtliche Form der Ganztagsangebote liegt auf der Schnittstelle zwischen Schul- und Jugendhilferecht. Die Einordnung in die eine wie in die andere Rechtskategorie variiert nach den Bundesländern. Es lassen sich im Wesentlichen drei Gruppen erkennen. Die erste Gruppe bilden die Bundesländer mit (fast) ausschließlichem schulischem Ganztagsangebot (Präferenz der offenen Ganztagsschule). So haben Berlin, Hamburg, Nordrhein-Westfalen und Thüringen sich zugunsten des Ausbaus der Ganztagsschule entschieden, dazu den Hortbereich in die schulische Verantwortung überführt und nahezu vollständig in ihrem Schulrecht verankert (vgl. Lange/Hüsken/Alt 2017, S. 45). Dieses Modell bietet gegenüber dem Hortmodell vor allem die Möglichkeit, den Unterricht mit der außerunterrichtlichen Förderung und Betreuung durch ein gemeinsames schul- und sozialpädagogisches Konzept zu verzahnen (vgl. § 19 Abs. 2 Satz 1 Schulgesetz Berlin). Die zweite Gruppe bildet das „Hortmodell" im Sinne einer Kooperation von Schule und Hortbereich, das nur teilweise in den Schulgesetzen geregelt ist (vgl. die Länderberichte bei Berkemeyer 2015, S. 10 ff.) und im Übrigen über die Vorschriften zur Tagesbetreuung im Kinder- und Jugendhilferecht umgesetzt wird (vgl. § 1 Abs. 2, 3 KitaG Brandenburg). Da der Hort in den ostdeutschen Bundesländern traditionell verbreitet ist, finden sich in Mecklenburg-Vorpommern, Brandenburg, Sachsen und Sachsen-Anhalt vornehmlich Kooperationsmodelle mit Trägern der Jugendhilfe, die aber in der Regel räumlich und konzeptionell eng mit der Schule verzahnt sind (vgl. Lange/Hüsken/Alt 2017, S. 45). In der Praxis kann das Hortmodell der offenen Ganztagsschule sehr ähnlich oder sogar mit dieser mehr oder weniger identisch sein; der Unterschied liegt dann vor allem in der rechtlichen Verankerung über das Schul- bzw. Tagesbetreuungsrecht. Hingegen zeigt sich bei einer Vielzahl westdeutscher Flächenländer wie Baden-Württemberg, Bayern, Hessen, Niedersachsen, Rheinland-Pfalz, Saarland und Schleswig-Holstein – ebenso auch im Stadtstaat Bremen – ein Nebeneinander von Hort- und Ganztagsschulangeboten, welche mehr oder weniger stark aufeinander abgestimmt sind (Lange/Hüsken/Alt 2017, S. 31 ff. sprechen von einem „Angebotsmix"). Soweit vor Ort mehrere Angebotsformen existieren, können die Eltern auswählen; andernfalls sind sie auf das Angebot angewiesen, das am jeweiligen Schulstandort vorhanden ist (vgl. Alt et al. 2019, S. 3).

3.4 Disparitäten zwischen den Ländern

Trotz der stetigen Ausweitung der Ganztagsbetreuung in Grundschulen bestehen große regionale Disparitäten. Während die Betreuungsquote in den ostdeutschen Bundesländern bereits seit Jahrzehnten mit wenig unter 80 Prozent deutlich über dem bundesdeutschen Durchschnitt liegt, stellen die westdeutschen Länder bislang weitaus weniger Angebote der Ganztagsbetreuung bereit. Die Quote in allen westdeutschen Bundesländern zusammen liegt hier bei gerade einmal 40 Prozent, wobei die regionalen Unterschiede mit Betreuungsquoten von etwa 20 Prozent in Baden-Württemberg und 30 Prozent in Schleswig-Holstein bis 90 Prozent in Hamburg teilweise extrem ausfallen (vgl. Alt et al. 2019, S. 4 f.). Darin spiegeln sich die Herausforderungen wider, die mit der Umsetzung des bundesweiten Rechtsanspruchs verbunden sind. So geht die Bundesregierung davon aus, dass der Bedarf an Ganztagsplätzen, der mit Einführung des Rechtsanspruchs gedeckt werden muss, bundesweit bei 75 bis 80 Prozent liegt (vgl. Bundesregierung 2020; Alt et al. 2019, S. 9). Unter Zugrundelegung dieser Werte muss aktuell eine Lücke von 650.000 bis 700.000 fehlenden Betreuungsplätzen, und zwar (fast) ausschließlich in den westdeutschen Flächenländern, geschlossen werden (vgl. Wrase 2019, S. 17 f.). Bei der Finanzierung durch den Bund dürfen jedoch die ostdeutschen Länder ebenso wie die Stadtstaaten Hamburg und Berlin, die bereits über ein weit ausgebautes Netz an

Ganztagsangeboten verfügen, nicht deshalb benachteiligt werden, weil sie den notwendigen Aufbau bereits in der Vergangenheit geleistet haben. Sie erhalten daher die Bundesförderung anteilig für den „Erhalt", den Ausbau und (qualitative) Verbesserung der vorhandenen Angebote (vgl. BT-Drs. 2020, S. 13). Zugleich wird deutlich, dass sich westdeutsche Länder wie Baden-Württemberg, Schleswig-Holstein, Bayern, Hessen, NRW und Niedersachsen, deren Ganztagsbetreuungsquoten momentan – teilweise deutlich – unter 50 Prozent liegen, erheblich – auch finanziell – werden anstrengen müssen, um 2025 ein bedarfsgerechtes Angebot bereitzuhalten. In diesen Ländern steht der Paradigmenwechsel von der Halbtags- zur (offenen) Ganztagsschule bislang noch aus.

4. Verankerung von Qualitätsstandards für einen „guten Ganztag"

Obwohl derzeit nicht zu erwarten ist, dass im SGB VIII über den Rechtsanspruch selbst, die Betreuungszeit von insgesamt acht Stunden sowie das verlässliche Mittagessen hinaus verbindliche Qualitätsstandards festgeschrieben werden (zu den Optionen vgl. Münder 2018), zählte die Frage der Qualitätsentwicklung in der Ganztagsbetreuung von Anfang an zu den zentralen Punkten, welche die Diskussion auch in den kommenden Jahren prägen wird. So haben erst kürzlich AWO, GEW, Diakonie und DRK eine „Gemeinsame Erklärung für einen guten Ganztag im Grundschulalter" veröffentlicht, in welchem sie nachdrücklich feststellen: „Ohne verbindliche Regelungen zur Qualität des Rechtsanspruchs ist kein Fortschritt in den schulischen und außerschulischen Betreuungsangeboten möglich!" (AWO Bundesverband et al. 2020).

4.1 Forderung nach bundesweit verbindlichen Qualitätsstandards

Das Bundesjugendkuratorium, das die Bundesregierung in jugendpolitischen Fragen berät, hat in einem „Zwischenruf" vom September 2019 nicht nur die Sicherstellung von Qualitätsmerkmalen wie einen verbindlichen Personalschlüssel (Fachkräfte: 1 zu 10 und Lehrkräfte 1:20), die Einhaltung des Fachkräftegebots nach § 72 SGB VIII sowie eine verstärkte Umsetzung der Inklusion für Kinder mit Förderbedarfen im Sinne eines „erweiterten Bildungsverständnisses" angemahnt (vgl. Bundesjugendkuratorium 2019, S. 5). Es sei darüber hinaus entscheidend, dass die Bedarfe und Wünsche der Kinder selbst im Sinne von partizipativen Strukturen, auch angesichts diverser und sich verändernder Lebenswelten, einbezogen und beachtet werden (vgl. ebd.).

Je näher die Verankerung und Umsetzung des Rechtsanspruchs rückt, desto dringlicher wird die Frage nach dessen qualitativer Ausgestaltung – eine Entwicklung, die wir bereits vom Anspruch auf frühkindliche Förderung her kennen. Es ist vor diesem Hintergrund absehbar, dass der momentan sehr weit gezogene rechtliche Rahmen des Ganztagsanspruchs in Zukunft mit Blick auf qualitative Standards weiter ausgefüllt werden muss (vgl. Münder 2018). Entsprechende Forderungen wurden mittlerweile von verschiedenen Wohlfahrtsverbänden, Fachorganisationen und Expertengremien erhoben (vgl. nur Deutscher Verein 2015; Diakonie 2016; zum Expert*innennetzwerk „Ganztag" siehe Wrase 2019, S. 8, 18 f.).

4.2 Wesentliche Qualitätsmerkmale nach bisherigem Diskussionsstand

Es fällt ins Auge, dass über die zentralen Qualitätsstandards, die einen „guten" Ganztag ausmachen, dabei zu einem hohen Grad Einigkeit besteht. Neben dem bereits erwähnten zeitlichen (Mindest-)Umfang von wenigstens acht Stunden einschließlich Ferienbetreuung, einer verlässlichen, ausgewogenen und gesunden Mittagsverpflegung und einem guten Fachkraft-Kind-Schlüssel, der in so gut wie allen Stellungnahmen genannt wird, sind dies – stichpunktartig zusammengefasst – die folgenden Punkte:

- Die Schaffung angemessener räumlicher Voraussetzungen in bzw. im direkten Umfeld der Schule einschließlich einer guten (auch digitalen) Ausstattung und von Sport- und Freizeitmöglichkeiten;
- ein gemeinsames pädagogisches Konzept, eine gemeinsame Organisationsstruktur und eine enge Zusammenarbeit von Lehrkräften und sozialpädagogischem Fachpersonal im Sinne multiprofessioneller Kooperation „auf Augenhöhe";
- die partizipative Einbindung von Kindern und Eltern, nicht zuletzt mit Blick auf die (Fort-)Entwicklung der pädagogischen Angebote;
- die Einhaltung des Fachkräftegebots; eine hohe Qualifikation und kontinuierliche Fortbildung des pädagogischen Personals;
- die enge Kooperation mit außerschulischen Akteuren in den Bereichen Sport und Freizeit sowie aus dem kulturell-künstlerischen Bereich im Sinne eines ganzheitlichen Bildungsverständnisses;
- eine qualifizierte Hausaufgabenbetreuung und die Vorhaltung von Nachhilfe- und Unterstützungsangeboten;
- die Umsetzung der Inklusion von Kindern mit Behinderungen durch barrierefreie Angebote, pädagogische und therapeutische Unterstützung sowie angemessene Vorkehrungen.

Die genannten Aspekte sind zwar nicht abschließend für die gegenwärtige Fachdiskussion, zeigen aber einen klaren Konsens über Kernelemente eines qualitativ „guten" Ganztagsangebots auf (vgl. Wrase 2019, S. 19 f.).

4.3 Der sozialpädagogische Bildungsauftrag zwischen SGB VIII und Schulrecht – Bund- und Länderzuständigkeit

Die Frage nach dem sozialpädagogischen Bildungsauftrag im Ganztag ist aus juristischer Perspektive unmittelbar mit der Frage verknüpft, ob und inwiefern der Bund über das Kinder- und Jugendhilferecht auf das Schulrecht und damit die sogenannte „Kultushoheit" der Länder, die verfassungsrechtlich über Art. 70 Abs. 1 GG geschützt ist, einwirken darf. Wie bereits eingangs erwähnt, wird die Einführung des Rechtsanspruchs die Schulorganisation besonders in den Bundesländern, die sich bislang am Modell der Halbtagsschule orientieren und nur in geringem Maße über Ganztagsangebote verfügen, deutlich verändern. Daher dürfte die Debatte über eine ausreichende Gesetzgebungskompetenz des Bundes auch im weiteren Gesetzgebungsprozess nochmals „hochkochen" und zu einer vertieften verfassungsrechtlichen Diskussion führen (sehr restriktiv mit Blick auf frühkindliche Förderung etwa Kirchhof 2018).

Mögliche kompetenzrechtliche Einwände erweisen sich im Ergebnis jedoch als unbegründet. Die konkurrierende Gesetzgebungskompetenz des Bundes für das Gebiet der „öffentlichen Fürsorge" nach Art. 74 Abs. 1 Nr. 7 GG, auf die sich das SGB VIII stützt, wird vom Bundesverfassungsgericht mit Blick auf das Sozialstaatsprinzip zu Recht weit verstanden (vgl. BVerfGE 97, 332, 341; 140, 65, Rn. 29). Sie erfasst auch neu zu regelnde Lebenssachverhalte, wenn sie nur in ihren wesentlichen Strukturelementen dem Bild der klassischen „Fürsorge" entsprechen (vgl. BVerfGE 108, 186, 214; st. Rspr.; dazu Wittreck 2015, Rn. 37). Wie das Gericht mehrfach entschieden hat, fällt darunter auch die gesamte Jugendhilfe, und zwar auch dann, wenn diese nicht auf konkrete Notlagen, wie etwa Kindeswohlgefährdungen, reagiert, sondern präventiv zur Förderung junger Menschen tätig wird (vgl. BVerfGE 22, 180,212 f.; 97, 332, 341 f.; 140, 65, Rn. 29; st. Rspr.).

5. Der umfassende sozialpädagogische Auftrag des SGB VIII

Dies entspricht dem umfassenden sozialpädagogischen Ansatz, wie er in § 1 Abs. 1 SGB VIII verankert ist. Danach hat jeder junge Mensch ein Recht auf Förderung seiner Entwicklung und auf Erziehung zu einer eigenverantwortlichen und gemeinschaftlichen Persönlichkeit (vgl. Münder/Meysen/Trenczek 2019, § 1 Rn. 7 ff.). Nach § 1 Abs. 3 SGB VIII gehört es zum Auftrag der Jugendhilfe, „junge Menschen in ihrer individuellen und sozialen Entwicklung [zu] fördern und dazu bei[zu]tragen, Benachteiligungen zu vermeiden oder abzubauen" (Nr. 1), „Eltern und Erziehungsberechtigte bei der Erziehung [zu] beraten und zu unterstützen" (Nr. 2) sowie dazu beizutragen, „positive Lebensbedingungen für junge Menschen und ihre Familien sowie eine kinder- und familienfreundliche Umwelt zu erhalten und zu schaffen". Würde man die Kompetenznorm des Art. 74 Abs. 1 Nr. 7 GG eng auslegen, hieße das, den pädagogischen Ansatz der Kinder- und Jugendhilfe und ihren ganzheitlichen Auftrag, die Persönlichkeitsentwicklung junger Menschen so gut als möglich zu fördern, zu beschneiden bzw. die hierfür notwendige Regelungsmaterie entgegen dem Sachzusammenhang des Jugendhilferechts auf Bundes- und Landesebene aufzuteilen. Das wäre kaum überzeugend.

Die Gesetzgebungskompetenz des Bundes ist auch nicht deshalb infrage zu stellen, weil die Förderung im schulischen Ganztag neben dem sozialpädagogischen zugleich dem Bildungsbereich zuzurechnen ist, für den eine originäre Länderzuständigkeit nach Art. 70 Abs. 1 GG besteht. So führt das Bundesverfassungsgericht in seiner Entscheidung zur Staffelung von Kindergartengebühren aus, dass die Kindergartenbetreuung den Eltern bei der Erziehung helfe und die Kinder fördere und unterstütze. Sie trage somit dazu bei, „positive Lebensbedingungen für Familien mit Kindern zu schaffen (vgl. § 1 Abs. 3 Nr. 1–4 SGB VIII)" (BVerfGE 97, 332, 341). Der „Schwerpunkt" des Angebots liege für den Kita-Bereich nach wie vor bei der „fürsorgenden Betreuung mit dem Ziel einer Förderung sozialer Verhaltensweisen und damit präventiver Konfliktvermeidung". Der vorschulische Bildungsauftrag stehe hinter dieser dem Bereich der öffentlichen Fürsorge zuzuordnenden Aufgabe zurück (vgl. BVerfGE 97, 332, 342).

5.1 Abgrenzung nach dem „Schwerpunkt"?

Auch wenn der Entscheidung im Ergebnis zuzustimmen ist, ist die Bezugnahme auf den „Schwerpunkt fürsorgender Betreuung und präventiver Konfliktvermeidung" vor dem Hintergrund eines gewandelten konzeptionellen Verständnisses frühkindlicher Förderung problematisch (zusammenfassend zur Kritik: vgl. Reith 2014, S. 97 ff.). Sie suggeriert, es könne bei der Förderung von Kindern zwischen erzieherischen, fürsorgerischen und Bildungselementen – zumindest dem „Schwerpunkt" nach – unterschieden werden. Eine solche Bestimmung des „Schwerpunkts" ist indessen nicht möglich und übersieht den spezifischen pädagogischen Auftrag der Jugendhilfe (vgl. Meysen 2005, S. 359). Sie widerspricht auch einem modernen Bildungsbegriff, der nicht auf die klassische Form der Schulbildung begrenzt werden kann (vgl. Reith 2014, S. 107). Bei näherer Betrachtung erweist sich das vom Bundesverfassungsgericht angewendete Kriterium danach als wenig sinnvoll. Wie empirische Studien zeigen, bewegt sich das Angebot im schulischen Ganztag bzw. im Hort zwischen den Modi des selbständigen Spiels und Forschens, des angeleitete Spiels, Trainings oder Übens bis hin zu quasi-unterrichtlichen Formen, die Strukturähnlichkeiten zum klassischen Unterricht aufweisen (vgl. Graßhoff 2019, S. 215 ff.).

Eine Festlegung anhand des „Schwerpunkts" in einer konstruierten Differenz zwischen „Bildung" (im schulischen Sinne) und „Fürsorge" (im Sinne des Jugendhilferechts) würde den Bundesgesetzgeber dazu zwingen, einen Betreuungsanspruch mit einer primär fürsorgerechtlichen Ausgestaltung zu schaffen und diesen möglichst klar gegenüber dem schulischen Bildungsangebot abzugrenzen. Eine solche kompetenzrechtlich begründete Zielrichtung des sozialpädagogischen Förderauftrags nach § 22 Abs. 2 und 3 und § 22a SGB VIII würde in erster Linie auf ein additives Modell hinauslaufen. Dies wäre, wie gesehen, das Gegenteil von dem, was aus fachwissenschaftlicher Sicht als sinnvoll erscheint. Im Ganztag sind schulische Bildung, für die die Länder die Gesetzgebungskompetenz haben, und sozialpädagogische Bildungsarbeit, die ihre Grundlage und Ausgestaltung im Kinder- und Jugendhilferecht des Bundes (SGB VIII) findet, vielmehr eng miteinander verknüpft. Es handelt sich um eine ambivalente Materie, die sowohl dem Bereich der Sozialpädagogik als auch dem der Schule zuzurechnen ist (vgl. Meysen 2005, S. 358 f.).

6. Möglichkeiten und Grenzen der Verankerung von Qualitätskriterien im SGB VIII

Die Findung eines Schwerpunktes zwischen (Schul-)Bildung und sozialfürsorgerischem Auftrag kann vor diesem Hintergrund nicht das maßgebende Kriterium sein. Vielmehr ist für die Bestimmung der Grenzen einer bundesgesetzlichen Regelung, die auf Art. 74 Abs. 1 Nr. 7 GG gestützt wird, darauf abzustellen, inwiefern der Bundesgesetzgeber sich an dieser Stelle auf entsprechende Schnittstellenregelungen beschränkt oder übermäßig, d. h. über das erforderliche Maß hinaus, in die Schulhoheit der Länder nach Art. 7 Abs. 1 GG übergreift (vgl. Wrase 2019, S. 33 ff.).

6.1 Spielraum für qualitative Vorgaben

Danach ist es z. B. zulässig, wenn als Qualitätsmaßstab im SGB VIII oder in einem Qualitätsgesetz festgelegt wird, dass das Betreuungsangebot das schulische Angebot „ergänzen" und insoweit in kooperativer Gesamtverantwortung mit der Schulleitung entwickelt und durchgeführt werden soll. Eine solche Regelung belässt den Ländern weitreichende Möglichkeiten, unterschiedliche Modelle des schulischen Ganztags – von der Halbtagsschule mit verlässlicher Nachmittagsbetreuung (vgl. § 39 Schulgesetz Mecklenburg-Vorpommern) bis hin zur offenen bzw. gebundenen Ganztagsschule in schulischer Verantwortung (etwa § 19 Schulgesetz Berlin) – zu verfolgen. Zentrale schulstrukturelle, organisatorische oder inhaltliche Grundentscheidungen werden, abgesehen von der Notwendigkeit der Sicherstellung einer abgestimmten Ganztagsbetreuung, durch eine solche Vorgabe nicht festgelegt. Gleiches gilt für die Festsetzung von pädagogischen Mindestanforderungen an den Förderauftrag oder die inklusive Ausgestaltung des Betreuungsangebots, wie dies bereits momentan in den §§ 22, 22a SGB VIII für die Förderung in Tageseinrichtungen geregelt ist (vgl. Lakies/Beckmann 2019, § 22, § 22a).

6.2 Unzulässiges Übergreifen in die Schulhoheit der Länder

Überschritten wäre die Grenze der Gesetzgebungskompetenz der „öffentlichen Fürsorge" nach Art. 74 Abs. 1 Nr. 7 GG hingegen dann, wenn auf Bundesebene z. B. die Rhythmisierung der verpflichtenden Unterrichtseinheiten in den Nachmittag hinein vorgeschrieben würde, was im Ergebnis der bundesweiten Einführung eines gebundenen Ganztagsbetriebs gleichkäme. Gleiches würde gelten, wenn der Bund über SGB VIII einen eigenen Bildungs- und Erziehungsanspruch verfolgte, indem er die Nachmittagsförderung (teilweise) verpflichtend ausgestalten würde. Damit würde er offensichtlich den Bereich der Kinder- und Jugendhilfe verlassen, deren Angebote im Grundsatz auf Freiwilligkeit beruhen und die Eltern in ihrer Erziehung lediglich unterstützen (vgl. Meysen/Münder/Trenczek 2019, Einl. Rn. 24). Die Hortbetreuung nach SGB VIII muss so ausgestaltet werden, dass dieses Angebot von den Kindern bzw. den Eltern in Anspruch genommen werden, aber auch – zumindest jeweils zum Schuljahresanfang bzw. -halbjahr – abgelehnt werden kann. Für die Festlegung und Ausgestaltung der Schulpflicht sind nach der Kompetenzordnung des Grundgesetzes allein die Länder zuständig. So können die Länder im Rahmen ihres Schulrechts auch für Angebote des offenen Ganztags eine gewisse Verbindlichkeit verlangen (vgl. Münder/Smessaert 2008, S. 25 ff.), aber eben keine (Schul-) Pflicht begründen.

6.3 Die Subsidiaritätsschranke nach Art. 72 Abs. 2 GG

Von seiner konkurrierenden Gesetzgebungskompetenz auf dem Gebiet der „öffentlichen Fürsorge" kann der Bund allerdings nur dann gemäß Art. 72 Abs. 2 GG Gebrauch machen, „wenn und soweit die Herstellung gleichwertiger Lebensverhältnisse im Bundesgebiet oder die Wahrung der Rechts- oder Wirtschaftseinheit im gesamtstaatlichen Interesse eine bundesgesetzliche Regelung erforderlich macht". So ist nach dem Bundesverfassungsgericht eine bundesgesetzliche Regelung zur Herstellung gleichwertiger Lebensverhältnisse „erst dann erforderlich, wenn sich die Lebensverhältnisse in den Ländern der Bundesrepublik in erheblicher, das bundesstaatliche Sozialgefüge beeinträchtigender Weise auseinanderentwickelt haben oder sich eine derartige Entwicklung konkret abzeichnet" (BVerfGE 106, 62, 144; 112, 226, 244; 140, 65, Rn. 35; st. Rspr.). Der Bundesgesetzgeber ist zur Darlegung einer solchen (drohenden) Entwicklung aufgefordert, konkrete Daten, wissenschaftlich aufbereitetes Material bzw. Statistiken vorzulegen, die seine Annahmen unterstützen (vgl. BVerfGE 106, 62, 154; 111, 226, 255; 112, 226, 245 ff.).

Dass diese Voraussetzungen in Bezug auf die Einführung des Betreuungsanspruchs für Grundschulkinder vom Bundesgesetzgeber erfüllt sind, sollte außer Frage stehen. Allein die oben (unter 3.4.) angeführten statistischen Daten zeigen, wie deutlich das Angebot an Ganztags- bzw. Hortangeboten im Grundschulbereich – auch in Beziehung zum Betreuungsbedarf – unter den Bundesländern gegenwärtig auseinanderklafft. Auch bei einer, wie dargelegt, grundsätzlich zulässigen Festschreibung von Qualitätsmerkmalen für die Förderung von (Grund-)Schulkindern ist der Bundesgesetzgeber nach der Rechtsprechung gefordert, die von ihm festgesetzten (Mindest-)Anforderungen, z. B. mit Blick auf einen bestimmten Fachkraft-Kind-Schlüssel oder räumliche Standards, fachlich möglichst genau zu begründen und die divergierende Entwicklung im Bundesgebiet konkret darzulegen (vgl. Wrase 2019, S. 37 ff.).

7. Ein kurzer Ausblick

Wie gezeigt hat der Bund die konkurrierende Gesetzgebungskompetenz zur Regelung des Rechtsanspruchs auf Ganztagsbetreuung im SGB VIII, auch wenn er dabei die Schnittstellen zum Schulbereich und damit die Bildungshoheit der Länder berührt. Art. 74 Abs. 1 Nr. 7 GG bietet die Grundlage für den sozialpädagogischen Förderauftrag im Ganztag. In diesem Zusammenhang können – ebenso wie für den frühkindlichen Bereich – auch bestimmte Qualitäts(mindest)standards bundesweit verankert werden, wenn und soweit die Subsidiaritätsanforderungen des Art. 72 Abs. 2 GG gewahrt werden (vgl. Münder 2018).

Hierfür bietet sich ein „gestuftes" Vorgehen an. Danach sollten zentrale Qualitätskriterien des Förderauftrags im Ganztagsbereich in § 22a SGB VIII festgeschrieben werden, da dort spezifische Regelungen zur Förderung im Hort nach § 24 Abs. 4 SGB VIII, die sich wesentlich von der Tagesbetreuung in der Kita bzw. Tagespflege unterscheidet, bislang fehlen. Darüber hinaus bietet sich ein kooperatives Steuerungsmodell an, wie es seit 2019 im Kitaqualitätsgesetz (KiQuTG) für die frühkindliche Förderung verfolgt wird. Der Anwendungsbereich des KiQuTG könnte auf die Betreuung und Förderung von Kindern im Grundschulalter erweitert werden. Dann müssten konkrete Handlungsfelder für die Qualitätsentwicklung im Ganztag – analog zum § 2 KiQuTG – bestimmt werden, auf deren Grundlage dann einzelne Qualitätsverträge mit den Ländern zu schließen sind. Allerdings sollte zunächst genau beobachtet werden, inwiefern sich das Steuerungsmodell des KiQuTG in der Praxis tatsächlich als brauchbar erweist bzw. ob hier nachgebessert werden muss (vgl. Wrase 2019, S. 41 ff.). In jedem Fall sollten die Bundeszuwendungen für Investitionen die

Ganztagsinfrastruktur, die auf der Grundlage des Sondervermögens nach Maßgabe des Art. 104c GG an die Länder verteilt werden, an die Erfüllung konkreter (Mindest-)Standards bezüglich räumlicher Voraussetzungen und notwendiger sachlicher Ausstattung des Ganztagsbereichs gebunden werden.

Das SGB VIII hält somit nicht nur einen rechtlichen Rahmen bereit, der von Bund, Ländern und Kommunen weiter auszufüllen ist. Es kann in Zukunft auch als ein Steuerungsinstrument für die Entwicklung eines „guten" Ganztags mit bundesweiten Mindeststandards genutzt werden. Damit rückt die Fachdiskussion über die organisationale sowie pädagogisch-inhaltliche Ausgestaltung eines „guten" Ganztags auch rechtspolitisch weiter in den Fokus.

Literatur

Allmendinger, J./Nikolai, R. (2010): Bildungs- und Sozialpolitik: Die zwei Seiten des Sozialstaats im internationalen Vergleich. In: Soziale Welt 61, S. 105–119.

Alt, C./Guglhör-Rudan, A./Hüsken, K./Winklhofer, U. (2019): Ganztagsbetreuung für Grundschulkinder, Kosten des Ausbaus bei Umsetzung des Rechtsanspruchs. Deutsches Jugendinstitut: München.

AWO Bundesverband e.V./Gewerkschaft für Erziehung und Wissenschaft (GEW)/Diakonie Deutschland/Deutsches Rotes Kreuz (2020): „Gemeinsame Erklärung. Für einen guten Ganztag im Grundschulalter – Rechtsanspruch muss für Kinder, Eltern und Beschäftigte ein Erfolg werden!". www.gew.de/fileadmin/media/sonstige_downloads/hv/Kita/ 20200721-Gemeinsame-Erklaerung-Ganztag-web.pdf (Abfrage: 08.08.2020).

Berkemeyer, N. (2015): Ausbau von Ganztagsschulen, Regelungen und Umsetzungsstrategien in den Bundesländern. Bertelsmann-Stiftung: Gütersloh.

Blossfeld, H.-P./Bos, W./Daniel, H.-D./Hannover, B./Lenzen, D./Prenzel, M./Roßbach, H.-G./ Tippelt, Rudolf/Wößmann, Ludger (Hrsg)(2013): Zwischenbilanz Ganztagsschulen: Betreuung oder Rhythmisierung? Waxmann: Münster.

Bundesjugendkuratorium (2019): Rechtsanspruch auf Ganztagsbetreuung für Kinder im Grundschulalter. Zwischenruf. Deutsches Jugendinstitut: München.

Bundesregierung (2020): „Individuelle Förderung durch Ganztagsbetreuung. Ganztagsausbau für Grundschulen – Fragen und Antworten." 7. Juli 2020. www.bundesregierung.de/breg-de/aktuelles/ganztagsausbau-grundschulen-1766962 (Abfrage: 08.08.2020).

Deutscher Bundestag (BT-Drs. 2020): Gesetzentwurf der Bundesregierung: Entwurf eines Gesetzes zur Errichtung des Sondervermögens „Ausbau ganztägiger Bildungs- und Betreuungsangebote für Kinder im Grundschulalter" (Ganztagsfinanzierungsgesetz -gaFG), Drucksache 19/17294, 19. Februar 2020.

Deutscher Verein (2015): Empfehlungen des Deutschen Vereins zur öffentlichen Erziehung, Bildung und Betreuung von Kindern im Alter von Schuleintritt bis zum vollendeten 14. Lebensjahr. Deutscher Verein für öffentliche und private Fürsorge e.V.: Berlin.

Diakonie (2016): Verlässlicher Ganztag, Ein Plädoyer für ganzheitliche Bildung und Erziehung. Positionspapier 03/2016. Diakonie Deutschland – Evangelischer Bundesverband. Evangelisches Werk für Diakonie und Entwicklung e.V.: Berlin.

Giffey, F. (2019): „Ich mache meine Arbeit als Ministerin", Interview mit Bundesfamilienministerin Franziska Giffey. In: Hannoversche Allgemeine Zeitung. Ausgabe vom 14.05.2019, S. 3.

Graßhoff, G./Haude, C./Idel, T.-S./Bebek, C./Schütz, A. (2019): Die Eigenlogik des Nachmittags. Explorative Beobachtungen aus Ethnografien zu außerunterrichtlichen Angeboten. In: DDS – Die Deutsche Schule 111, S. 206–219.

Hanschmann, F. (2017): Staatliche Bildung und Erziehung. Ganztagsschule, Bildungsstandards und selbständige Schule als Herausforderungen für das Verfassungs- und Schulrecht. Mohr Siebeck: Tübingen.

Jarass, H. D./Pieroth, B./Kment, M. (Hrsg.) (2020): Grundgesetz für die Bundesrepublik Deutschland. Kommentar. 16. Auflage. C.H. Beck: München.

Kirchhof, G. (2018): Stellungnahme für die Anhörung am 5. November 2018 zum Entwurf eines Gesetzes zur Weiterentwicklung der Qualität und zur Teilhabe in der Kindertagesbetreuung. Bundestags-Drucksache 19/4947. Deutscher Bundestag: Berlin.

Koalitionsvertrag zwischen CDU, CSU und SPD (2018): Ein neuer Aufbruch für Europa – Eine neue Dynamik für Deutschland – Ein neuer Zusammenhalt für unser Land. Berlin, 12. März 2018.

Kultusministerkonferenz (2015): Ganztagsschulen in Deutschland, Bericht der Kultusministerkonferenz vom 03.12.2015. Berlin.

Lakies, T./Beckmann, J. (2019): Kommentierung § 24 SGB VIII. In: Münder, J./Meysen, T./Trenczek, T. (Hrsg.): Frankfurter Kommentar zum SGB VIII Kinder- und Jugendhilfe. 8. Auflage. Nomos: Baden-Baden.

Lange, J./Hüsken, K./Alt, C. (Hrsg.) (2017): Kinderbetreuung im Grundschulalter, Angebotsstrukturen und Betreuungswünsche. Deutsches Jugendinstitut: München.

Meysen, T. (2005): Wer bestimmt, was Jugendhilfe leistet: Bund, Länder, Kommunen? In: Recht der Jugend und des Bildungswesens (RdJB) 54, H. 3, S. 355–373.

Münder, J. (2017): Bedarfsdeckende Förderung und Betreuung von Grundschulkindern durch Schaffung eines Rechtsanspruchs. Rechtsanspruch im Auftrag des Bundesministeriums für Familie, Senioren, Frauen und Jugend. Berlin, Juni 2017.

Münder, J. (2018): Rechtliche Möglichkeiten zur Sicherung der Qualität bei der Förderung von Grundschulkindern, im Auftrag der Bertelsmann Stiftung: Gütersloh.

Münder, J./Meysen, T./Trenczek, T. (Hrsg.) (2019): Frankfurter Kommentar zum SGB VIII Kinder- und Jugendhilfe. 8. Auflage. Nomos: Baden-Baden.

Münder, J./Smessaert, A. (Hrsg.) (2008): Sozialrechtliche Leistungen für Kinder und Jugendliche. Zur Verknüpfung von Schulrecht und Sozialrecht – insbesondere in Offenen Ganztagsschulen (OGS). Gutachten im Auftrag des Landes Nordrhein-Westfalen. Berlin, November 2008.

Reith, B. (2014): Der Erziehungs-, Bildungs- und Betreuungsauftrag des Staates im Vorschulbereich. Nomos: Baden-Baden.

Rixen, S. (2019): Ist das Gute-Kita-Gesetz verfassungswidrig? Die finanzielle Förderung der Kindertagesbetreuung durch den Bund als Verfassungsproblem. In: Neue Zeitschrift für Verwaltungsrecht (NVwZ) 2019, S. 432–438.

Sauerwein, M. N./Heer, J. (2020): Warum gibt es keine leistungssteigernden Effekte durch den Besuch von Ganztagsangeboten? In: Zeitschrift für Pädagogik 66, H. 1, S. 7–101.

StEG-Konsortium (2015): Ganztagschule 2014/2015. Deskriptive Befunde einer bundesweiten Befragung. Frankfurt am Main u. a.

Wittreck, F. (2015): Kommentierung Art. 74. In: Dreier, Horst (Hrsg.): Grundgesetz Kommentar, Band II. 3. Auflage. Mohr Siebeck: Tübingen.

Wrase, M. (2019): Einheitliche Qualitätskriterien für den Ganztag im Grundschulalter. Möglichkeiten der bundesrechtlichen Umsetzung. Stiftung Mercator: Essen.

Ganztägige Bildung und Betreuung – auch eine Frage der Finanzen

Eine Schätzung der Gesamtkosten des bedarfsgerechten Ganztagsangebots

Angelika Guglhör-Rudan/Christian Alt

Seit dem Jahr 2013 gilt für Kinder ab dem vollendeten ersten Lebensjahr bis zum Schuleintritt ein Rechtsanspruch auf Bildung, Betreuung und Erziehung und somit auf Förderung in einer Kindertageseinrichtung oder in der Kindertagespflege. Dieser endet mit dem Eintritt in die Grundschule. So darf es einen nicht wundern, wenn sich längst nicht allen Eltern von Grundschulkindern die Möglichkeit bietet, ihr Kind im Hort oder in einer Ganztagsschule unterzubringen. Diesem von den Familien erlebten Bruch in der gewohnten institutionellen Betreuung versucht man dadurch zu begegnen, dass die Ganztagsbetreuung für Grundschulkinder ständig weiter ausgebaut wird. Dennoch zeigt sich bislang, dass die Nachfrage weit höher ist als das bislang zur Verfügung stehende Angebot (vgl. StEG-Konsortium 2019).

Um die Familien zu unterstützen, verfolgen Bundesregierung und Bundesländer in der aktuellen Legislatur ein großes bildungspolitisches Ziel: Sie wollen ganztägige Bildungs- und Betreuungsangebote für all diejenigen Schülerinnen und Schüler ermöglichen, deren Familien einen Bedarf an Betreuung äußern, und somit einen Rechtsanspruch auf Ganztagsbetreuung für Kinder im Grundschulalter schaffen. Die entsprechenden Angebote sollen laut dem Koalitionsvertrag so ausgebaut werden, dass der Rechtsanspruch ab dem Jahr 2025 erfüllt werden kann.

Für den Ausbau wurde festgelegt, auf Flexibilität zu achten, bedarfsgerecht vorzugehen und die Vielfalt der in den Ländern und Kommunen bestehenden Betreuungsmöglichkeiten der Kinder- und Jugendhilfe sowie der schulischen Angebote zu berücksichtigen (vgl. Koalitionsvertrag zwischen CDU, CSU und SPD 2018, S. 28). Dies stellt in der Tat eine besondere Herausforderung dar, da die Rahmenbedingungen der Betreuung in den Bundesländern stark variieren. Hier hat sich eine große Angebotspalette an Ganztagsbetreuung etabliert. Die Angebote unterscheiden sich regional stark voneinander, sowohl in Bezug auf die Verbindlichkeit und die Betreuungszeiten als auch hinsichtlich der Teilnahme, Ausstattung und Finanzierung.

Bundesweit sind die zentralen Modelle der Ganztagsbetreuung im Grundschulalter vor allem Horte, welche Einrichtungen der Kinder- und Jugendhilfe sind und teilweise eigenständig, teilweise aber auch integriert sind in ganztägige schulische Angebote, – sowie Ganztagsschulen in offener und (teil-)gebundener Form. In der offenen Form wird nach dem Unterricht ein zusätzliches, freiwilliges Nachmittagsprogramm für angemeldete Kinder angeboten, in der gebundenen Form sind hingegen alle Schüler*innen verpflichtet, an mindestens drei Wochentagen für jeweils mindestens sieben Zeitstunden an den ganztägigen Angeboten der Schule teilzunehmen. Darüber hinaus gibt es noch weitere Angebotsformen, die sich als (Über-)Mittagsbetreuungsangebote zusammenfassen lassen – häufig von Landfrauenvereinen, Elterninitiativen oder den Schulträgern organisiert. Mit diesen unterschiedlichen Angebotsformen sind auch Unterschiede in der Personalstruktur, bei den Öffnungszeiten, der Ausstattung, den Kosten und der konzeptionellen Ausrichtung verbunden.

1. Die aktuelle Situation der Betreuungsangebote für Grundschulkinder

Betrachtet man die aktuelle Situation in den einzelnen Bundesländern, so lassen sich drei Muster des Zusammenspiels von Hort und Ganztagsschule erkennen und damit eine regional deutlich unterschiedliche Ausrichtung der ganztägigen Angebote im Grundschulalter charakterisieren (Mittagsbetreuung ist dabei nicht berücksichtigt; vgl. Lange 2015):

a) Länder mit ausschließlich schulischen Ganztagsangeboten: Ausbau der Ganztagsschule und Überführung der Horte in die Verantwortung der Schule
b) Länder mit ausschließlich Hortangeboten: Kooperation zwischen Schulen und Horten (in Verantwortung der Kinder- und Jugendhilfe)
c) Länder mit Angebotsmix: (teilweise unverbundenes) Nebeneinander bzw. gleichzeitiges Vorhandensein von Horten und Ganztagsgrundschulen und weiteren Angeboten

Betrachtet man die Situation für Deutschland insgesamt, so lässt sich auf Basis der amtlichen Statistiken für das Jahr 2018 feststellen, dass etwa jedes zweite Grundschulkind (49 Prozent) ein Ganztagsangebot in Form einer Ganztagsschule oder eines Hortes nutzt. Dies bedeutet im Vergleich zum Jahr 2006 eine Steigerung der Beteiligungsquote um etwa 28 Prozentpunkte (vgl. Autorengruppe Bildungsberichterstattung 2018, S. 299).

Bezüglich des Ausbaus in den einzelnen Bundesländern zeigen sich hierbei große Unterschiede. Insgesamt liegt die Beteiligungsquote in den ostdeutschen Ländern deutlich höher als im Westen (78 Prozent zu 42 Prozent), in den westdeutschen Flächenländern sind die Beteiligungsquoten besonders niedrig. Der Anteil an Kindern, die in Hort oder Ganztagsschule betreut werden ist, insbesondere in Hamburg mit 91 Prozent, in Sachsen mit 87 Prozent, in Thüringen mit 82 Prozent und in Brandenburg mit 81 Prozent besonders hoch. Im Vergleich dazu ist der Anteil in Baden-Württemberg mit 21 Prozent, in Schleswig-Holstein mit 30 Prozent und in Bayern mit 42 Prozent besonders niedrig, sodass hier ein größerer Ausbaubedarf vorliegt (vgl. Guglhör-Rudan/Alt 2019).

1.1 Betreuungsbedarfe im Grundschulalter: Ganztagsbedarf und Gesamtbedarf

Vor diesem Hintergrund stellt sich die Frage, wie groß der Betreuungsbedarf der Eltern im Jahr 2025 sein wird, und wie viele Plätze neu geschaffen werden müssen, um den voraussichtlichen Bedarf der Eltern abzudecken. Die DJI-Kinderbetreuungsstudie (vgl. Alt et al. 2018) erhebt die Betreuungsbedarfe der Eltern nicht nur für Horte und Ganztagsschulen, sondern für alle Angebotsformen, also auch für Angebote der Übermittagsbetreuung, der Kindertagespflege oder anderer Einrichtungen. Außerdem wird der gewünschte Betreuungsumfang aufseiten der Eltern abgefragt. Es gaben hier 2018 insgesamt 73 Prozent der Eltern an, dass sie einen Bedarf an einem Betreuungsangebot für ihr Grundschulkind haben, welcher über die Halbtagsschule hinausgeht (vgl. Alt et al. 2019). Allerdings formulierten deutlich weniger Eltern einen ganztägigen Bedarf, also einen Betreuungsbedarf im Hort, in der Ganztagsschule oder eine anderweitige Betreuung, die über 14.30 Uhr hinausgeht. Demzufolge muss zwischen zwei Bedarfen unterschieden werden:

- In den *Ganztags*bedarf fließen alle heute bekannten Bedarfe der Eltern in Horten und Ganztagsschulen ein sowie auch Bedarfe in anderen Angebotsformen (z. B. Übermittagsbetreuung), soweit sie über 14.30 Uhr hinausgehen. Es handelt sich hier um ganztägige Bedarfe, kürzere Betreuungsbedarfe in den anderen Angebotsformen (bis höchstens 14.30 Uhr) werden nicht in die Ganztagsbedarfe eingerechnet. Der reine Ganztagsbedarf beläuft sich deutschlandweit auf ca. 64 Prozent.
- Im Gegensatz dazu fließen in den *Gesamt*bedarf alle heute bekannten Bedarfe der Eltern unabhängig von der gewünschten Betreuungsform und vom zeitlichen Umfang ein. Dies bedeutet, dass im Gesamtbedarf sowohl die Plätze mit einem tatsächlichen Ganztagsbedarf enthalten sind als auch

Betreuungsplätze, die nur einem erweiterten Halbtagsbedarf entsprechen. Der Gesamtbedarf liegt somit bei ca. 73 Prozent[1].

Sowohl der Ganztagsbedarf als auch der Gesamtbedarf variieren deutlich zwischen den Bundesländern. Die folgenden Berechnungen beziehen nun jeweils immer die beiden Alternativszenarien ein: Deckung des Ganztagsbedarfs vs. Deckung des Gesamtbedarfs.

Bei Einführung des Rechtsanspruchs im U3-Bereich konnte beobachtet werden, dass während der Ausbauphase die Betreuungsbedarfe weiter angestiegen sind (von 39 Prozent 2012 bis 48 Prozent 2018, vgl. BMFSFJ 2012; BMFSFJ 2019), d. h. steigende Angebote ziehen steigende Bedarfe nach sich. Diese Entwicklung ist auch beim Ausbau der Ganztagsbetreuung im Grundschulalter zu erwarten. Es wird daher in Anlehnung an den U3-Ausbau näherungsweise davon ausgegangen, dass der Bedarf zwischen 2018 und 2025 für Gesamtdeutschland noch um rund weitere 10 Prozent steigen wird. Die notwendige Betreuungsquote zur Deckung der Ganztagsbedarf im engeren Sinn (d. h. elterliche Bedarfe über 14.30 Uhr hinaus) würde demnach 2025 bei 69 Prozent liegen, zur Deckung des Gesamtbedarfs bei 79 Prozent.

Um abschätzen zu können, wie viele Plätze bis 2025 noch geschaffen werden müssen, ist neben der Höhe der zu erwartenden elterlichen Gesamt- bzw. Ganztagsbedarfe die Anzahl an bereits vorhandenen Plätzen ausschlaggebend. Bundesweit geben rund 49 Prozent an, dass ihr Kind derzeit einen Hort, eine Ganztagsschule oder andere Einrichtung besucht, bzw. stehen für 49 Prozent der Kinder laut amtlicher Statistik entsprechende Betreuungsplätze zur Verfügung[2].

Geht man von einem Ganztagsbedarf von 69 Prozent im Jahr 2025 aus, so erfordert dies folglich einen Ausbau von zusätzlich 820.000 Plätzen. Zur Deckung des Gesamtbedarfs (79 Prozent) sind hingegen 1,1 Millionen Plätzen bis 2025 erforderlich.

1　Die neueste Veröffentlichung zeigt, dass die Bedarfe von 2018 auf 2019 weiter leicht angestiegen sind, gerundet allerdings weiterhin bei 73 Prozent liegen (Alt et al. 2020). 2017 waren es hingegen 71 Prozent (alle Werte gerundet).

2　Zur Berechnung der Betreuungsquote werden bei Ermittlung des Gesamtbedarfs amtliche Daten zugrunde gelegt (Beteiligungsquoten in Horten und Ganztagsschulen; Forschungsdatenzentrum der Statistischen Ämter des Bundes und der Länder 2019), bei Ermittlung des Ganztagsbedarfs Daten aus KiBS (Alt et al. 2019). Bei den amtlichen Daten werden zum einen die Plätze in Horten als Angebote der Kinder- und Jugendhilfe (KJH-Statistik, Forschungsdatenzentrum 2019) aufgeführt, und zum anderen Plätze in offenen und gebundenen Ganztagsschulen (KMK-Statistik, KMK 2019). Diese beiden Statistiken sind nicht trennscharf und enthalten somit zum Teil Überschneidungen, zum Teil sind auch Angebote der Übermittagsbetreuung enthalten, sodass die Betreuungsquote aus den amtlichen Daten nur einen Näherungswert darstellt.

2. Grundlagen für die Kostenschätzungen

Die grundlegenden Eckwerte der Kostenabschätzung basieren auf Absprachen in der Bund-Länder-AG zur Umsetzung des Rechtsanspruchs auf Ganztagsbetreuung im Grundschulalter. In diesem Rahmen wurde festgelegt, dass der Rechtsanspruch eine Betreuung über acht Stunden an fünf Tagen umfassen soll, sodass insgesamt 40 Wochenstunden abgedeckt werden. Schulkinder der Klassen 1 bis 4 verbringen derzeit durchschnittlich 21,2 Zeitstunden pro Woche mit Unterricht und Pausenzeiten (vgl. Klemm/Zorn 2017), sodass künftig weitere 18,8 Zeitstunden pro Woche zusätzlich abzudecken sind. In den Schulferien sollen die Einrichtungen künftig nur noch vier Wochen pro Jahr schließen, so dass in rund 10 Wochen eine Betreuung im vollen Umfang mit 40 Zeitstunden pro Woche zu gewährleisten sein wird.

Insgesamt soll die Vielfalt der Betreuungsformen in den Ländern weiter beibehalten werden, d. h. Ganztagsschulen, Horte und weitere Betreuungsformen können weiterhin nebeneinander fortbestehen.

Bei den Berechnungen handelt es sich notgedrungen um Modellrechnungen. Es werden Annahmen getroffen, die sich im Laufe der Zeit ändern können (z. B. Betreuungsschlüssel, Schließzeiten). Außerdem ist ein Teil der Daten nicht auf Länderebene verfügbar, sodass eine vereinfachende Modellrechnung auf Bundesebene vorerst die einzige Möglichkeit bietet, eine Vorstellung von den insgesamt notwendigen Plätzen und den damit verbundenen Kosten zu erlangen.

Kalkuliert werden zunächst die laufenden Kosten pro Kind und Jahr, die sich aus den Personalkosten und den Overheadkosten (Betriebskosten wie Heizung, Strom etc.) zusammensetzen. Für die Berechnung der Personalkosten wird für Erzieher*innen als pädagogische Fachkräfte ein Personalschlüssel von 1 zu 10 Kinder angenommen, für Lehrkräfte gilt ein Personalschlüssel von 1 zu 20 Schüler*innen (jeweils entsprechend der gegenwärtigen Personalschlüssel in Schule und Hort).

Als Personalkosten werden bundesweite Durchschnittswerte angesetzt, für Erzieher*innen sind dies 51.500 Euro pro Jahr (Bruttogehalt plus 25 Prozent Arbeitgeber-Anteil; vgl. Forschungsdatenzentrum der Statistischen Ämter des Bundes und der Länder 2019), für Lehrkräfte fallen Personalkosten von 67.500 Euro pro Jahr an (54.000 Euro pro Jahr, plus 25 Prozent Arbeitgeber Anteil. vgl. Teichert/Held/Foltin/Diefenbacher 2018, S. 27). Für die Berechnung der Kosten bis zum Jahr 2025 werden jährliche Gehaltssteigerungen von 2 Prozent angenommen.

Für die unterschiedlichen Formen der Ganztagsbetreuung werden jeweils unterschiedliche Varianten der Personalausstattung zugrunde gelegt: Für den gebundenen schulischen Ganztag wird davon ausgegangen, dass 50 Prozent Lehrkräfte und 50 Prozent Erzieher*innen die Betreuung der Schulkinder übernehmen, für den offenen schulischen Ganztag und den Hort wird eine Personalausstattung mit 100 Prozent Fachkräften in Form von Erzieher*innen angesetzt. Derzeit werden in allen Angebotsformen teilweise alternativ zur Betreuung durch Erzieher*innen oder Lehrkräfte externe Angebote über unterschiedliche Kooperationspartner eingesetzt. Informationen über bundesdurchschnittliche Kosten für externe Angebote sind jedoch nicht verfügbar. Wir gehen daher für die Kostenberechnung davon aus, dass auch in diesen externen Angeboten Fachkräfte tätig sind bzw. sein sollten, und setzen die laufenden Kosten pro Stunde für ein alternativ stattfindendes externes Angebot gleich hoch an wie die laufenden Kosten pro Stunde durch Erzieher*innen. Mit anderen Worten: Auch hier wird von einem qualitativ hochwertigen externen Angebot mit Fachkräften ausgegangen. Mit diesen Annahmen zur Personalausstattung ausschließlich durch Fachkräfte wird ein Qualitätsmaßstab angesetzt, der für Horte bereits seit langem gewährleistet ist, aber für viele Formen der Ganztagsschulbetreuung im Grundschulalter bislang nicht angeboten wird, da dort teilweise mit Ehrenamtlichen, Übungsleitern oder mit Honorarkräften ohne pädagogische Ausbildung gearbeitet wird (vgl. Steiner 2013).

Für die folgenden Berechnungen wird zudem davon ausgegangen, dass die derzeit bestehende Angebotsstruktur und ihre prozentuale Verteilung in den Ländern konstant bleiben. Mit anderen Worten: Der bundeslandspezifische Anteil der Betreuung durch den Hort, der Anteil der Betreuung im Rahmen des gebundenen sowie des offenen schulischen Ganztags wird konstant gehalten.

2.1 Nicht berücksichtigte Kosten

Es handelt sich bei den Kostenberechnungen um vereinfachte Modellrechnungen, unter der Voraussetzung stark vereinfachter Modellannahmen und Parameter. Nicht in die Kalkulation eingeflossen sind daher zum Beispiel die Einkommensunterschiede zwischen verbeamteten und angestellten Lehrkräften sowie die tatsächlichen Einkommensunterschiede zwischen den Ländern. Elternbeiträge, die die Kosten senken, sowie evtl. zusätzlich entstehende Kosten für Mittagessen wurden ebenfalls nicht berücksichtigt.

Zudem decken die Kosten nur die zusätzlichen Zeiten ab und beziehen sich somit ausschließlich auf die 18,8 Zeitstunden pro Woche, die über die bereits abgedeckten 21,2 Zeitstunden hinausgehen, sowie neu abzudeckende Öffnungszeiten in den Schulferien. D. h. eine Verbesserung im Rahmen der rund 1,4 Mio. bereits vorhandenen Plätze, z. B. durch erweiterte Öffnungszeiten oder bessere Personalausstattung wurden nicht in die Berechnungen einbezogen. Das bedeutet, dass alle bereits bestehenden Hort- oder Ganztagsschulplätze als momentan abgedeckter Bedarf nicht in die Berechnung zusätzlicher Kosten mit aufgenommen werden, ebenso der Vormittagsunterricht an den Schulen (vgl. Klemm et al. 2019)

2.2 Kostenschätzungen zu Personal und Overhead

Zunächst werden die Kosten für den Ausbau der Ganztagsbetreuung im Grundschulalter pro Kind für jeweils ein Jahr berechnet. Es folgen bundesweite Kostenschätzungen für die Jahre 2020 bis 2025, in denen der Ausbau stattfinden soll. Die prognostizierten Bevölkerungszahlen für die Jahre 2020 bis 2025 werden auf Basis der 14. koordinierten Bevölkerungsvorausberechnung angesetzt (vgl. Destatis 2019). Die laufenden Kosten pro Kind und Jahr unterscheiden sich je nach Betreuungsform aufgrund der unterschiedlichen Personalausstattung (siehe oben) und sind für die offene Ganztagsschule und den Hort etwas niedriger als für die gebundene Ganztagsschule. Demnach ergibt sich ein Schätzwert von rund 3.600 Euro pro Kind und Jahr für die laufenden Personalkosten (inkl. Overhead von 20 Prozent) für die Betreuung im Hort oder in einer offenen Ganztagsschule, für die Betreuung in einer gebundenen Ganztagsschule sind es hingegen rund 4.000 Euro pro Kind und Jahr.

Für die Modellrechnung wird von einem linearen stufenweisen Ausbau der Plätze zwischen 2020 und 2025 ausgegangen. Wenn bis 2025 allen Eltern, die einen Ganztagsbedarf haben auch einen Platz für ihre Kinder zur Verfügung stehen soll, muss die Betreuungsquote auf 69 Prozent (2025) steigen, d. h. es müssten bis ins Jahr 2025 um die 820.000 Plätze geschaffen werden. Pro Jahr entspricht das rein rechnerisch in etwa 137.000 Plätzen, sodass im Jahr 2025 dann insgesamt 2,2 Millionen Plätze zur Verfügung stehen würden.

Sollen hingegen alle Bedarfe der Eltern im Jahr 2025 gedeckt werden (zur Deckung des Gesamtbedarfs einschließlich der Bedarfe bis 14.30 Uhr), so steigen in der Modellrechnung die Betreuungsquoten auf 79 Prozent (2025) und es müssten insgesamt 1,1 Millionen Plätze geschaffen werden. Das sind deutlich mehr Plätze als bei Deckung des Ganztagsbedarfs. Es kämen somit jährlich im Schnitt 188.000 Plätze hinzu, sodass 2025 insgesamt 2,6 Millionen Plätze zur Verfügung stünden.

Die laufenden Kosten beinhalten eine jährliche Steigerung, zum einen aufgrund der steigenden Lohnkosten (2 Prozent pro Jahr), zum anderen aber vor allem durch die im Vorjahr bereits ausgebauten Plätze die in die laufenden Kosten mit einkalkuliert werden müssen. Bei Deckung des Ganztagsbedarfs mit einem Ausbau von 820.000 Plätzen steigern sich die Kosten pro Jahr somit von ca. 514 Millionen Euro im Jahr 2020 bis zu ca. 3,2 Milliarden Euro im Jahr 2025 (vgl. Tab. 1).

Tab. 1: Jährlich laufende Personalkosten inkl. Overheadkosten bei gleichmäßiger Steigerung der Plätze bis zum angestrebten *Ganztags*bedarf im Jahr 2025 nach Angebotsformen und Ländern (in Millionen Euro)

		2020	2021	2022	2023	2024	2025
		Mio. Euro					
Länder mit schulischen Ganztagsangeboten*	Berlin	- 34-	- 69-	- 105-	- 142-	- 179-	- 217-
	Hamburg	- 12-	- 23-	- 36-	- 48-	- 60-	- 73-
	Nordrhein-Westfalen	- 111-	- 225-	- 340-	- 458-	- 579-	- 702-
	Thüringen	- 7-	- 15-	- 23-	- 31-	- 39-	- 47-
Länder mit Hortangeboten*	Mecklenburg-Vorpommern	- 7-	- 15-	- 23-	- 31-	- 39-	- 47-
Länder, in denen die Zuordnung zu Hort- oder Ganztagsschulangeboten entsprechend den Statistiken unklar bleibt**	Brandenburg	- 7-	- 15-	- 23-	- 31-	- 39-	- 47-
	Sachsen	- 8-	- 16-	- 24-	- 33-	- 41-	- 50-
	Sachsen-Anhalt	- 7-	- 15-	- 23-	- 31-	- 39-	- 47-
Länder mit Angebotsmix	Baden-Württemberg	- 84-	- 170-	- 257-	- 346-	- 437-	- 530-
	Bayern	- 87-	- 176-	- 267-	- 360-	- 454-	- 550-
	Bremen	- 4-	- 8-	- 13-	- 17-	- 22-	- 26-
	Hessen	- 44-	- 90-	- 136-	- 183-	- 232-	- 281-
	Niedersachsen	- 49-	- 98-	- 149-	- 201-	- 253-	- 307-
	Rheinland-Pfalz	- 32-	- 64-	- 97-	- 130-	- 165-	- 199-
	Saarland	- 4-	- 7-	- 11-	- 15-	- 19-	- 23-
	Schleswig-Holstein	- 15-	- 30-	- 45-	- 61-	- 77-	- 94-
Gesamt	Ostdeutschland (inkl. Berlin)	- 72-	- 145-	- 220-	- 296-	- 374-	- 454-
	Westdeutschland	- 442-	- 892-	- 1,351-	- 1,820-	- 2,298-	- 2,786-
	Deutschland	- 514-	- 1,037-	- 1,572-	- 2,116-	- 2,672-	- 3,239-

Eigene Berechnungen (DJI 2019);

Anmerkungen: Eingerechnet wurden Wachstumsraten (jährliche Gehaltssteigerungen von 2 Prozent), ein moderates Bevölkerungswachstum (14. koordinierte Bevölkerungsvorausberechnung, Variante 2) sowie eine Steigerung der Elternbedarfe bis 2025 um maximal 10 Prozent; *Geringe Anteile anderer Angebote können noch beobachtet werden; **In Brandenburg, Sachsen und Sachsen-Anhalt kommt es teilweise zu Doppelzählungen der betreuten Kinder in den amtlichen Statistiken, sodass die Länder als „Länder, in denen die Zuordnung zu Hort- oder Ganztagsschulangeboten entsprechend den Statistiken unklar bleibt" bezeichnet werden, auch wenn dies nicht den landesweiten gesetzlichen Regelungen entspricht; Werte in Mio. Euro.

Bei Deckung des Gesamtbedarfs mit einem Ausbau von 1,1 Millionen Plätzen bis zum Jahr 2025 steigern sich diese Kosten pro Jahr von ca. 705 Millionen Euro im Jahr 2020 bis zu ca. 4,5 Milliarden Euro im Jahr 2025 (vgl. Tab. 2).

Tab. 2: Jährlich laufende Personalkosten inkl. Overheadkosten bei gleichmäßiger Steigerung der Plätze bis zum angestrebten *Gesamt*bedarf im Jahr 2025 nach Angebotsformen und Ländern (in Millionen Euro)

		2020	2021	2022	2023	2024	2025
		Mio. Euro					
Länder mit schulischen Ganztagsangeboten*	Berlin	- 34-	- 69-	- 105-	- 141-	- 179-	- 217-
	Hamburg	- 12-	- 23-	- 36-	- 48-	- 60-	- 73-
	Nordrhein-Westfalen	- 160-	- 323-	- 489-	- 659-	- 832-	- 1,009-
	Thüringen	- 7-	- 15-	- 23-	- 31-	- 39-	- 47-
Länder mit Hortangeboten*	Mecklenburg-Vorpommern	- 11-	- 22-	- 34-	- 46-	- 58-	- 70-
Länder, in denen die Zuordnung zu Hort- oder Ganztagsschulangeboten entsprechend den Statistiken unklar bleibt**	Brandenburg	- 11-	- 22-	- 34-	- 46-	- 58-	- 70-
	Sachsen	- 12-	- 23-	- 36-	- 48-	- 60-	- 73-
	Sachsen-Anhalt	- 11-	- 22-	- 34-	- 46-	- 58-	- 70-
Länder mit Angebotsmix	Baden-Württemberg	- 130-	- 262-	- 396-	- 534-	- 674-	- 817-
	Bayern	- 125-	- 252-	- 382-	- 514-	- 649-	- 787-
	Bremen	- 4-	- 9-	- 13-	- 17-	- 22-	- 27-
	Hessen	- 56-	- 112-	- 170-	- 229-	- 289-	- 351-
	Niedersachsen	- 60-	- 121-	- 183-	- 247-	- 311-	- 377-
	Rheinland-Pfalz	- 44-	- 88-	- 134-	- 180-	- 228-	- 276-
	Saarland	- 7-	- 15-	- 23-	- 31-	- 39-	- 47-
	Schleswig-Holstein	- 22-	- 45-	- 68-	- 92-	- 116-	- 140-
Gesamt	Ostdeutschland (inkl. Berlin)	- 87-	- 175-	- 265-	- 357-	- 451-	- 547-
	Westdeutschland	- 619-	- 1,250-	- 1,894-	- 2,550-	- 3,220-	- 3,903-
	Deutschland	- 705-	- 1,425-	- 2,159-	- 2,908-	- 3,671-	- 4,450-

Eigene Berechnungen (DJI 2019);

Anmerkungen: Eingerechnet wurden Wachstumsraten (jährliche Gehaltssteigerungen von 2 Prozent), ein moderates Bevölkerungswachstum (14. koordinierte Bevölkerungsvorausberechnung, Variante 2) sowie eine Steigerung der Elternbedarfe bis 2025 gegenüber 2018 um maximal 10 Prozent; *Geringe Anteile anderer Angebote können noch beobachtet werden; **In Brandenburg, Sachsen und Sachsen-Anhalt kommt es teilweise zu Doppelzählungen der betreuten Kinder in den amtlichen Statistiken, sodass die Länder als „Länder, in denen die Zuordnung zu Hort- oder Ganztagsschulangeboten entsprechend den Statistiken unklar bleibt" bezeichnet werden, auch wenn dies nicht den landesweiten gesetzlichen Regelungen entspricht; Werte in Mio. Euro.

2.3 Schätzung der Investitionskosten

Die Schätzung der einmaligen Investitionskosten pro Platz erfolgt auf Grundlage der Ergebnisse einer Literaturrecherche, da es keine bundesweiten standardisierten Erhebungen dazu gibt. Für den Ausbau der räumlichen Kapazitäten und die erforderliche Ausstattung in Ganztagsschulen veranschlagen Krebs, Scheffel, Barišić und Zorn (vgl. 2019, S. 13) Kosten in Höhe von 4.000 Euro pro Ganztagsplatz. Diese Kosten beinhalten keine Neubauten oder Erweiterungsbauten, da diesbezüglich bundesweit keine Kosten bekannt sind. Im Hinblick auf die Investitionskosten für einen Hortplatz werden hingegen von Rauschenbach, Schilling und Meiner-Teubner (vgl. 2017) für einen Neubau Kosten in Höhe von 18.000 Euro ausgewiesen, für einen Erweiterungsbau rund die Hälfte der Neubaukosten, also rund 9.000 Euro angesetzt. Die Investitionskosten für Horte liegen in dieser Modellrechnung daher deutlich höher, da hier Neubauten und Erweiterungsbauten angesetzt werden, in den Ganztagsschulen hingegen nicht. Inwieweit Neubauten und Erweiterungsbauten für Schulen notwendig sein werden, ist auf Bundesebene nicht bekannt. Für die folgenden Analysen wird im Hortbereich modellhaft von 50 Prozent Neubauten und 50 Prozent Erweiterungsbauten ausgegangen, die Investitionskosten für einen zusätzlichen Hortplatz würden sich demnach auf durchschnittlich 13.500 Euro belaufen. Die Kosten für den Ausbau für einen schulischen Ganztagsplatz werden bei 4.000 Euro angesetzt. Der Schätzung der Investitionskosten für den gesamten Ausbau bis 2025 liegt, wie bei der Berechnung der Personalkosten, die Annahme eines gleichmäßigen Ausbaus über die Jahre 2020 bis 2025 zugrunde. Dabei wird das Verhältnis der betrachteten Betreuungsformen in den Ländern konstant gehalten, also angenommen, dass sich die Relationen zwischen den gegebenen Betreuungsformen nicht wesentlich verändern. Ausgangspunkt bleiben weiterhin die Betreuungssituation und die Bedarfe 2018. Nicht kalkuliert werden die tatsächlichen Investitionskosten für einen neuen schulischen Ganztagsplatz, da hier keine ausreichenden Informationen vorliegen. Für alle Berechnungen wird exemplarisch eine jährliche Kostensteigerung von 2,5 Prozent auf die Bau- und Beschaffungskosten angenommen. Informationen über die tatsächliche Höhe der jährlichen Steigerungsrate der Bau- und Beschaffungskosten liegen nicht vor. Zur Deckung der Ganztagsbedarfe (ohne die kurzen, nur bis 14.30 Uhr reichenden Bedarfe) müssten bis 2025 zusätzlich 820.000 Betreuungsplätze geschaffen werden. Die Investitionskosten belaufen sich diesem Modell zufolge auf ca. 5,3 Milliarden Euro, verteilt auf sechs Jahre, also zwischen 841 Millionen Euro im Jahr 2020 und 952 Millionen Euro im Jahr 2025 (vgl. Tab. 3).

Tab. 3: Investitionskosten mit jährlich 2,5 Prozent Steigerung und gleichmäßiger Steigerung der Plätze hin zum angestrebten *Ganztags*bedarf im Jahr 2025 nach Angebotsformen und Ländern (in Millionen Euro)

		2020	2021	2022	2023	2024	2025
		Mio. Euro					
Länder mit schulischen Ganztagsangeboten*	Berlin	- 38-	- 39-	- 40-	- 41-	- 42-	- 43-
	Hamburg	- 13-	- 13-	- 13-	- 14-	- 14-	- 14-
	Nordrhein-Westfalen	- 126-	- 129-	- 132-	- 136-	- 139-	- 143-
	Thüringen	- 8-	- 9-	- 9-	- 9-	- 9-	- 10-
Länder mit Hortangeboten*	Mecklenburg-Vorpommern	- 28-	- 29-	- 30-	- 31-	- 31-	- 32-
Länder, in denen die Zuordnung zu Hort oder Ganztagsschulangeboten entsprechend den Statistiken unklar bleibt**	Brandenburg	- 18-	- 19-	- 19-	- 20-	- 20-	- 21-
	Sachsen	- 8-	- 9-	- 9-	- 9-	- 9-	- 10-
	Sachsen-Anhalt	- 8-	- 9-	- 9-	- 9-	- 9-	- 10-
Länder mit Angebotsmix	Baden-Württemberg	- 152-	- 156-	- 160-	- 164-	- 168-	- 172-
	Bayern	- 196-	- 201-	- 206-	- 212-	- 217-	- 222-
	Bremen	- 4-	- 4-	- 4-	- 5-	- 5-	- 5-
	Hessen	- 80-	- 82-	- 84-	- 87-	- 89-	- 91-
	Niedersachsen	- 85-	- 87-	- 89-	- 91-	- 93-	- 96-
	Rheinland-Pfalz	- 44-	- 45-	- 46-	- 47-	- 48-	- 49-
	Saarland	- 4-	- 4-	- 4-	- 5-	- 5-	- 5-
	Schleswig-Holstein	- 27-	- 27-	- 28-	- 29-	- 30-	- 30-
Gesamt	Ostdeutschland (inkl. Berlin)	- 110-	- 113-	- 115-	- 118-	- 121-	- 124-
	Westdeutschland	- 731-	- 750-	- 768-	- 787-	- 807-	- 827-
	Deutschland	- 841-	- 862-	- 884-	- 906-	- 928-	- 952-

Eigene Berechnungen (DJI 2019);

Anmerkungen: Eingerechnet wurden Wachstumsraten (jährliche Gehaltssteigerungen von 2 Prozent), ein moderates Bevölkerungswachstum (14. koordinierte Bevölkerungsvorausberechnung, Variante 2) sowie eine Steigerung der Elternbedarfe bis 2025 gegenüber 2018 um maximal 10 Prozent; *Geringe Anteile anderer Angebote können noch beobachtet werden; **In Brandenburg, Sachsen und Sachsen-Anhalt kommt es teilweise zu Doppelzählungen der betreuten Kinder in den amtlichen Statistiken, sodass die Länder als „Länder, in denen die Zuordnung zu Hort- oder Ganztagsschulangeboten entsprechend den Statistiken unklar bleibt" bezeichnet werden, auch wenn dies nicht den landesweiten gesetzlichen Regelungen entspricht; Werte in Mio. Euro.

Für die Schaffung von 1,1 Millionen Betreuungsplätzen bis zum Jahr 2025 würden zwischen 1,2 Milliarden Euro (2020) und 1,4 Milliarden Euro (2025) anfallen, sodass der Ausbau zur Deckung des Gesamtbedarfs insgesamt etwa 7,5 Milliarden Euro Investitionskosten mit sich bringen würde (vgl. Tab. 4).

Tab. 4: Investitionskosten mit jährlich 2,5 Prozent Steigerung und gleichmäßiger Steigerung der Plätze hin zum angestrebten *Gesamt*bedarf im Jahr 2025 nach Angebotsformen und Ländern (in Millionen Euro)

		2020	2021	2022	2023	2024	2025
		Mio. Euro					
Länder mit schulischen Ganztagsangeboten*	Berlin	- 38-	- 39-	- 40-	- 41-	- 42-	- 43-
	Hamburg	- 13-	- 13-	- 13-	- 14-	- 14-	- 14-
	Nordrhein-Westfalen	- 181-	- 185-	- 190-	- 195-	- 199-	- 204-
	Thüringen	- 8-	- 9-	- 9-	- 9-	- 9-	- 10-
Länder mit Hortangeboten*	Mecklenburg-Vorpommern	- 43-	- 44-	- 45-	- 46-	- 47-	- 48-
Länder, in denen die Zuordnung zu Hort- oder Ganztagsschulangeboten entsprechend den Statistiken unklar bleibt**	Brandenburg	- 23-	- 23-	- 24-	- 24-	- 25-	- 26-
	Sachsen	- 13-	- 13-	- 13-	- 14-	- 14-	- 14-
	Sachsen-Anhalt	- 13-	- 13-	- 13-	- 14-	- 14-	- 14-
Länder mit Angebotsmix	Baden-Württemberg	- 243-	- 249-	- 255-	- 261-	- 268-	- 275-
	Bayern	- 288-	- 296-	- 303-	- 311-	- 318-	- 326-
	Bremen	- 4-	- 4-	- 4-	- 5-	- 5-	- 5-
	Hessen	- 103-	- 106-	- 108-	- 111-	- 114-	- 116-
	Niedersachsen	- 107-	- 110-	- 113-	- 115-	- 118-	- 121-
	Rheinland-Pfalz	- 56-	- 58-	- 59-	- 61-	- 62-	- 64-
	Saarland	- 8-	- 9-	- 9-	- 9-	- 9-	- 10-
	Schleswig-Holstein	- 45-	- 46-	- 47-	- 49-	- 50-	- 51-
Gesamt	Ostdeutschland (inkl. Berlin)	- 137-	- 140-	- 143-	- 147-	- 151-	- 155-
	Westdeutschland	- 1,049-	- 1,075-	- 1,102-	- 1,129-	- 1,157-	- 1,186-
	Deutschland	- 1,185-	- 1,215-	- 1,245-	- 1,276-	- 1,308-	- 1,341-

Eigene Berechnungen (DJI 2019);

Anmerkungen: Eingerechnet wurden Wachstumsraten (jährliche Gehaltssteigerungen von 2 Prozent), ein moderates Bevölkerungswachstum (14. koordinierte Bevölkerungsvorausberechnung, Variante 2) sowie eine Steigerung der Elternbedarfe bis 2025 gegenüber 2018 um maximal 10 Prozent; *Geringe Anteile anderer Angebote können noch beobachtet werden; **In Brandenburg, Sachsen und Sachsen-Anhalt kommt es teilweise zu Doppelzählungen der betreuten Kinder in den amtlichen Statistiken, sodass die Länder als „Länder, in denen die Zuordnung zu Hort- oder Ganztagsschulangeboten entsprechend den Statistiken unklar bleibt" bezeichnet werden, auch wenn dies nicht den landesweiten gesetzlichen Regelungen entspricht; Werte in Mio. Euro.

2.4 Die Bedeutung der Modellannahmen für die Kostenschätzung

Die vorgelegten Berechnungen machen deutlich, dass die Kosten in hohem Maße von den zugrundeliegenden Annahmen abhängen. Dies gilt zuallererst für die Zahl der Grundschulkinder, die nach neuesten Berechnungen des statistischen Bundesamtes stark steigen werden (vgl. Destatis 2019). Auch die Anzahl der zu schaffenden Plätze steht in direktem Zusammenhang zu den Annahmen, z. B., dass die Ganztagsbedarfe bzw. Gesamtbedarfe während der Ausbauphase weiter steigen werden. Und auch die laufenden Kosten pro Kind und Jahr sind abhängig von einer Vielzahl an Vorannahmen, z. B. vom Stundenumfang, von der Verteilung der unterschiedlichen Betreuungsformen zueinander, dem Einsatz von Fach- bzw. Lehrkräften, deren Einkommen sowie dem Betreuungsschlüssel. Dementsprechend stehen auch die Investitionskosten pro Platz in direktem Zusammenhang z. B. mit Annahmen über Baukosten und künftigen Anteilen an Neubau- bzw. Ausbaubedarfen. Die Zahl der zu schaffenden Plätze unterscheidet sich deutlich zwischen den beiden berechneten Szenarien. Die Auswirkungen auf die Gesamtkosten für die jeweils zusätzlich zu schaffenden Plätze sind erheblich (vgl. Tab. 5): Zur Schaffung von 820.000 Plätzen (Ganztagsbedarf) fallen 5,3 Milliarden Euro Investitionskosten an, und jährlich 3,2 Milliarden Betriebskosten. Für den Ausbau von 1,1 Millionen Plätzen (Gesamtbedarf) fallen im Gegensatz dazu insgesamt 7,5 Milliarden Euro an Investitionskosten an, und ab dem Jahr 2025 4,5 Milliarden jährliche Betriebskosten.

Tab. 5: Übersicht über die Kosten des Ausbaus der Ganztagsbetreuung im Grundschulalter auf Bundesebene zur Deckung des Ganztagsbedarfs bzw. des Gesamtbedarfs

	Plätze und Kosten des Ausbau		
	Zu schaffende Plätze bis 2025	Investitionskosten bis 2025	Betriebskosten für diese Plätze pro Jahr ab 2025
Ganztagsbedarf[1]	820,000	5,3 Mrd. Euro	3,2 Mrd. Euro
Gesamtbedarf[2]	1,132,000	7,5 Mrd. Euro	4,5 Mrd. Euro

Anmerkungen: Angenommen wird ein moderates Bevölkerungswachstum (Variante 2 der 14. koordinierten Bevölkerungsvorausberechnung, Destatis 2019), steigende elterliche Bedarfe um maximal 10 Prozent bis 2025, steigende Investitionskosten um jährlich 2,5 Prozent, steigende Personalkosten um jährlich 2 Prozent;
[1] Ganztagsbedarf: Berücksichtigung von Elternbedarfen im Rahmen einer Ganztagsschule oder eines Hortes oder eines sonstigen Betreuungsbedarfs, wenn dieser über 14.30 Uhr hinausgeht;
[2] Gesamtbedarf: Berücksichtigung aller Betreuungsbedarfe inkl. Betreuungsbedarfe, die nicht über 14.30 Uhr hinausgehen.

3. Weitere Überlegungen zum Ganztag

Der Ausbau der Ganztagsbetreuung im Grundschulalter steht vor einer ganz besonderen Herausforderung, da hier verschiedene Systeme und Traditionen mit unterschiedlichen Strukturen und Zielstellungen aufeinandertreffen: zum einen entstammen die Horte der klassischen Tradition der Kinder- und Jugendhilfe, sodass die Ausgestaltung und die rechtlichen Rahmenbedingungen teils mit dem Kindergarten vergleichbar sind. So betreuen z. B. oftmals Erzieher*innen die Kinder aus verschiedenen Altersstufen gemeinsam in Räumlichkeiten außerhalb der Schule. Andererseits sind die Ganztagsschulen in der schulischen Tradition und Verantwortung angesiedelt, oftmals werden Kinder innerhalb des Schulgeländes betreut, durch Lehrkräfte und pädagogisches Personal, zum Teil in Klassenverbänden. Über Hort und Ganztagsschule hinaus gibt es je nach Bundesland eine Reihe weiterer Angebote. Daher sollten die verschiedenen Ziele und Regelungen im Auge behalten werden, die sich entweder für alle Angebotsformen gemeinsam oder für einzelne Angebotsformen spezifisch darstellen. Denn für die ganztägige Erziehung, Bildung und Betreuung von Grundschulkindern liegen gleichzeitig mehrere Ziele vor, je nachdem aus welcher Perspektive die Angebote betrachtet werden, bzw. ob diese der Tradition der schulischen Ganztagsbetreuung oder der Hortangebote der Jugendhilfe entspringen:

Zum einen kann die soziale, kulturelle und gesellschaftliche Teilhabe für alle Kinder sowie der Abbau von Bildungsbenachteiligung ein Ziel des Ausbaus der Ganztagsbetreuung sein, sodass kindorientierte, altersgemäße Entwicklungsmöglichkeiten zur Verfügung gestellt werden müssen. D. h. für den Ausbau der Ganztagsangebote für Grundschulkinder, dass die noch zu schaffenden ganztägigen Angebote der öffentlichen Erziehung, Bildung und Betreuung dazu einen maßgeblichen Beitrag leisten müssen.

Zum andern soll mit der Einführung des Rechtsanspruchs auch für Familien von Kindern im Grundschulalter gesichert werden, dass Familienleben und Erwerbsleben besser vereinbart werden können. Damit wird fortgeführt, was im U3 und im U6-Bereich schon als Rechtsanspruch eingeführt worden ist. Reagiert wird so auf den Bedarf seitens der Eltern, auch nach dem Schuleintritt für die Bildung und Betreuung ihrer Kinder ein passendes Angebot zu erhalten. Das ist aktuell nur in wenigen Bundesländern der Fall.

Wechselt man zur Perspektive der Eltern so zeigt sich, dass diese eine verlässliche und professionelle Unterstützung bei der Erziehung, Bildung und Betreuung ihrer Kinder erwarten. Diese bezieht sich nicht nur auf die Schulzeit, sondern auch auf weitergehende Angebote. Mit Blick auf ein ganztägiges Angebot sind jedoch mehrere, teils widersprüchliche Wünsche der Eltern zu berücksichtigen, die einerseits zeitlich flexible und eher freiwillige Angebote insbesondere im Freizeit- und Sportbereich präferieren, gleichzeitig aber Unterstützung bei der Erledigung von Hausaufgaben erwarten ebenso wie eine verbesserte individuelle Förderung ihrer Kinder im Ganztag.

Ziele können auch aus Perspektive der Kinder formuliert werden, wobei eine kindgerechte, gesundheits- und entwicklungsförderliche Strukturierung des Angebots im Vordergrund steht, sowie die Attraktivität der Angebote und die Berücksichtigung des Mitspracherechts sicherzustellen ist.

Die besondere Herausforderung bei der Erweiterung des Rechtsanspruchs auf ein ganztägiges Bildungs- und Betreuungsangebot für Kinder im Grundschulalter liegt folglich darin, dass die Angebote für eine ganztägige Bildung und Betreuung in diesem Alter zumeist in Kooperation zwischen Kinder- und Jugendhilfe sowie Schule realisiert werden. Damit treffen unterschiedliche Systeme aufeinander, die teils unterschiedlichen Ansprüchen und Zielstellungen folgen. Dies erfordert eine Abstimmung und Koordination über die im Grundschulalter geltenden Auffassungen, die eingeübten Aufgaben und gewohnten Perspektiven, aber auch über die neuen Herausforderungen und Aufgaben.

Eine weitere Herausforderung besteht darin, dass bislang nur die KMK mit Blick auf die Ganztagsschule eine erste Definition von Ganztagsangeboten vorgenommen hat (vgl. Kultusministerkonferenz der Länder (KMK) 2019). Danach ist ein Angebot dann „ganztägig", wenn es an mindestens drei Tagen von je mindestens sieben Zeitstunden stattfindet und an diesen Tagen ein Mittagessen zur Verfügung gestellt wird. In § 24 SGB VIII (Anspruch auf Förderung in Tageseinrichtungen und in Kindertagespflege) gibt es keine explizite Definition von „Ganztag". Hier steht im Vordergrund die Vereinbarkeit von Erwerbstätigkeit und Familie, die für die Eltern sichergestellt werden soll, bzw. der individuelle Bedarf eines Kindes. Für die Umsetzung des Rechtsanspruchs werden aktuell aber bereits fünf Tage mit je acht Stunden diskutiert (vgl. Guglhör-Rudan/ Alt 2019). Damit rückt man deutlich von der Definition der KMK ab.

Will man also einen Rechtsanspruch einführen, der das Wohl der Kinder, die Erwartungen der Eltern, das Wohl der Fach- und Lehrkräfte, die Anforderungen der Schule und die fachlichen Ziele der Kinder- und Jugendhilfe berücksichtigen soll, so tangiert dieses Vorhaben nicht nur die Finanzierungsfrage oder die Frage, wie ausreichend und gut qualifiziertes Personal hierfür gewonnen werden kann, sondern auch strukturelle, qualitative und inhaltliche Implikationen für das System der Ganztagsbetreuung im Grundschulalter. Auch wenn es seit 1996 eine objektiv-rechtliche Verpflichtung der öffentlichen Kinder- und Jugendhilfe zur Vorhaltung eines bedarfsgerechten Angebotes gibt, ist dieses bislang noch nicht – schon gar nicht in allen Ländern – umgesetzt.

Weitere Herausforderungen bei Einführung eines Rechtsanspruchs ergeben sich aus der Tatsache, dass das neu zu schaffende Ganztagsangebot einerseits in der Verantwortung der Schule und zum anderen in der Verantwortung der Kinder- und Jugendhilfe liegen wird. So ist davon auszugehen, dass neben der Kindertagesbetreuung auch die (offene) Kinder- und Jugendarbeit, Kinder- und

Jugendbildungs- und -verbandsarbeit oder auch die Schul- und Jugendsozialarbeit in ihrer Schnittstelle zur Schule unmittelbar von einem solchen Rechtsanspruch betroffen sein werden. Auch weitere rechtliche Regelungen und Konzepte der Kinder- und Jugendhilfe, wie z. B. die Betriebserlaubnis, der Kinderschutz, die Beteiligungs- und Beschwerdefahren, die Frage des besonderen Förderbedarfes von Kindern sowie die Sicherstellung der Inklusion müssen bei der Konturierung eines Rechtsanspruches in den Blick genommen werden (vgl. Deutscher Verein 2019).

Und noch eine Herausforderung gilt es künftig in den Griff zu bekommen: Angesichts der Tatsache, dass mit einem bundesweit geltenden individuellen Rechtsanspruch eine flächendeckende Zusammenarbeit der Systeme Schule sowie Kinder- und Jugendhilfe erforderlich wird, wiederholt der Deutsche Verein nachdrücklich seine Forderung aus dem Jahr 2007, dass die bereits verfügbaren Instrumente für die Erhebung und Erfassung der erforderlichen Daten – die Kinder- und Jugendhilfeplanung und die Schulentwicklungsplanung – systematisch integriert und mit der Sozial- und Stadtentwicklungsplanung abgestimmt und zusammengeführt werden müssen. Gleiches gilt für die Erfassung der elterlichen Bedarfe.

Literatur

Alt, C./Gedon, B./Hubert, S./Hüsken, K./Lippert, K. (Hrsg.) (2018): Kinderbetreuungsstudie. Querschnittdatensatz 2018. Unveröffentlichter Datensatz (Stand: 02.05.19). München: Deutsches Jugendinstitut.

Alt, C./Gedon, B./Hubert, S./Hüsken, K./Lippert, K. (Hrsg.) (2019): DJI-Kinderbetreuungsreport 2018. Inanspruchnahme und Bedarfe bei Kindern bis 14 Jahre aus Elternperspektive – ein Bundesländervergleich. München: Deutsches Jugendinstitut.

Alt, C./Anton, J./Gedon, B./Hubert, S./Hüsken, K./Lippert, K./Schickle, V. (Hrsg.) (2020): DJI-Kinderbetreuungsreport 2019. München: Deutsches Jugendinstitut.

Autorengruppe Bildungsberichterstattung (2018): Bildung in Deutschland 2018. Bielefeld: WBV Publikation.

Bundesministerium für Familie, Senioren, Frauen und Jugend (BMFSFJ) (Hrsg.) (2012): Vierter Zwischenbericht zur Evaluation des Kinderförderungsgesetzes, Berlin.

Bundesministerium für Familie, Senioren, Frauen und Jugend (Hrsg.) (2019): Kindertagesbetreuung Kompakt. Ausbaustand und Bedarf 2018. Ausgabe 04. Berlin

Deutscher Verein für öffentliche und private Fürsorge e.V. (2019): Empfehlungen des Deutschen Vereins zur Implementierung und Ausgestaltung eines Rechtsanspruches auf ganztägige Erziehung, Bildung und Betreuung für schulpflichtige Kinder in der Grundschulzeit (DV 13/19). Berlin. Online verfügbar unter: https://www.deutscher-verein.de/de/uploads/empfehlungen-stellungnahmen/2019/dv-13-19_ganztagsbetreuung-grundschulzeit.pdf. (Abfrage: 14.04.2020).

Forschungsdatenzentrum der Statistischen Ämter des Bundes und der Länder (2019): Statistiken der Kinder- und Jugendhilfe – Kinder und tätige Personen in Tageseinrichtungen und in öffentlich geförderter Kindertagespflege 2017, Berechnung der Arbeitsstelle Kinder- und Jugendhilfestatistik.

Guglhör-Rudan, A./Alt, C. (Hrsg.) (2019): Kosten des Ausbaus der Ganztagsgrundschulangebote – Bedarfsgerechte Umsetzung des Rechtsanspruchs ab 2025 unter Berücksichtigung von Wachstumsprognosen. München: DJI.

Klemm, K./Zorn, D. (2017): Gute Ganztagsschulen für alle. Kosten für den Ausbau eines qualitätsvollen Ganztagsschulsystems in Deutschland bis 2030. Gütersloh: Bertelsmann Stiftung

Klemm, K./Sauerwein, M./Zorn, D. (2019): Kosten der Anpassung bestehender Ganztagsgrundschulen an die Vorgaben des angekündigten Rechtsanspruchs. Gütersloh: Bertelsmann Stiftung.

Koalitionsvertrag zwischen CDU, CSU und SPD (2018): Ein neuer Aufbruch für Europa. Eine neue Dynamik für Deutschland. Ein neuer Zusammenhalt für unser Land. Berlin.

Krebs, T./Scheffel, M./Barišić, M./Zorn, D. (2019): Zwischen Bildung und Betreuung. Volkswirtschaftliche Potenziale des Ganztags-Rechtsanspruchs für Kinder im Grundschulalter. Gütersloh: Bertelsmann Stiftung.

Kultusministerkonferenz der Länder (KMK) (2019): Datensammlung Allgemeinbildende Schulen in Ganztagsform in den Ländern in der Bundesrepublik Deutschland 2013–2017. Verfügbar unter www.kmk.org/dokumentation-statistik/statistik/schulstatistik/allgemeinbildende-schulen-in-ganztagsform.html. (Abfrage: 1.10.2019).

Lange, J. (2015): „Da war doch noch was?" Der Hort als wenig beachtete Betreuungsalternative zur Ganztagsschule im Grundschulalter. In: Kommentierte Daten der Kinder- & Jugendhilfe (KOMDAT) 18., H. 3, S. 9–11.

Rauschenbach, T./Schilling, M./Meiner-Teubner, C. (2017): Plätze. Personal. Finanzen – der Kita-Ausbau geht weiter: Zukunftsszenarien zur Kindertages- und Grundschulbetreuung in Deutschland. München/Dortmund.

Statistisches Bundesamt (Destatis) (2019): Tabelle 12421–0004: Vorausberechneter Bevölkerungsstand: Bundesländer, Stichtag, Varianten der Bevölkerungsvorausberechnung, Geschlecht, Altersjahre. Verfügbar unter www-genesis.destatis.de/genesis/online/link/tabellen/12421*. (Abfrage: 1.10.2019).

StEG-Konsortium (2019): Ganztagsschule 2017/2018. Deskriptive Befunde einer bundesweiten Befragung. Frankfurt am Main, Dortmund, Gießen & München. projekt-steg.de/sites/default/files/Ganztagsschule_2017_2018.pdf. (Abfrage: 29.04.2019).

Steiner, C. (2013): Die Einbindung pädagogischer Laien in den Alltag von Ganztagsschulen. Bildungsforschung 1, H. 10, S. 64–90.

Teichert, V./Held, B./Foltin, O./Diefenbacher, H. (2018): Warum redet niemand über Geld? Vorschläge zur Finanzierung von Bildung für Nachhaltige Entwicklung in Schulen. Heidelberg.

Organisationale Rahmenbedingungen

Der Ganztagsschulausbau im Primarbereich – eine Bilanz anhand des StEG Bildungsmonitorings

Markus Sauerwein/Karin Lossen

Im Koalitionsvertrag der 19. Legislaturperiode des Deutschen Bundestages zwischen CDU, CSU und SPD ist vereinbart „einen Rechtsanspruch auf Ganztagsbetreuung im Grundschulalter [zu] schaffen"[1]. Dieser beinhaltet eine Betreuung von Grundschulkindern an fünf Tagen der Woche für jeweils acht Zeitstunden. Finanziell gefördert werden soll der Rechtsanspruch mit zwei Milliarden Euro von Seiten der Bundesregierung. Vorliegende Gutachten haben jedoch darauf hingewiesen, dass diese zwei Milliarden Euro bei weitem nicht ausreichen, die Ganztagsbetreuung mit pädagogisch qualifiziertem Fachpersonal umzusetzen. Eine Expertise des Deutschen Jugendinstituts rechnet mit Investitionskosten zwischen 5,3 und 7,5 Milliarden Euro und Betriebskosten ab dem Jahr 2025 zwischen 3,2 Milliarden und 4,5 Milliarden Euro (vgl. Alt/ Guglhör-Rudan in diesem Band; Alt/Guglhör-Rudan/Hüsken/Winkelhofer 2019). In dieser Berechnung ausgeschlossen sind zusätzliche zeitliche Erweiterungen an Ganztagsschulen, damit diese die vorgesehenen Betreuungszeiten erreichen, sodass nochmals rund 800 Millionen Euro an Personalkosten hinzukommen und somit insgesamt mit 5,3 Milliarden Euro jährliche Betriebskosten ab dem Jahr 2025 zu rechnen ist (vgl. Klemm/Sauerwein/Zorn 2019). Entsprechend findet gegenwärtig eine Diskussion darüber statt, wie der Rechtsanspruch umzusetzen ist (vgl. Zorn 2019; Markert 2017). So werden Bedenken geäußert, dass Ganztagsschulen (besonders im Primarbereich) auf ihre Betreuungsfunktion reduziert und die pädagogische Ausgestaltung sowie andere Zielsetzungen des Ganztags vernachlässigt werden könnten (vgl. StEG-Konsortium 2019; BJK 2019). Immerhin ist nicht von einem Rechtsanspruch auf Ganztagsbildung zu lesen, sondern von Ganztagsbetreuung, was freilich auch rechtliche Gründe hat (vgl. Wrase in diesem Band).

---

1   Ein neuer Aufbruch für Europa – Eine neue Dynamik für Deutschland – Ein neuer Zusammenhalt für unser Land. Koalitionsvertrag zwischen CDU, CSU und SPD (2018). Berlin. Seite 20.

Als vor mehr als 15 Jahren der Ausbau von Ganztagsschulen im Rahmen des Investitionsprogramms Zukunft Bildung und Betreuung (IZBB; BMBF 2003) angestoßen wurde, konnten sich wahrscheinlich die Wenigsten vorstellen, dass Ganztagsschulen einmal die „traditionellen" Halbtagsschulen in ihrer Anzahl übertreffen würden. Ausschlaggebend hierfür waren einerseits familien- und arbeitsmarktpolitische Begründungen mit ganztägigen Schulen die Vereinbarkeit von Beruf und Familie zu verbessern (und damit auch einem Fachkräftemangel entgegenzuwirken). Andererseits erfuhr Ganztagsschule im Zuge der Rezeption durch die PISA Studie 2000, die dem deutschen Schulsystem im internationalen Vergleich eine starke Kopplung zwischen sozialer Herkunft und Bildungserfolg attestierte und deren Resultate insgesamt hinter den allgemeinen Erwartungen zurücklagen, eine bildungspolitische Legitimation (vgl. BMBF 2003; Holtappels 2010; Züchner/Fischer 2014; Stolz 2009). Ganztagsschule, so kann resümiert werden, soll

- … die Vereinbarkeit von Beruf und Familie erleichtern.
- … Schüler*innen unter Berücksichtigung ihrer Stärken und Schwächen individuell fördern.
- … Persönlichkeitsentwicklung und soziale Kompetenzen stärken, die im klassischen Unterrichtsgeschehen eher vernachlässigt werden.
- … mehr Chancengleichheit/Bildungsgerechtigkeit/Teilhabe ermöglichen (indem Kinder und Jugendliche aus ressourcenärmeren Familien schulisch gefördert werden) (vgl. Holtappels 2009, 2010; Hurrelmann 1991; BMFSFJ 2005; Wiere 2011).

Inwiefern diese Ziele erreicht werden, wurde in zahlreichen Forschungsprojekten eruiert (vgl. hierzu: Sauerwein/Thieme/Chiapparini 2019; Lossen et al. 2016; Fischer 2018; Fischer et al. 2011).

Diese Veränderungen von Schulen und dem ganzen Bildungssystem vollzieht sich jedoch nicht über Nacht, sondern entwickeln sich in einem längeren Prozess. Dabei kommt den Schulleitungen eine Schlüsselrolle als Vermittler zwischen Administration und Schule zu (vgl. Bonsen 2016), aber auch als Impulsgeber für die eigene Schulentwicklung. Die Grundlage zur Verwirklichung dieser dargelegten Ziele ganztägiger Schulen sind die Erarbeitung pädagogischer Konzepte sowie die Bereitstellung von Betreuungszeiten und Angeboten im Ganztag an den jeweiligen Schulen.

1. Fragestellung

Gemäß dieser Ausgangslage versucht der vorliegende Beitrag den Ausbau der Ganztagsschulen seit 2012 anhand des StEG-Bildungsmonitorings (vgl. StEG-

Konsortium 2019) zu skizzieren. Im Kontext der oben referierten Ziele von Ganztagsschule wird betrachtet, inwiefern sich Schulen, die bereits bei den Erhebungen in 2012, 2015 und 2018 den zeitlichen Rahmen des Rechtsanspruchs erfüllten und denen die dies nicht taten, hinsichtlich folgender Dimensionen unterscheiden:

- Ganztagsschulerfahrung
- Siedlungsstruktur
- Organisationsform des Ganztags
- Ziele, die mit dem Ganztagskonzept verfolgt werden
- Spektrum an Ganztagsangeboten
- Generelle Kosten für den Besuch des Ganztags
- Schwierigkeiten bei der Durchführung und Weiterentwicklung des Ganztags
- An den Schulen tätiges Personal und Möglichkeiten zur Kooperation

Damit soll eine erste Prognose auf die Umsetzung des Rechtsanspruchs durch Ganztagsschulen vorgenommen, mögliche Chancen aber auch Risiken aufgezeigt und diskutiert werden.

2. Methode

In den Förderphasen von StEG (2012–2015 und 2016–2019) wurde die Entwicklung der Ganztagsschullandschaft in Deutschland repräsentativ durch eine Schulleitungsbefragung in den Jahren 2012, 2015 und 2018 erfasst. An dieser Befragung nahmen Schulen aus allen 16 Bundesländern teil. Bei der Stichprobenziehung orientierte sich StEG nicht an der KMK-Statistik, sondern berücksichtigte die von den jeweiligen Bundesländern als Ganztagsschulen benannten Schulen (bzgl. der Abweichung zur KMK-Statistik und den Unterschieden in den Bundesländern s. u. a. Arnoldt et al. 2017). Somit kann seit 2012 ein Trendvergleich auf Schulsystemebene vorgenommen werden. In 2012 wurden dabei Schulleitungen von 471 Primarschulen (insgesamt 1.292 Schulen; Ausschöpfungsquote 67%), in 2015 von 536 Grundschulen (insgesamt 1.516 Schulen; Ausschöpfungsquote 76%; vgl. StEG-Konsortium 2015) und in 2018 von 509 Primarschulen (insgesamt 1.355 Schulen; Ausschöpfungsquote 69%; vgl. StEG-Konsortium 2019) befragt.[2]

---

2 Es handelt sich hierbei jeweils um Querschnittsstudien. Die Entwicklung der einzelnen Schulen kann leider nicht nachverfolgt werden.

3. Ergebnisse

Ganztagsschulen sind, wie bereits erwähnt, mit dem Ziel angetreten unter anderem eine bessere Vereinbarkeit von Beruf und Familie zu ermöglichen. Rein quantitativ betrachtet, ist der Ausbau der Ganztagsschulen als (bildungspolitischer) Erfolg zu bewerten. Daten der Kultusministerkonferenz zeigen, dass rund 70 Prozent der Schulen in Deutschland als Ganztagsschulen organisiert sind und über 40 Prozent aller Schüler*innen als Ganztagsschüler*innen gelten. Insgesamt fällt hierbei auf, dass Primarschulen zunächst seltener ganztägig organisiert waren und erst in den letzten Jahren die Quote der anderen Schulformen erreichen. Auch sind Grundschüler*innen weniger häufig Ganztagsschüler*innen (s. Abb. 1) als Kinder und Jugendliche an weiterführenden Schulen. Erstmals seit 2005 ist zudem im Jahr 2018 ein leichter Rückgang der Anzahl an Ganztagsschulen in der KMK Statistik zu verzeichnen, den es weiter zu beobachten gilt (s. Abb. 1).

Abb. 1: Entwicklung des Ganztagsschulausbaus von 2005 bis 2017

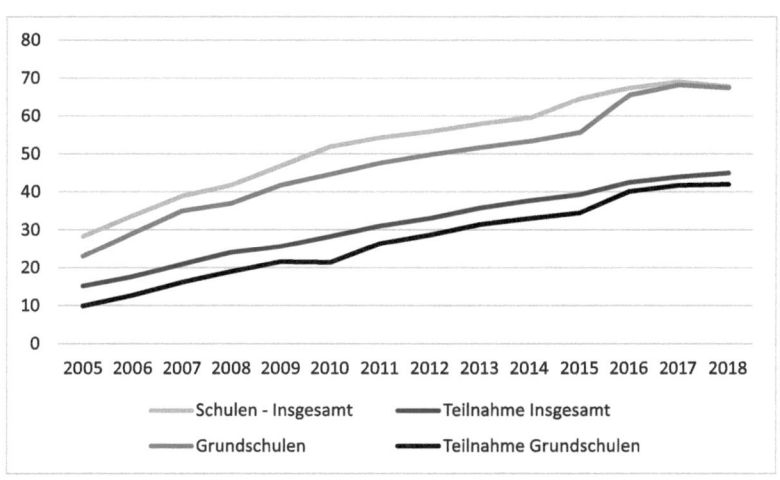

(eigene Darstellung, Quelle: Sekretariat der Ständigen Konferenz der Kultusminister der Länder in der Bundesrepublik 2008; 2011; 2015; 2019; 2020)

3.1 Öffnungszeiten

Für die Erfüllung des Rechtsanspruchs besonderes relevant sind die Öffnungszeiten der Schulen, die täglich mindestens acht Zeitstunden umfassen sollten. Basierend auf Daten der StEG Schulleitungsstudie wurde hierfür in einem ersten Schritt betrachtet, inwiefern Primarschulen bereits Öffnungszeiten von mindestens acht Stunden täglich erreichen. Ergebnisse zeigen, dass von Montag bis Donnerstag rund 80 bis 85 Prozent der untersuchten Schulen dieses Kriterium erfüllen. Am Freitag sind jedoch nur zwei Drittel der Schulen acht Stunden oder länger geöffnet. Zudem ist zu erkennen, dass 2012 prozentual betrachtet mehr Ganztagsschulen acht oder mehr Stunden geöffnet hatten, als dies 2018 der Fall ist (Abb. 2).

Ebenso kann aus Abbildung 2 abgelesen werden, wie viele der Schulen das Kriterium des Rechtsanspruchs erfüllen und Öffnungszeiten von acht oder mehr Stunden an fünf Tagen in der Woche vorhalten. Im Jahr 2012 traf dies noch auf knapp zwei Drittel der Schulen zu, während es in den Jahren 2015 und 2018 nur gut die Hälfte der befragten Schulen betrifft. Dies bedeutet keineswegs, dass es weniger Schulen in den Jahren 2015 und 2018 gibt, die den Rechtsanspruch nicht erfüllen, sondern ist dahingehend zu interpretieren, dass Ganztagsschulen, die in späteren Jahren hinzugekommen sind, dieses Kriterium seltener realisieren. Dies kann mit Blick auf die Ganztagsschulerfahrung, also die Zeit seit der eine Schule ganztägig organisiert ist, bestätigt werden (siehe nächster Abschnitt 3.2). Bei den Ergebnissen ist ferner zu berücksichtigen, dass rund 20 Prozent der Schulen keine Angabe zu den Öffnungszeiten gemacht haben.

Abb. 2: Grundschulen, die mehr als acht Stunden geöffnet haben – Analysiert nach Tagen

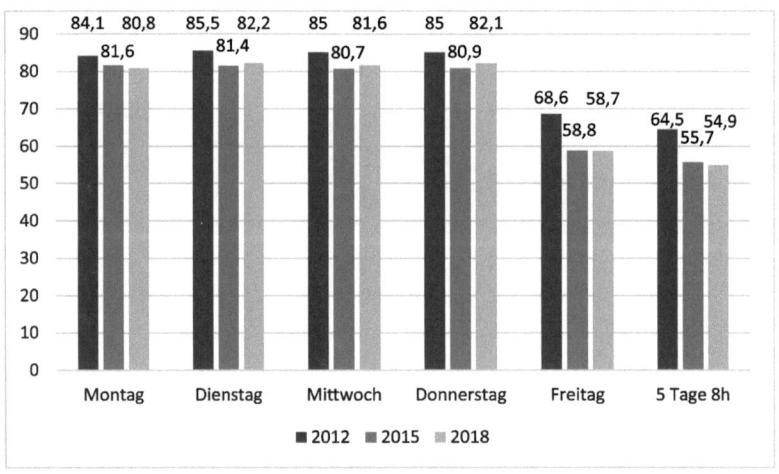

(Quelle: StEG Schulleitungsbefragung 2012–2018. Gültige Prozente. N = 1139–1194 (je nach Wochentag). Missing 322–377 (je nach Wochentag))

In den nachfolgenden Analysen wurden die eben dargestellten Berechnungen als Grundlage genutzt um die untersuchten Grundschulen jeder Befragung in zwei Gruppen zu unterteilen: Schulen die für mindestens acht Zeitstunden an fünf Tagen der Woche geöffnet haben, also Schulen, die die formalen Anforderungen des Rechtsanspruchs erfüllen würden sowie Schulen mit kürzeren Betreuungszeiten (weniger Tage und/oder weniger als acht Stunden pro Tag).

Diese beiden Gruppen werden, wie in der Fragestellung dargelegt, bezüglich ausgewählter struktureller und prozessualer Merkmale verglichen.

3.2 Ganztagsschulerfahrung und Öffnungszeiten

Mittelwert-Vergleiche zeigen, dass es vor allem Schulen mit längerer Erfahrung als Ganztagsschule sind, die den zeitlichen Rahmen für den Rechtsanspruch erfüllen. Die Unterschiede sind hier jeweils signifikant. Ferner zeigt die Auswertung, dass im Jahr 2012 Schulen, die den Rechtsanspruch erfüllen würden, auf rund achteinhalb Jahre Ganztagsschulerfahrung zurückgreifen können – entsprechend im Durchschnitt im Jahr 2003/04 als Ganztagsschule gegründet oder umgewandelt wurden. Im Jahr 2015 verfügten die rechtsanspruchskonformen Schulen im Mittel über 11,3 Jahre Erfahrung als Ganztagsschule und wären dementsprechend ebenfalls bereits im Jahr 2003/04 als ganztägig organisierte Schulen gestartet. Lediglich in der Befragung 2018 sind die Schulen mit Öffnungszeiten von mindestens acht Stunden an fünf Tagen in der Woche im Schnitt im Jahr 2005/06 als Ganztagsschule gegründet worden. Bei dieser Kalkulation ist natürlich die hohe Standardabweichung zu berücksichtigen (Abb. 3 – schwarze Linien), entsprechend gibt es auch Schulen mit deutlich weniger Ganztagsschulerfahrung, die den Rechtsanspruch erfüllen oder umgekehrt auf eine längere Ganztagstradition verweisen.

Dennoch zeigt dies, dass Ganztagsschulen, die längere Öffnungszeiten an allen Wochentagen anbieten, über eine entsprechende Ganztagsschulgeschichte verfügen und Primarschulen, die erst in den letzten Jahren den Weg hin zu einer Ganztagsschule gegangen sind, eher kürzere Öffnungszeiten anbieten und somit seltener die Kriterien des Rechtsanspruchs erfüllen, wie bereits im Abschnitt zu den Öffnungszeiten angesprochen. Es kann hier durchaus festgehalten werden, dass die Öffnungszeiten nicht unabhängig zur Ganztagsschulerfahrung zu betrachten sind und beides miteinander korreliert (2012 r= .14*** | 2015 r= .17*** | 2018 r =,08***).[3] Für die Umsetzung des Rechtsanspruchs kann dementsprechend resümiert werden, dass dies Zeit in Anspruch nehmen wird.

---

3   Für diese Korrelation wurde ein Summenwert aus der Betreuungszeit in der Woche gebildet und dies mit der Ganztagsschulerfahrung korreliert. Also nicht wie in den t-tests mit der Dummy-Variable gerechnet.

Abb. 3: Ganztagsschulerfahrung und Erfüllung des Rechtsanspruchskriteriums

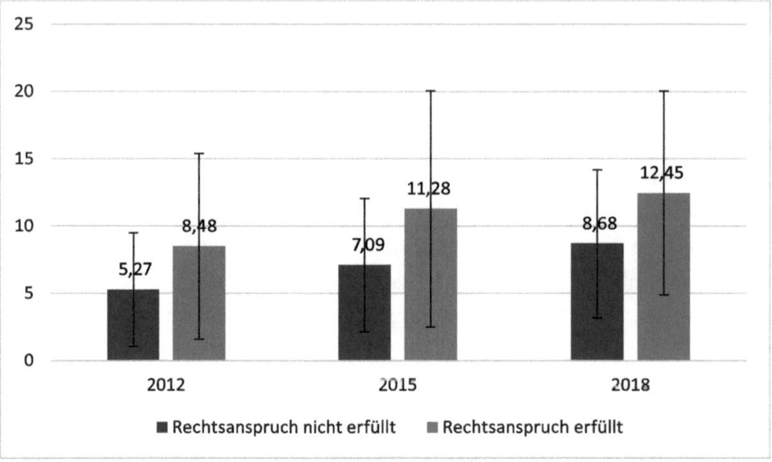

(Quelle: StEG-Schulleitungsbefragung 2012–2018: N 2012 = 371 2015 = 376 2018 = 332)

3.3 Siedlungsstruktur und Bundesländer

Ganztagsschulen mit Öffnungszeiten von acht oder mehr Stunden an fünf Tagen liegen vornehmlich in städtischen Kreisen und kreisfreien Großstädten und eher seltener in ländlichen Kreisen. Während in Großstädten bis zu drei Viertel der Primarschulen mit Ganztagsbetrieb acht Stunden und mehr an fünf Tagen der Woche geöffnet sind, halten dies in städtischen Kreisen über die Hälfte der Schulen vor, während in ländlichen Kreisen deutlich weniger Schulen acht oder mehr Stunden täglich geöffnet sind (Abb. 4). Allerdings kann bei letzteren eine Entwicklung beobachtet werden, denn im Vergleich zu der Erhebung im Jahr 2012, als nur ein Fünftel der Primarschulen in ländlichen Kreisen den zeitlichen Rahmen des Rechtsanspruchs abdeckten, sind es in den Jahren 2015 und 2018, mit etwa 40 Prozent, doch rund 20 Prozent mehr Schulen in ländlichen Regionen, die das Kriterium des Rechtsanspruchs erfüllen. In städtischen Kreisen fand jedoch eine gegenteilige Veränderung statt: Hier bietet nur noch gut jede zweite Ganztagsgrundschule rechtsanspruchskonforme Öffnungszeiten.

Abb. 4: Lage von Schulen, die den Rechtsanspruch erfüllen nach Regionen

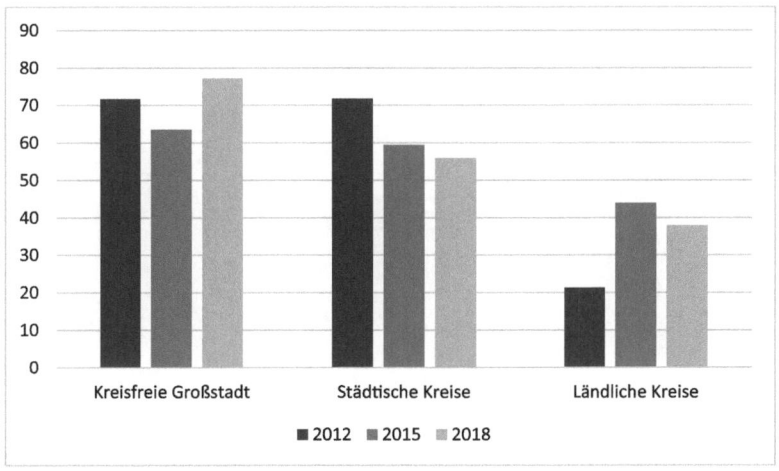

(Quelle: StEG Schulleitungsstudie 2012–2018: N 2012 = 378 2015 = 417 2018 = 394)

Neben der regionalen Lage kann betrachtet werden, in welchen Bundesländern die Schulen liegen. Hier zeigt sich eine Präferenz zugunsten ostdeutscher Flächenländer sowie Stadtstaaten. In westdeutschen Flächenländern geben weniger Ganztagsgrundschulen an, an fünf Tagen in der Woche mindestens acht Zeitstunden Betreuung vorzuhalten. Allerdings sind auch hier Entwicklungen zu erkennen: Während in Stadtstaaten im Jahr 2018 neun von zehn Ganztagsschulen im Primarbereich das Kriterium für den Rechtsanspruch erfüllen und damit eine deutliche Steigerung zu den vorherigen zwei Erhebungen zu erkennen ist, ist in den Flächenländern ein leicht rückläufiger Trend erkennbar (Abb. 5). Dies könnte dahingehend interpretiert werden, dass hier Ganztagsgrundschulen hinzugekommen sind, die das zeitliche Kriterium des Rechtsanspruchs nicht erfüllen (s. Abschnitt Ganztagsschulerfahrung).

Abb. 5: Lage von Schulen, die den Rechtsanspruch erfüllen nach Bundesländern

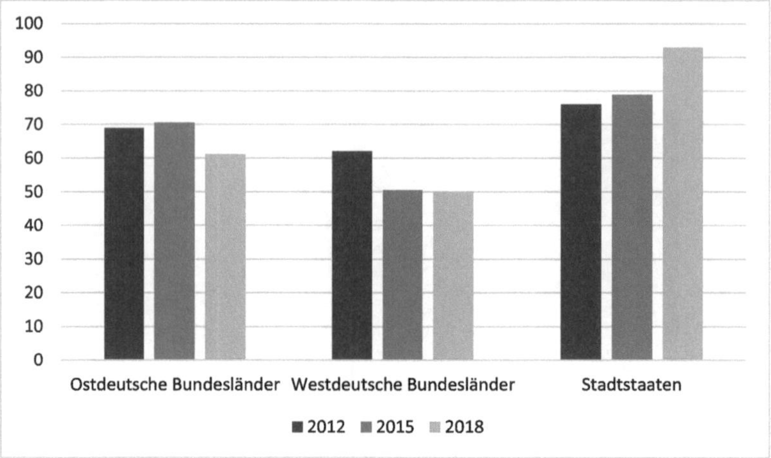

(Quelle: StEG Schulleitungsstudie 2012–2018: N 2012 = 379 2015 = 417 2018 = 399)

3.4 Organisationsform des Ganztags

Im Hinblick auf die Organisationsform der Ganztagsschulen wäre zu erwarten, dass Schulen, die ihren Ganztagsbetrieb für alle Schüler*innen verpflichtend organisieren, eher rechtsanspruchskonforme Betreuungszeiten anbieten. Analysen zeigen, dass rund 60 Prozent der Primarschulen mit verbindlicher Teilnahme auch das zeitliche Kriterium des Rechtsanspruchs erfüllen würden. Hier gab es in den vergangenen Jahren kaum Veränderungen. Bei Schulen mit für einzelne Klassen oder Jahrgangsstufen verpflichtenden Modellen, sind es gegenwärtig nur um die 45 Prozent der Schulen, die an fünf Tagen der Woche für acht Stunden Betreuung leisten. Zwei Drittel der Schulen, die ihren Ganztag mit freiwilligen Teilnahmemodellen organisieren, erfüllten im Jahr 2012 noch das Kriterium des Rechtsanspruchs auf Ganztagsbetreuung, im Jahr 2018 sind es nur noch 55 Prozent (Abb. 6). Auch dieses Ergebnis ist nicht dahingehend zu deuten, dass im Jahr 2018 weniger Schulen das Kriterium des Rechtsanspruchs erfüllen, sondern stützt die These, dass hier in den letzten Jahren vermehrt Schulen hinzugekommen sind, die weniger Betreuungszeiten anbieten.

Nicht nur der Grad an Verbindlichkeit zur Teilnahme am Ganztag unterscheidet Primarschulen. Auch ob der Ganztag in enger Zusammenarbeit mit einem Hort organisiert wird (Markert in diesem Band zeigt allerdings, dass Hort hier eine unscharfe Kategorie darstellt), kann betrachtet werden. Gerade im Kontext des Rechtsanspruchs, der über das SGB organisiert werden soll (Wrase in diesem Band) scheint das Modell Schule + Hort neue Konjunktur zu gewinnen. Während im Jahr 2012 keine Unterschiede hinsichtlich der Erfüllung des Rechtsanspruchs zwischen Schulen, die mit einem Hort kooperieren und denen, die es nicht tun, bestanden, zeigt sich für die Jahre 2015 und 2018, dass etwa zwei Drittel der Primarschulen, die den Ganztagsbetrieb in enger Kooperation mit einem Hort durchführen an fünf Tagen in der Woche acht oder mehr Stunden geöffnet haben, während dies nur auf rund die Hälfte der Schulen ohne Hort-Kooperation zutrifft.

Abb. 6: Rechtsanspruch und Organisationsform des Ganztags

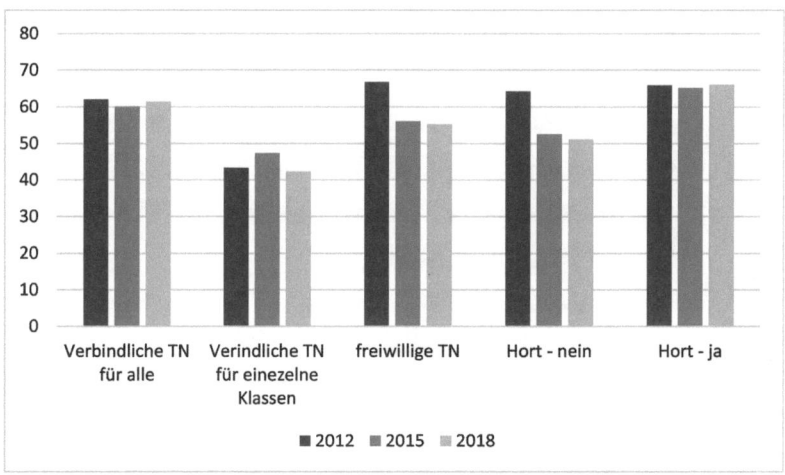

(Quelle: StEG Schulleitungsstudie 2012–2018: N 2012 = 377 2015 = 417 2018 = 397)

3.5 Ziele die mit dem Ganztagskonzept verfolgt werden

Betrachtet man die Ziele, die Primarschulen in ihrem Ganztagskonzept nennen, dann werden von über 90 Prozent verlässliche Schüler*innenbetreuung (in dieser Form nur im Jahr 2018 erhoben) und Gemeinschaft, soziales Lernen und Persönlichkeitsentwicklung genannt. Hierbei zeigen sich keine Unterschiede zwischen Schulen, die bereits den Zeitrahmen des Rechtsanspruchs erfüllen und denen, die dies nicht tun. Öffnung der Schule zum Umfeld (in der Form nur 2018 erhoben) und Erweiterung der Lernkultur werden von etwa zwei Drittel der Grundschulen mit ihrem Ganztagskonzept angestrebt, Kompetenzorientierung und Begabungsförderung ist dagegen nur bei 40 bis 50 Prozent der Schulen ein Ziel des Ganztags. In 2018 geben Primarschulen, die bereits an fünf Tagen die Woche für acht Stunden Betreuung anbieten, häufiger an Erweiterung der Lernkultur sowie Kompetenzorientierung und Begabungsförderung anzustreben als Schulen, die den zeitlichen Rahmen für den Rechtsanspruch nicht erfüllen (Abb. 7).

Abb. 7: Ziele, die mit dem Ganztagskonzept verfolgt werden

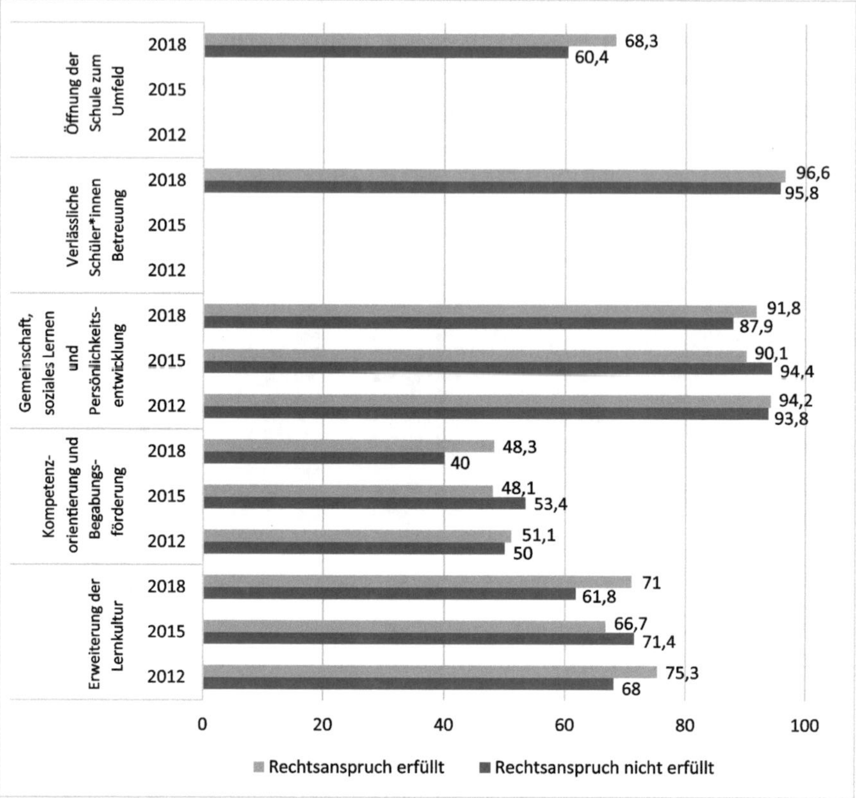

Öffnung der Schule zum Umfeld	2018	68,3 / 60,4
	2015	
	2012	
Verlässliche Schüler*innen Betreuung	2018	96,6 / 95,8
	2015	
	2012	
Gemeinschaft, soziales Lernen und Persönlichkeitsentwicklung	2018	91,8 / 87,9
	2015	90,1 / 94,4
	2012	94,2 / 93,8
Kompetenzorientierung und Begabungsförderung	2018	48,3 / 40
	2015	48,1 / 53,4
	2012	51,1 / 50
Erweiterung der Lernkultur	2018	71 / 61,8
	2015	66,7 / 71,4
	2012	75,3 / 68

■ Rechtsanspruch erfüllt ■ Rechtsanspruch nicht erfüllt

(Quelle: StEG Schulleitungsstudie 2012–2018: N 2012 = 353 2015 = 375 2018 = 372. Die Ziele Verlässliche Betreuung und Öffnung der Schule zum Umfeld wurden in 2012 und 2015 gemeinsam abgefragt. Daher hier nur die Angaben aus 2018)

3.6 Spektrum an Ganztagsangeboten

Der Rechtsanspruch auf Ganztagsbetreuung sollte mehr beinhalten als die reine Beaufsichtigung von Kindern. Entsprechend kann gefordert werden, dass Kindern vielfältige Angebote bereitgehalten werden, die nicht nur schulisches Lernen umfassen, sondern im Sinne von Ganztagsbildung (vgl. Coelen 2002, 2008; Bollweg et al. 2020) den Schüler*innen weitreichende Bildungsangebote machen, um die gesamte Persönlichkeit zu entwickeln.

Insgesamt betrachtet scheinen keine bedeutsamen Unterschiede in den zentralen vorgehaltenen Ganztagsangeboten zwischen Schulen, die den zeitlichen Rahmen des Rechtsanspruchs erfüllen und denen die es nicht tun, zu bestehen (Abb. 8). Hausaufgabenbetreuung, sportbezogene sowie musisch-künstlerische Angebote sind an rund neun von zehn Ganztagsschulen vorhanden. Lernzeiten sind – überraschender Weise – eher an Ganztagsschulen zu finden, die den Rechtsanspruch nicht erfüllen. Im zeitlichen Verlauf wird der Abstand hier sogar noch größer. Umgekehrt verhält es sich bei Deutsch/Literatur/Lese-Angeboten. Diese sind an rund drei Viertel aller Schulen mit rechtsanspruchskonformen Öffnungszeiten zu finden, während Schulen mit kürzeren Betreuungszeiten diese Angebote seltener vorhalten. Hierbei ist zudem insgesamt ein rückläufiger Trend erkennbar (Abb. 8). Auch bei naturwissenschaftlichen Angeboten kann, auf niedrigerem Niveau, für 2015 und 2018 ähnliches konstatiert werden. Im Jahr 2012 waren es aber noch die Schulen mit weniger als acht Stunden an fünf Tagen in der Woche, an denen entsprechende Angebote häufiger gefunden wurden und an über zwei Dritteln der Schulen vorhanden waren. Mittlerweile sind naturwissenschaftliche Angebote nur noch an rund der Hälfte der Primarschulen vorhanden – unabhängig von der Dauer der Öffnungszeiten (Abb. 8). Mathematische Angebote bestehen sogar nur an einem Drittel der Schulen. Im Jahr 2018 sind die Unterschiede zwischen den zwei untersuchten Gruppen verschwindend gering. Bei Angeboten zum sozialen Lernen bestand im Jahr 2012 noch eine deutliche Differenz zum Vorteil von Schulen die täglich acht Stunden Betreuung anbieten, verglichen mit denen, die kürzere Zeitfenster bereitstellen. Im Jahr 2018 ist dieser Unterschied jedoch komplett verschwunden (Abb. 8).

Mit Ausnahme von lesebezogenen bzw. Deutsch-Angeboten sowie Lernzeiten, sind keine nennenswerten Unterschiede zwischen den zwei untersuchten Gruppen (zeitlichen Rahmen des Rechtsanspruchs erfüllt vs. Rechtsanspruch nicht erfüllt) vorhanden. In zeitlicher Perspektive scheint seit 2012 auch eher ein Angleichen der Schulen stattgefunden zu haben. Anders formuliert: Schulen, die auf längere Öffnungszeiten verweisen, zeichnen sich nicht durch vielfältigere Ganztagsangebote aus.

Abb. 8: Ganztagsangebote

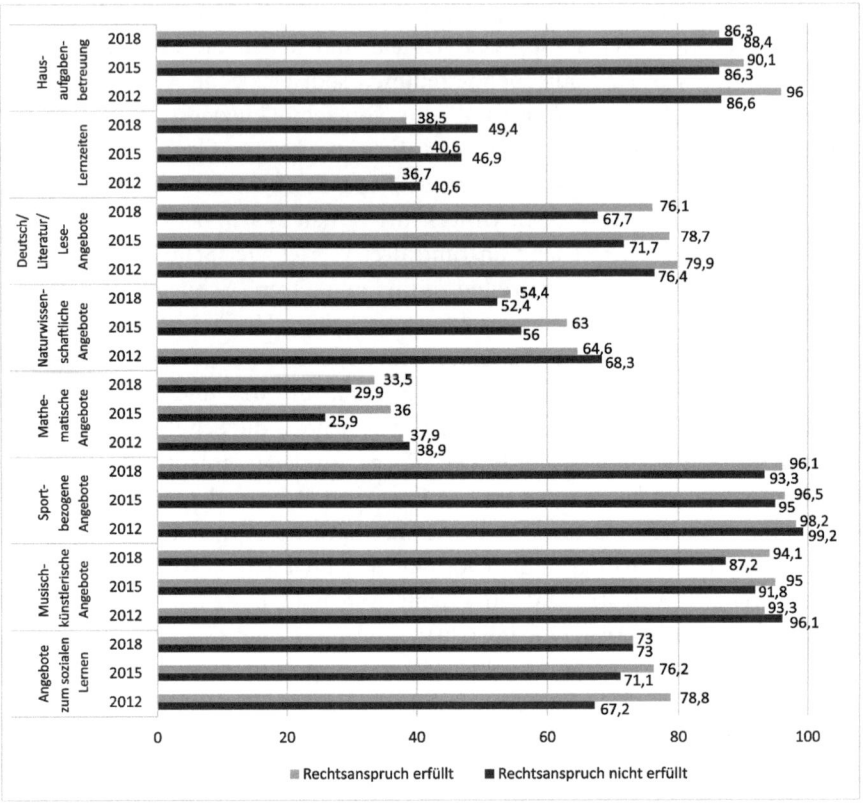

(Quelle: StEG Schulleitungsstudie 2012–2018: N 2012 = 352 2015 = 362 2018 = 370)

3.7 Generelle Kosten für den Besuch des Ganztags

An vielen Primarschulen ist die Teilnahme am Ganztag mit Kosten für die Eltern verbunden, worüber auch das Thema Chancengleichheit qua Teilnahme am Ganztag tangiert wird. Mit Blick auf den Rechtsanspruch zeigt sich jedoch, dass vor allem diejenigen Schulen einen Teilnahmebeitrag erheben, die Betreuungszeiten von mindestens acht Stunden an fünf Wochentagen anbieten. Mit einer kleinen Abweichung in der Erhebung 2015 trifft dies auf rund drei Viertel der Schulen zu, die das Kriterium des Rechtsanspruchs erfüllen würden. Hingegen sind es nur ein Viertel der Schulen mit weniger Betreuungszeiten, die einen generellen Beitrag für die Teilnahme am Ganztag erheben (Abb. 9). Gerade in Bezug auf Chancengleichheit ist darauf zu achten, dass allen Kindern (bzw. Eltern) im Zuge des Rechtsanspruchs ermöglicht wird, den Ganztag zu besuchen und nicht finanzielle Hürden dies verhindern (s. hierzu Fazit).

Abb. 9: Generelle Kosten für die Teilnahme am Ganztag

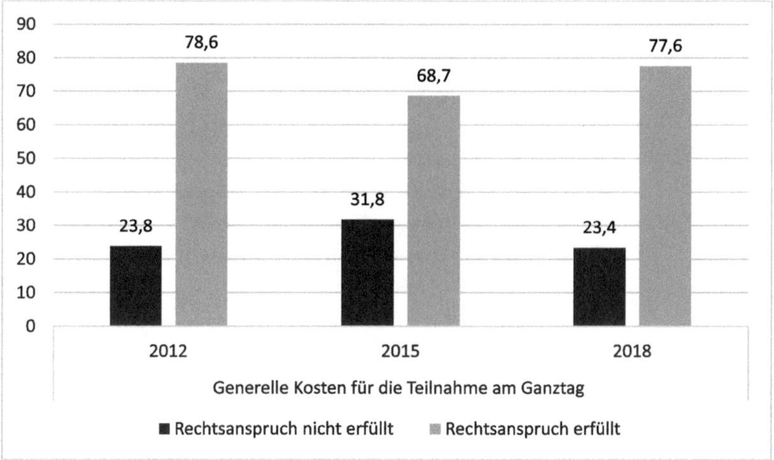

(Quelle: StEG Schulleitungsstudie 2012–2018: N 2012 = 368 2015 = 406 2018 = 391)

3.8 Schwierigkeiten bei der Durchführung und Weiterentwicklung des Ganztags

Jede Ganztagsschule steht vor Herausforderungen und Schwierigkeiten, die es zu bewältigen gilt. Daher wurden die Schulleitungen gebeten anzugeben, ob sie hinsichtlich der folgenden Aspekte Schwierigkeiten bei der Durchführung und der Weiterentwicklung ihres Ganztagsbetriebs haben. Am häufigsten wird dabei die Gewinnung von zusätzlichem Personal genannt, von zwei Drittel bis drei Viertel der Primarschulen (vgl. StEG-Konsortium 2019). In 2018 wird dies auch von mehr Schulleitungen als Problem genannt, deren Schulen rechtsanspruchskonforme Betreuungszeiten vorhalten, als von denjenigen aus Schulen mit kürzeren Öffnungszeiten. Auch die Finanzierung des Ganztags wird von durchschnittlich der Hälfte der befragten Schulen als Schwierigkeit gesehen, hier geben ebenfalls die Grundschulen mit Öffnungszeiten von mindestens acht Stunden an allen Wochentagen häufiger Probleme an. Für 30 bis 40 Prozent ist auch die Gewinnung von Kooperationspartnern, für im Schnitt ein Drittel die Elternunterstützung und für etwa ein Viertel die Unterstützung im Kollegium ein Problem (Abb. 10). Diese drei Aspekte sind jedoch häufiger bei Primarschulen problematisch, die den zeitlichen Rahmen des Rechtsanspruches noch nicht erfüllen. Für alle genannten Bereiche, ausgenommen die Finanzierung, hat die Anzahl der Schulen, die diesbezüglich Schwierigkeiten benennen, seit 2012 zugenommen.

Abb. 10: Schwierigkeiten bei der Durchführung und Weiterentwicklung des Ganztagsbetriebs

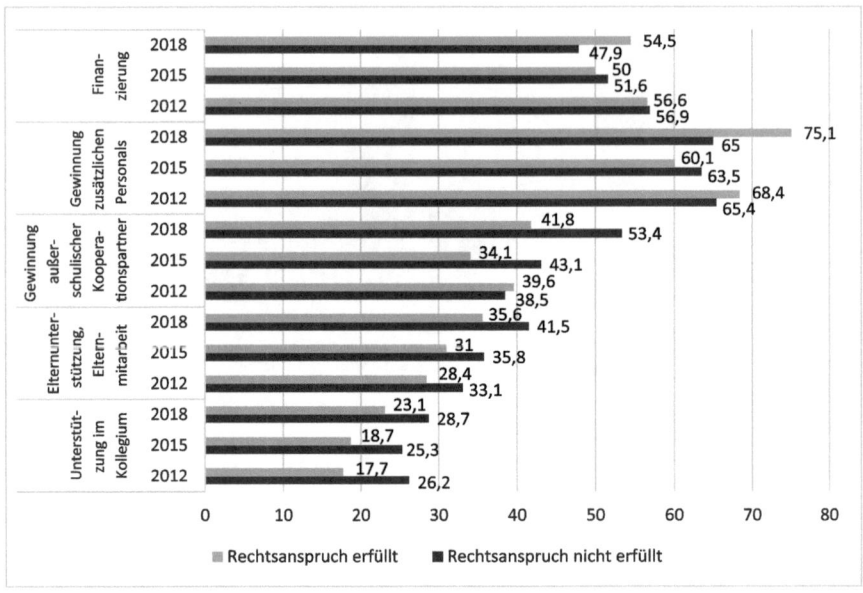

(Quelle: StEG Schulleitungsstudie 2012–2018: N 2012 = 355 2015 = 376 2018 = 372)

3.9 An den Schulen tätiges Personal und Möglichkeiten zur Kooperation

Wie im vorhergehenden Abschnitt bereits betont, ist das Personal zentral für die Gestaltung von Ganztagsschule. In rund drei Viertel der Schulen ist ein Teil der Lehrkräfte am Nachmittag anwesend und an neun von zehn Schulen arbeitet weiteres pädagogisches Personal, worunter Erzieher*innen, Sozialpädagogen*innen aber auch sogenannte pädagogische Laien subsumiert werden (vgl. Tillmann 2020). Schulen, an denen alle Lehrkräfte am Nachmittag anwesend sind, machen einen sehr geringen Prozentsatz aus. Zudem ist hier der Trend seit 2012 auf niedrigem Niveau rückläufig. Es gibt allerdings auch Ganztagsschulen, an denen keine Lehrkräfte am Nachmittag anwesend sind. Während diese bei Schulen, die den Rechtsanspruch nicht erfüllen, relativ konstant bei rund 15 Prozent liegt, ist dies bei Schulen, die Betreuungszeiten von acht Stunden täglich und mehr anbieten, im Jahr 2018 auf fast ein Viertel der Schulen angestiegen (Abb. 10). Tatsächlich handelt es sich bei den Schulen, bei denen keine Lehrkräfte am Nachmittag anwesend sind um Schulen, die den Ganztag in enger Zusammenarbeit mit einem Hort durchführen. Demnach kooperieren von den Schulen, an denen keine Lehrkräfte am Ganztag anwesend sind, 84 Prozent mit einem Hort, während es bei den Schulen, die den Rechtsanspruch nicht erfüllen nur 16 Prozent sind (ohne Abb.).

Abb. 11: Lehrkräfte im Ganztag

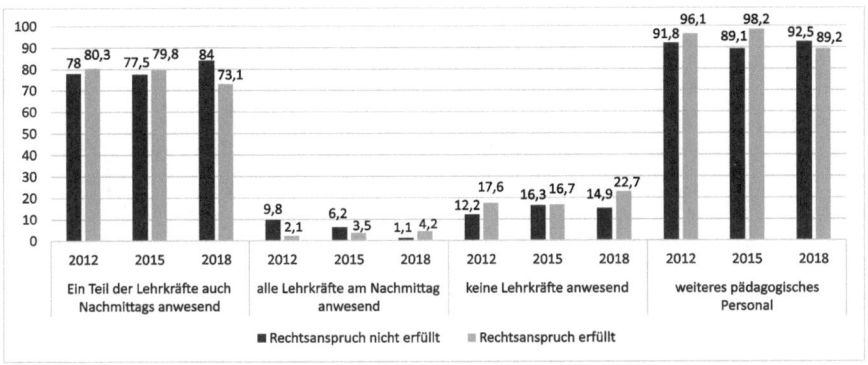

(Quelle: StEG Schulleitungsstudie 2012–2018: N 2012 = 366 2015 = 406 2018 = 391)

Neben dem Personal ist die multiprofessionelle Kooperation zwischen den Personengruppen im Ganztag ein relevantes Thema, welches mit unterschiedlichen Hoffnungen verknüpft und in den vergangenen Jahren vermehrt zum Forschungsgegenstand geworden ist (vgl. Olk/Speck/Stimpel 2011; Hopmann/ Böhm-Kasper/Lütje-Klose 2019; Kunze 2016). Um kooperieren zu können, sollten entsprechende Zeiten dafür von den Schulen eingeplant werden. In der StEG-Schulleitungsstudie wird seit 2012 erhoben, inwiefern Kooperationszeiten für das weitere pädagogisch tätige Personal vorhanden sind.

Ein erster Blick auf Abbildung 11 zeigt, dass es vor allem Schulen sind, die den Rechtsanspruch nicht erfüllen, die keine Kooperationszeiten vorhalten – das Jahr 2015 scheint hier eine Ausnahme darzustellen. Umgekehrt sind es Ganztagsgrundschulen, die den zeitlichen Rahmen des Rechtsanspruchs erfüllen würden, die sowohl Zeiten für die Kooperation für das pädagogische Personal als untereinander auch zwischen Lehrkräften und pädagogischem Personal vorhalten, wobei sich der Unterschied hierin zwischen den Schulen, die den Rechtsanspruch erfüllen und denen, die dies nicht tun, über die Zeit vergrößert hat.

Im Trendverlauf rückläufig sind auch Kooperationszeiten, nur für Lehrkräfte und pädagogisch tätiges Personal bzw. nur für das pädagogische Personal untereinander. Ersteres ist in 2018 noch an rund jeder zehnten Ganztagsgrundschule mit Öffnungszeiten, die den geplanten Rechtsanspruch nicht genügen, vorhanden. Zeiten, ausschließlich für die Kooperation des pädagogisch tätigen Personals untereinander, waren 2012 noch überwiegend an Primarschulen, die den Rechtsanspruch erfüllen, vorhanden. Dieser Unterschied ist jedoch in den Jahren 2015 und 2018 nicht mehr zu finden (Abb. 12).

Abb. 12: Möglichkeiten zur Kooperation

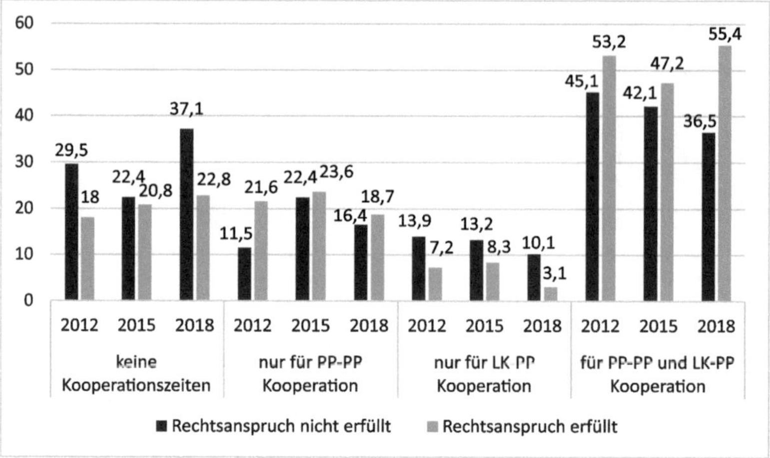

(Quelle: StEG Schulleitungsstudie 2012–2018: N 2012 = 344 2015 = 368 2018 = 352)

4. Bedingungen einer Ganztagsschule mit Rechtsanspruch

In einem letzten Schritt wird mit einem logistischen Regressionsmodell ermittelt, welche Faktoren die Wahrscheinlichkeit erhöhen, dass eine Ganztagsschule den Zeitrahmen des Rechtsanspruchs erfüllt. Hierfür wurden die Faktoren berücksichtigt, die sich in den vorherigen Auswertungen als relevant herausgestellt haben,[4] auch um herauszuarbeiten, welche Faktoren sich als besonders zentral erweisen. Da der Fokus des Beitrages auf dem zeitlichen Umfang von Ganztagsschulen, der für den Rechtsanspruch maßgeblich wäre, liegt, wird dieses Merkmal als abhängige Variable definiert. Die anderen Faktoren gehen als Prädiktoren in die Analysen ein[5]. Insgesamt wurden drei Modelle berechnet.

Im ersten Modell haben wir zunächst Strukturvariablen wie die Erfahrung als Ganztagsschule, die siedlungsstrukturelle Einbettung in eine ländliche Region (gerechnet gegen städtische Regionen und kreisfreie Städte) sowie die Frage, ob die Schule in einem westdeutschen Flächenland oder Stadtstaat liegt

---

4 Dieses Vorgehen darf durchaus als empiristisch kritisiert werden, da sich dieser Beitrag jedoch als erste Annäherung an die Thematik Rechtsanspruch auf Ganztagsbetreuung versteht, haben wir uns für dieses Vorgehen entschieden. Zudem können auch aus statistischen Gründen wie Multikolliniarität nicht alle Faktoren mit berücksichtigt werden.

5 Bei den prozessbezogenen Merkmalen ist auch eine Wirkrichtung in die entgegengesetzte Richtung möglich. So könnten z. B. längere Öffnungszeiten auch zur Bereitstellung von mehr Kooperationszeiten führen. Aufgrund der Fragestellung wird jedoch hier nur die Wirkung der Merkmale auf die Öffnungszeiten untersucht.

(gerechnet gegen ostdeutsche Bundesländer) berücksichtigt. Die Ergebnisse zeigen, dass die Ganztagsschulerfahrung zu allen drei Messzeitpunkten die Wahrscheinlichkeit erhöht, die zeitlichen Vorgaben des Rechtsanspruchs zu erfüllen. Die Lage in einer ländlichen Region reduziert in 2012 und 2018 dagegen die Chancen, dass es sich um eine Ganztagsschule mit rechtsanspruchskonformen Öffnungszeiten handelt. Befindet sich die Primarschule in einem westdeutschen Flächenland oder einem Stadtstaat, sinkt ebenfalls die Chance, dass sie an fünf Tagen in der Woche für acht Stunden geöffnet ist (Tab. 1).

In Modell zwei wurde zusätzlich berücksichtigt, ob der Ganztagsbetrieb in enger Kooperation mit einem Hort durchgeführt wurde sowie ob generelle Kosten für die Teilnahme am Ganztag anfallen. Im Vergleich zum ersten Modell ist nun die Ganztagsschulerfahrung nur noch in 2015 ein relevanter Prädiktor. Die Verortung in einer ländlichen Region wird nur noch für 2018 signifikant, während die Lage in einem westdeutschen Flächenland weiterhin zu kürzeren Öffnungszeiten führt als im Rechtsanspruch vorgesehen. Der neu in die Regression aufgenommene Hort erweist sich nicht als relevanter Prädiktor. Hingegen spielen die Kosten eine bedeutsame Rolle: Fallen generelle Kosten für den Ganztagsbetrieb an, handelt es sich im Jahr 2012 mit dreizehnfach höherer Wahrscheinlichkeit um eine Ganztagsgrundschule, die an fünf Tagen in der Woche mindestens acht Stunden Betreuung anbietet. 2015 und 2018 reduziert sich dies zwar deutlich, die Frage nach den Kosten bleibt aber der stärkste Prädiktor (Tab. 1).

Im dritten Modell wurden prozessbezogenen Variablen hinzugenommen, wie die Frage, nach den Schwierigkeiten außerschulische Kooperationspartner zu finden und Personal für den Ganztag zu rekrutieren. Ebenfalls einbezogen wurde die Frage, ob Kooperationszeiten für das pädagogische Personal untereinander sowie zwischen Lehrkräften und pädagogischem Personal bestehen. In diesem dritten Modell ergeben sich keine wesentlichen Veränderungen zum zweiten Modell. Die neuen Variablen erweisen sich zu den Erhebungszeitpunkten 2012 und 2015 als nicht signifikant, in 2018 jedoch erhöht sich die Chance, dass es sich um eine Schule mit rechtsanspruchskonformen Öffnungszeiten handelt, wenn Kooperationszeiten für das pädagogische Personal untereinander sowie zwischen Lehrkräften und pädagogischem Personal bestehen (Tab. 1).

Tab. 1: Regression: Prädiktoren für Ganztagsschule mit zeitlichem Rahmen des Rechtsanspruchs

| | Modell 1 | | | Modell 2 | | | Modell 3 | | |
	2012	2015	2018	2012	2015	2018	2012	2015	2018
	Odds Ratio	Odds Ratio	Odds Ratio	Odds Ratio	Odds Ratio	Odds Ratio	Odds Ratio	Odds Ratio	Odds Ratio
Ganztagsschulerfahrung	1,17***	1,13***	1,09***	1,05	1,08**	1,02	1,05	1,08**	1,03
Ländliche Region	,40**	0,58	,27***	0,89	0,84	,33***	0,85	0,86	,33***
Flächenland West/Stadtstaat	0,72	,43*	,41**	,24**	,27**	,19**	,22**	,27**	,20**
Hort				0,78	0,91	0,69	0,75	0,87	0,75
Kosten				13,22***	4,78***	6,54***	15,53***	4,84***	5,95***
Schwierigkeiten Kooperationspartner							1,22	0,801	0,75
Schwierigkeiten Personalrekrutierung							0,82	0,98	1,04
PP-PP und PP-LK Kooperation							0,69	0,99	1,85*
Konstante	1,05	1,12	1,37	1,2	1,01	2,33	1,62	1,75	2,93
R²	0,16	0,17	0,21	0,4	0,29	0,35	0,41	0,3	0,38

Quelle: STEG Schulleitungsstudie 2012 – 2018: N 2012 = 325 2015 = 324 2018 = 299 ***p < ,001 **p< ,01 *p< ,05

5. Fazit

Auch wenn der Rechtsanspruch erst im Jahr 2025 kommen und auch über Horte umgesetzt werden wird (vgl. hierzu Guglhör-Rudan/Alt in diesem Band; Markert in diesem Band), kann mit den hier vorgestellten Analysen ein erster Blick auf die Umsetzung in Ganztagsschulen geworfen werden. Hierbei muss auch thematisiert werden, ob der Fokus auf „Betreuung" möglicherweise dazu führt, dass weitere Ziele von Ganztagsschule, wie individuelle Förderung, Persönlichkeitsentwicklung und Chancengleichheit, an Bedeutung verlieren.

Die hier vorgestellten Analysen zeigen zunächst, dass rund die Hälfte der Ganztagsschulen im Primarbereich den Zeitrahmen des Rechtsanspruchs bereits erfüllen würde. Eine Schule, die dieses Kriterium erfüllt, verfügt eher über eine längere Ganztagsschulerfahrung, liegt eher in einem ostdeutschen Flächenland und/oder in einer städtischen Region (wobei unsere Analysen auf einen Anstieg in ländlichen Regionen seit dem Jahr 2012 hindeuten). Ebenfalls kooperieren Ganztagsschulen, die den Rechtsanspruch erfüllen würden, häufiger mit einem Hort.

Hinsichtlich der Zielsetzungen und Ganztagsangebote bestehen kaum Unterschiede zwischen Grundschulen, die den Rechtsanspruch erfüllen und denen die es nicht tun würden. Lediglich eine Erweiterung der Lernkultur wird häufiger von Schulen mit täglich acht Stunden Öffnungszeit angestrebt, im Jahr 2018 gilt dies auch für Kompetenzorientierung und Begabungsförderung. Bei den Ganztagsangeboten zeigt sich dieser Unterschied vor allem darin, dass Schulen mit längeren Öffnungszeiten häufiger Deutsch-/Literatur-/Leseangebote vorhalten. Positiv gewendet deutet dies darauf hin, dass Ganztagsschulen mit längeren Öffnungszeiten andere wichtige Ziele von Ganztagsschule nicht dem Betreuungsaspekt unterordnen – zumindest nicht mehr als Schulen mit kürzeren Öffnungszeiten. Negativ gelesen scheinen die Schulen ihren Schüler*innen, trotz eines längeren zeitlichen Aufenthalts nur bedingt mehr Bildungsgelegenheiten hinsichtlich fachlicher, als auch außerunterrichtlicher Angebote bereitzustellen.

Dies kann womöglich auch damit zusammenhängen, dass drei Viertel der Schulen, die das Kriterium des Rechtsanspruchs erfüllen, von Schwierigkeiten bei der Personalrekrutierung berichten. Auch finanzielle Schwierigkeiten sind etwas häufiger virulent, zumindest im Jahr 2018 – dafür gelingt es bei längeren Betreuungszeiten anscheinend besser außerschulische Kooperationspartner zu gewinnen, als an Schulen, die den Zeitrahmen des Rechtsanspruchs nicht erfüllen. Dies hängt nicht, wie womöglich angenommen, mit der Ganztagsschulerfahrung zusammen, sondern mit der sozialräumlichen Lage in Ostdeutschland sowie nicht-ländlichen Regionen (vgl. StEG-Konsortium 2019). Auch reservieren Schulen, die längere Betreuungszeiten anbieten, eher Zeiten für Kooperationen zwischen Lehrkräften und Personal. Hierbei können wir jedoch keine Aussagen über die Richtung des Zusammenhangs treffen. Genauso gut wäre es möglich, dass mehr Kooperationszeiten, längeren Öffnungszeiten vorläufig sind.

Insgesamt betrachtet scheinen somit die vielschichtigen Ziele von Ganztagsschule wenig mit längeren Öffnungszeiten zusammenzuhängen. Sozialräumliche Aspekte dagegen scheinen bedeutsamer zu sein. Kritisch zu beurteilen ist auf jeden Fall, dass Eltern für die Teilnahme am Ganztag deutlich häufiger einen generellen Teilnahmebeitrag entrichten müssen, wenn die Betreuungszeiten bei mindestens acht Stunden an fünf Tagen in der Woche liegen. Hierbei sind auch bundeslandspezifische Differenzen zu beachten, auf die wir nicht eingehen konnten[6]. Insbesondere die Regressionsanalysen zeigen, dass der Faktor Kosten der entscheidende Prädiktor für die Erfüllung der im Rechtsanspruch geforderten Öffnungszeiten ist. Daneben spielt die sozialräumliche Lage eine Rolle. Beides ist hinsichtlich des Ziels – der Herstellung von Chancengleichheit – qua Ganztagsschule negativ zu werten, denn die Teilnahme am Ganztag ist insgesamt nicht frei von Selektionseffekten (vgl. Marcus/Nemitz/ Spieß 2016; Börner et al. 2010), auch wenn diese eher gering sind. Dennoch ist darauf zu achten, dass die Inanspruchnahme des Rechtsanspruchs nicht nur sozioökonomisch bessergestellten Eltern ermöglicht wird. Zugleich scheint eine Benachteiligung von Schüler*innen und Eltern in ländlichen Regionen sowie in westdeutschen Bundesländern zu bestehen. Bei der Umsetzung des Rechtsanspruchs sollten diese Befunde berücksichtigt werden.

---

6 Die StEG-Schulleitungsstudie würde theoretisch eine Auswertung auf Landesebene erlauben, allerdings ist es eine Vorgabe der Länder, dass auf Ländervergleiche verzichtet wird.

Literatur

Alt, C./Guglhör-Rudan, A./Hüsken, K./Winkelhofer, U. (2019): Ganztagsbetreuung für Grundschulkinder, Kosten des Ausbaus bei Umsetzung des Rechtsanspruchs. DJI München.

Arnoldt, B./Furthmüller, P./Kielblock, S./Gaiser, J. M. (2017): Aktuelle Entwicklungen der ganztagsschulischen Angebote in Deutschland. In: Schüpbach, M./Frei, L./Nieuwenboom, W. (Hrsg.): Tagesschulen. Ein Überblick. Wiesbaden: Springer VS, S. 249–267.

BMBF. (2003): Investitionsprogramm „Zukuft Bildung und Betreuung": Ganztagsschulen. Zeit für mehr.

Bollweg, P./Buchna, J./Coelen, T./Otto, H.-U. (Hrsg.) (2020): Handbuch Ganztagsbildung. Wiesbaden: Springer VS.

Bonsen, M. (2016): Schulleitung und Führung von Schule. In: Altrichter, H./Maag Merki, K. (Hrsg.): Handbuch Neue Steuerung im Schulsystem. 2., überarbeitete und aktualisierte Auflage. Wiesbaden: Springer VS, S. 301–324.

Börner, N./Beher, K./Düx, W./Züchner, I. (2010): Lernen und Fördern aus Sicht der Eltern. In: Wissenschaftlicher Kooperationsverbund (Hrsg.): Lernen und Fördern in der offenen Ganztagsschule. Vertiefungsstudie zum Primarbereich in Nordrhein-Westfalen. Weinheim und München: Juventa. S. 143–225

Coelen, T. (2002): Ganztagsbildung – Ausbildung und Identitätsbildung von Kindern und Jugendlichen durch die Zusammenarbeit von Schulen und Jugendeinrichtungen. In: Neue Praxis 32, S. 53–66.

Coelen, T. (2008): „Ganztagsbildung". Integration von Aus-und Identitätsbildung durch die Kooperation zwischen Schulen und Jugendeinrichtungen. In: Otto, H.-U./Coelen, T. (Hrsg.): Grundbegriffe der Ganztagsbildung. Beiträge zu einem neuen Bildungsverständnis in der Wissensgesellschaft. 2. Auflage. Wiesbaden: VS Verlag, S. 247–268.

Fischer, N./Holtappels, H. G./Klieme, E./Rauschenbach, T./Stecher, L./Züchner, I. (Hrsg.) (2011): Ganztagsschule: Entwicklung, Qualität, Wirkungen. Längsschnittliche Befunde der Studie zur Entwicklung von Ganztagsschulen (StEG). Weinheim und Basel: Beltz Juventa.

Fischer, N. (2018): Ganztagsschule als Bildungsraum (für alle?!) – Erkenntnisse aus 10 Jahren „Studie zur Entwicklung von Ganztagsschulen" (StEG). In: Glaser, E./Koller, H.-C./Thole, W./Krumme, S. (Hrsg.): Räume für Bildung – Räume der Bildung. Beiträge zum 25. Kongress der Deutschen Gesellschaft für Erziehungswissenschaft. Opladen, Berlin, Toronto: Verlag Barbara Budrich, S. 214–225.

Hopmann, B./Böhm-Kasper, O./Lütje-Klose, B. (2019): Multiprofessionelle Kooperation in inklusiven Ganztagsschulen in der universitären Lehre. Entwicklung inklusions- und kooperationsbezogener Einstellungen von angehenden Lehrkräften und sozialpädagogischen Fachkräften in einem interdisziplinären Masterseminar. In: HLZ 2, H. 3, S. 400–421.

Klemm, K./Sauerwein, M./Zorn, D. (2019): Kosten der Anpassung bestehender Ganztagsgrundschulen an die Vorgaben des angekündigten Rechtsanspruchs. Gütersloh: Bertelsmann Stiftung.

Kunze, K. (2016): Multiprofessionelle Kooperation – Verzahnung oder Differenzierung? Einige Einwände gegen die Polarisierungstendenz einer Diskussion. In: Idel, T.-S./ Dietrich, F./Kunze, K./Rabenstein, K./Schütz, A. (Hrsg.): Professionsentwicklung und Schulstrukturreform. Zwischen Gymnasium und neuen Schulformen in der Sekundarstufe. Bad Heilbrunn: Klinkhardt, S. 261–277.

Lossen, K./Tillmann, K./Holtappels, H. G./Rollett, W./Hannemann, J. (2016): Entwicklung der naturwissenschaftlichen Kompetenzen und des sachunterrichtsbezogenen Selbstkonzepts bei Schüler/-innen in Ganztagsgrundschulen. Ergebnisse der Längsschnittstudie StEG-P zu Effekten der Schülerteilnahme und der Angebotsqualität. In: Zeitschrift für Pädagogik 62, H. 6, S. 760–779.

Marcus, J./Nemitz, J./Spieß, C. K. (2016): Veränderungen in der gruppenspezifischen Nutzung von ganztägigen Schulangeboten – Längsschnittanalysen für den Primarbereich. In: Zeitschrift für Erziehungswissenschaft 19, H. 2, S. 415–442.

Markert, T. (2017): Zur Forderung des Rechtsanspruchs auf einen Ganztags-Betreuungsplatz für Schulkinder. Analyse einer neuen sozialpolitischen Diskussion. In: Neue Praxis, H. 3, S. 253–268.

Olk, T./Speck, K./Stimpel, T. (2011): Professionelle Kooperation unterschiedlicher Berufskulturen an Ganztagsschulen – Zentrale Befunde eines qualitativen Forschungsprojektes. In: Zeitschrift für Erziehungswissenschaften 14, S. 63–80.

Sauerwein, M. N./Thieme, N./Chiapparini, E. (2019): Wie steht es mit der Ganztagsschule? Ein Forschungsreview mit sozialpädagogischer Kommentierung. In: Soziale Passagen 15, H. 1, S. 21.

Sekretariat der Ständigen Konferenz der Kultusminister der Länder in der Bundesrepublik (2008): Allgemein bildende Schulen in Ganztagsform in den Ländern in der Bundesrepublik Deutschland.

Sekretariat der Ständigen Konferenz der Kultusminister der Länder in der Bundesrepublik (2011): Allgemein bildende Schulen in Ganztagsform in den Ländern in der Bundesrepublik Deutschland.

Sekretariat der Ständigen Konferenz der Kultusminister der Länder in der Bundesrepublik (2015): Allgemein bildende Schulen in Ganztagsform in den Ländern in der Bundesrepublik Deutschland – Statistik 2009 bis 2013 -. Berlin.

Sekretariat der Ständigen Konferenz der Kultusminister der Länder in der Bundesrepublik Deutschland (2019): Allgemeinbildende Schulen in Ganztagsform in den Ländern in der Bundesrepublik Deutschland – Statistik 2013 bis 2017. Berlin.

Sekretariat der Ständigen Konferenz der Kultusminister der Länder in der Bundesrepublik Deutschland (2020): Allgemeinbildende Schulen in Ganztagsform in den Ländern in der Bundesrepublik Deutschland – Statistik 2014 bis 2018. Berlin.

StEG-Konsortium (2019): Ganztagsschule 2017/2018. Deskriptive Befunde einer bundesweiten Befragung. Frankfurt am Main, Dortmund, Gießen & München.

Tillmann, K. (2020): Weiteres pädagogisch tätiges Personal an Ganztagsschulen. In: Bollweg, P./Buchna, J./Coelen, T./Otto, H.-U. (Hrsg.): Handbuch Ganztagsbildung. Wiesbaden: Springer VS, S. 1377–1396.

Zorn, D. (2019): Ganztags-Rechtsanspruch für Grundschulkinder: Was jetzt passieren muss. In: sozialmagazin 44, H. 1–2, S. 47–49.

Der Hort im Ganztag

Thomas Markert

Zuerst wird die regional heterogene Ausgangssituation der Kindertagesein-richtung Hort in den einzelnen Bundesländern erläutert. Dabei zeigt sich, dass unterschiedliche Traditionen und sozial- wie bildungspolitische Konzepte im Zusammenhang mit Ganztagsschulentwicklung zu einer stark heterogenen Hortlandschaft geführt haben, die es nahezu unmöglich macht, über „den Hort" zu sprechen. Der damit gelegte Gegenwartsbefund zur Hortvielfalt wird dann in Beziehung zur Einführung des Rechtsanspruchs auf Ganztagsbetreu-ung für Grundschulkinder gesetzt und es werden Einschätzungen zur zukünfti-gen Entwicklung formuliert.

1. Der Hort – Versuch einer Bestimmung

Der Hort findet sich in vielfältigen statistischen Analysen zur ganztägigen Bil-dungs- und Betreuungssituation von Grundschulkindern scheinbar präzise beziffert wieder, wie folgende zwei Beispiele zeigen:

Erstens wurden Eltern im Rahmen des DJI-Kinderbetreuungsreport im Jahr 2017 gefragt, ob, und wenn ja, welches Betreuungsangebot für Grundschulkin-der in Anspruch genommen wird. Hier gaben bspw. 55% der Berliner und 60% der Thüringer Eltern an, dass ihr Kind einen Hortplatz nutzt (Alt u. a. 2019, S. 27). Zweitens veröffentlichte das Bundesjugendkuratorium 2019 im Rahmen des „Zwischenruf[s]" zum „Rechtsanspruch auf Ganztagsbetreuung für Kinder im Grundschulalter" eine Grafik, in der u. a. die Betreuungsquote für Grund-schulkinder in unterschiedlichen Organisationen und Angebotsformen mit Daten aus 2018 abgebildet wird (Bundesjugendkuratorium 2019, S. 2). Berlin und Thüringen haben dieser Darstellung nach kein Hortangebot. Sichtbar wer-den hier differente Sichtweisen und Zuordnungen der Angebote zum soge-nannten „Hort"; ja geradezu eine verwirrende und zugleich selbstverständliche Nutzung des Begriffs. Neben dem Fachdiskurs und der Begriffsnutzung in Normen (Gesetze, Richtlinien) prägt auch der alltägliche Sprachgebrauch das, was unter Hort verstanden wird. Die heterogenen Begriffsdeutungen lassen sich heute zwei grundsätzlichen Kategorien zuordnen:

A)	Hort als Kindertageseinrichtung (Kita) der Kinder- und Jugendhilfe entsprechend §§ 22 ff. SGB VIII
A 1	Kita, die nur Schulkindern offen steht, sodass das Gebäude auch als Hort bezeichnet werden kann.
A 2	Wie A 1, aber die Kita ist in den Räumen der Schule, u. U. umfangreich in den Unterrichtsräumen, organisiert und damit als Kita eng an organisatorische Abläufe der Schule angebunden.
A 3	Eine Gruppe für Schulkinder innerhalb einer altersgemischt arbeitenden Kita.
A 4	Die Nutzung einer altersgemischten Kita durch Schulkinder in altersgemischten Gruppen.
B)	Hort als Einrichtung der Schule
B 1	Mit Hort wird in Richtlinien und im alltäglichen Gebrauch ein Betreuungsangebot der Schule (präzise: in Trägerschaft der Schule) bezeichnet.
B 2	Wie B 1, allerdings wird das Betreuungsangebot in als „Ganztagsschulen" benannten Schulen in Kooperation mit einer zweiten Organisation, bspw. einem freien Träger der Jugendhilfe, umgesetzt.
B 3	Betreuende Angebotsteile innerhalb von Ganztagsschulen werden nur im Alltagssprachgebrauch von Fachkräften, Eltern und Kindern „noch" als Hort (auch in Erinnerung an die frühere Aufteilung in halbtägige Grundschule und nachfolgendem Hort) benannt.

Angesichts dieser Vielzahl an mehr oder weniger formal gerahmten Betitelungen von (zumindest) betreuenden Angeboten für Grundschulkinder als Hort sind die einführend benannten Widersprüchlichkeiten in statistischen Analysen wenig verwunderlich. Für die nun folgenden Analysen werden unter Hort alle in der obigen Kategorie A benannten Angebotsformen zusammengefasst.[1]

1.1 Horttraditionen und aktuelle Hortnutzung

Nach Ende des Zweiten Weltkriegs entwickelte sich der Hort in den beiden deutschen Staaten höchst unterschiedlich, was bis heute in der Etablierung bzw. Nutzung des Angebots in Ost und West spürbar ist.[2] In der *DDR* war aufgrund des gleichberechtigten Zugangs von Frauen und Männern zur Erwerbsarbeit und des als personalintensiv zu charakterisierenden technischen Entwicklungsstandes der Wirtschaft eine hohe Erwerbsquote von Müttern erwünscht und notwendig. Entsprechend umfangreich war die Infrastruktur zur ganztägigen Betreuung von Kindern bis zur vierten Klassenstufe ausgebaut. Schulkinder besuchten den „Schulhort" als Angebot der bis zur zehnten Klassenstufe unterrichtenden „Polytechnischen Oberschule". Grundsätzlich hatten Eltern einen Rechtsanspruch auf einen entgeltfreien Hortplatz, sodass am Ende der DDR (1989) 81% der anspruchsberechtigten Kinder den Hort nutzten (vgl. Markert 2017a, S. 82 ff.).[3]

Ganz anders verlief die Entwicklung in der *BRD*, wo der Hort als Angebot der Jugendhilfe im Bereich der Kindertagesbetreuung organisiert wurde und letztlich eine nur marginale quantitative Bedeutung erlangte. Mitte der 1980er-

---

1   Ob schulische Horte auch „Horte" sind, muss empirisch geklärt werden; aktuell liegen nur im Rahmen der generellen Ganztagsschulforschung erhobene Daten vor.

2   Für einen Überblick zur weiteren Geschichte des Hortes im deutschsprachigen Raum s. Gängler/Weinhold/Markert 2013.

3   Ohne Frage war der Schulhort in der DDR nicht einzig ein Idyll freien Kinderspiels, sondern er erfüllte ebenso ideologische Aufgaben siehe bspw. Ballmann 1984.

Jahre wurden in etwa 3.000 Horten fast 103.000 Plätze organisiert, womit etwa 4,4% der Kinder im Grundschulalter von 6 bis 10 Jahren versorgt werden konnten (Deutscher Bundestag 1990, S. 95). Dabei führte das umfangreiche Angebot in den Stadtstaaten – bspw. der Maximalwert Berlin (West) mit 27,4% – dazu, dass die bundesweite Versorgungsquote nicht noch niedriger ausfiel, denn vereinzelt wurde für kaum 2% der Kinder ein Platz bereitgestellt (ebd., S. 99). Inwieweit dieses Angebot den Bedarf deckte, kann nicht beantwortet werden, denn zum einen harmonierte die vormittägige Grundschule mit dem Familienmodell des Ein-Verdiener-Haushaltes, der sich letztlich in der nicht-erwerbstätigen, die Kinder erziehenden Mutter äußerte. Zum anderen lässt sich feststellen, dass der Ruf des Horts als „ ‚Bewahranstalt', ‚für schwierige Kinder', ‚für Kinder aus kaputten Ehen' " (Kesberg/Rolle 1987, S. 2) problematisch war.

Im Jahr 1990 stieß dann zu dem westdeutschen Hort „als Notfalleinrichtung für Kinder aus schwierigen Lebensverhältnissen" (BMFSFJ 1994, S. 526) über den politischen Beitritt der ostdeutschen Länder die Tradition des umfangreich genutzten „Schulhortes". Beide Traditionen wurden über das damals neu ein-geführte SGB VIII geregelt, wobei der Hort – damals, heute nicht mehr – expli-zit als „Tageseinrichtung" für Kinder benannt wurde (vgl. BGBl 1990). Auch heute, einige Gesetzesänderungen später, werden weiterhin im dritten Ab-schnitt des SGB VIII Tageseinrichtungen damit beauftragt, anteilig die Erzie-hung, Bildung und Betreuung von bis zu 14-jährigen Kindern mit folgenden Zielen zu übernehmen:

„1. die Entwicklung des Kindes zu einer eigenverantwortlichen und gemein-schaftsfähigen Persönlichkeit fördern,
2. die Erziehung und Bildung in der Familie unterstützen und ergänzen,
3. den Eltern dabei helfen, Erwerbstätigkeit und Kindererziehung besser mit-einander vereinbaren zu können" (§ 22 Abs. 2 SGB VIII).

Über den im § 26 SGB VIII festgeschriebenen Landesrechtsvorbehalt wurde die Detailregelung an die Länder übertragen, was ermöglicht, dass Horte auch in der ostdeutschen Traditionslinie innerhalb des Schulwesens verblieben und bspw. in Thüringen bis heute organisatorischer Teil der Schule sind. Auch die Frage, ob der Hort sich an Kinder bis zur vierten oder sechsten Klassenstufe wendet, wird orientiert an den jeweils landesspezifischen Grundschulmodellen bestimmt. Außerdem steht es den Bundesländern frei, landeseigene Regelungen zum Rechtsanspruch auf einen Hortplatz zu treffen, da hier das SGB VIII bisher nur von einem „bedarfsgerechten Angebot" spricht (§ 24 (4) SGB VIII). So haben bspw. die Brandenburger „Kinder vom vollendeten ersten Lebensjahr bis zur Versetzung in die fünfte Schuljahrgangsstufe [...] einen Rechtsanspruch auf Erziehung, Bildung, Betreuung und Versorgung" in einer Kita (§ 1 Abs. 2 KitaG Brandenburg).

In der Abbildung 1 sind nun die Hortnutzungsquoten aus dem Jahr 2006 den aktuellsten Angaben aus der Kinder- und Jugendhilfestatistik des Jahres 2019 gegenübergestellt. Die Entwicklungen und aktuelle Nutzung lassen sich in vier Gruppen fassen:

- *Gruppe 1: kein Hort (mehr)*
  Berlin, Nordrhein-Westfalen, Thüringen und Hamburg haben heute keine nennenswerte Hortnutzung zu verzeichnen, was daran liegt, dass die Betreuung, teils sogar als Hort betitelt, in schulische Verantwortung seit 2006 übertragen wurde bzw. dieses Modell seit langem praktiziert wird (Thüringen). Die Organisation einer parallelen Kita Hort ist (bis auf Einzelfälle) administrativ nicht vorgesehen.

- *Gruppe 2: Flächendeckendes Angebot*
  Hier sind mit Ausnahme von Thüringen alle östlichen Flächenländer zusammengefasst, die dauerhaft eine weit überdurchschnittliche Nutzungsquote von bis zu 88% (2019) aufweisen; trotz ihres umfangreichen Ausbaustandes in 2006 wurde in allen vier Regionen das Angebot erweitert.

- *Gruppe 3: Begrenztes Angebots mit Stabilität*
  In Rheinland-Pfalz, Baden-Württemberg, Saarland, Schleswig-Holstein und Bremen wurden die Quoten des Jahres 2006 in 2019 fast erreicht bzw. leicht überboten.

- *Gruppe 4: Angebotsausbau*
  Bayern und Niedersachsen haben ihr begrenztes Hortangebot aus dem Jahr 2006 im betrachteten Zeitraum mindestens verdoppelt.

Abb. 1: Vergleich der Hortnutzungsquote 2006 und 2019 nach Bundesland, gereiht nach Hortnutzung 2019 aufsteigend, Angaben in %

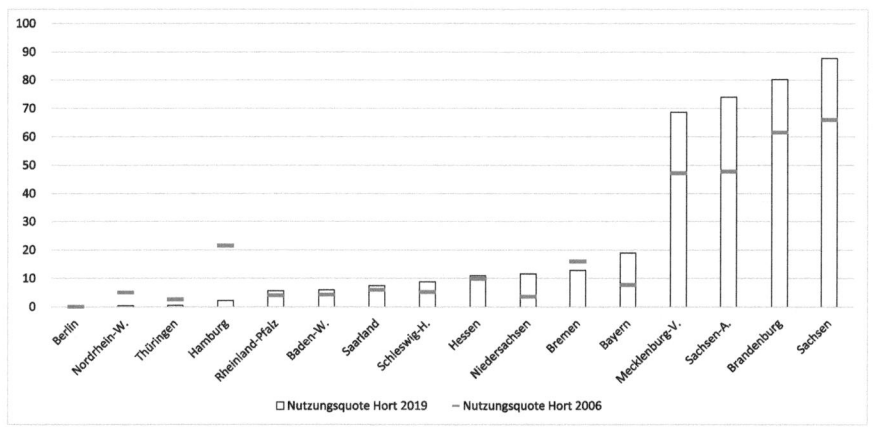

(Datenquelle Tab. D3-5web in Autorengruppe Bildungsberichterstattung 2020, eigene Darstellung)

Aus den Angaben lässt sich für 2019 eine bundesweite Hortnutzungsquote von 16,6% errechnen, die damit sechs Prozentpunkte über dem Wert von 2006 lag, womit sich grundsätzlich ein begrenztes Wachstum des Angebotes feststellen lässt. Zugleich zeigt die Abbildung 1 aber auch die fehlende Aussagenkraft einer solchen Zahl, da die Werte in den einzelnen Bundesländern zwischen Null und nahezu 88% liegen. Auch heute noch sind – neben den gegenwärtigen sozial- und bildungspolitischen Entscheidungen – Traditionen und strukturelle Ausgangsbedingungen sichtbar, die anfangs dieses Abschnittes erläutert wurden.

Nun scheint es wenig sinnhaft, die Entwicklung des Hortes bundesweit auch in Bundesländern zu ermitteln, die langfristig das Ganztagsangebot für Grundschulkinder ohne Kita Hort konzipieren. Entfernt man bei der Analyse die vier Bundesländer der Gruppe 1, ergibt dies folgenden Befund: In den nun übrigbleibenden zwölf Bundesländern verändert sich die Anzahl der hortnutzenden Kinder zwischen 2006 und 2019 von 286.517 auf 482.158. Neben dem absoluten Wachstum von nahezu 200.000 genutzten Plätzen ist dann ein relativer Zuwachs um 68 Prozent festzustellen. Interessant ist dieser Wert vor allem vor dem Hintergrund, dass mit dem gewählten Zeitabschnitt nahezu allumfänglich die Auswirkungen des bundesweiten Ausbaus des schulischen Ganztagsangebots sichtbar werden sollten.

Doch bevor sich dieser Text der Kooperation von Grundschule und Hort im Rahmen einer Ganztagsschule zuwendet, gilt es sich zumindest kurz inhaltlich dem Hort zu widmen. Anders als die curricular organisierte Schule arbeitet der Hort entlang eines von den Elternentscheidungen abhängigen, familienergänzenden Bildungs- und Erziehungsauftrag nach § 22 Abs. 2 SGB VIII. Und abweichend zu den frühkindlichen Kitas bleibt die bildende und erziehende Funktion des Hortes im Schatten der hierfür anerkannten Institution Schule.

Dennoch wird dem Hort in einigen Bundesländern ein eigenständiger Bildungsauftrag zugeschrieben (bspw. Sachsen: SMS 2007, S. 173; Mecklenburg-Vorpommern: Ministerium für Bildung MV 2011 Abschn. 4, S. 3).[4]

Im Hinblick auf die konzeptionelle Hortpraxis sind keine überregionalen und zudem aktuellen Aufarbeitungen vorhanden.[5] Die bereits einführend nebenbei ausgebreitete räumliche Vielfalt lässt erahnen, dass die Hortpraxis auch auf konzeptioneller Ebene sehr heterogen ist. Eine eigenständige „Hortpädagogik", wie sie Ende der 1990er-Jahre vereinzelt proklamiert wurde (Kaplan/Becker-Gebhard 1997; Huppertz/Meier-Musahl 1999), leitet heute weder die Ausbildung der Fachkräfte noch die Praxis in den Einrichtungen. Stattdessen orientiert sich die pädagogische Arbeit an kindheitspädagogischen Ansätzen, wie sie in Kindergärten praktiziert werden. Die Kinder sollen die Gelegenheit haben, sich gemeinsam mit anderen Kindern und dabei regelgeleitet-selbstbestimmt sowie spielerisch mit Themen wie z. B. Naturphänomenen auseinanderzusetzen. Die eingesetzten Fachkräfte, zumeist Erzieher*innen, unterstützen dies durch eine beobachtende, beratende und fördernde Begleitung. Neben dem freien Spiel werden Angebote unterbreitet, die sich an den Interessen der Kinder orientieren. Diese können dann Projektcharakter haben, wenn bspw. Apfelbäume im Hortgarten gepflegt, die Äpfel geerntet und verarbeitet werden. Oder es sind Arbeitsgemeinschaften, wie bspw. die wöchentliche Fußballgruppe. Oft wählen die Kinder einen Kinderrat, in dem die Geschehnisse ausgewertet, Bedürfnisse artikuliert sowie Vorhaben entworfen und entschieden werden. Diese pädagogische, immer von *Bildungs-* und *Erziehung*smomenten geprägte Arbeit ist dann, gewissermaßen nebenbei, auch die von Eltern erwartete *Betreuungs*leistung im Sinne beaufsichtigter Zeit, in der Beziehung, Sorge und Unterstützung im Mittelpunkt stehen.

1.2 Hort statt/trotz/in der Ganztagsschule

Letztlich lässt sich die länderspezifische Entwicklung des ganztägigen Bildungs-, Erziehungs- und Betreuungsangebotes für Grundschulkinder nur in der Zusammenschau von Entwicklungen in den Bereichen Ganztagsschule und Hort betrachten und verstehen. Daraus ergibt sich dann folgendes Bild:

Erstens finden wir die Bundesländer der obigen Gruppe 1, in denen das Hortangebot im Rahmen der Ganztagsschulentwicklung durch eine ganztägig organisierte Schule komplett abgelöst wurde oder wird. Zweitens finden wir Konstellationen, in denen der Hort und eine mehr oder weniger ganztägig organisierte Grundschule existieren, die sich drei Typen zuordnen lassen:

---

4   Zur Paradoxie eines solchen Bildungsauftrages s. Gängler/Markert 2015.
5   Das letzte „Handbuch" zum Hort erschien vor 20 Jahren (Berry/Pesch 2000).

- „Der Hort existiert als (teilweise konkurrierende, teils parallel arbeitende) Einrichtung neben (Ganztags-) Grundschulen. [...]
- Hortangebote ergänzen die ungenügenden, nicht den Bedarf deckenden Angebote von Ganztagsschulen [...]
- Ganztagsschulen werden aus der Kooperation von Grundschulen mit Horten entwickelt" (Rißmann 2016, S. 102 f.).

Organisatorisch unterhalb dieser Strukturmodelle sind dann Kooperationsformen zwischen dem Hort als Einrichtung der Jugendhilfe und der Grundschule maßgebend. Wie vielfältige diese trotz identischer administrativer Vorgaben auf Landesebene ausfallen können, zeigen beispielhaft Analysen zur sächsischen Praxis, bei denen neben der anerkennenden Kooperation zweier Bildungseinrichtungen auch serviceorientierte Formen der Zusammenarbeit deutlich werden (Markert/Wiere 2008; Markert/Weinhold 2009; Markert 2017a). Im zweiten Fall steht die kompensatorische Aufgabe des Hortes, die Angebotslücken der (Ganztags-)Schule füllt und auf Betreuungsbedarfe der Eltern reagiert, im Zentrum.[6]

Letztlich lässt sich die Entwicklung des Hortes – als einzelne Einrichtung wie als generelles Angebot – sich wie folgt charakterisieren: „Die Aufgaben des Hortes sind ihm seit jeher von den sich verändernden Anforderungen und Entwicklungen im Arbeits- und Bildungsbereich zugeschrieben. [...] Eingekeilt zwischen Anforderungen von Schule und Arbeitsmarkt hat es der Hort schwer, ein eigenes Profil zu finden" (Wagner 2000, S. 116 f.).

2. Zukunft des Hortes

Um über die Perspektive der Kita Hort in Vorbereitung und letztlich Umsetzung des Rechtsanspruches auf einen Ganztagsplatz zu sprechen, ist es grundlegend, zunächst zu resümieren, welches Wissen zum gegenwärtigen Hort eigentlich existiert. Die im Vorangegangenen dokumentierten Daten weisen dabei auf das empirische Wissen über den Hort hin. Dank der Kinder- und Jugendhilfestatistik existieren Daten zu Nutzung und Personalausstattung.

---

6   Diese Kompensationsfunktion „ereilt" den Hort (inzwischen auch wieder) auf statistischer Ebene, wenn die sog. „Beteiligungsquote" an ganztägigen Angeboten von Schule und Hort ermittelt wird. In den Bundesländern, in denen die Hortkinder auch als Ganztagsschüler*innen, so also doppelt gezählt werden (womit aus der Summierung der beiden Angaben eine unrealistische Quote von über 100% entsteht) wird dann die auch hier weiter oben referierte Hortquote als Beteiligungsquote genutzt. Dass in diesen Ländern dann zwischen 69 und 88% der Kinder eine Kita nutzen, wird nicht ausgewiesen, sondern als Ergebnis aus schulischem Ganztagsangebot *und* Hort markiert (Autorengruppe Bildungsberichterstattung 2020, S. 122).

Inhaltliche Aspekte des Hortes sind nur vereinzelt regional und dann zumeist in engem Zusammenhang mit der Ganztagsschulentwicklung im Grundschulbereich erforscht worden. Eine eigenständige Hortforschung bildet eine Leerstelle. Es existieren keine beschreibenden Analysen zur pädagogischen Arbeit im Hort an sich oder gar vergleichende Untersuchungen mit anderen Organisationsmodellen der ganztägigen Bildung, Erziehung und Betreuung von Grundschulkindern, die über bspw. Strukturanalysen hinausgehen (zu Betreuungszeiten bspw. StEG-Konsortium 2019, S. 157). Dieser Bereich ist eine „fachwissenschaftliche Black-Box" (Deutscher Verein 2015, S. 16); Forschungen hierzu sind, wie der Deutsche Verein 2019 feststellt, dringend geboten (vgl. 2019, S. 22). Insofern muss der über den Rechtsanspruch politisch geförderte Ausbau der Ganztagsangebote für Grundschulkinder nach jetzigem Kenntnisstand auf „bewährte", so also etablierte und von Familien angenommene Modelle setzen. Eine wissenschaftlich begründete Steuerung im Sinne der Wahl und Abwahl von Angebotsformen ist im Hinblick auf den Hort aktuell nicht möglich. Bei dieser vagen Ausgangslage können die nachfolgenden Anmerkungen zur Zukunft des Hortes also keine wissenschaftlich hergeleiteten Prognosen sein, sondern es sind begleitenden Gedanken, die aus dem hypothetischen Weiterdenken der Geschichte und der gegenwärtigen Diskussion entwickelt wurden.

2.1 Der Hort – qualitativ bereits geordnet

Wie bereits eingeführt, ist die Kita Hort als Einrichtung der Jugendhilfe an die Leitprinzipien der Kinder- und Jugendhilfe gebunden. Indem nun die bisherige Planung des Rechtsanspruchs auf einen Ganztagsplatz davon ausgeht, etablierte Angebotsstrukturen aufzunehmen[7], erweist sich der Hort als ein bundesweit in SGB VIII und detailliert in den Landesausführungsgesetzen konturiertes Angebot. Michael Wrase schildert in diesem Band ausführlich die Anforderungen aus rechtlicher Sicht im Spannungsfeld von Kinder- und Jugendhilfe- und Bildungsrecht. Für die Umsetzung im Hort seien hier (deshalb nur) einzelne Stichpunkte genannt: Wunsch- und Wahlrecht, Fachkraftgebot, bundeslandbezogener Personalschlüssel, Standards zur Erteilung der Betriebserlaubnis.

Zu diesen Qualitätsmerkmalen lässt sich zudem eine – regional different ausgeprägte – Anerkennung des Hortes attestieren. Der Optimismus der bildungspolitisch umfangreich geförderten Ganztagsschulinitiative, dass die

---

7   „Wir werden einen Rechtsanspruch auf Ganztagsbetreuung im Grundschulalter schaffen. Dabei werden wir auf Flexibilität achten, bedarfsgerecht vorgehen und die Vielfalt der in den Ländern und Kommunen bestehenden Betreuungsmöglichkeiten der Kinder- und Jugendhilfe und die schulischen Angebote berücksichtigen. Für die Ausgestaltung wollen wir das Sozialgesetzbuch VIII nutzen" (CDU/CSU/SPD 2018).

Ganztagsschule aufgrund der angenommenen höheren Bildungsleistung zugleich als Nebeneffekt die Betreuungsaufgaben im Grundschulbereich übernehmen würde[8], erwies sich recht schnell als Irrtum: Der Hort wurde per se eben kein „Auslaufmodell" (Lange 2007). Vielmehr erlebte der Hort – auch durch die Kooperation mit der Schule im Ganztagsangebot – einen Nutzungs- und so Bedeutungszuwachs. Bundesweit finden sich mehrere Länder, in denen der Hort stärker als ganztagsschulische Angebote genutzt werden. In den Bundesländern, in denen strukturell der Hort weiter Bestand hat, trifft die politische Initiative des Rechtsanspruchs formal auf ein geordnetes Feld, das erweitert werden kann, wenn ausreichend Finanzmittel vorhanden sind. Außer (vielleicht) in Brandenburg und Sachsen-Anhalt: Dort gilt bereits ein in Landeshoheit erlassener und infrastrukturell bewältigter Rechtsanspruch, weshalb die dortigen Nutzungsquoten (80%; 74%) einen Hinweis auf eine Bedarfsdeckung geben (müssten).

Aus anderer Perspektive könnte dies aber auch die Bedrohung des Hortes in Regionen (Gruppe 3) mit konkurrierenden/nicht koordinierten Angeboten sein. Der Hort als Kita könnte aus ökonomischen Gesichtspunkten aufgrund seiner Jugendhilfestandards zu einem – im Sinne der öffentlichen Förderung und der finanziellen Elternbeteiligung – aufwändigen, also „teurem" Angebot werden, wodurch Marktanteile verloren gehen und es zu einem Rückgang der Hortbeteiligung bei gleichzeitig genereller Zunahme der Ganztagsquote unter Grundschulkindern kommt. Verhindern ließe sich dies nur, wenn institutionsübergreifende Qualitätsansprüche verbindlich formuliert werden, die nicht hinter die Praxis des Hortes zurückfallen.

Aktuell besteht die Hoffnung, dass nach den Erfahrungen des quantitativen Ausbaus der frühkindlichen Kitas und der Ganztagsschule – jeweils mit Qualitätsmängeln, jetzt ein anderer, Qualitätsanspruch und Bedarfsdeckung synchron fördernder Weg beschritten werden soll. Neben der Finanzierung des quantitativen Ausbaus müssen laut der Bundesfamilienministerin „auch die qualitativen Anforderungen [...] besser finanziert werden" (BMFSFJ 2020). Gleichzeitig gilt: „Hinsichtlich des angedachten Rechtsanspruchs [...] zeichnet

---

8   Zur Erinnerung: „In keinem der Länder, die beim PISA-Vergleich besonders gut abgeschnitten haben, werden die Kinder um die Mittagszeit oder, wie bei uns, manchmal früher aus der Schule heimgeschickt. In Ganztagsschulen lassen sich Bildung und Erziehung leichter miteinander verbinden. Eine Ausweitung der Möglichkeiten der Ganztagsbetreuung ist auch aus familienpolitischen Gründen ohnedies eine Notwendigkeit. [...] Im Vergleich zum europäischen Ausland ist die Zahl der Ganztagsschulen in Deutschland beschämend niedrig. Das ist der Grund, warum die Bundesregierung das Programm ‚Zukunft Bildung und Betreuung' mit einem Umfang von 4 Milliarden Euro auflegen wird. Dies ist eine Investition in die Zukunft unserer Kinder und damit in die Zukunft unseres Landes." (Bundeskanzler Gerhard Schröder am 13. Juni 2002 in Deutscher Bundestag 2002, S. 24184).

sich derzeit lediglich die Verankerung im [...] SGB VIII ab, allerdings noch keine Details zu den Standards der Realisierung" (Autorengruppe Bildungsberichterstattung 2020, S. 120).

2.2 Ganztagsschule oder Hort

Die dargelegten Ausbauzahlen belegen, dass in den Bundesländern differente Wege zur Etablierung und zum Ausbau eines ganztägigen Angebotes für Grundschulkinder gewählt wurden. Aktuell lässt sich nicht erkennen, dass in einzelnen Regionen nochmals grundsätzlich neue Ziele benannt und darauf aufbauende Neuordnungen – wie bspw. die Integration der Kita Hort in die Schule – angegangen werden. Das DJI prognostiziert für bis 2025 bei Beibehaltung der Struktur und Deckung der Betreuungsbedarfe bis zu 218.000 neu in Horten zu schaffende Plätze (Betreuungsbedarf ab Unterrichtsschluss bis mind. 16.00 Uhr; Guglhör-Rudan/Alt 2019, S. 13). Auch vonseiten der Eltern, dies belegen deren Betreuungsformwünsche in der DJI-Kinderbetreuungsstudie, wird kein Änderungsbedarf hin zu der einen oder anderen Organisationsform artikuliert (Alt u. a. 2019, S. 30 ff.). Von einer grundsätzlichen Konkurrenz zwischen Ganztagsschule und Hort – außerhalb derer, die regional bewusst oder unbewusst angelegt wurde – muss innerhalb der anstehenden Umsetzung des Rechtsanspruchs nicht ausgegangen werden.

Im Hinblick auf den mit dem Infrastrukturausbau einhergehenden Personalbedarf ist die Konkurrenz allerdings vorprogrammiert. Das Personal der Horte besteht bundesweit zu 67% aus staatlich anerkannten Erzieher*innen, knapp 10% akademisierten Fachkräften und ca. 8% Beschäftigten mit Abschlüssen von Berufsfachschulen (Sozialassistenz, Kinderpflege) (Tab. D3-6web in Autorengruppe Bildungsberichterstattung 2020).[9] Für das Hortangebot wird aufgrund demografischer Entwicklungen und des bedarfsentsprechenden Ausbaus bis 2025 ein zusätzlicher Personalbedarf von knapp 15.000 Fachkräften erwartet (Rauschenbach/Schilling/Meiner-Teubner 2017, S. 27). Die 2020 im Rahmen des Bildungsberichtes veröffentlichten neuen Berechnungen, bei denen demografische Entwicklungen und die Anzahl der Berufsabsolvent*innen prognostiziert werden, gehen 2025 von einer Unterdeckung des Personalbedarfs im Bereich aller Kitas von bundesweit 34.000 Fachkräften aus[10], wozu der

---

9 Aufgrund der regional unterschiedlichen Fachkraftanerkennung ist in den östlichen Bundesländern der Anteil der Erzieher*innen wesentlich größer (83%) zu Ungunsten der Berufe mit Berufsfachschulabschluss (1%) (Tab. D3-6web in Autorengruppe Bildungsberichterstattung 2020).

10 Im Bildungsbericht 2018 wurde noch das „Schreckensszenario" der Personalschlüsselverbesserungen im frühkindlichen Bereich erwähnt, woraufhin die Personallücke schnell in den sechsstelligen Bereich geht (Autorengruppe Bildungsberichterstattung 2018, S. 81).

Personalbedarf des schulischen Ganztagsangebots noch hinzu kommt. Im Wissen um die geringere Attraktivität der Arbeit mit Schulkindern gegenüber der Tätigkeit im frühkindlichen Bereich (geringerer Stundenumfang bei Teilzeitanstellung, Tätigkeit im „Schatten" der Schule/Lehrkräfte; Börner 2014; Markert 2018, S. 396 f.) konkurrieren die Angebote der Schulkindbetreuung um einen eingegrenzten Bewerberkreis.[11]

2.3 Elternbedarfe und Bedürfnisse von großen Kindern

Horte werden im Rahmen der Kampagne zur Einführung des Rechtsanspruchs von der Bundesregierung wie folgt definiert: „Horte sind in der Regel Einrichtungen der Kinder- und Jugendhilfe. Pädagogisches Personal betreut die Grundschulkinder vor dem Unterricht und/oder nach dem Unterricht. Manche Horte bieten auch in den Ferien Betreuung an. Auch das hilft enorm, denn die wenigsten Eltern haben so viel Urlaub, um die Schulferien abdecken zu können. In der Regel fallen Elternbeiträge und Kosten für das Mittagessen an" (BMFSFJ 2019). Die pädagogische „Füllung" des Betreuungsservice wird einzig – mit viel gutem Willen – mit dem Code „Einrichtungen der Kinder- und Jugendhilfe" hinterlegt. Ansonsten stehen einzig die Beantwortung der Elternfragen im Mittelpunkt: Betreuungsabsicherung und Kosten. Auch in den *potenziellen Varianten* zur gesetzlichen Verankerung des Rechtsanspruches im SGB VIII lassen sich, wenn man diese Spur aufnimmt, Hinweise für die mögliche Etablierung eines Betreuungsservice finden: Angenommen, die „Förderungs- und Betreuungsangebote bei offenen Ganztagsschulen sind gegenüber der Förderung in Tageseinrichtungen vorrangig" (Münder 2019, S. 14), bleiben für den Hort Betreuungsaufgaben in den Rand- und Ferienzeiten übrig. Entspricht eine solche Konzipierung eigentlich den Bedarfen der „Großen Kinder" (Enderlein 2013)? Schulkinder sind laut Oggi Enderlein Entdecker*innen, Erober*innen, Siedler*innen, Expert*innen und auch Aufständische, wobei junge Schulkinder ganz andere Bedarf als die älteren Kinder haben. In jedem Fall sind sie eben Kinder und außerhalb des Unterrichts keine Schüler*innen, die entlang eines Lehrplans und vorgegebener Rollenhierarchie, inhaltlichen Vorgaben und Zeitstruktur Aufgaben zu erfüllen haben. Wurden eigentlich die Kinder nach ihrem Bedarf nach einer „Ganztagsbetreuung" gefragt?

Was bedeutet es eigentlich inhaltlich, wenn die aktuellen Prognosen davon ausgehen, dass in den Bundesländern mit einem aktuell bereits umfangreich ausgebauten Ganztagsangebot von Schule und/oder Hort bei Einführung des

---

11 In der Tagespresse kündigt sich dies schon an: „Horte in Not" (Tagesspiegel 16.07.2018), „Viertklässler stehen auf der Straße. Wegen Personalnot können 16 Grundschüler […] nach der Schule nicht mehr in den Hort. Die Eltern sind ratlos." (sz-online.de 24.10.2018)

Rechtsanspruchs 95 von 100 Grundschulkindern einen Platz brauchen (Autorengruppe Bildungsberichterstattung 2020, S. 122)? Diese Bedarfsprognosen basieren nur anteilig auf Angaben von Eltern, die dann in Rechenmodelle, die auf Erfahrungen aus dem Ausbau der frühkindlichen Kitas stammen, eingespielt wurden. Doch sind die Betreuungsbedarfe von Kindern im Alter von sieben bis 10 Jahren wirklich mit denen der Kindergartenkinder vergleichbar? Ein Blick in Bundesländer mit starker Hortnutzung zeigt, dass die siebenjährigen Kinder die Kita stärker nutzen, als die Neunjährigen. Die Differenz liegt bspw. in Sachsen in den Jahren 2013 bis 2019 zwischen sechs und neun Prozentpunkten (KJH-Statistik des Landes Sachsen; Stat. Bericht KV 5/j).[12] Wie ist dies zu verstehen und einzuordnen? Droht hier Verwahrlosung? Nein, sondern generell dürfen Grundschulkinder auch Verantwortung für Zeitabschnitte ohne elterliche Aufsicht übernehmen. Für manche Kinder beginnt dieser Abschnitt früher, für manche später. Familien und Hort erziehen zu einer altersgemäßen Selbständigkeit, die auch die Gestaltung von außerinstitutioneller Freizeit beinhaltet, ja beinhalten muss. Schätzungen, die davon ausgehen, dass auch in der vierten Klassenstufe 95 von 100 Kindern diesen Status nicht erreicht haben, gehen davon aus, dass die Erziehung zur Selbständigkeit entweder weniger gut gelingt oder nicht gewünscht ist.[13] Dieses Phänomen, dass eine möglichst umfangreiche Nutzung des Betreuungsangebotes angestrebt wird, lässt sich nicht von den Bedarfen der Großen Kinder ableiten, auch nicht damit, dass nun ein zweiter Versuch moderner, flächendeckender ganztägiger Bildung als Beitrag zur Bildungsgerechtigkeit gestartet werden soll; es geht ja um „Ganztagsbetreuung im Grundschulalter". Die Betreuung steht immer in Korrespondenz mit dem kurzfristigen Arbeitskräftebedarf. Die Dynamik der Einführung des Rechtsanspruchs verweist vielmehr darauf, welche wirtschafts- und sozialpolitische Aufladungen mit der Idee des Rechtsanspruchs in Zeiten globalisierter Wirtschaftssysteme und Fachkraftmangel verbunden sind (Markert 2017b).

2. Resümee

Die vorgelegten Analysen wagen einen Dreischritt: Aus der Geschichte des Hortes und dessen Gegenwart wird ein Blick in die Zukunft unter der Bedingung des Rechtsanspruchs gewagt. Sichtbar wird die Leitidee des Hortes, auf

---

12 In der Stadt Dresden ergab die konkrete Befragung der Horte folgende Nutzungsquoten: 1. Klassenstufe 93%; 4. Klassenstufe 77% (Markert/Wiere 2008, S. 12).

13 Ein gewagter Vergleich: Selbst in der DDR mit umfangreichster Erwerbstätigkeit der Eltern besuchten nur max. 65% der Viertklässler*innen den Hort. Die anderen Kinder galten als kompetente „Schlüsselkinder" die ihre nachunterrichtliche Freizeit zwischen Sport-AG und Hausaufgaben selbstbestimmt gestalteten (Markert 2017a, S. 91)

dem auch die regional heterogene Relevanz des Angebots basiert: Der Hort übernimmt und erfüllt eine, Familie und Schule ergänzende Funktion. Auch wenn die Kinder- und Jugendhilfe neben den jungen Menschen die Familien als Adressat*innen führt, erscheint der Hort doch eher als „Schulhilfe", da er Angebotslücken, die im Kontext gesellschaftlicher Erwartungen an die Schule auf der Ebene der Betreuung deutlich werden, füllt. Er hat tagtäglich keinen eigenen Beginn und keine genaue Schließzeit, ist im Schulalltag für Kinder nur stundenweise bedeutsam, in den Ferien das tagesfüllende Angebot. Der Hort übernimmt strukturelle Absicherung des freien Spiels, aber bietet auch – wenn er damit beauftragt wird – langfristige inhaltliche Projekte bis hin zur Demokratieerziehung. Manchmal ist der Hort nur „Auffangbecken" für die Kinder, die keine konkreten schulischen Kurse oder Freizeitangebote nutzen, manchmal ist er Auftragnehmer für die Organisation des offenen Angebotes, das die Schule zur offenen Ganztagsschule macht. Trotz des vorangegangenen Plädoyers, den Hort im Rahmen der Umsetzung des Rechtsanspruchs als qualitativ potenziell hochwertigen Bildungsakteur zu berücksichtigen, bleibt es auch in Zukunft dabei: *Der Hort ist ein Angebot an die Gesellschaft, ihn entsprechend der Bedarfe regional different auszudeuten und strukturell zu konfigurieren, und so ein wohl in jedem Fall erfolgreiches Angebot.*

Literatur

Alt, C./Gedon, B./Hubert, S./Hüsken, K./Lippert, K. (Hrsg.) (2019): DJI-Kinderbetreuungsreport 2018. Inanspruchnahme und Bedarfe bei Kindern bis 14 Jahre aus Elternperspektive – ein Bundesländervergleich. München: DJI.

Autorengruppe Bildungsberichterstattung (2018): Bildung in Deutschland 2018. Ein indikatorengestützter Bericht mit einer Analyse zu Wirkungen und Erträgen von Bildung. Bielefeld: wbv. www.bildungsbericht.de/de/nationaler-bildungsbericht/resolveuid/b4d2ab 86214f4c7881fae1b1ba81e091 (Abfrage: 22.06.2018).

Autorengruppe Bildungsberichterstattung (2020): Bildung in Deutschland 2020. Ein indikatorengestützter Bericht mit einer Analyse zu Bildung in einer digitalisierten Welt. www. bildungsbericht.de/static_pdfs/bildungsbericht-2020.pdf (Abfrage: 29.06.2020).

Ballmann, U. (1984): Freizeit im Hort. Beiträge aus pädagogischen Lesungen. Berlin: Volk und Wissen.

Berry, G./Pesch, L. (Hrsg.) (2000): Welche Horte brauchen Kinder? Ein Handbuch. 2. Auflage. Neuwied; Berlin: Luchterhand.

BGBl (1990): Gesetz zur Neuordnung des Kinder- und Jugendhilfegesetzes (Kinder- und Jugendhilfegesetz – KJHG) vom 26. Juni 1990. Bundesgesetzblatt. Nr. 30. S. 1163–1195.

BMFSFJ (1994): Neunter Jugendbericht. Bericht über die Situation der Kinder und Jugendlichen und die Entwicklung der Jugendhilfe in den neuen Bundesländern. Bonn: Bundesministerium für Familie, Senioren, Frauen und Jugend.

BMFSFJ (2019): Ganztagsbetreuung von Grundschulkindern. Betreuungslücken für Grundschulkinder schließen (Hintergrundmeldung vom 05.07.2019). Berlin: BMFSFJ. www.bmfsfj.de/bmfsfj/themen/familie/kinderbetreuung/ganztagsbetreuung/betreuungsluecken-fuer-grundschulkinder-schliessen/133604 (Abfrage: 01.07.2020).

BMFSFJ (2020): Ministerin Giffey: Eine gute Investition für Kinder, Jugendliebe und Familien. Ganztagsbetreuung wird beschleunigt, Kinder- und Jugendhilfe unterstützt, Rassismusforschung gestärkt (Pressemitteilung vom 02.07.2020). Berlin: BMFSFJ. www.bmfsfj.de/bmfsfj/aktuelles/presse/pressemitteilungen/ministerin-giffey--eine-gute-investition-fuer-kinder--jugendliche-und-familien-/158048 (Abfrage: 03.07.2020).

Börner, N. (2014): Ganztagsschulen – für Erzieher attraktiv genug? Zum Fachkräftemangel an offenen Ganztagsschulen. SchulVerwaltung NRW. Zeitschrift für Schulentwicklung und Schulmanagement. Jg. 25, H. 2. S. 55–57.

Bundesjugendkuratorium (2019): Zwischenruf des Bundesjugendkuratoriums: Rechtsanspruch auf Ganztagsbetreuung für Kinder im GrundschulalterALTER. München: DJI. (Abfrage: 16.05.2020).

CDU/CSU/SPD (2018): Ein neuer Aufbruch für Europa. Eine neue Dynamik für Deutschland. Ein neuer Zusammenhalt für unser Land. Koalitionsvertrag zwischen CDU, CSU und SPD. www.bundesregierung.de/Content/DE/_Anlagen/2018/03/2018-03-14-koalitionsvertrag.pdf;jsessionid=5EC091BAEA8A3E251FF18540F9D37FA3.s3t1?__blob=publicationFile&v=5 (Abfrage: 21.06.2018).

Deutscher Bundestag (1990): Drucksache 11/6567: Achter Jugendbericht. Bericht über Bestrebungen und Leistungen der Jugendhilfe. Bonn: Deutscher Bundestag.

Deutscher Bundestag (2002): Plenarprotokoll 14/242 Deutscher Bundestag (Berlin, Donnerstag, den 13. Juni 2002). Berlin: Deutscher Bundestag.

Deutscher Verein (2015): Empfehlungen des Deutschen Vereins zur öffentlichen Erziehung, Bildung und Betreuung von Kindern im Alter von Schuleintritt bis zum vollendeten 14. Lebensjahr. www.deutscher-verein.de/de/download.php?file=uploads/empfehlungen-stellungnahmen/2015/dv-6-14-schulkinderbetreuung.pdf (Abfrage: 22.06.2018).

Deutscher Verein (2019): Empfehlungen des Deutschen Vereins zur Implementierung und Ausgestaltung eines Rechtsanspruches auf ganztägige Erziehung, Bildung und Betreuung für schulpflichtige Kinder in der Grundschulzeit. www.deutscher-verein.de/de/download.php?file=uploads/empfehlungen-stellungnahmen/2019/dv-13-19_ganztagsbetreuung-grundschulzeit.pdf (Abfrage: 31.01.2020).

Enderlein, O. (2013): Große Kinder. 7. Auflage. München: DTV.

Gängler, H./Markert, T. (2015): „Die Horte" und „sein" Bildungsauftrag. TPS – Theorie und Praxis der Sozialpädagogik. H. 5. S. 8–11.

Gängler, H./Weinhold, K./Markert, T. (2013): Miteinander-Nebeneinander-Durcheinander? Der Hort im Sog der Ganztagsschule. Neue Praxis. 43. H. 2, S. 154–175.

Guglhör-Rudan, A./Alt, C. (2019): Kosten des Ausbaus der Ganztagsgrundschulangebote. Bedarfsgerechte Umsetzung des Rechtsanspruchs ab 2025 unter Berücksichtigung von Wachstumsprognosen. DJI. München

Hupperrtz, N./Meier-Musahl, R. (Hrsg.) (1999): Hortpädagogik. Eine Einführung in Theorie und Praxis. Oberried bei Freiburg i. Br.: PAIS.

Kaplan, K./Becker-Gebhard, B. (Hrsg.) (1997): Handbuch der Hortpädagogik. Freiburg i. Br.: Lambertus.

Kesberg, E./Rolle, J. (Hrsg.) (1987): Kennen Sie den Hort? 2. Auflage. Köln: Sozialpädagogisches Institut für Kleinkind- und außerschulische Erziehung des Landes Nordrhein-Westfalen.

Lange, J. (2007): Der Hort – ein Auslaufmodell? KomDat. 10, H. 2, S. 2–3.

Markert, T. (2017a): Lehrerinnen und Erzieherinnen doing Ganztagsschule. Historische und empirische Analysen zum Ganztagsangebot von Grundschule und Hort. Weinheim und Basel: Beltz Juventa.

Markert, T. (2017b): Zur Forderung des Rechtsanspruches auf einen Ganztags-Betreuungsplatz für Schulkinder. Analyse einer neuen sozialpolitischen Diskussion. neue praxis 47, H. 3, S. 253–268.

Markert, T. (2018): Hort und Ganztagsschule: Kooperation oder Konkurrenz? Jugendhilfe. H. 4, S. 392–398.

Markert, T./Weinhold, K. (2009): Ganztagsangebote im ländlichen Raum. Eine empirische Studie zur Kooperation von Hort und Grundschule mit Ganztagsangebot in Sachsen. Dresden: Servicestelle Ganztagsangebote Sachsen. www.sachsen.ganztaegig-lernen.de/sites/default/files/GS-Hort-laendlicher-raum-120809.pdf (Abfrage: 27.05.2014).

Markert, T./Wiere, A. (2008): Baustelle Ganztag. Eine empirische Studie zur Kooperation von Horten und Grundschulen mit Ganztagsangeboten in Dresden. Dresden: Servicestelle Ganztagsangebote Sachsen. www.sachsen.ganztaegig-lernen.de/baustelle-ganztag (Abfrage: 04.05.2015).

Ministerium für Bildung MV (2011): Bildungskonzeption für 0- bis 10-jährige Kinder in Mecklenburg-Vorpommern. Schwerin: Ministerium für Bildung, Wissenschaft und Kultur Mecklenburg-Vorpommern.

Münder, J. (2019): Wie sich ein Recht auf Ganztag realisieren lässt. DJI Impulse. H. 2, S. 12–15.

Rauschenbach, T./Schilling, M./Meiner-Teubner, C. (2017): Plätze. Personal. Finanzen – der Kita-Ausbau geht weiter. Zukunftsszenarien zur Kindertages- und Grundschulbetreuung in Deutschland (Version 2–2017). Dortmund: Forschungsverbund DJI/TU Dortmund. www.dji.de/fileadmin/user_upload/bibs2017/rauschenbach_schilling_plaetze_personal_finanzen.pdf (Abfrage: 25.10.2018).

Rißmann, M. (2016): Horte und Ganztagsschulen. Eine institutionelle Standortbestimmung. In: Förster, C./Bernardo, E./Rißmann, M./Tänzer, S. (Hrsg.): Pädagogische Lebenswelten älterer Kinder. Zwischen Anspruch und Wirklichkeit. Freiburg; Basel; Wien: Herder, S. 98–108.

SMS (2007): Der Sächsische Bildungsplan. Dresden: SV Saxonia.

StEG-Konsortium (2019): Ganztagsschule 2017/2018. Deskriptive Befunde einer bundesweiten Befragung. Studie zur Entwicklung von Ganztagsschulen, StEG. Frankfurt am Main; Dortmund; Gießen; München: DIPF. www.pedocs.de/volltexte/2019/17105/pdf/Ganztagsschule_2017_2018_StEG.pdf (Abfrage: 24.06.2020).

Wagner, P. (2000): Alles klar – oder …? Widersprüche und Dilemmata der pädagogischen Arbeit im Hort. In: Berry, G./Pesch, L. (Hrsg.): Welche Horte brauchen Kinder? Ein Handbuch. 2. Auflage. Neuwied; Berlin: Luchterhand, S. 115–127.

Rechtsanspruch auf Ganztagsbetreuung als Hoffnungsträger?

Zur Rolle der Kooperation von Kinder- und Jugendhilfe mit Schule für den Abbau von Bildungsbenachteiligung

Pia Rother

Mit der geplanten Einführung eines Rechtsanspruchs auf Ganztagsbetreuung zeigen sich Parallelen zu früheren bildungspolitischen Maßnahmen, wie der Einführung des Rechtsanspruchs auf Betreuung für unter Dreijährige Kinder im Jahr 2013 (vgl. Meysen et al. 2013), aber auch zum Investitionsprogramm „Zukunft Bildung und Betreuung" (IZBB 2003–2009), das den Ganztagsschulausbau förderte. Denn der Koalitionsvertrag der 19. Legislaturperiode sieht vor, dass bis 2025 ein bundesweiter Rechtsanspruch auf Ganztagsbetreuung für Kinder im Grundschulalter eingeführt werden soll. Die Parallelen in den bildungspolitischen Maßnahmen liegen darin, dass die Programmatik auf Ebene des Bundes zu verorten ist und es sich um eine top-down-Entscheidung handelt, die eben gerade nicht vom Bund umzusetzen ist, sondern vor Ort in den Kommunen (kritisch hierzu bspw. die Contra-Position des Deutschen Städte- und Gemeindebundes (vgl. Landsberg 2019)), den Schulen und seitens der pädagogischen Akteur*innen. Nun bleibt an dieser Stelle offen, inwiefern diese bildungspolitischen Maßnahmen einem gesellschaftlichen Konsens entsprechen und zum übergreifenden Ziel des Abbaus von Benachteiligungen beitragen können (zu Ganztagszielen: vgl. Stötzel/Wagener 2014). Worin die Potenziale eines Rechtsanspruchs liegen könnten, soll in diesem Beitrag aus einer sozialpädagogischen Perspektive mit Blick auf die Rolle der Kooperation von Kinder- und Jugendhilfe mit Schule für den Abbau von Bildungsbenachteiligung und beispielhaft auf Einrichtungen der Kinder- und Jugendarbeit beleuchtet werden. Dazu wird zunächst (1) kritisch die Realisierbarkeit des Rechtsanspruchs betrachtet, (2) eigene empirische Daten zu einer Kooperation von Ganztagsgrundschule und einer Einrichtung der Kinder- und Jugendarbeit bezüglich des Abbaus von Bildungsbenachteiligung präsentiert sowie (3) dies hinsichtlich des Rechtsanspruchs auf Ganztagsbetreuung rückgebunden.

1. Kritisches zur Realisierbarkeit des Rechtsanspruchs und außerschulische Kooperationen als Lösung?

Im Fachdiskurs werden zum Rechtsanspruch auf Ganztagsbetreuung bis 2025 (s.a. Einführung in diesen Band) erneut Bedenken mit Blick auf eine qualitativ gute Umsetzung laut, die vor allem auf Ebene der Qualifikation und Rekrutierung des Personals angesiedelt ist. So bestehe zwar ein Fachkräftemangel – und hier greifen frühkindliche Bildungsinstitutionen und Ganztagsschulen durchaus auf sich überschneidende Personalreservoirs zurück und konkurrieren um gut Qualifizierte – und zugleich wird aber eine hohe Qualität gefordert (für U3: bspw. DKSB 2012[1]; für GTB: bspw. BJK 2019[2]). Dass darin ein deutlicher Zusammenhang besteht, ist augenscheinlich, da zur Umsetzung des Rechtsanspruchs bis 2025 bei fehlendem pädagogisch einschlägig qualifiziertem Personal mit dem Einsatz weniger einschlägig qualifizierten Personals zu rechnen ist (vgl. Arbeitsstelle Kinder- und Jugendhilfestatistik 2017, S. 25 f.).

Unter anderem wegen der Herausforderung in Schulen, ‚gutes‘ Personal zu rekrutieren, wird seitens der Schulen dem organisationalen Wandel mit intensivierten Kooperationen mit Organisationen der Kinder- und Jugendhilfe (bspw. mit Einrichtungen der Kinder- und Jugendarbeit) begegnet (vgl. StEG-Konsortium 2019). Die Kinder- und Jugendhilfe selbst durchläuft aber ebenso Veränderungen seit dem Ausbau der Ganztagsschulen (s. u.). Dies gilt insbesondere für die Kinder- und Jugendarbeit, bei der die Kooperationen in und mit Schule zunehmend und ebenso seit geraumer Zeit verstärkt beforscht werden (vgl. Gosse 2020; Rother 2019; Seckinger et al. 2016).

Meist liegen Fragen nach der *Kooperationsqualität* lediglich auf der Ebene des Organisierens der Kooperation selbst (vgl. Rehm 2018, S. 48 ff. u. 52 ff.; Buchna et al. 2017). D. h. es stehen professions- oder organisationstheoretische Fragen im Vordergrund, aber nicht bestimmte pädagogische oder inhaltliche Ziele mit Blick auf Adressat*innen, wie die Verbesserung von Teilhabe bzw. Chancengerechtigkeit aller Kinder und Jugendlichen. Kooperationsziele, wie der Abbau von Bildungsbenachteiligungen (vgl. Buchna et al. 2017) oder die Umsetzung von Inklusion (vgl. Böhm-Kasper/Demmer/Gausling 2017), sind folglich weniger zentral (vgl. Chiapparini et al. 2018, S. 53; s.a. Thieme in die-

---

1 Stellungnahme des Deutschen Kinderschutzbundes Landesverband NRW e.V. zum Thema „U3-Rechtsanspruch erfüllen – Qualitätsstandards erhalten!" Drucksache 16/820, veröffentlicht am 06.12.2012; www.kinderschutzbund-nrw.de/pdf/Stellungnahme%20U3-Rechtsanspruch%20erf%c3%bcllen,%20Qualit%c3%a4tsstandards%20erhalten!%20END.pdf (Abfrage: 25.06.2020)

2 Zwischenruf des Bundesjugendkuratoriums zum Thema „Rechtsanspruch auf Ganztagsbetreuung für Kinder im Grundschulalter", veröffentlicht am 05.09.2019; www.bundesjugendkuratorium.de/stellungnahmen (Abfrage: 25.06.2020)

sem Band). Dies führt dazu, dass Kooperationen zwischen Kinder- und Jugendhilfe und Schule programmatisch aufgeladen werden, um fortbestehende gesellschaftliche Probleme – wie Benachteiligungen bzw. Bildungsungleichheit – anderer Provenienz unterstützend zu lösen (zur Differenz von Bildungsbenachteiligung und -ungleichheit: vgl. Rother/Buchna 2020).

Allerdings werden Kooperationen eher schulpädagogisch dominiert (kritisch: vgl. Sauerwein/Rother i.E.; Sauerwein/Thieme/Chiapparini 2019), weshalb hier eine sozialpädagogische Perspektive auf Ganztagsschule und Kooperation eingenommen wird. Dies soll im Folgenden näher beleuchtet werden mit Blick auf Kooperation von Kinder- und Jugendhilfe mit Schule und den Abbau von Bildungsbenachteiligung. Dazu ist zuvor zu klären, wie Kooperation gefasst wird, welche Herausforderungen Kooperation mit sich bringt und wie Bildung, Benachteiligung und Kooperationsziele zusammenhängen.

Zu *Kooperation* von Kinder- und Jugendhilfe mit Schule lassen sich diverse meist stufenartige Formen, Qualitäten und Modelle unterscheiden, allerdings ist nicht von einem einheitlichen Kooperationsbegriff auszugehen (vgl. Rother et al. i.E.). Vielmehr ist in den Vordergrund zu stellen, dass es um Ziele oder Aufgaben unter Einfluss formaler Strukturen und Vertrauen (vgl. Spieß 2004) geht. Auch wenn Kooperationen einen zentralen Teil alltäglicher Praxis in Schulen darstellen und entsprechend zunehmend beforscht werden (vgl. Idel et al. 2019; Rother 2019; Maykus/Wiedebusch 2018; Buchna et al. 2016), ist gerade nicht notwendigerweise von einem – wie auch immer praktizierten – Gemeinsamen auszugehen, mit der Problematik einer Verantwortungs- (vgl. Kappler/Chiapparini/Schuler 2016, S. 10) oder Zuständigkeitsdiffusion (vgl. Kunze 2016) oder eben gerade von einer aufgabengebundenen Ausdifferenzierung von Zuständigkeiten (vgl. Thieme in diesem Band; Idel/Schütz 2018, S. 158; Bauer 2018; Breuer/Reh 2012).

Deutlich wird daran, dass an Schulen hinsichtlich der Entwicklung ihrer Ganztägigkeit eine normative Kooperationserwartung greift und auch zu Kooperationen mit der Kinder- und Jugendhilfe führt, wobei die Kinder- und Jugendhilfe jedoch ursprünglich in Abgrenzung zur Schule entstanden ist (vgl. Coelen 2020, S. 1289 ff.). Im Zuge einer Normalisierung (vgl. Zipperle 2015, S. 23 ff.) und eines allgemeinen Bedeutungszuwachses der Kinder- und Jugendhilfe ist sie aber inzwischen auf verschiedenen Ebenen als Kooperationspartner attraktiv. Dabei ist von einer Bandbreite an *Herausforderungen* multiprofessioneller Kooperation auszugehen, die in einem erhöhten Abstimmungsbedarf und zusätzlichen Kommunikationsaufgaben (vgl. Breuer/Idel/Schütz 2019, S. 312) liegen sowie einhergehen mit einer zeitlich versetzten Eingebundenheit (vgl. Rehm 2018, S. 305), mit personeller Fluktuation (vgl. Bauer 2013, S. 166; Steiner 2010, S. 34) und Prozessen der Laisierung (vgl. Bebek et al. i.E.; Steiner 2013; Idel in diesem Band). Die bereits erwähnte Unterschiedlichkeit der Systeme und Arbeitsprinzipien (vgl. Graßhoff et al. 2019a, S. 182 ff.) sowie ein je unterschiedlicher Status bzw. ein hierarchisches Kooperationsverhältnis zwischen pädagogischen Akteur*innen und der „Leitprofession" (Breuer 2015, S. 115 ff.; s.a. Buchna et al. 2016; Böttcher/Maykus 2014; Thieme/Faller 2016) beeinträchtigen das Kooperationsverhältnis ebenso. Was allerdings seitens der Sozialen Arbeit noch zu wenig beachtet wird (vgl. Sauerwein/Rother i.E.), ist, dass die Kinder- und Jugendhilfe in Abgrenzung zur Schule eigene sozialpädagogische Schwerpunkte stärker als Ressource behauptet (s.a. kritisch dazu: Scherr/Sturzenhecker 2014, S. 369 f.). Das zeigt sich darin, dass die schulische Logik auch auf Kooperationspartner ausstrahlt, indem bspw. der Erledigung von Hausaufgaben Raum gegeben und bei der richtigen Erledigung geholfen wird (vgl. Gosse 2020; Rother 2019). Dies führt zu der weiterhin offenen Frage, inwiefern schulische Logiken in die Kooperationen eingeschrieben sind und Erwartungen in Bezug auf die Entlastung der Lehrkräfte von „schwierigen" Schulkindern (s.a. die Parallelen zur Schulsozialarbeit: bspw. Olk/Speck/Stimpel 2011) oder Unterstützung bei der Realisierung von Ganztagsangeboten dominieren. Dies wiederum würde dem Status quo dienen und auch den Fortbestand von Bildungsungleichheiten wahrscheinlich machen, statt den Rechtsanspruch zu nutzen, um neu über Prozesse der Bildungsbenachteiligung konzeptionell nachzudenken und zu fragen, inwiefern der Rechtsanspruch auf Ganztagsbetreuung einen neuen Hoffnungträger darstellen könnte.

Allerdings lässt sich auch festhalten, dass der bisher erfolgte Ganztagsschulausbau bereits die schulische Lernkultur (vgl. Reh et al. 2015; Staudner 2018) sowie das Kooperationsverhältnis zwischen Kinder- und Jugendhilfe mit Schule auf beiden Seiten veränderte (vgl. Sauerwein/Thieme/Chiapparini 2019, S. 91), auch wenn schulische Logiken dieses Verhältnis eher dominieren. Kooperationen dienen dabei – im Sinne des Neo-Institutionalismus (vgl. Meyer/Rowan 1977) – als rational institutionalisierte Erwartung an diese Organisationen und als Sicherung der Außenlegitimation einer Organisation. Denn Organisationen wie Schule und Einrichtungen der Kinder- und Jugendarbeit haben die Tendenz gegenüber der Umwelt, Legitimität zu erhalten. Aber das reale Agieren ist nicht zwangsläufig „kooperationsorientiert" oder zielorientiert (Ungleichheitsreduktion), da die Aktivitätsstruktur in Organisationen von den formalen Strukturen (und Kooperationszielen) entkoppelt sein kann (vgl. Weick 1976) und Akteur*innen in Organisationen eben nicht rational, sondern nach Routinen handeln. Das kann für den Abbau von Bildungsbenachteiligung ungünstig sein, da Bildung häufig als ein tendenziell von Individuen zu leistender Prozess im Sinne eines Schulerfolges verstanden wird (vgl. Rother 2019, S. 22; s.a. Dollinger 2010). Dies lässt sich gut anhand der Forschungen zu Kompetenzen, leistungssteigernden Effekten und Wirkungen von Ganztagteilnahmen beobachten (aus einer sozialpädagogischen Perspektive im Überblick: vgl. Sauerwein/Thieme/Chiapparini 2019, S. 83 ff.). Diese Engführung des Bildungsbegriffs ist dahingehend kritisch zu sehen, dass Bildungsprozesse und -ergebnisse dann eher als individuelles, statt organisationales Problem gerahmt werden (vgl. Rother/Buchna 2020) oder Anlass zur Umsetzung von Kooperationszielen – wie dem Abbau von Benachteiligungen – bieten. Dies scheint plausibel vor dem Hintergrund der eher pragmatischen Kooperationen von Kinder- und Jugendhilfe mit Schule, bei denen eher keine pädagogischen, konzeptionellen oder expliziten Ziele, wie bspw. Benachteiligungsabbau (vgl. Buchna et al. 2017) im Vordergrund stehen, sondern vielmehr das Funktionieren der jeweiligen Organisationen (ebd., S. 432).

Aber aus einer sozialpädagogischen Perspektive kann Bildung als Kooperations- bzw. Ganztagsziel deutlich weiter gefasst werden (vgl. Rother/Buchna 2020; Chiapparini/Kappler/Schuler Braunschweig 2018; Sting/Sturzenhecker 2013; Lindner 2013), da keine kompetenzorientierte Outcome-Basierung hinsichtlich des Schulerfolgs (zur Leistungssteigerung und Wirkungen: Sauerwein/Thieme/Chiapparini 2019, S. 83 f.), sondern vielmehr Teilhabe als grundlegendes sozialpädagogisches Ziel (vgl. Sauerwein/Rother i.E.) in die Kooperationen einfließt. Die Kinder- und Jugendhilfe hat per se eine starke Adressatenorientierung und zielt darauf ab, Benachteiligungen zu vermeiden oder abzubauen (vgl. Zipperle 2015, S. 29; Jordan/Maykus/Stuckstätte 2012, S. 20). Dennoch finden Prozesse der (Bildungs)Benachteiligung statt, wie die Ergebnisse zu Bildungsungleichheiten belegen (vgl. Rother/Buchna 2020), und gerade Ganztagsschulen als Handlungsfeld haben konzeptionell das Potenzial, sowohl schul- als auch sozialpädagogische (Bildungs-)Ziele umzusetzen (vgl. Sauerwein/Thieme 2020), wie bspw. Subjektbildung mit Befähigungen zu Autonomie und Teilhabe (vgl. Sauerwein/Rother i.E.).

2. Kooperation am Beispiel von Ganztagsgrundschule und Kinder- und Jugendarbeit

In Bezug auf die Kooperation der Kinder- und Jugendhilfe[3] mit (Ganztags) Schule soll hier der Fokus auf die mittlerweile etablierteste Kooperation mit der Kinder- und Jugendarbeit (vgl. Mühlmann/Pothmann 2017, S. 16) gelegt werden, die innerhalb der Kinder- und Jugendhilfe den geringsten Finanzierungsanteil erhält, auf deren Arbeit der Ganztagsschulausbau aber große Auswirkungen hat. Zunächst stehen allgemein der empirische Forschungsstand und

---

3   Auf weitere Kooperationen der Kinder- und Jugendhilfe wird hier nicht eingegangen. Diese können sich auf eher freiwillig konzipierte Maßnahmen des Arbeitsfeldes Erziehung, Betreuung und Bildung (SGB VIII, KJHG § 11–13, § 22–25) – wie Schulsozialarbeit, Jugendberufshilfe, Kindertagesbetreuung – oder auch das Arbeitsfeld der Kinder-, Jugend- und Familienhilfen beziehen (§ 16–21).

dann die eigene Empirie im Mittelpunkt. Dazu werden zunächst die (2.1) *Auswirkungen des Ganztagsschulausbaus auf die Offene Kinder- und Jugendarbeit* und die (2.2) *Empirie zur Unterstützung von Kindern und Gradwanderungen hinsichtlich der Arbeitsprinzipien* betrachtet.

2.1 Auswirkungen des Ganztagsschulausbaus auf die Offene Kinder- und Jugendarbeit

Die Kinder- und Jugendarbeit hat in den letzten Jahren diverse Prozesse des Wandels – wie bspw. demographischer Art durch die Umkehrung der Alterspyramide (vgl. Schilling 2013) – erfahren, die nicht nur mit dem Ganztagsschulausbau zusammenhängen. So ist ein Rückgang der Finanzierung der Kinder- und Jugendarbeit innerhalb der Kinder- und Jugendhilfe (vgl. Pothmann 2019; Schmidt 2015; Schilling 2013) zu verzeichnen. Der tatsächliche Betrag ist von 2008 bis 2018 anteilig – trotz Anstieg der absoluten Zahlen – von 8% auf 4,5% zurückgegangen[4] (vgl. Pothmann 2019, S. 6). Auch hat der faktische Anstieg der Ganztagsangebote am Nachmittag ein verändertes Nutzungsverhalten von Schulkindern zur Folge und steht in engem Zusammenhang zu einem möglichen Rückgang der Besucherzahlen. Wenn Kinder und Jugendliche zunehmend nachmittags Ganztagsangebote nutzen und nicht gleichzeitig die Angebote der Kinder- und Jugendarbeit besuchen können, verändert das „Freiräume" (BMFSFJ 2017, S. 414) für beide Organisationen. Dies gilt auch dann, wenn hier indirekt ggf. unterschiedliche Zielgruppen von Kindern angesprochen werden, da vor allem im Grundschulbereich eher Schulkinder sozial privilegierter Herkunft die Ganztagsangebote nutzen (vgl. Steiner 2016) und die Angebote der Offenen Kinder- und Jugendarbeit tendenziell eher von Kindern sozial benachteiligter Herkunft genutzt werden (vgl. Schmidt 2011). Für die Sekundarstufe verweisen hingegen Züchner/Arnoldt (2011, S. 278) anhand der StEG-Daten auf einen „Anwerbeeffekt", der beinhaltet, dass die Ganztagsteilnahme zu einer verstärkten oder veränderten Freizeitaktivität *außerhalb* der Schule beiträgt, „da die Ganztagsschulangebote einen Anregungsgehalt haben bzw. *die Kooperationspartner* durch ihre Ganztagsangebote *Interesse für ihre außerschulischen Angebote* bei Kindern und Jugendlichen *wecken*" (ebd. S. 272 f.; eigene Kursivsetzung). Auch in meiner Studie (vgl. Rother 2019, S. 190 ff.), auf die noch näher eingegangen wird, verweisen die Akteur*innen der Kinder- und Jugendarbeit auf eine Art Anwerbeeffekt für ihre Angebote, da zahlenmäßig insgesamt mehr, vermehrt auch jüngere und häufiger wechselnde Kinder die Einrichtung besuchen. Dennoch bleibt die Sorge des Besucherrückgangs beste-

---

4   Eigene Berechnungen auf Basis der Daten der StaBa: Statistiken der Kinder- und Jugendhilfe aus Abbildung 1 nach Pothmann (2019, S. 6, Abb. 1).

hen, da ein Besucheranstieg durch Kooperationen mit Schule keinen Automatismus darstellt, sondern erneut Zeit- und Personalressourcen bindet. Dies entkräftet die Befürchtungen seitens der Kinder- und Jugendarbeit nicht unbedingt, verändert aber den damit verbundenen Arbeitsaufwand. Diese Punkte führen dementsprechend zu einem starken Legitimationsdruck seitens der Kinder- und Jugendarbeit, da die sinkende anteilige Finanzierung innerhalb der Kinder- und Jugendhilfe reale Herausforderungen hinsichtlich der Angebote(vielfalt) mit sich bringt und zugleich befürchtet wird, dass möglicherweise die „Kunden" (empirisch dazu bspw.: ebd., S. 242 f.) wegfallen. Auch wenn dieses Szenario befürchtet wurde, so bewahrheitet es sich nicht unbedingt (ebd., S. 190 ff.).

Dies führt in der am Systemerhalt interessierten Kinder- und Jugendarbeit zu unterschiedlichen Bestrebungen: Einerseits das Besucherspektrum zu erweitern (vgl. Seckinger et al. 2016, S. 253 f.) (bzw. zu verhindern, weniger Kinder zu erreichen (vgl. Pink/Schmidt 2015)) und andererseits verstärkt Kooperationen mit „vermeintlich ‚höherwertigen' Partnern" (Schmidt 2015, S. 18) einzugehen, wie bspw. Schulen. Bisher gibt es allerdings noch eher wenige Erkenntnisse zu Auswirkungen des Ganztagsschulausbaus auf den Bereich der Kinder- und Jugendarbeit bzw. sind nur wenige Daten vorhanden (quantitative Perspektiven: vgl. Mühlmann/Pothmann 2017; Seckinger et al. 2016; Pink/Schmidt 2015; Schmidt 2011; qualitative Perspektiven: Gosse 2020; Rother 2019). Aber immerhin geht mit diesen Veränderungen eine gewisse Nachhaltigkeit einher, die sich darin ablesen lässt, dass ab 2015 Daten zur Kooperation der Kinder- und Jugendarbeit mit Ganztagsschulen in der Kinder- und Jugendhilfestatistik erhoben werden (vgl. Rauschenbach et al. 2019). Passend zu diesen neuen Monitoringparametern sind schulbezogene Angebote (zu den Angebotsanteilen: Rother 2019, S. 62 f.) für fast ein Drittel der Einrichtungen ein etabliertes Handlungsfeld geworden (vgl. Mühlmann/Pothmann 2017, S. 16).

Zu den Kooperationsgründen lässt sich auf Basis der empirischen Bestandsaufnahme von Seckinger et al. (2016, S. 253 f.) zusammenfassend festhalten, dass das Besucherspektrum strategisch erweitert und eine verbesserte gesellschaftliche Akzeptanz geschaffen werden soll sowie fachliche Überlegungen eine notwendige Ergänzung schulischen Lernens – unter erschwerten Bedingungen – rahmen. Zugleich werden fachliche Bedenken seitens der Sozialpädagog*innen hinsichtlich der Diffundierung des eigenen Arbeitsbereiches und lediglich gleichbleibender Personalressourcen mit erweiterten Aufgaben als erschwerte Bedingungen benannt (ebd., S. 255). Auch steht eine Gefährdung der genuinen Arbeitsprinzipien der Kinder- und Jugendarbeit – wie Freiwilligkeit, Offenheit, Partizipation – (vgl. Sturzenhecker/Deinet 2018, S. 695 f.; Lindner 2013) nicht unberechtigt im Raum, da die Art der Angebote der Kinder- und Jugendarbeit in Schulen vielmehr präventive (vgl. Lindner 2013) oder defizitorientierte Angebote (vgl. Baumheier/Fortmann/Warsewa 2013, S. 189) umfassen oder auch als defizitär gerahmte Kinder eher in bspw. diese außerunterrichtlichen Angebote sortiert werden (vgl. Rother 2020; Sauerwein/Heer 2020).

2.2 Empirie zur Unterstützung von Kindern und Gradwanderungen hinsichtlich der Arbeitsprinzipien

Für die Kinder- und Jugendarbeit ist grundsätzlich eine Bildungsorientierung auszumachen (vgl. Hunold 2020, S. 253 f.; Sting/Sturzenhecker 2013), die „strukturell andere Formen von Anerkennung und Partizipation bietet" (Graßhoff et al. 2019a, S. 185) als die Schule, wo das meritokratische Prinzip verstärkt greift. Demgegenüber ist für Ganztagsschulen eine Dominanz der schulischen Logik auch für den außerunterrichtlichen Bereich empirisch belegt (für interprofessionelle Kooperation in Ganztagsschulen: vgl. Buchna et al. 2016; schulische Rahmenbedingungen unterlaufen die Strukturen der Kinder- und Jugendarbeit: vgl. Graßhoff et al. 2019a; Graßhoff et al. 2019b), die selbst bis in außerschulische Kooperationsangebote für Schulkinder hineinreicht (vgl. Rother 2019), wie im folgenden Beispiel eines schulexternen Hausaufgaben-Settings.

Inwiefern ein außerschulischer Kooperationspartner – hier beispielhaft eine Einrichtung der Kinder- und Jugendarbeit in einem kooperativen Ganztags-Setting mit einer Grundschule – sich dahingehend orientiert, soll anhand eines Beispiels meiner Dissertationsstudie bzw. eines Protokollauszugs aus der teilnehmenden Beobachtung in einer Einrichtung der offenen Kinder- und Jugendarbeit betrachtet werden (ausführlich zur Studie: vgl. Rother 2019). Neben teilnehmenden Beobachtungen wurde diese organisationsübergreifende Kooperation in einem multiperspektivischen Design mittels Interviews, Gruppendiskussionen und Dokumentenanalyse untersucht und mit der dokumentarischen Methode (vgl. Bohnsack 2010) ausgewertet (bzw. die teilnehmende Beobachtung in Anlehnung daran). Für den Kontext ist relevant zu wissen, dass sich die Einrichtung der Kinder- und Jugendarbeit ebenso wie die Grundschule im Wandel befindet, der in dem Ausbau der Ganztagsangebote begründet liegt, und in beiden Organisationen (neben anderen Kooperationspunkten) ein Hausaufgaben-Setting angeboten wird.

Bei der folgenden Situation handelt es sich um einen Beobachtungsprotokollauszug des vierten Feldtages, an dem der Tagesablauf eines Kindes, das beide Organisationen besucht, im Vordergrund steht. Thematisch geht es um das Hausaufgaben-Setting in der Einrichtung der Kinder- und Jugendarbeit. Die Situation findet am Ende eines Beobachtungstages zwischen der Einrichtungsleiterin, die Sozialpädagogin ist, und der Forscherin statt:

> „Wir kommen nochmal auf die Hausaufgaben zu sprechen. Ich erzähle, dass ich erst zwischen Gülay[5] und Anton saß und das ungefähr so in der Hausaufgaben-Zeit machbar war, dass sie fertig werden konnten. Sie [Einrichtungsleiterin] sagt, sie rechnet Anton gar nicht richtig dazu, zu den Hausaufgaben-Kindern. Danach saß ich zwischen Selcan und Hamid und sie sagte, dass sie genau diese Kinder hier haben wolle, weil sie diese Hilfe wirklich benötigen und man da was erreichen kann. Nicht wie in Stadtteil Musterheim [sozial privilegierter Stadtteil[6]], wo bspw. die offene Arbeit zurückgedrängt wurde und besser situierte Eltern ihre Kinder „sicher" betreut wissen wollten und alle anderen Kinder verdrängt wurden. Das wolle sie und Bernd [Co-Einrichtungsleiter] nicht – gebundene Verträge und nicht mehr alle erreichen!"

An dieser Szene werden zwei für diesen Beitrag relevante Aspekte deutlich: Zum einen die Art und Weise der Unterstützung von Schulkindern in einer Einrichtung der Kinder- und Jugendarbeit, die u. a. bezüglich der Hausaufgabenerledigung mit der benachbarten Grundschule kooperiert, und zum anderen eine fachliche Positionierung hinsichtlich der Arbeitsprinzipien und der Kooperation mit einer Ganztagsschule. Zu der Art und Weise der Unterstützung von Schulkindern bzw. zu der Frage, wie mit Bildungsbenachteiligung umgegangen wird, zeigt dieses Beispiel exemplarisch für die Sozialpädagogin auf, welche Orientierung für sie handlungsleitend ist. Am Gegenhorizont eines nicht so viel Unterstützung benötigenden Kindes, das selbstständig die Hausaufgaben abarbeite und in der Folge nicht richtig „dazu" – also zu der eigentlichen Zielgruppe des Hausaufgabenangebots – gerechnet werde, wird eine Orientierung am *Reparieren von als defizitär gerahmten Kindern* (vgl. Rother 2019, S. 118 ff. u. 260 ff.) seitens dieser Sozialpädagogin exemplarisch deutlich. Zunächst zeigt sich explizit für dieses Angebot eine Ausrichtung an Schulischem, wie der Fertigstellung der Hausaufgaben. Implizit wird aber auch eine Fokussierung auf eine bestimmte als defizitär gerahmte Zielgruppe deutlich sowie eine Orientierung an der Bestätigung des eigenen Wirkens im Sinne eines *Reparierens* („was erreichen kann"). Neben der impliziten Zielgruppenbestätigung wird daran deutlich, dass die Mitarbeitenden der mit der Schule kooperierenden Einrichtung am Auswahlprozess der Hausaufgaben-Kinder nicht beteiligt zu sein scheinen. Offen bleibt dabei, wieso Anton dieses Angebot besucht, jedoch verdeutlicht dies hinsichtlich des Umgangs mit Unterstützungsbedarfen neben ihrer Orientierung am *Reparieren* auch die übergeordnete

---

5   Namen pseudonymisiert

6   Dass der Stadtteil als sozial privilegiert eingeordnet wird, ergibt sich aus den kleinräumigen Sozialdaten, wie über dem stadtweiten Durchschnitt liegende Kennzahlen bezüglich Arbeitslosenquote, Erhalt von existenzsichernden Mindestleistungen (ALG II), Anteil der adipösen Kinder bei Schuleingangsuntersuchung, Wohnfläche pro Einwohner usw.

professionsübergreifende Orientierung am *Sortieren von als defizitär gerahmten Kindern* (ausführlich: vgl. Rother 2019, S. 259 f. u. 282 ff.), die für alle in der Studie untersuchten Akteur*innen auf schul- sowie sozialpädagogischer Seite rekonstruiert werden konnte. Dies lässt sich in einer Typik entlang der Organisationszugehörigkeit – also zwischen Schule oder Einrichtung der Kinder- und Jugendarbeit – unterscheiden und für die schulischen Akteur*innen eine komplementäre Orientierung am *Delegieren* (Übersicht zur Typik: vgl. Rother 2019, S. 271) rekonstruieren.

Zum anderen wird diese Zielgruppenbeschreibung ungefragt für die Bedeutung der eigenen Arbeitsprinzipien hinzugezogen und eine fachliche Positionierung ihrerseits vorgenommen, nicht nur bezüglich der adressierten Kinder, sondern auch bezüglich des Kooperationsverhältnisses mit der Ganztagsschule. Zunächst passiert ein expliziter Themenwechsel von der Adressatenbeschreibung hin zu den Arbeitsbedingungen in einem privilegierten Stadtteil und zur konzeptionellen Ausrichtung des Kinderhauses. Dennoch lässt sich rekonstruieren, dass die implizite Werthaltung (sie steht hier beispielhaft für die Organisationslogik der eigenen Einrichtung bzw. sie spricht aus ihrer und des Ko-Leiters Sicht) weitergeführt und eine Öffnung für die Schule bzw. Schulkinder deutlich wird, dies aber nur unter der Prämisse der eigenen „Konzepttreue" vertreten werden könne. Es wird ein „Verfallsszenario" der eigenen Arbeitsprinzipien (offene Arbeit zurückgedrängt, privilegierte Eltern lassen ihre Kinder betreuen) nachgezeichnet und „alle anderen" Kinder „wurden verdrängt". Allerdings bezieht sie sich mit „alle anderen" Kinder eben gerade nicht auf *alle*, sondern vor allem die nicht so privilegierten, nicht so gut situierten Kinder, wie an diesem Kontrastbeispiel Antons deutlich wird. In paradoxer Weise wird ausgehend von der Hausaufgaben-Hilfe argumentiert, dass diese genauso ein Angebot mit fester Anmeldung darstellt, obwohl dies nicht der offenen, niedrigschwelligen Handlungslogik der Kinder- und Jugendarbeit entspricht. Offensichtlich scheinen aber andere Kriterien für dieses Angebot zu gelten, da einem Angebot für die als defizitär gerahmten Kinder eine andere Funktion im System zugeschrieben wird, als die einer reinen Hausaufgaben-Hilfe (Unterstützung geben, für Kinder die „Hilfe benötigen" und als pädagogische Akteur*innen „was erreichen"). Eine Betreuungssicherheit zu geben, bildet dabei den Kontrast zur formulierten Schwerpunktsetzung auf die offene Arbeit (keine „gebundenen Verträge", sondern alle Kinder erreichen). Implizit dokumentiert sich hier also zudem eine Orientierung an einer Öffnung für eine Kooperation mit der Schule bezüglich der Hausaufgaben-Erledigung, aber unter Autonomiewahrung bezüglich des organisationsinternen Konzeptes der Einrichtung der Kinder- und Jugendarbeit, wie eine Ausrichtung an als defizitär gerahmten Kindern (vgl. Rother 2019, S. 118 ff.).

3. Fazit und Ausblick für den Rechtsanspruch auf Ganztagsbetreuung

Bei der Einführung des Rechtsanspruchs auf Ganztagsbetreuung ist hinsichtlich der Erreichbarkeit des Kooperationsziels des Abbaus von Bildungsbenachteiligung zu bedenken, dass eher schulpädagogische Perspektiven dominieren, wenn Bildung(steilhabe) konzeptionell lediglich entlang des meritokratischen Prinzips verstanden wird. Bereits Steiner war mit einer Bourdieuschen Ungleichheitsperspektive auf Schule skeptisch (vgl. Steiner 2016), dass Ungleichheiten reduziert werden könnten und beschreibt Schule eher als konservativ hinsichtlich des Abbaus von Bildungsbenachteiligung oder eben dominant entlang einer „schulischen" Logik. Allerdings verweisen die empirischen Ergebnisse darauf, dass der Autonomie außerschulischer Kooperationspartner, wie Einrichtungen der Kinder- und Jugendarbeit, eine besondere Rolle zukommt. Denn der Forschungsstand ist weder hinsichtlich leistungssteigernder Effekte von Ganztagsschulen optimistisch noch was den Kompetenzzuwachs angeht (vgl. Sauerwein/Heer 2020) und gar im Gegenteil Ungleichheit verstärkt werden könne (vgl. ebd.; Rother 2019). Darauf verweisen auch die Ergebnisse, dass es für Schulen weder auf Organisationsebene (vgl. Buchna et al. 2017; Rother 2019) ein Thema ist noch auf Ebene der Profession(en) oder Laien (vgl. Buchna et al. 2016; Bebek et al. i.E.). Die schulische Organisation dominiert Kooperationen und folgt vielmehr ihren Logiken, die durch das Sortieren von als defizitär gerahmten Schulkindern in bestimmte außerschulische Angebote eher wenig ungleichheitssensibel hinsichtlich der Reproduktion von individuellen Benachteiligungen ist. Darin zeigt sich mit Blick auf den Abbau von Bildungsbenachteiligungen, dass bei fortbestehender Ungleichheit stärker andere Bildungsziele und -bedingungen (statt Leistung und Kompetenzzuwachs) zu bedenken wären, wie Teilhabe, Autonomie, Freiwilligkeit etc,. bzw. verstärkt(er) Subjektbildung.

Aus einer sozialpädagogischen Perspektive bzw. der Kinder- und Jugendarbeit offenbart sich hinsichtlich der Umsetzung des Rechtsanspruchs dadurch die Chance einer guten ‚Verhandlungsposition'. Dies ergibt sich auch daraus, dass Schulen auf interorganisationale Kooperationen angewiesen sind und bei dem damit einhergehenden Ziel des Abbaus von Bildungsungleichheit bisher wenig ausrichten konnten. Hierin liegt zugleich die Chance in einem erweiterten Blick auf (Subjekt-)Bildung hinsichtlich Befähigung zu Autonomie und Teilhabe. Darin ist das Potenzial des Rechtsanspruchs auf Ganztagsbetreuung als neuer Hoffnungsträger zu sehen, alte Bildungsungleichheit abzubauen und erweiterte Bildungs- und Kooperationsziele zu stärken. Die Chance liegt auch in einem anderen Blick auf Kinder und in der Neujustierung des Verhältnisses von Privatheit und öffentlichen Bildungseinrichtungen der Kinder- und Jugendhilfe und der Schule, in dem die Überwindung eines normativen Bildes des

„guten" Aufwachsens von Kindern in familialer Privatheit hin zu einem Aufwachsen zentriert um „ein relativ offenes, vernetztes und präventives Engagement *(um das Kind)"* (Wutzler 2016, S. 39; Herv. PR) ein organisationsübergreifendes Bildungsziel sein könnte.

Literatur

Arbeitsstelle Kinder- und Jugendhilfestatistik (2017): Empirische Befunde zur Kinder- und Jugendhilfe. Analysen zum Leitthema des 16. Deutschen Kinder- und Jugendhilfetages 2017. Dortmund: Eigenverlag Forschungsverbund DJI/TU Dortmund.

Bauer, P. (2013): Multiprofessionelle Kooperation und institutionelle Vernetzung an der (Ganztags-)Schule. In: Bohl, T./Meissner, S. (Hrsg.): Expertise Gemeinschaftsschule. Forschungsergebnisse und Handlungsempfehlungen für Baden-Württemberg. Weinheim und Basel: Beltz Juventa, S. 161–176.

Bauer, P. (2018): Organisationale Rahmungen multiprofessioneller Zusammenarbeit. In: Neuhaus, L./Käch, O. (Hrsg.): Bedingte Professionalität. Professionelles Handeln im Kontext von Institution und Organisation. Weinheim und Basel: Beltz Juventa, S. 80–100.

Baumheier, U./Fortmann, C./Warsewa, G. (Hrsg.) (2013): Ganztagsschulen in lokalen Bildungsnetzwerken. Wiesbaden: Springer VS.

Bebek, C./Haude, C./Rother, P./Idel, T.-S./Graßhoff, G./Sauerwein, M. (i.E.): Ganztags-Settings als Arenen „multiprofessioneller" Diskurse und Praktiken. In: Kunze, K./Petersen, D./Bellenberg, G./Hinzke, J.-H./Moldenhauer, A./Peukert, L./Reintjes, C./ Poel, K. (Hrsg.): Kooperation – Koordination – Kollegialität. Befunde und Diskurse zum (multi-)professionellen Zusammenwirken pädagogischer Akteur*innen an Schulen. Bad Heilbrunn: Klinkhardt.

BMFSFJ (2017): 15. Kinder- und Jugendbericht. Bericht über die Lebenssituation junger Menschen und die Leistungen der Kinder- und Jugendhilfe in Deutschland. Berlin.

Böhm-Kasper, O./Demmer, C./Gausling, P. (2017): Multiprofessionelle Kooperation im offenen versus gebundenen Ganztag. In: Lütje-Klose, B./Miller, S./Schwab, S. (Hrsg.): Inklusion: Profile für die Schul- und Unterrichtsentwicklung in Deutschland, Österreich und der Schweiz. Theoretische Grundlagen – empirische Befunde – Praxisbeispiele. Münster, New York: Waxmann, S. 117–128.

Bohnsack, R. (2010): Rekonstruktive Sozialforschung. Opladen u. a.: Budrich.

Böttcher, W./Maykus, S. (2014): Sozialpädagogin oder Sozialpädagoge sein in der Ganztagsschule. In: Maschke, S./Schulz-Gade, G./Stecher, L. (Hrsg.): Jahrbuch Ganztagsschule 2014. Inklusion. Der pädagogische Umgang mit Heterogenität. Schwalbach/Ts.: Wochenschau Verlag, S. 88–101.

Breuer, A. (2015): Lehrer-Erzieher-Teams an ganztägigen Grundschulen. Kooperation als Differenzierung von Zuständigkeiten. Wiesbaden: Springer VS.

Breuer, A./Idel, T.-S./Schütz, A. (2019): Professionsentwicklung im Ganztag. In: Berdelmann, K./Fritzsche, B./Rabenstein, K./Scholz, J. (Hrsg.): Transformationen von Schule, Unterricht und Profession: Erträge praxistheoretischer Forschung. Wiesbaden: Springer VS, S. 307–323.

Breuer, A./Reh, S. (2012): Positionierungen in interprofessionellen Teams. Kooperations-praktiken an Ganztagsschulen. In: Huber, S. G./Ahlgrimm, F. (Hrsg.): Kooperation. Aktuelle Forschung zur Kooperation in und zwischen Schulen sowie mit anderen Partnern. Münster: Waxmann, S. 185–201.

Buchna, J./Coelen, T./Dollinger, B./Rother, P. (2016): Normalisierte Hierarchie in Ganztags-grundschulen. Empirische Befunde zur innerorganisationalen Zusammenarbeit von Lehr-kräften und weiterem pädagogisch tätigem Personal. In: Zeitschrift für Soziologie der Er-ziehung und Sozialisation (ZSE) 36, H. 3, S. 281–297.

Buchna, J./Coelen, T./Dollinger, B./Rother, P. (2017): Abbau von Bildungsbenachteiligung als Mythos? Orientierungen pädagogischer Akteure in (Ganztags-)Grundschulen. In: Zeit-schrift für Pädagogik 62, H. 4, S. 416–436.

Chiapparini, E./Kappler, C./Schuler Braunschweig, P. (2018): Ambivalenzen eines erweiterten Bildungsbegriffs an Tagesschulen. Befunde aus einer qualitativen Untersuchung mit Lehr-kräften und sozialpädagogischen Fachkräften an Tagesschulen in Zürich. In: Diskurs Kindheits- und Jugendforschung 13, H. 3, S. 321–335.

Chiapparini, E./Selmanie, K./Kappler, C./Schuler Braunschweig, P. (2018): „Die wissen gar nicht, was wir alles machen". Befunde zu multiprofessioneller Kooperation im Zuge der Einführung von Tagesschulen in der Stadt Zürich. In: Chiapparini, E./Stohler, R./Buss-mann, E. (Hrsg.): Soziale Arbeit im Kontext Schule. Aktuelle Entwicklungen in Praxis und Forschung in der Schweiz. Opladen u. a.: Budrich, S. 48–60.

Coelen, T. (2020): Kommunale Jugendbildung. In: Bollweg, P./Buchna, J./Coelen, T./Otto, H.-U. (Hrsg.): Handbuch Ganztagsbildung. 2. Auflage. Wiesbaden: Springer VS. S. 1287–1297.

Dollinger, B. (2010): Bildungsungleichheit als Konstituens von Sozialpädagogik. Theoretische und empirische Befunde am Beispiel Ganztagsschule. In: Zeitschrift für Sozialpädagogik 8, H. 2, S. 191–210.

Gosse, K. (2020): Pädagogisch betreut. Die offene Kinder- und Jugendarbeit und ihre Erzie-hungsverhältnisse im Kontext der (Ganztags-)Schule. Wiesbaden: Springer VS.

Graßhoff, G./Haude, C./Bebek, C./Schütz, A./Idel, T.-S. (2019a): Die andere Seite der Bil-dung? Versuch einer Ordnungsbestimmung von außerunterrichtlichen Angeboten an Ganztagsschulen. In: Neue Praxis 49, H. 2, S. 181–197.

Graßhoff, G./Haude, C./Idel, T.-S./Bebek, C./Schütz, A. (2019b): Die Eigenlogik des Nach-mittags. Explorative Beobachtungen aus Ethnografien zu außerunterrichtlichen Angebo-ten. In: Die Deutsche Schule 111, H. 2, S. 205–218.

Hunold, M. (2020): Soziale Arbeit als ungleichheitsreflektiertes Bildungsangebot. In: Cloos, P./Lochner, B./Schoneville, H. (Hrsg.): Soziale Arbeit als Projekt. Konturierungen von Disziplin und Profession. Wiesbaden: Springer VS, S. 249–259.

Idel, T.-S./Lütje-Klose, B./Grüter, S./Mettin, C./Meyer, A. (2019): Kooperation und Teamar-beit in der Schule. In: Cloos, P./Fabel-Lamla, M./Kunze, K./Lochner, B. (Hrsg.): Pädagogi-sche Teamgespräche. Methodische und theoretische Perspektiven eines neuen For-schungsfeldes. Weinheim und Basel: Beltz Juventa, S. 34–52.

Idel, T.-S./Schütz, A. (2018): Steigerung von Ungewissheit im Wandel von Lernkultur und pädagogischer Professionalität an Ganztagsschulen. In: Paseka, A./Keller-Schneider, M./ Combe, A. (Hrsg.): Ungewissheit als Herausforderung für pädagogisches Handeln. Wies-baden: Springer VS, S. 141–162.

Jordan, E./Maykus, S./Stuckstätte, E. C. (2012): Kinder- und Jugendhilfe. Einführung in Geschichte und Handlungsfelder, Organisationsformen und gesellschaftliche Problemlagen. 3. Auflage. Weinheim und Basel: Beltz Juventa.

Kappler, C./Chiapparini, E./Schuler, P. (2016): Die gute neue Tagesschule in der Schweiz – Der Erziehungs- und Bildungsauftrag aus der Sicht der Professionen. In: Schulpädagogik heute 7, H. 13, S. 1–15.

Kunze, K. (2016): Multiprofessionelle Kooperation – Verzahnung oder Differenzierung? Einige Einwände gegen die Polarisierungstendenz einer Diskussion. In: Idel, T.-S./ Dietrich, F./Kunze, K./Rabenstein, K./Schütz, A. (Hrsg.): Professionsentwicklung und Schulstrukturreform. Zwischen Gymnasium und neuen Schulformen in der Sekundarstufe. Bad Heilbrunn: Klinkhardt, S. 261–277.

Landsberg, G. (2019): Contra: Brauchen wir einen Rechtsanspruch auf Ganztagsbetreuung für Grundschulkinder? In: DJI Impulse, H. 2, S. 17.

Lindner, W. (2013): Prävention und andere „Irrwege" der Offenen Kinder- und Jugendarbeit. Fortsetzung absehbar. In: Deinet, U./Sturzenhecker, B. (Hrsg.): Handbuch offene Kinder- und Jugendarbeit. 4. Auflage. Wiesbaden: Springer VS, S. 359–371.

Maykus, S./Wiedebusch, S. (2018): Bildungstransitionen interprofessionell unterstützen – Netzwerke etablieren. Kooperation von Kindertageseinrichtungen, Jugend(sozial-)arbeit und Schule. In: Jugendhilfe 56, H. 4, S. 355–362.

Meyer, J. W./Rowan, B. (1977): Institutionalized Organizations: Formal Structure as Myth and Ceremony. In: The American Journal of Sociology 83, H. 2, S. 340–363.

Meysen, T./Beckmann, J./Birnstengel, P./Eschelbach, D./Götte, S. (2013): Rechtsanspruch U3. Voraussetzungen und Umfang des Rechtsanspruchs auf Förderung in Tageseinrichtungen und in Kindertagespflege für Kinder unter drei Jahren. Rechtsgutachten des Deutschen Instituts für Jugendhilfe und Familienrecht (DIfJuF). Heidelberg.

Mühlmann, T./Pothmann, J. (2017): Die Kooperation von Jugendarbeit und Schule auf dem empirischen Prüfstand – neue Befunde. In: KomDat. Kommentierte Daten der Kinder- und Jugendhilfe 20, H. 2 & 3, S. 15–22.

Olk, T./Speck, K./Stimpel, T. (2011): Professionelle Kooperation unterschiedlicher Berufskulturen an Ganztagsschulen – Zentrale Befunde eines qualitativen Forschungsprojektes. In: Zeitschrift für Erziehungswissenschaft. Sonderheft: Ganztagsschule – Neue Schule? Eine Forschungsbilanz 15, S. 63–80.

Pink, L./Schmidt, H. (2015): Der Einfluss der Ganztagsschule auf den Besuch der Offenen Kinder- und Jugendarbeit. Erste Ergebnisse aus dem Forschungsprojekt (I). In: Deutsche Jugend 63, H. 2, S. 70–77.

Pothmann, J. (2019): Kinder- und Jugendhilfeausgaben 2018: Entschleunigung des Anstiegs, aber 50 Mrd.-Marke genommen. In: KomDat. Kommentierte Daten der Kinder- und Jugendhilfe 22, H. 3, S. 5–8.

Rauschenbach, T./Mühlmann, T./Schilling, M./Pothmann, J./Meiner-Teubner, C./Fendrich, S./Tabel, A./Feller, N./Kopp, K./Müller, S./Böwing-Schmalenbrock, M. (2019): Kinder- und Jugendhilfereport 2018. Eine kennzahlenbasierte Analyse. Opladen u. a.: Budrich.

Reh, S./Fritzsche, B./Idel, T.-S./Rabenstein, K. (2015): Lernkulturen. Rekonstruktion pädagogischer Praktiken an Ganztagsschulen. Wiesbaden: Springer VS.

Rehm, I. (2018): Von der Halbtags- zur Ganztagsschule. Lehrerprofessionalisierung im Übergang. Wiesbaden: Springer VS.

Rother, P. (2019): Sortieren als Umgang mit Bildungsbenachteiligung. Orientierungen pädagogischer Akteure in einem kooperativen Ganztags-Setting. Weinheim und Basel: Beltz Juventa.

Rother, P. (2020): Sortierte Kindheit? Orientierungen pädagogischer Akteure zu Bildungsbenachteiligung. In: Skorsetz, N./Bonanati, M./Kucharz, D. (Hrsg.): Diversität und soziale Ungleichheit. Herausforderungen an die Integrationsleistung der Grundschule. Wiesbaden: Springer VS, S. 106–110.

Rother, P./Buchna, J. (2020): Bildungsbenachteiligung. In: Bollweg, P./Buchna, J./Coelen, T./Otto, H.-U. (Hrsg.): Handbuch Ganztagsbildung. 2. Auflage. Wiesbaden: Springer VS, S. 379–389.

Rother, P./Petersen, D./Meyer, K./Willems, A. S./Buchna, J./Koch, T./Demmer, C. (i.E.): Nebeneinander, Miteinander, Gegeneinander? Methodologische Überlegungen zur Kooperation verschiedener Akteur*innengruppen im Handlungsfeld (Ganztags-)Schule. In: Kunze, K./Petersen, D./Bellenberg, G./Hinzke, J.-H./Moldenhauer, A./Peukert, L./Reintjes, C./te Poel, K. (Hrsg.): Kooperation – Koordination – Kollegialität. Befunde und Diskurse zum (multi-)professionellen Zusammenwirken pädagogischer Akteur*innen an Schulen. Bad Heilbrunn: Klinkhardt.

Sauerwein, M. N./Heer, J. (2020): Warum gibt es keine leistungssteigernden Effekte durch den Besuch von Ganztagsangeboten? In: Zeitschrift für Pädagogik 66, H. 1, S. 78–101.

Sauerwein, M. N./Rother, P. (i.E.): Teilhabe und Anerkennung statt Chancengerechtigkeit – eine sozialpädagogische Perspektive auf Ganztagsschule. In: Jörgens, M./Sander, J./Werner, S. (Hrsg.): Lesen im Ganztag: systematische Leseförderung in systemischer Perspektive.

Sauerwein, M. N./Thieme, N. (2020): Zur Durchmischung schul- und sozialpädagogischer Zuständigkeiten in Ganztagsschulen. In: Cloos, P./Lochner, B./Schoneville, H. (Hrsg.): Soziale Arbeit als Projekt. Konturierungen von Disziplin und Profession. Wiesbaden: Springer VS, S. 261–271.

Sauerwein, M. N./Thieme, N./Chiapparini, E. (2019): Wie steht es mit der Ganztagsschule? Ein Forschungsreview mit sozialpädagogischer Kommentierung. In: Soziale Passagen 11, H. 1, S. 81–97.

Scherr, A./Sturzenhecker, B. (2014): Jugendarbeit verkehrt: Thesen gegen die Abwicklung der Offenen Kinder- und Jugendarbeit durch ihre Fachkräfte. In: Deutsche Jugend 62, H. 9, S. 369–376.

Schilling, M. (2013): Erneuter Ausgabenanstieg in der Kinder- und Jugendhilfe. Warum die Aufwendungen auch 2012 weiter steigen. In: KomDat. Kommentierte Daten der Kinder- und Jugendhilfe 16, H. 3, S. 1–5.

Schmidt, H. (Hrsg.) (2011): Empirie der Offenen Kinder- und Jugendarbeit. Wiesbaden: VS Verlag.

Schmidt, H. (2015): Kooperation um jeden Preis? In: Corax: Magazin für Kinder- und Jugendarbeit in Sachsen, H. 5, S. 17–19.

Seckinger, M./Pluto, L./Peucker, C./van Santen, E. (2016): Einrichtungen der offenen Kinder- und Jugendarbeit. Eine empirische Bestandsaufnahme. Weinheim und Basel: Beltz Juventa.

Spieß, E. (2004): Kooperation und Konflikt. In: Schuler, H. (Hrsg.): Organisationspsychologie – Gruppe und Organisation. Göttingen: Hogrefe-Verlag, S. 193–250.

Staudner, S. (2018): Bildungsprozesse im Ganztag. Wahrnehmung und Wertung erweiterter Bildungsgelegenheiten durch Kinder. Wiesbaden: Springer VS.

StEG-Konsortium (2019): Ganztagsschule 2017/2018. Deskriptive Befunde einer bundesweiten Befragung. Frankfurt am Main, Dortmund, Gießen, München.

Steiner, C. (2010): Multiprofessionell arbeiten im Ganztag: Ideal, Illusion oder Realität? In: Der pädagogische Blick 18, H. 1, S. 22–36.

Steiner, C. (2013): Die Einbindung pädagogischer Laien in den Alltag von Ganztagsschulen. In: Bildungsforschung 10, H. 1, S. 64–90.

Steiner, C. (2016): Von der konservativen zur sozial gerechten Schule? Zur Kompensation sozialer Ungleichheit durch die Ganztagsschule. In: Engagement: Zeitschrift für Erziehung und Schule 34, H. 2, S. 82–90

Sting, S./Sturzenhecker, B. (2013): Bildung und Offene Kinder- und Jugendarbeit. In: Deinet, U./Sturzenhecker, B. (Hrsg.): Handbuch offene Kinder- und Jugendarbeit. 4. Auflage. Wiesbaden: Springer VS, S. 375–388.

Stötzel, J./Wagener, A.-L. (2014): Historische Entwicklungen und Zielsetzungen von Ganztagsschulen in Deutschland. In: Coelen, T./Stecher, L. (Hrsg.): Die Ganztagsschule. Eine Einführung. Weinheim und Basel: Beltz Juventa, S. 49–64.

Sturzenhecker, B./Deinet, U. (2018): Kinder- und Jugendarbeit. In: Böllert, K. (Hrsg.): Kompendium Kinder- und Jugendhilfe. Wiesbaden: Springer VS, S. 693–712.

Thieme, N./Faller, C. (2016): (Mehr) Qualität des Bildungssystems durch Ganztagsschulen mit Qualität? Theoretische Überlegungen und rekonstruktive Vergewisserungen zu den Voraussetzungen, um über Qualität verhandeln zu können. In: Blömeke, S./Caruso, M./Reh, S./Salaschek, U./Stiller, J. (Hrsg.): Traditionen und Zukünfte. Beiträge zum 24. Kongress der Deutschen Gesellschaft für Erziehungswissenschaft. Opladen u. a.: Budrich, S. 245–256.

Weick, K. E. (1976): Educational organzations as loosly coupled systems. In: Administrative Science Quarterly 21, H. 1, S. 1–19.

Wutzler, M. (2016): Verteilte Verantwortungen – Von der geschlossenen, affektiven, familialen Privatheit zum offenen Netz emotionalen Engagements. In: Journal für Psychologie 24, H. 1, S. 39–65.

Zipperle, M. (2015): Jugendhilfeentwicklung und Ganztagsschule. Empirische Ergebnisse zu Herausforderungen und Chancen. Weinheim und Basel: Beltz Juventa.

Züchner, I./Arnoldt, B. (2011): Schulische und außerschulische Freizeit- und Bildungsaktivitäten. Teilhabe und Wechselwirkungen. In: Fischer, N./Holtappels, H. G./Klieme, E./Rauschenbach, T./Stecher, L./Züchner, I. (Hrsg.): Ganztagsschule. Weinheim und Basel: Beltz Juventa, S. 267–290.

Der Hamburger Ganztag – Geschichte, Herausforderungen, Erfolge

Arne Offermanns

Die Einführung des Rechtsanspruchs auf ganztägige Bildung und Betreuung erfolgte in Hamburg bereits im Jahr 2012. Vor diesem Hintergrund kann die Stadt auf Erfahrungen zurückblicken, die viele andere Bundesländer in diesem Umfang erst noch machen werden, wenn ab dem Jahr 2025 bundesweit ein Rechtsanspruch auf Ganztagsbetreuung eingeführt wird.

Seither hat sich der Hamburger Ganztag als Erfolgsgeschichte erwiesen, an der viele Beteiligte mitgewirkt haben. Von Jahr zu Jahr steigen die Anmeldezahlen. Bereits im Schuljahr 2013/14 lag die Teilnahmequote bei rund 65%, im Schuljahr 2016/17 erstmals über 80%. Im Schuljahr 2019/20 erreichte die Teilnahmequote dann mit 86,4% aller Grundschüler*innen einen neuen Höchststand.[1] Dies belegt den großen Bedarf ebenso wie die große Akzeptanz der Ganztagsangebote in Hamburg, die auch in deren kontinuierlicher qualitativer Weiterentwicklung begründet ist. Der folgende Beitrag beleuchtet die Entwicklung des Hamburger Ganztags, dessen rechtliche sowie organisatorische Umsetzung und stellt dar, welche Faktoren den Erfolg befördert haben bzw. wo weitere Herausforderungen liegen.

1. Rechtsanspruch auf ganztägige Bildung und Betreuung bereits seit 2012

Im Jahr 2009 wollte der damalige Hamburger Senat zum Schuljahr 2010/11 eine „verlässliche Betreuung an Primarschulen" in der Hansestadt einführen. Damit verbunden war eine Verlängerung der Grundschulzeit auf sechs Jahre. Dieses Vorhaben stieß jedoch auf erheblichen Widerstand in der Stadt und wurde durch einen Volksentscheid verhindert. Daraufhin wurden die Pläne angepasst.

---

1 Bei einer 100%-igen Verfügbarkeit von Ganztagsangeboten (an 5 Tagen in der Woche von 06:00–18:00 Uhr, auch in den Ferien) an den staatlichen allgemeinbildenden Schulen in Hamburg, beziehen sich die 86,4% auf die Schüler*innen an Grundschulen, die diese außerunterrichtlichen Ganztagsangebote in Anspruch nehmen. Die genannten Zahlen basieren auf internen Daten der Behörde für Schule und Berufsbildung.

Nach einem Regierungswechsel im Jahr 2011 bemühte sich der neue Senat darum, die Bedenken und Wünsche der Eltern und anderer Akteure aufzunehmen und die Rahmenbedingungen entsprechend auszugestalten.

Im März 2012 wurde der Rechtsanspruch auf Ganztagsbetreuung in § 13 Abs. 1 des Hamburgischen Schulgesetzes (HmbSG) verankert. Er erfasst eine deutlich breitere Zielgruppe als die aktuellen Planungen des Bundes. „Schülerinnen und Schüler *von der Vorschulklasse bis zur Vollendung des 14. Lebensjahres* haben Anspruch auf eine umfassende Bildung und Betreuung in der Zeit von 8.00 Uhr bis 16.00 Uhr an jedem Schultag." In dieser Kernzeit ist die Teilnahme am Ganztag kostenfrei. Zusätzlich sichert § 13 Abs. 3 HmbSG ein Recht auf Betreuung in den Randzeiten von 6 bis 8 Uhr bzw. von 16 bis 18 Uhr sowie in den Schulferien. In den Rand- und Ferienzeiten ist die Betreuung zwar grundsätzlich gebührenpflichtig, die Höhe der Gebühr jedoch sozialverträglich gestaffelt und abhängig von der Einkommenssituation der Eltern. Für Kinder etwa, die Anspruch auf Leistungen aus dem Bildungs- und Teilhabepaket (BuT) haben, ist die Betreuung in den Randzeiten und in bis zu sechs Ferienwochen kostenfrei.

Generell wird der Rechtsanspruch auf Betreuung an den jeweiligen Schulen umgesetzt. Diese können jedoch, etwa in Schließzeiten oder bei geringer Nachfrage in bestimmten Zeitfenstern, mit anderen Schulen und Partnern im räumlichen Umfeld zusammenarbeiten.

2. Formen von Ganztagsangeboten und Ressourcen

Der schnelle Aufbau eines flächendeckenden Ganztagsangebots wurde wesentlich ermöglicht durch den Einbezug von Kooperationspartnern aus der Kinder- und Jugendhilfe. Damit verbunden sind unterschiedliche Formen der rechtlichen und organisatorischen Ausgestaltung des Ganztags in Hamburg. Diese erhalten auf ihre Ganztagsorganisation abgestimmte Ressourcen.

2.1 Ganztagsschulen nach Rahmenkonzept (GTS)

An Ganztagsschulen nach Rahmenkonzept (GTS), deren Basis die Drucksache (Drs.) 18/525 der Bürgerschaft der Freien und Hansestadt Hamburg aus dem Jahr 2004 ist[2], trägt die Schule die alleinige Verantwortung für die pädagogische Ausrichtung und Gestaltung der ganztägigen Bildung und Betreuung. Gleichwohl werden bereits hier vielfach Träger der freien Kinder- und Jugendhilfe als Dienstleister in die Betreuung und die Organisation des Ganztags eingebunden.

---

2 Die im Text genannten Drucksachen sind über die Webseiten der Parlamentsdatenbank der Hamburgischen Bürgerschaft abrufbar (https://www.buergerschaft-hh.de/parldok/).

GTS gibt es in offenen sowie (teil-)gebundenen Formen. Letztere ermöglichen eine Rhythmisierung und Verteilung von Unterricht und außerunterrichtlichen Angeboten über den ganzen Tag. Die konkrete Ausgestaltung variiert von Schule zu Schule. In den gebundenen Zeiten ist die Teilnahme für die Schüler*innen verpflichtend. An offenen GTS endet der Unterricht um 13 Uhr. Die Teilnahme an den anschließenden Ganztagsangeboten ist grundsätzlich freiwillig, nach Anmeldung dann aber verpflichtend.

An den Hamburger Grundschulen werden die Ganztagsangebote in allen Formen der GTS in einem Fachkräftemix aus Lehrkräften, Erzieher*innen und Honorarkräften realisiert. Jeder GTS werden, abhängig vom Sozialindex der Schule, für jeweils 19 (KESS 1+2) bzw. 23 im Ganztag angemeldete Schüler*innen (KESS 3–6) Ressourcen für Lehrkräfte und Erzieher*innen sowie eine Anzahl von Honorarstunden pro Schuljahr zugewiesen.[3] Diese Ressourcen decken an den GTS-Grundschulen die Ausgestaltung des Ganztagsangebots in den 15 zusätzlichen Stunden (13 bis 16 Uhr an 5 Tagen/Schulwoche) in der Verantwortung der Schule. Die Schulen erhalten außerdem eine Kooperationspauschale und weitere Mittel für die Umsetzung der Inklusion im Ganztag.

Die Betreuung in den Rand- und Ferienzeiten wird überwiegend durch einen Jugendhilfeträger gewährleistet und dann gesondert abgerechnet. Die Schulen können Jugendhilfeträger auch als Dienstleister in die Betreuung in der Kernzeit einbinden und dafür Teile der zugewiesenen Ressourcen einsetzen.

2.2 Ganztägige Bildung und Betreuung an Schulen (GBS)

Für den Bereich der Grundschulen hat Hamburg zusätzlich das Konzept der „Ganztägigen Bildung und Betreuung an Schulen (GBS)" entwickelt (vgl. Drs. 20/3642). Dabei handelt es sich um eine Form des offenen Ganztags, bei der Schule und Jugendhilfeträger „ihre Kompetenzen in der Schulpädagogik und in der Hortpädagogik unter einem gemeinsamen pädagogischen Konzept" zusammenführen und eine enge Kooperation eingehen (Drs. 20/3642, S. 4). Im Rahmen dieser Kooperation gilt am Vormittag das Schulrecht, am Nachmittag das Jugendhilferecht. Kinder, die für den Ganztag an einer GBS angemeldet sind, können das Angebot an 5 Tagen/Woche nutzen; eine Verpflichtung zur Teilnahme besteht an mindestens 3 Tagen/Woche bis mindestens 15 Uhr. Diese

---

3   Alle Hamburger Schulen sind einem Sozialindex (KESS-Faktor) zugeordnet, in dem sich die soziale Belastung einer Schule bzw. des Schulumfeldes spiegeln. Je niedriger der KESS-Faktor, desto höher der Grad der sozialen Belastung. Schulen mit hohen Belastungen erhalten zusätzliche Ressourcen, um diese bearbeiten zu können. Im Schuljahr 2019/20 wurden den GTS-Grundschulen pro vollgebundener Gruppe im Ganztag angemeldeter Schüler*innen 0,21 Lehrer*innenstelle, 0,34 Erzieher*innenstelle und 300 Honorarstunden pro Schuljahr zugewiesen.

Regelung bietet den Jugendhilfeträgern eine verlässliche Planungsgrundlage und den Eltern die von ihnen vielfach gewünschte Flexibilität in der Nutzung des Angebots.

Den allgemeinen Rahmen setzt der „Landesrahmenvertrag für die ganztägige Bildung und Betreuung an Schulen in Kooperation mit Trägern der Kinder- und Jugendhilfe" (LRV).[4] Er enthält einheitliche Leistungsbeschreibungen, regelt Entgelte und Ressourcen sowie die Verfahren zur Kostenerstattung und Abrechnung. Vertragspartner sind die Hamburger Behörde für Schule und Berufsbildung (BSB), die Behörde für Arbeit, Gesundheit, Soziales Familie und Integration (Sozialbehörde) sowie die Dachverbände und Träger der Kinder- und Jugendhilfe. In einer gemeinsamen Vertragskommission werden die grundsätzlichen Regelungen getroffen, evaluiert und bei Bedarf fortgeschrieben bzw. überarbeitet.

Die Organisation und Durchführung des Ganztagsangebots vor Ort übernimmt dann ein Jugendhilfeträger als Kooperationspartner der Schule. Die Zusammenarbeit steht durch einen Kooperationsvertrag, der das gemeinsame pädagogische Konzept und ein Raumkonzept beinhaltet, rechtlich auf einer sicheren Basis. Dabei sind die Regelungen im LVR und im Kooperationsvertrag auf Kontinuität und eine langfristige, gute Kooperation zwischen den Partnern angelegt. Um diese zu befördern und eine Verzahnung der Professionen zu ermöglichen, ist Bestandteil der Mittelzuweisung auch eine Kooperationsressource für beide Kooperationspartner.

Das im LRV festgesetzte Entgelt ermöglicht aktuell für jeweils 19 (KESS 1+2) bzw. 23 angemeldete Kinder (KESS 3–6) die Finanzierung von 1,175 Erzieherstellen mit täglich drei Stunden für die Kernzeit von 13 bis 16 Uhr sowie 0,2 Stellen für die Leitung während der Schulwochen. Berücksichtigt ist außerdem eine Ausfallreserve von 17,45% für Urlaubs- bzw. Krankheitszeiten sowie ein Anteil für Sachkosten und Verwaltung. Zusätzlicher Bestandteil ist ein pädagogisches Budget, das für die Verbesserung der Personalausstattung (Erzieher-Kind-Relation), den Einbezug von Angeboten aus dem Sozialraum, Schulaufgabenbetreuung und Interessengruppenleitung sowie mittelbare Pädagogik verwendet werden kann. Für die Umsetzung der Inklusion in den vom Kooperationspartner verantworteten Zeiten werden weitere Mittel zur Verfügung gestellt. Für Randzeiten- und Ferienbetreuung werden, abhängig von den Anmeldezahlen, weitere Ressourcen zugewiesen (vgl. Drs. 21/19257, S. 9). Mit diesen gestalten die Anbieter vielfältige Angebote, teils im bestehenden Klassenverband, in Formen der offenen Arbeit oder als Neigungskurse. In struktu-

---

4 Die ursprüngliche Fassung des LRV sowie ein Muster-Kooperationsvertrag sind als Anlage 3 a bzw. Anlage 3 b Bestandteil der Drs. 20/3642 der Hamburgischen Bürgerschaft.

rierten Kursangeboten liegt die durchschnittliche Gruppengröße aktuell etwa bei 12 Kindern (vgl. Drs. 21/19257 S. 9).

3. Flächendeckender Ausbau der Ganztagsangebote

Nach Einführung des Rechtsanspruchs erfolgte der flächendeckende Ausbau der Hamburger Schulen zu Ganztagsschulen in kürzester Zeit. Zum Start des Schuljahrs 2013/14 gab es bereits an 200 von damals 203 Hamburger Grundschulen ein Ganztagsangebot. Seit dem Schuljahr 2015/16 bieten alle Hamburger Grundschulen ganztägige Bildung und Betreuung an, in eigener Verantwortung oder in Kooperation mit der Freien Kinder- und Jugendhilfe, Vereinen und anderen Partnern.[5]

Tab. 1: Ausbau der Ganztagsangebote an Hamburger Grundschulen und aktueller Stand

	Schuljahr 2010/11	Schuljahr 2011/12	Schuljahr 2012/13	Schuljahr 2013/14	Schuljahr 2014/15	Schuljahr 2015/16	Schuljahr 2019/20
Grundschulen insgesamt	206	205	204	203	203	203	206
GTS vollgebunden	24	29	30	32	32	34	33
GTS Teilgebunden	10	12	17	23	23	22	25
GTS offen	18	17	16	20	20	22	21
GBS	6	20	61	125	126	125	127
Grundschulen ohne Ganztag	148	127	80	3	2	0	0

(Quelle: Behörde für Schule und Berufsbildung Hamburg, interne Daten)

Das System der GBS bildete bei diesem Ausbau einen zentralen Baustein. Im Schuljahr 2010/11 wurde es an einigen Grundschulen erprobt und positiv evaluiert. Im Jahr darauf folgte eine Modellphase mit 20 Standorten. Schon im Schuljahr 2012/13 gab es dann 61 GBS-Grundschulen. Im Schuljahr 2013/14, als der Ausbau zum flächendeckenden Ganztag weitgehend abgeschlossen war, waren es 125. Die Standorte fanden ihre Partner durch ein mehrstufiges Auswahlverfahren, in dessen Zentrum die pädagogische Passung der Kooperationspartner stand. Als hilfreich erwies sich hier, bereits etablierte Beziehungen zwischen bestehenden Horten und Schulstandorten in die neue Form zu über-

---

5 Alle Stadtteilschulen wurden bis zum Schuljahr 2013/14 ebenfalls zu offenen oder (teil-)gebundenen GTS weiterentwickelt. Auch die Gymnasien halten Ganztagsangebote bis 16 Uhr vor. Für die Rand- und Ferienzeiten kooperieren die weiterführenden Schulen teilweise mit umliegenden Grundschulen oder Jugendhilfeträgern.

führen. Aktuell arbeiten 127 von 209 Hamburger Grundschulen als GBS, die sich als Erfolgsmodell erwiesen hat. Bei Einführung war für diese Ganztagsform mittelfristig eine Teilnahmequote von ca. 50% erwartet worden – in den Schuljahren 2018/19 und 2019/20 lag sie bei ca. 85%. Auch die Ferienbetreuung wird von den Hamburger Familien gern genutzt: Das Angebot wird von fast 50% der Familien gebucht, im Durchschnitt für ca. 5 Wochen/Jahr.[6]

4. Personal im Ganztag

Im Hamburger Ganztag gilt selbstverständlich das Fachkräftegebot. Die Durchführung liegt in der Hand von Lehrkräften, staatlich anerkannten Sozialpädagog*innen oder Erzieher*innen bzw. Personen mit vergleichbaren Abschlüssen. In Einzelfällen können auch fachlich und persönlich geeignete Personen mit anderen Abschlüssen oder Qualifikationen eingesetzt werden, Ausnahmefälle müssen ggf. durch die zuständige Behörde genehmigt werden. Die Vorlage eines erweiterten Führungszeugnisses ist Voraussetzung für die Beschäftigung. Dies gilt auch für Honorarkräfte, die für Neigungskurse, z. B. im Bereich Kunst, Kultur oder Musik, eingebunden werden, die einen Teil des Ganztagsangebots ausmachen und dessen Attraktivität erhöhen.

Vor diesem Hintergrund bewirken der flächendeckende Ganztag und die hohen Teilnahmequoten einen erhöhten Fachkräftebedarf, sowohl im unterrichtlichen als auch im außerunterrichtlichen Bereich. Auf diesen Bedarf wurde mit vielfältigen Maßnahmen reagiert. So hat der Senat der Freien und Hansestadt Hamburg z. B. die Personalausstattung der Hamburger Schulen deutlich verbessert. Während die Schüler*innenzahl seit 2011 um ca. 10% gestiegen ist, wurde die Zahl der Vollzeitstellen für Pädagog*innen an Hamburgs Schulen seitdem um ca. 30% erhöht. Die zusätzlichen Personalkapazitäten wurden u. a. für den Ausbau des Ganztags und der inklusiven Beschulung, die kostenlose Lernförderung und die Verkleinerung der Klassenfrequenzen eingesetzt (vgl. Dr. 21/19315, S. 5).

Um den Mehrbedarf – auch angesichts weiter wachsender Schüler*innenzahlen – decken zu können, wurden die Ausbildungskapazitäten für Lehrkräfte seit 2015 erheblich ausgeweitet. Außerdem wird die Besoldung der Lehrkräfte an Grundschulen bis zum Jahr 2023 in drei Stufen angehoben und mit den anderen Schulformen gleichgestellt (vgl. Dr. 21/18362, S. 2).

Auch auf den gestiegenen Bedarf im Bereich der Betreuung und der außerunterrichtlichen Angebote wurde reagiert. Hierzu wurde ein Paket unterschiedlicher Maßnahmen geschnürt, zu denen Werbekampagnen, Anpassun-

---

6 Die genannten Zahlen basieren auf internen Daten der Behörde für Schule und Berufsbildung.

gen der Zulassungsvoraussetzungen, berufsbegleitende Ausbildungsgänge und finanzierte Ausbildungsformate gehören. So wurde beispielsweise die Erzieher*innen-Ausbildung an allen staatlichen Fachschulen so umstrukturiert, dass die Teilnehmer*innen über eine Förderung nach dem Gesetz zur Förderung der beruflichen Aufstiegsfortbildung (AFBG) monatlich mindestens 885 Euro als Basisunterhalt erhalten können. Dadurch konnten mehr junge Menschen für eine Ausbildung zum/zur Erzieher*in gewonnen werden. Parallel hat sich die Zahl der Ausbildungsanfänger*innen in der Ausbildung zur Sozialpädagogischen Assistenz (SPA) innerhalb von drei Jahren verdoppelt, Insgesamt wurden im Schuljahr 2019/20 in den staatlichen und privaten Schulen 5771 Schüler*innen zu Erzieher*innen, Heilerziehungspfleger*innen oder SPA ausgebildet – 1120 mehr als im Jahr 2015 (vgl. Drs. 21/19315, S. 6–8).

Diese vielfältigen Maßnahmen tragen dazu bei, dass die Hamburger Schulen und ihre Partner den Bedarf an Fachkräften bisher gut decken können. Ein begünstigender Faktor ist natürlich auch die Attraktivität der Stadt Hamburg selbst. Nur gelegentlich erschweren standortspezifische Faktoren wie Rand- oder Brennpunktlagen die Rekrutierung von Personal.

In diesem Zusammenhang ist inzwischen allerdings auch zu beobachten, dass Lehrkräfte leichter für offene Formen des Ganztags zu gewinnen sind. Aufseiten der Kinder- und Jugendhilfe schränkt zudem das Arbeitnehmerüberlassungsgesetz (AÜG) die Attraktivität der Arbeitsplätze im Bereich der GBS-Grundschulen insofern ein, als weit überwiegend nur Teilzeitbeschäftigungen möglich sind. Eine Hamburger Bundesratsinitiative mit dem Ziel, den Einsatz von Personal der GBS-Träger am schulischen Vormittag zu ermöglichen, fand im Juni 2016 keine Mehrheit. Im Zuge der Umsetzung des Rechtsanspruchs auf Ganztagsbetreuung wird Hamburg einen erneuten Vorstoß zur Änderung des AÜG unternehmen. Dadurch würden nicht nur die Arbeitsplätze in diesem Bereich noch einmal attraktiver, sondern auch die Möglichkeiten der inhaltlichen Kooperation würden noch einmal verbessert (vgl. Drs. 21/19315, S. 8–9).

5. Zentrale Herausforderungen im Rahmen der Einführung des Hamburger Ganztags

Vor der Einführung des Rechtsanspruchs auf ganztägige Bildung und Betreuung mussten entscheidende Voraussetzungen für dessen Umsetzung geschaffen werden. Dazu gehörte insbesondere die Aushandlung des LRV sowie der darin verankerten Entgelte und Ressourcen mit den Dachverbänden und Trägern der Freien Kinder- und Jugendhilfe. Zudem musste eine an die Bedürfnisse der Familien angepasste Gebührenstruktur ausgestaltet werden. Und nicht zuletzt bedurfte es der Entwicklung der jeweils dazugehörigen Anmelde- und Abrechnungssysteme und passender IT-Verfahren.

Tab. 2: Gebühren für die Nutzung der Ganztagsangebote in Hamburg (Vollzahler)

Während der Schulzeit (monatliche Gebühr)				
Frühbetreuung 6–7 Uhr	Frühbetreuung 7–8 Uhr	Kernzeit 13–16 Uhr	Spätbetreuung 16–17 Uhr	Spätbetreuung 17–18 Uhr
30 Euro	30 Euro	Gebührenfrei	30 Euro	30 Euro
Während der Ferien				
Eine Woche Ferienbetreuung von 8–16 Uhr			Eine Woche Ferienbetreuung von 6–18 Uhr	
90 Euro pro Jahr (12 Raten a 7,50 Euro)			120 Euro pro Jahr (12 Raten a 10 Euro)	

(Quelle: Behörde für Schule und Berufsbildung Hamburg)

Angesichts des Umstandes, dass die GBS das vorherige System der Hortbetreuung mit gewachsenen Strukturen, Entgelten und Gebühren ablösen sollte, waren die Verhandlungen zu diesen Themen durchaus komplex. Die zunächst vorgesehenen Gruppengrößen und Ressourcen für das neue System der GBS wurden von vielen Trägern und Familien als eine Verschlechterung gegenüber den Bedingungen im bekannten Hortsystem wahrgenommen. Daher wurden Qualitätseinbußen befürchtet. Im Jahr 2011 stellte der neu gewählte Senat deshalb deutlich mehr Mittel zur Verfügung. Dazu gehörte insbesondere das pädagogische Budget, das einen Zuschlag von über 20% bedeutete und eine bessere personelle Ausstattung in den Gruppen ermöglichte. Hinzu kamen außerdem Mittel für Kooperationszeiten zwischen Schulen und Trägern sowie Mittel zur Abmilderung des Auslastungsrisikos für die Betreuung in den Rand- und Ferienzeiten. Auch die Mittel zum Ausgleich von Fehlzeiten durch Krankheit, Urlaub oder Fortbildung wurden erhöht (vgl. Drs. 20/1484, S. 2 f.). Aufseiten der Eltern, die für ihre Kinder bereits eine Hortbetreuung in Anspruch nahmen, bestand zusätzlich die Befürchtung, das neue System würde zu erhöhten Kosten für sie führen. Hier wurde ebenfalls gegengesteuert und sichergestellt, dass keine Familie mehr zahlen musste als zuvor.

6. Qualitätssicherung und -entwicklung

An die Phase der organisatorischen Einführung schloss eine Phase der Qualitätsentwicklung nahtlos an. Neben den beschriebenen Herausforderungen im Rahmen der Vorbereitung gruppieren sich die Maßnahmen zur Qualitätsentwicklung infolge der Einführung des Rechtsanspruchs um drei zentrale Themen: Räume, Flächen und deren Nutzung; Qualität und Organisation des Mittagessens; Kooperation zwischen Schule und Kinder- und Jugendhilfe sowie der Elternschaft.

6.1 Standortbesuche

Im Rahmen der Qualitätssicherung und -entwicklung wurden zunächst die neu geschaffenen GBS-Standorte in den Blick genommen. Bereits in der zweiten Hälfte des Schuljahrs 2013/14 wurden alle zu diesem Zeitpunkt bestehenden GBS-Standorte in multiprofessioneller Zusammensetzung besichtigt: Vertreten waren die jeweils zuständige Schulaufsicht, die Heimaufsicht bzw. Trägerberatung der Sozialbehörde, der kooperierende Jugendhilfeträger und dessen Dachverband, Schulleitung und GBS-Leitung, Elternvertreter, das Ganztagsreferat der Schulbehörde sowie teilweise die schulische Ganztagskoordination oder ein Mitglied des Lehrer*innenkollegiums. Gemeinsam wurden die Räume und Außenflächen besichtigt und am Mittagessen teilgenommen sowie der Stand der Umsetzung, der Kooperation und der Qualitätsentwicklung vor Ort besprochen.

Diese Standortbesuche wurden von allen Beteiligten positiv bewertet. Sie boten die Gelegenheit, sich im multiperspektivischen, kollegialen Austausch außerhalb der alltäglichen Praxis mit Qualitätsfragen und Entwicklungsbedarfen auseinanderzusetzen. Sie machten sichtbar, was bereits erreicht wurde, und die Beteiligten erfuhren für ihre Arbeit Anerkennung und Wertschätzung. Ergänzt durch die Erhebung von Daten auf elektronischem Wege lieferten die Besuche wichtige Erkenntnisse für den weiteren Prozess der Qualitätsentwicklung.

Im Jahr 2015 und im Schuljahr 2018/19 wurden die Besuche in gleicher Zusammensetzung wiederholt, nun aber auch die GTS-Grundschulen einbezogen. Die Rückmeldungen der Beteiligten waren gleichermaßen positiv und die Ergebnisse dienten jeweils dazu, an bestimmten Punkten nachsteuern zu können. Im Jahr 2019 wurde dem Orientierungsrahmen Schulqualität, der beschreibt, was in Hamburg unter guter Schule verstanden wird, ein neuer Qualitätsbereich „Ganztag gestalten" hinzugefügt. Auf dieser Grundlage wird die Schulinspektion, die alle Hamburger Schulen in einem etwa fünfjährigen Rhythmus untersucht, künftig auch deren Ganztagsgestaltung bewerten.

6.2 Verbesserte Personalausstattung

Um die Qualität der Betreuung weiter zu verbessern, wurden die Ressourcen für Personal in den letzten Jahren mehrfach erhöht, bis sie den oben genannten Stand erreichten. An GBS-Schulen wurde das Personalbudget der GBS-Träger für die Kernzeit von 13–16 Uhr mit dem Schuljahr 2017/18 von 1,0 Stellen für pädagogische Fachkräfte auf 1,1 Stellen pro Gruppe angehoben. In einem zweiten Schritt wurde die Personalressource für die Träger der Kinder- und Jugendhilfe zum Schuljahr 2019/20 noch einmal um 7,5% erhöht. An den Ganztagsgrundschulen in schulischer Verantwortung (GTS) wurden die Personalressourcen ebenfalls in zwei Stufen zum 01.08.2017 und dann noch einmal zum 01.08.2019 angehoben.[7]

6.3 Räume, Flächen und deren Nutzung

Durch die flächendeckende Einführung des Ganztags sind die Hamburger Schulen vom Lernort zum Lebensraum geworden. Damit gehen neue Anforderungen an Schulräume, -gebäude und deren Nutzung einher: Sie müssen sowohl den Anforderungen des Unterrichts genügen als auch eine Aufenthaltsqualität bereitstellen, die den Ansprüchen der Schüler*innen entspricht. Kinder und Jugendliche, die sich acht Stunden oder mehr pro Tag in der Schule aufhalten, müssen in deren Räumen und Flächen die Möglichkeit haben, unterschiedlichste Bedürfnisse zu befriedigen, darunter auch solche nach Ruhe, Bewegung und freiem Spiel.

Um darauf zu reagieren, erhielten die neu geschaffenen Ganztagsschulen in der Zeit des Ausbaus grundsätzlich eine Pauschale für die Anschaffung von Möbeln und Ausstattungselementen. Außerdem wurden von Anfang an Beratungsangebote für die Entwicklung ganztägig ausgerichteter Raumkonzepte vorgehalten und deren Umsetzung durch Projektmittel unterstützt.

Im Jahr 2016 wurden dann alle allgemeinbildenden Schulen aufgefordert, bis zum Schuljahr 2018/19 ein Raumkonzept zu erarbeiten, um die individuelle Verknüpfung von Raum und Pädagogik vor Ort zu beschreiben und die zur Verfügung stehenden Räume und Flächen noch stärker an den Ganztagsbedürfnissen der Kinder und Jugendlichen auszurichten. Um diesen Prozess zu unterstützen, wurden 12,5 Mio. Euro zur Verbesserung der Raumsituation an den Schulen bereitgestellt. Aus diesem „Sonderfonds Guter Ganztag" konnten nach Vorlage des Raumkonzepts über zwei unterschiedlich ausgerichtete Förderprogramme Mittel beantragt werden. Von diesen ist eines niedrigschwellig angelegt und zielt darauf, zügig Verbesserungen für die Schüler*innen zu bewirken, insbesondere im Hinblick auf deren Bedürfnisse nach Ruhe, Bewegung und Spiel im Ganztag. Das zweite Förderprogramm soll weitergehende, nachhaltige Prozesse befördern, die eine grundlegende Raumverbesserung bewirken. Es unterstützt Schulen, die Schulentwicklungsthemen eng mit der Raumorganisation verbinden und dabei eine Optimierung der ganztägigen Nutzung ihrer Flächen anstreben (z. B. Lernlandschaften, Jahrgangshäuser und Selbstlernzentren). Zusätzlich wurde das Musterflächenprogramm überarbeitet, um mehr Raum für die Bedarfe des Ganztags zu schaffen und unterschiedliche Raum-

---

7 Auch an GTS werden mit diesen Ressourcen unterschiedliche Angebotsformen gestaltet. Die Arbeit im Klassenverband wird ergänzt durch offene Formen und strukturierte Kursangebote, die an den GTS im Durchschnitt von rund 14 Kindern pro Gruppe genutzt werden (vgl. Drs. 21/19315, S. 10).

und Flächenkonzepte zu ermöglichen, die zum jeweiligen pädagogischen Konzept der Standorte passen (vgl. Drs. 21/19315, S. 9–10).

6.4   Qualität und Organisation des Mittagessens

Eine qualitativ hochwertige Essensversorgung in angemessenen Räumlichkeiten zu gewährleisten, erforderte zunächst große strukturelle Anstrengungen, da die Bestandsgebäude überwiegend nicht für diese Nutzung gebaut worden waren. Anfangs musste vielfach mit Übergangslösungen gearbeitet werden: Kinder nahmen ihr Mittagessen teils in Klassenräumen, in der Aula oder der Pausenhalle ihrer Schule ein (vgl. Drs. 20/9110; vgl. hierzu auch Schütz und Täubig in diesem Band). Doch bereits in der Zeit von 2011 bis 2014 wurden insgesamt 123 Hamburger Grundschulen mit Kantinen ausgestattet, bei weiteren 33 waren entsprechende Baumaßnahmen im Oktober 2014 bereits geplant (vgl. Dr. 20/13192, S. 9). Über alle Schulformen hinweg wurden zwischen 2011 und 2019 an insgesamt 259 Schulen neue Kantinen eingerichtet, um auf die neuen Bedürfnisse des Ganztags zu reagieren (vgl. Drs. 21/19321, S. 2).

Neben diesem strukturellen Ausbau wurde auch an der Verbesserung der Qualität gearbeitet. Teil des enormen Bauprogramms im Bereich Schulverpflegung waren 55 sogenannte Produktions- und Vitalküchen, mit denen jeweils mindestens Teile der ausgegebenen Verpflegung vor Ort frisch zubereitet werden können (vgl. Drs. 21/19321, S. 2). Ein tägliches Rohkostangebot ist schon seit Jahren an fast allen Schulen Standard (vgl. Drs. 21/19257, S. 13). In einem umfänglichen Beteiligungsprozess, in den Vertreter aus den Bereichen Schule, freie Kinder- und Jugendhilfe, Caterer, Behörde und weitere Experten einbezogen waren, wurde ein Leitfaden für ein schulisches Ernährungskonzept entwickelt. Dessen Erarbeitung und Vorlage durch die Schule ist – entsprechend der Förderprogramme im Bereich Raumkonzepte – Voraussetzung für die Einwerbung von Mitteln aus drei Förderprogrammen. Von diesen dient eines der Optimierung der Küchenausstattung bzw. der Verbesserung der Mittagessenorganisation und Kantinengestaltung. Ein weiteres dient der Unterstützung von signifikanten Erweiterungen des Angebots, z. B. durch einen Kiosk für die Zwischenverpflegung, oder größeren Maßnahmen zur Küchen- und Speiseraumoptimierung. Ein besonders niedrigschwelliges Angebot, die sogenannte Frische-Offensive, unterstützt die Anschaffung z. B. von Gemüseschneidern, Stabmixern oder Smoothiemakern, um mehr „Frische" in die tägliche Essensversorgung zu bringen (vgl. Drs. 21/19315, S. 11–13).

Zu den Bemühungen, die Qualität und Organisation der Schulverpflegung an die Bedürfnisse der Kinder anzupassen, gehört auch zunehmend die Bereitstellung und der Einsatz von Buffet-Systemen („Free-Flow"). Diese ermöglichen den Schüler*innen mehr Selbstbestimmung im Rahmen des Mittagessens, bis hin zur freien Wahl des Zeitpunktes und der Länge ihrer Essenspause sowie der Gruppe, in der sie diese verbringen möchten. Schulen, die ihren Schüler*innen diese Möglichkeiten eröffnen, berichten von gestiegener Zufriedenheit. Darüber hinaus beobachten Schulen, dass sich dadurch die räumliche Situation entzerrt hat und die Lärmbelastung in den Essensräumen reduziert wurde, sodass insgesamt eine angenehmere Atmosphäre entstanden ist (vgl. Drs. 21/19257, S. 16–17).

6.5 Beteiligung und Vernetzung aller Akteure

Ganztägige Bildung ist ein Projekt, an dem viele Akteure beteiligt sind und sein sollten. Bereits 2014 entwickelten Eltern, Trägerverbände und die zuständigen Behörden gemeinsame Qualitätsdimensionen der Ganztägigen Bildung und Betreuung an Schulen.[8] Daran anschließend wurde von 2017 bis 2019 unter Beteiligung von Elternvertretern, Trägern und Verbänden der freien Kinder- und Jugendhilfe, der zuständigen Behörden und des Ganztagsschulverbandes daran gearbeitet, Grundlagen, Qualitätskriterien und mögliche Qualitätsindikatoren für den Ganztag an Hamburger Schulen zu beschreiben. Die Ergebnisse fanden Eingang in die Überarbeitung des Orientierungsrahmens Schulqualität im Jahr 2019 (vgl. Dr. 21/19315, S. 14 f.).

Um die Qualitätsentwicklung vor Ort durch den Einbezug aller Akteure zu befördern, wurde im Jahr 2016 ein neues schulisches Gremium im Hamburgischen Schulgesetz verankert, der Ganztagsausschuss (§ 56a HmbSG). Paritätisch zusammengesetzt aus Schulleitung, Lehrkräften, Eltern und ggf. GBS-Trägern bzw. Schüler*innen (an weiterführenden Schulen), hat der Ganztagsausschuss die Aufgabe, über alle wichtigen Fragen der ganztägigen Bildung und Betreuung vor Ort zu beraten und kann hierzu Empfehlungen an die Schulkonferenz aussprechen. Bis zum Ende des Schuljahres 2017/18 war dieses Gremium an allen Schulen eingerichtet (vgl. Drs. 19315, S. 4 f.). Um den Ganztagsausschuss zu etablieren und zu stärken, wurde ihm in den Förderprogrammen zu Raum und Schulverpflegung eine entsprechende Rolle zugeeignet.

Schon seit über zehn Jahren wird darüber hinaus durch eine intensive Netzwerkarbeit die Professionalisierung der Ganztagskoordinator*innen befördert, die an den Schulen eine wichtige Rolle bei der Organisation und Weiterentwicklung der Ganztagsangebote spielen. Die etwa zehn bis zwölf jährlichen Netzwerktreffen, die in unterschiedlicher Zusammensetzung stattfinden, haben sich als ein niedrigschwelliges, aber sehr wirksames Mittel der Fortbildung und kollegialen Beratung erwiesen.

---

8 Das Dokument ist im Internet abrufbar: https://www.hamburg.de/contentblob/4406308/fa18e728e18356871d3aaf29b1d7a58c/data/qualidimensionen-dl.pdf (letzter Zugriff 20.08.2020).

6.6 Kooperation zwischen Schule und Jugendhilfe

Wenngleich auch an GTS vielfach Partner aus der freien Kinder- und Jugend-hilfe als Dienstleister involviert sind, war das Thema Kooperation natürlich insbesondere in der neu geschaffenen Struktur der GBS anfangs von großer Relevanz. Hier trafen Professionen mit eigenständigen Arbeitsweisen, Metho-den und Kulturen aufeinander und machten sich auf den Weg, eine enge Ver-bindung einzugehen. Dass dies zunächst nicht immer reibungslos ablief und noch immer gelegentlich Spannungen entstehen, ist insofern nicht überra-schend. Über die Jahre hat sich jedoch zunehmend ein sehr gutes Miteinander entwickelt. Bei den Standortbesuchen an allen Hamburger Grundschulen im Jahr 2018/19 wurde an den meisten Standorten die gute interprofessionelle Zusammenarbeit hervorgehoben. Nach anfänglichen Schwierigkeiten sind trotz der Beschränkungen durch das AÜG gut funktionierende Kommunikations-strukturen etabliert. Teilweise wird unter Einhaltung der arbeitsrechtlichen Regelungen in interprofessionellen Teams bzw. Tandems gearbeitet. Der gere-gelte Austausch auf Leitungsebene ist selbstverständlich und die Teilnahme des Trägerpersonals an Schul- bzw. Lehrerkonferenzen, Elternabenden und sonsti-gen schulischen Gremiensitzungen wird immer mehr zur Regel. Umgekehrt verhält es sich ähnlich: Auch schulisches Personal nimmt zunehmend an den Besprechungen der Kooperationspartner vor Ort teil. Das zunehmende Zu-sammenwachsen der Kooperationspartner manifestiert sich mittlerweile auch räumlich: Das frühere Lehrerzimmer ist inzwischen an vielen Standorten ein Mitarbeiterzimmer geworden (vgl. Drs. 21/19257, S. 18–20).

Wo es doch zu größeren Spannungen kommt, hilft der rechtliche Rahmen den Partnern, sich einander wieder anzunähern: Bevor eine Kündigung ausge-sprochen werden kann, muss zuvor mit einem Vorlauf von mindestens einem Jahr vor gewünschtem Vertragsende eine Kündigungsabsicht ausgesprochen werden. Daraufhin erhält der jeweils andere Kooperationspartner die Möglich-keit, ein Schlichtungsverfahren zu verlangen. Dieses führt nicht selten zu solch substanziellen Verbesserungen der Zusammenarbeit und der Kooperation, dass die Kündigung ausbleibt, die erst nach Ende des Schlichtungsverfahrens ausge-sprochen werden kann. Legt man die Gesamtzahl der Kündigungen zugrunde, die seit Einführung der GBS in diesem System erfolgten, so liegt diese im jährli-chen Durchschnitt bei unter 3%. Auch dies belegt die grundsätzlich gut gelin-gende Kooperation.

7. Ganztag in Zeiten der Corona-Pandemie

Der weit überwiegend gute Zustand der Kooperation zwischen Schule und Jugendhilfe – sei es an GBS- oder GTS-Schulen – erweist sich unter den Bedin-gungen der Corona-Pandemie als ein großes Glück und die freie Kinder- und

Jugendhilfe als starker Partner der Schule. Natürlich bedeutet die Pandemie hohe Belastungen für das System und die Akteure. Doch zugleich offenbart sie als Stresstest die Qualität des Erreichten. Zwar bringen die aktuellen Bedingungen an einzelnen Standorten tieferliegende Spannungen in der Kooperation ans Tageslicht, doch insgesamt haben sich die Kooperationen vor Ort als sehr tragfähig und belastbar erwiesen. Befürchtungen, die notwendige Trennung von Gruppen bzw. Kohorten könne das Angebot soweit einschränken, dass es seine Attraktivität einbüßen könnte, oder Entwicklungen der letzten Jahre in Richtung mehr Selbstbestimmung der Kinder zurückwerfen, haben sich bisher nicht bestätigt. Vielmehr sind die Kooperationspartner gemeinsam auf der Suche nach dem bestmöglichen Ganztag unter den gegebenen Bedingungen und erweisen sich dabei als sehr kreativ und verantwortungsvoll zugleich. Auch diesbezüglich erweist sich also der Erfolg der Arbeit der letzten Jahre.

8. Zusammenfassung und Ausblick

Nach der Einführung des Rechtsanspruchs auf Ganztagsbetreuung an Schulen hat der Ganztag an Hamburger Schulen eine sehr positive Entwicklung genommen. Dem sehr zügigen Ausbau des Systems folgten wirksame Maßnahmen der Qualitätsentwicklung unter Einbezug der unterschiedlichen Akteure und ihrer Perspektiven. Gemeinsam halten die Schulen und ihre Partner aus der freien Kinder- und Jugendhilfe vielfältige und attraktive Angebote für die von ihnen betreuten Kinder und Jugendlichen vor, wie die hohen Anmeldequoten belegen. Zwischen den unterschiedlichen Professionen hat sich eine gute Kooperation entwickelt, die ihre Tragfähigkeit auch in Krisen wie der Coronavirus-Pandemie erweist.

Durch umfassende Investitionen und Baumaßnahmen – seit 2011 hat Hamburg 2,22 Milliarden Euro in seine allgemeinbildenden Schulen investiert – wurde die strukturelle Grundlage gelegt, um der wachsenden Zahl an Kindern und Jugendlichen im Ganztag an Hamburger Schulen einen Lebensraum zu bieten, der ihren Bedürfnissen entsprechen kann. Dessen Qualität wurde und wird weiter gesteigert durch gezielte Förderprogramme und die Ausrichtung künftiger Baumaßnahmen auf die Anforderungen ganztägiger Nutzung. Auch die Qualität der Schulverpflegung, der Mittagessenorganisation und der Speiseraumatmosphären wird ständig weiter verbessert.

Parallel zur strukturellen Qualitätsentwicklung wurde früh damit begonnen, auch die pädagogische Qualität des Ganztags ständig weiterzuentwickeln. Die inzwischen gut ausgebaute strukturelle Basis ermöglicht es nun, die inhaltliche Gestaltung und pädagogische Qualität des Ganztags noch einmal verstärkt in den Fokus zu rücken. Auch diesbezüglich ist mit dem neuen Orientierungsrahmen Schulqualität, der Schule nun durchgängig als ein ganztägiges System betrachtet, die notwendige Grundlage bereits gelegt. Hier sind sicher noch weitere Potenziale im Hinblick auf den Abbau von Bildungsbenachteiligungen und eine gelingende Vereinbarkeit von Familie und Beruf zu heben. Die Erfolgsgeschichte des Ganztags an Hamburger Schulen wird also auch in Bezug auf diesen Aspekt weiter fortzuschreiben sein und – trotz Pandemie – fortgeschrieben werden.

Literatur

[Drs. 18/525] Bürgerschaft der Freien und Hansestadt Hamburg (2004): Mitteilung des Senats an die Bürgerschaft: Rahmenkonzept für Ganztagsschulen in Hamburg. Drucksache 18/525 vom 21.06.2004.

[Drs. 20/1484] Bürgerschaft der Freien und Hansestadt Hamburg (2011): Schriftliche Kleine Anfrage der Abgeordneten Dr. Stefanie von Berg und Christiane Blömeke (GAL) vom 08.09.11 und Antwort des Senats. Betr.: Ganztägige Bildung und Betreuung an Schulen. Drucksache 20/1484 vom 16.09.2011.

[Drs. 20/3642] Bürgerschaft der Freien und Hansestadt Hamburg (2012): Mitteilung des Senats an die Bürgerschaft: Weiterentwicklung von ganztägigen Angeboten an Schulen – Haushaltsplan 2011/2012 – Nachbewilligungen nach § 33 LHO. Gesetz zur Änderung des Hamburgischen Schulgesetzes und Gesetz zur Änderung des Hamburger Kinderbetreuungsgesetzes. Drucksache 20/3642 vom 27.03.2012.

[Drs. 20/9110] Bürgerschaft der Freien und Hansestadt Hamburg (2013): Schriftliche Kleine Anfrage der Abgeordneten Karin Prien und Christoph de Vries (CDU) vom 27.08.13 und Antwort des Senats. Betr.: GBS-Baustelle Hamburg – Ein gelungener Start ins neue Schuljahr? Drucksache 20/9110 vom 03.09.2013.

[Drs. 20/13192] Bürgerschaft der Freien und Hansestadt Hamburg (2014): Große Anfrage der Abgeordneten Karin Prien, Robert Heinemann, Wolfhard Ploog, Birgit Stöver, Katharina Wolff (CDU) und Franktion vom 29.09.2014 und Antwort des Senats. Betr.: GBS braucht endlich Qualität – Stimmen die Rahmenbedingungen. Drucksache 20/13192 vom 24.10.2014.

[Drs. 21/18362] Bürgerschaft der Freien und Hansestadt Hamburg (2019a): Antrag. Betr.: Rahmenvereinbarungen zur Sicherung des Schulstrukturfriedens. Drucksache 21/18362 vom 19.09.2019.

[Drs. 21/19257] Bürgerschaft der Freien und Hansestadt Hamburg (2019b): Unterrichtung durch die Präsidentin der Bürgerschaft. Betr.: Bürgerschaftliches Ersuchen vom 16. Dezember 2014: „Hamburg 2020: Bildungsqualität und Bildungsgerechtigkeit weiter stärken" – Drs. 20/13939. Drucksache 21/19257 vom 04.12.2019.

[Drs. 21/19315] Bürgerschaft der Freien und Hansestadt Hamburg (2019c): Unterrichtung durch die Präsidentin der Bürgerschaft. Betr.: Bürgerschaftliches Ersuchen vom 15. Juni 2016: „Maßnahmen zur Verbesserung des Ganztages an Hamburgs Schulen – Konsens mit den Initiatoren der Volksinitiative „Guter Ganztag"!" – Drs. 21/4866. Drucksache 21/19315 vom 09.12.2019.

[Drs. 21/19321] Bürgerschaft der Freien und Hansestadt Hamburg (2019d): Unterrichtung durch die Präsidentin der Bürgerschaft. Betr.: Bürgerschaftliches Ersuchen vom 24. Juni 2015: „Für eine nachhaltige Essensversorgung in Schulen sorgen – Produktionsküchen einrichten!" – Drs. 21/737. Drucksache 21/19321 vom 09.12.2019.

Personal

Multiprofessionelle Personalentwicklung als Schulleitungsverantwortung

Theresa Brust

Im 21. Jahrhundert benötigt eine reaktionsstarke Schule in erster Linie „teachers who are confident in their ability to teach, a willingness to innovate, and strong school leaders who establish the conditions in their schools that enable the former two ingredients to flourish" (Schleicher 2015, S. 9).

Die Organisation Schule steht heute vor großen Herausforderungen, die sie nur mit systematischen Organisations- und Personalentwicklungsmaßnahmen bewältigen kann. Schulleitungen nehmen hierbei eine Schlüsselposition ein. Sie sollen als Regulativ wirken und haben einen klaren organisatorischen Gestaltungsauftrag (vgl. Fend 2008b, S. 166). Als Führungskräfte in Schulentwicklungsprozessen übernehmen Schulleitungen die Verantwortung dafür, bildungspolitische Entscheidungen in die Einzelschule zu übertragen, zwischen inner- und außerschulischen Akteur*innen zu vermitteln, organisationale Anpassungen vorzunehmen und das Schulpersonal zur Zusammenarbeit zu entwickeln. Insbesondere Multiprofessionalität gilt als elementar, um auf die komplexe Ausgangslage von Schule 2020 angemessen reagieren zu können. Entsprechende multiprofessionelle Personalentwicklungskonzepte befinden sich jedoch oftmals noch in der Erprobung. Sie benötigen eine gezielte Verknüpfung mit organisationalen Veränderungen und setzen ein verantwortungsorientiertes Führungshandeln voraus. Denn Verantwortung spielt in zukunftsorientierten Schulentwicklungsprozessen auf unterschiedlichen Ebenen eine zentrale Rolle:

1. Neue Steuerungsansätze und bildungspolitische Entwicklungen bewirken eine stark erweiterte Verantwortungsübernahme der ganztägigen Einzelschule im Sozialraum,
2. unterschiedliche Akteur*innen im Ganztag handeln (neue) Zuständigkeiten aus, übernehmen, delegieren oder verneinen Verantwortung im Aufwachsen junger Menschen,
3. Schulleitungen tragen in erweiterten Handlungs- und Entscheidungsspielräume mehr (Personal-)Verantwortung, orientieren sich vermehrt am Distributed Leadership und initiieren entsprechende Schulentwicklungsmaßnahmen.

Der Artikel nimmt multiprofessionelle Personalentwicklung als Führungs- und Förderungsaufgabe von Schulleitungen vor dem Hintergrund aktueller schulischer Herausforderungen aus einer Verantwortungsperspektive in den Blick.

1. Erweiterte Verantwortung für die vernetzte, multiprofessionelle Ganztagsschule

Seit dem sogenannten PISA-Schock vor knapp 20 Jahren und infolge gesamtgesellschaftlicher Entwicklungen, wie Globalisierung, Migration und Digitalisierung dreht sich der aktuelle Bildungsdiskurs in Deutschland um Fragen von Bildungserfolg und -qualität, Integration und Inklusion und, beschleunigt durch die Homeschooling-Erfahrungen während der Corona-Pandemie, auch um digitales Lernen (vgl. hierzu den Praxisbeitrag von Braune in diesem Band). Die Einführung der inklusiven Schule und die Ganztagsschulerlasse sind zentrale bildungs- und familienpolitische Reaktionen auf eine Pluralisierung von Familienformen, die veränderte Rolle von Frauen am Arbeitsmarkt und die verstärkte Zuwanderung von Kindern und Jugendlichen mit Fluchtgeschichte. Kinder und Jugendliche finden in ihren regionalen Umfeldern (ländlich, urban) aktuell eine höchst unterschiedliche „Infrastruktur an Spiel-, Freizeit- und Kulturangeboten [vor], was hinsichtlich der Anregungspotenziale, der Lern- bzw. Erfahrungsgelegenheiten und sozialer Kontaktchancen […] disparate Bildungs- und Entwicklungsmöglichkeiten" zur Folge hat (Rollett/Lossen/Holtappels 2020, S. 1506). Mit dem Rechtsanspruch auf Ganztagsbetreuung in Grundschulen ab 2025 ist eine weitere Reform im deutschen Bildungswesen auf den Weg gebracht worden, mit der Schule in ihrer Rolle als Sozialisationsinstanz, die ausgleichend und integrativ in der Einwanderungsgesellschaft wirken soll, gestärkt wird (Fend (2008b) weist jedoch auch immer wieder auf die Allokationsfunktion von Schule in hochentwickelten Industriestaaten hin).

Mit der zeitlichen Ausweitung des täglichen Aufenthalts von Kindern und Jugendlichen entwickelt sich Schule vom Lernort zum Lebensort. Der erweiterter Erziehungs- und Bildungsauftrag der Ganztagsschule geht mir einer gesteigerten Verantwortungsübernahme des Schulpersonals im Aufwachsen junger Menschen einher. Die Autor*innen des Bildungsberichts 2020 betonen entsprechend:

„Die Corona-Pandemie hat nochmals die besondere Verantwortung unterstrichen, die Bildungseinrichtungen nicht nur als Orte der Wissensvermittlung tragen. […] Hier offenbarte sich vor allem auch die große Bedeutung des familialen Bereichs jenseits der öffentlich verantworteten Bildung", in dem Lehrkräfte, Pädagogische Mitarbeiter*innen und andere pädagogische Fachkräfte als wichtige Bezugspersonen im Leben junger Menschen fungieren (Autorengruppe Bildungsberichterstattung 2020, S. 22).

Der Lebensraum Schule muss dabei einer höchst heterogenen Schüler*innenschaft gerecht werden, die mit ganz unterschiedlichen Ressourcen und sozialen Unterstützungssystemen ausgestattet ist. Mit dem Ausbau der Ganztagsschule soll sozial ungleichverteilten Bildungschancen entgegengewirkt werden (vgl. hierzu Rother in diesem Band), die in Deutschland immer noch stark von der sozialen Herkunft abhängen. Züchner und Fischer diskutieren die erhoffte Kompensationsfunktion von Ganztagsschulen vor dem Hintergrund zentraler bildungspolitscher Herausforderungen:

> „Neben der Erweiterung der Bildungs- und Lernmöglichkeiten und einer besseren Vereinbarkeit von Familie und Beruf war eine zentrale Erwartung an den Ganztags-schulausbau, dass die Ganztagsschulen bessere und individuellere Fördermöglichkeiten bieten und zum Abbau herkunftsbedingter Unterschiede beim Bildungserfolg beitragen können" (2014, S. 350).

Die Frage nach der Wirksamkeit von Ganztagsschulen im Abbau von Bildungsbenachteiligungen scheint dabei in erster Linie von der Qualität und Passung der Angebote und dem Personal abzuhängen. Die Studie zur Entwicklung der Ganztagsschulen (StEG) kommt 2019 zu dem Ergebnis, dass bereits 80 Prozent aller Ganztagsschulen mit außerschulischen Kooperationspartner*innen zusammenarbeiten und es verstärkt der innerschulischen multiprofessionellen Kooperation zur Ausgestaltung ganztägiger Bildungsangebote bedarf, um den Herausforderungen von Schule heute gerecht werden zu können (vgl. StEG-Konsortium 2019 S. 160 f.; vgl. hierzu auch Sauerwein/Lossen in diesem Band).

Das Aufgaben- und Verantwortungsspektrum von Schulleitungen hat sich durch weitreichende gesellschaftliche Entwicklungen und daran anschließende bildungspolitische Entscheidungen stark ausgeweitet. Schulische Führungskräfte müssen auf die hier aufgezeigten Problemlagen und Herausforderungen innovativ reagieren, um diese bewältigen zu können. Dazu gehört es auch, Schule nicht länger als geschlossenes System zu denken. Insbesondere im Zuge des Ganztagsausbaus lassen sich verstärkt Öffnungsprozesse ausmachen. Viele Schulleitungen vernetzen „ihre" Schule im Sozialraum, um dem erweiterten Bildungs- und Erziehungsauftrag nachkommen zu können. Die Kultusministerkonferenz unterstreicht entsprechend: „Ganztagsschulen nutzen verstärkt außerschulische Lernorte und greifen auf vorhandene Ressourcen im Gemeinwesen zurück" (KMK 2015, S. 5). Holtappels sieht in der Öffnung von Schule die Chance der Verinselung von Kindheit und Auflösung sozialer lokaler Netzwerke zu begegnen und betont:

„Schule und regionales Umfeld übernehmen füreinander Versorgungsfunktionen im Hinblick auf bildungsspezifische, erzieherische und kulturelle Angebote, auf pädagogische und fachliche Ressourcen und auf die räumliche-materielle Infrastruktur" (2003, S. 185).

So entstehen Kooperationsformen mit außerschulischen Organisationen, wie Kindertageseinrichtungen, Horten (vgl. zu Horten Markert in diesem Band), Vereinen und Einrichtungen der Kinder- und Jugendhilfe. Diese organisationalen Strukturanpassungen werden von Schulleitungen durch die Einstellung und Zusammenarbeit mit weiteren pädagogische Berufsgruppen ergänzt. Denn neue Kulturen des Lehrens und Lernens in Schule setzen eine heterogene Belegschaft voraus, um der Vielfältigkeit der neuen Aufgaben konstruktiv begegnen zu können. Neben Lehrkräften fallen so heute auch Berufsgruppen wie beispielsweise Pädagogische Mitarbeiter*innen oder Sozialpädagog*innen in die Personalverantwortung von Schulleitungen und gestalten durch ihr Handeln den Lebensort Schule mit. Hinzu kommen Eltern, Ehrenamtliche und Laien (vgl. Tillmann 2020; Graßhoff et al. 2019; Idel in diesem Band).

Schulleitungen forcieren in Schulentwicklungsmaßnahmen folglich den Wandel von mono- zu multiprofessionellen Organisationen, um den Herausforderungen und Zielen von Ganztagsschule heute begegnen zu können. Insbesondere der Zusammenarbeit unterschiedlicher Berufsgruppen kommt dabei besondere Bedeutung zu (vgl. hierzu auch Thieme in diesem Band). Multiprofessionalität wird immer wieder als „Allheilmittel" in schulischen Entwicklungsprozessen benannt. Dabei wird oftmals übersehen, dass eine gelinge Zusammenarbeit verschiedener Berufsgruppen hochgradig voraussetzungsvoll ist und von vielschichtigen Gelingensfaktoren abhängig ist. Hierbei spielen organisationale und personelle Aspekte eine entscheidende Rolle. In der zukunftsorientierten Ganztagsschule müssen sozialraumorientierte Kooperationen geschlossen, die unterschiedlichen Akteur*innen koordiniert und die im Zuge des Rechtsanspruchs auf *Ganztagsbildung* neu entstandenen inner- und außerschulischen Beziehungsgefüge aktiv gestaltet werden. Schulleitungen sind herausgefordert sowohl die organisationalen Bedingungen zu schaffen, um multiprofessionelle Zusammenarbeit zu befördern, als auch individuellen Kompetenzerwerb sowie teambezogene Entwicklungen zu ermöglichen. Personalentwicklung wird so zu einem zentralen Faktor in Schulentwicklungsprozessen und benötigt ein Führungsverständnis, dass die kontinuierliche Aushandlung von Transparenz- und Zuständigkeitsfragen in der erweiterten schulischen Verantwortung zulässt und unterstützt.

Nachfolgend wird aufgezeigt, wie Schulleitungen den aktuellen schulischen Herausforderungen durch Schulentwicklungsmaßnahmen – speziell einer gezielten multiprofessionellen Personalentwicklung und damit einhergehenden

Organisationsentwicklungsmaßnahmen – begegnen können und welcher Bedeutung Verantwortung dabei zu kommt.

2. Multiprofessionelle Personalentwicklung als Schulleitungsverantwortung

2.1 Verantwortungszuschreibungen an Schule und Leitung

Loh beschreibt Verantwortung als ein auf Beziehungen ausgelegtes Konzept, in welchem folgende Relationsmomente zum Tragen kommen können:

> „Ein Subjekt oder ein_e Träger_in (Wer?) ist verantwortlich für ein Objekt oder einen Gegenstand (Wofür?) vor einer Instanz (Wovor?) gegenüber einem Adressaten bzw. einer Adressatin (Warum?) auf der Grundlage normativer Kriterien (Inwiefern?)" (Loh 2017, S. 39).

Dabei ist „Verantwortung das Ergebnis entweder einer Selbstverpflichtung oder von sozialer Zuschreibung" (Kaufmann 1989, S. 205). Denn die Relata lassen sich als das Verhältnis von Individuum und Gesellschaft oder auch sozialen Systemen, wie Schulen, beschreiben. Zwischen den unterschiedlichen Akteur*innen, Organisationen und Instanzen werden Verantwortlichkeiten zugeschrieben oder durch Selbstverpflichtung, auch qua Position (Schulleitung), übernommen.

Dieses relationale Verständnis von Verantwortung lässt sich gut auf den Schulbereich übertragen, in dem Verantwortung zu der zentralen Kategorie bildungspolitischer Reformprozesse avanciert ist. Vor dem Hintergrund der aktuellen gesellschaftlichen Herausforderungen und der neuen Steuerungsansätze im Schulwesen lassen sich Verantwortungsverschiebungen zwischen Staat und Einzelschule beobachten sowie zwischen Schule und Familie. Richter und Andresen sprechen von einer „Politisierung von Familie" mit einer Defizitperspektive auf Elternschaft: „Familiale Privatheit wird vielfach als Ort des Mangels, der Armut, der Kindeswohlgefährdung, des Risikos und des Verlustes konstruiert" (Richter/Andresen 2012, S. 255). Diese Perspektive von Elternschaft habe zur Folge, dass der Institution Schule die Verantwortung für ein „gutes" Aufwachsen von Kindern zugeschrieben werde: „Damit wird die Ganztagsschule zu dem Ort, an dem sich Grenz(be)ziehungen und -verschiebungen mit Blick auf das Aufwachsen von Kindern in privater und öffentlicher Verantwortung markieren und [...] untersuchen lassen" (ebd., S. 256).

Schulen sind aufgefordert auf gesellschaftliche Herausforderungen, wie gesteigerte Erwerbstätigkeit, mit Lösungen zu reagieren und Verantwortung zu übernehmen. Gemäß dem New Public Management Ansatz findet mit der neuen Steuerung im Bildungswesen eine Umverteilung von Verantwortungsbereichen im Gewährleistungsstaat statt:

„Danach beschränkt sich der Staat auf die Kernbereiche staatlicher Aufgabenerfüllung. Bei Aufgaben, die nicht mehr zu den Kernbereichen gehören, übernimmt der Staat nur die so genannte Gewährleistungsverantwortung. Er gewährleistet, dass die Aufgaben durch andere, gemischtwirtschaftliche oder private Aufgabenträger erfüllt und z. T. auch finanziert werden („Aktivierender Staat")" (Thom/Ritz 2005, S. 2).

Die Kernaufgaben des Staates sind nach Thom und Ritz die „strategische Zielbildung und Planung zur Lösung zukünftiger Probleme, die Festlegung der erwarteten Wirkung, die Planung der Outputs zur Erreichung der Wirkungen und die Überwachung der Umsetzung festgelegter Ziele" (Thom/Ritz 2005, S. 6, Hervor. i. O.). Die Verantwortungsübernahme der Schulleitung als ausführendes Organ gliedert sich entsprechend in die Bereiche

„Führungs- und Förderungsverantwortung für den Lehrkörper, Strategieverantwortung im Sinne der primär betrieblichen Strategie- und Zielfindung für die Schule, Ergebnisverantwortung für die Erreichung des Outputs und Finanzverantwortung über die Einhaltung der Budgetvorhaben" (ebd., S. 7. Hervor. i. O.).

Die Gesellschaft delegiert in Form von Gesetzen und staatlichen Einrichtungen, wie den Kultusministerien, einen stark ausgeweiteten Erziehungs- und Bildungsauftrag in den öffentlichen Bereich. Dort wird die Verantwortung für die Qualität und den Erfolg der Bildung und Erziehung junger Menschen jedoch nicht mehr vollständig auf Bundes- und Landesebene übernommen, sondern in Rahmen von weitreichenden Dezentralisierungsprozessen in die Einzelschule verlagert, für die die jeweilige Leitung die Gesamtverantwortung trägt. Fend beschreibt das aufeinander bezogene Handeln auf verschiedenen Verantwortungsebenen als Rekontextualisierung (2008, S. 174). Der Schulleitung kommt so eine Übersetzungsleistung im Bildungssystem zu (auch Bonsen (2016) verweist auf die Vermittlungsfunktion von Schulleitungen). Im Zuge des Ausbaus des Ganztags lässt sich bezüglich der umfassenden Verantwortungszuschreibungen an Schulleitungen des KMK eine leichte Aufweichung feststellen. Während es 2008 heißt „die Ganztagsangebote [werden] unter der Aufsicht und Verantwortung der Schulleitung organisiert und in enger Kooperation mit der Schulleitung durchgeführt", galt ab dem Schuljahr 2016/2017 bereits, dass „die Schulleitung auf der Basis eines gemeinsamen pädagogischen Konzeptes mit einem außerschulischen Träger kooperiert und eine Mitverantwortung der Schulleitung für das Angebot besteht" (Sekretariat der ständigen KMK 2008, S. 4 und 2020, S. 6).

Die (gesellschaftliche) Übertragung von Verantwortung geschieht in der Regel nur, wenn der oder die Einzelne etwas selbst nicht leisten kann oder möchte und/oder in einer Person oder Organisation die Fähigkeit vermutet dieses tun zu können und jener gleichzeitig vertraut dieses dann auch verlässlich zu übernehmen. Charakteristisch für Schulleitungsaufgaben ist dabei, dass es sich um

> „Aufgaben [handelt,] deren Lösung typischerweise nicht im voraus feststehen, sondern ein charakteristisches Moment der Eigentätigkeit, des Handlungsspielraums aufseiten des Verantwortungsträgers vorauszusetzen, den er durch spezifische Qualitäten seiner eigenen Person ‚ausfüllen' muß [sic!]" (Kaufmann 1989, S. 210 f., Hervor. i. O.).

Um welche „spezifischen Qualitäten" es sich bei schulischen Leitungskräften handeln könnte, bzw. welche Kompetenzen zur Ausübung des Amts befähigen könnten, bleibt in der bildungspolitischen Kommunikation offen: Tulowitzki, Hinzen und Roller haben 2019 in einer bundesweiten Studie Qualifizierungsmaßnahmen für Schulleitungen untersucht. Die offiziellen Angebote unterscheiden sich stark in Dauer und Verpflichtungsgrad (in vier Bundesländern ist die Teilnahme optional) und auch die Fortbildungsinhalte (Personal, Recht, Organisation und Kooperation usw.) variieren und weisen keine einheitlichen Standards auf (vgl. ebd., S. 159 f.).

Schulleitungen agieren zum einem sehr selbstbestimmt, zum anderen müssen sie dies aber auch oftmals (exemplarisch sei hier nochmals auf die Corona-Pandemie verwiesen) unter größter Unsicherheit tun. Dabei sind sie sind nicht nur denjenigen gegenüber verantwortlich, die sie in ihrer Funktion angehen (Eltern, Schüler*innen, Mitarbeiter*innen usw.), sondern auch denjenigen gegenüber, die sie zur Ausübung dieser Funktion ermächtigt haben (Gesellschaft, Schulträgerinnen etc.) (vgl. Kaufmann 1989, S. 213).

Doch auch wenn Schulleitungen gesetzlich die Gesamtverantwortung für die Qualität „ihrer" Schule tragen, handelt es sich bei Schulen um Verantwortungsgemeinschaften, bei den alle Organisationsmitglieder Verantwortung tragen (sollten). Aufgabe der Schulleitung ist es, alle pädagogischen Fachkräfte in der Schule zur Verantwortungsübernahme und -teilung im Team zu befähigen und den hierfür nötigen organisatorischen Rahmen sicherzustellen. Das ist Teil ihrer Führungs- und Förderungsverantwortung.

2.2 Schulleitungen zwischen Führungsverantwortung und Delegation

Der Schulleitung kommt in der multiprofessionellen Ganztagsschule eine gestaltende und verantwortungsvolle Rolle zu. Sie soll als change leader (vgl. Fullan 2002) Innovation in die Einzelschule bringen und das Schulteam zur

„erfolgreichen" Zusammenarbeit führen. Der Begriff der Leitung wird in der wissenschaftlichen Auseinandersetzung oft mit den Unterbegriffen führen, managen und steuern diskutiert, wobei Führung als Leitkategorie fungiert (vgl. Rolff 2016, S. 191).

Es gibt unzählige Definitionen zu Führung, Führungsstilen und -rollen. Das Führungsphänomen stellt sich als sehr komplex und vielschichtig heraus. Wunderer und Grunwald haben zahlreiche wissenschaftliche Arbeiten hierzu zusammengeführt und systematisiert. Sie schlagen folgende Arbeitsdefinition vor: „Führung ist zielorientierte soziale Einflussnahme zur Erfüllung gemeinsamer Aufgaben" (2019, S. 52). Welches Verständnis von Führung in der Organisation Schule letztlich Anwendung findet, ist jedoch immer normativ, da es sich um ein „kulturgebundenes und multidimensionales Konzept" handelt, bei dem der Begriff Führung „für eine *Tätigkeit* (Prozeß) [sic!], für deren *Resultat* oder auch für eine *Personengruppe* an der Spitze einer Hierarchie" verwendet werden kann (ebd., S. 53, Hervor, i. O.). Zwischen dem Konzept Führung und den Führer*innen in Organisationen wird selten unterschieden. Jedoch sind „ ,Führung' und ,Führer' […] relationale Konzepte, die stets Beeinflusser und Beinflußte [sic!] beinhalten: ,Without followers there can be no leader' " (Katz/ Kahn 1966, S. 301 zitiert in Wunderer/Grundwald 2019, S. 55). Die Begriffe Leitung und Führung werden in der Schulforschung stellenweise synonym verwendet. Streng genommen ist eine Leitung qua ihrer offiziellen Position Leitung, muss aber nicht zwangsläufig führen. Während eine Person, die keine offizielle Stellenlegitimation hat, dennoch führen kann, wenn Sie von anderen Organisationsmitglieder anerkannt und hierfür bemächtigt wird.

Stogdill definiert drei soziale Bedingungen, die mindestens vorhanden sein müssen, damit Führung entsteht:

- „A group (oft two or more persons)
- A common task (or goal oriented activities)
- Differentiation of responsibilty (some of the members have different duties)" (1950, S. 4).

Die mit Stogdill angesprochene Aufteilung von Verantwortlichkeit stellt einen Punkt dar, der auf das Führungsverständnis der Schulleitung abzielt und für multiprofessionelle Personalentwicklung in Schule richtungsweisend ist. Bonsen (2016) spricht in diesem Zusammenhang von emergenter Schulführung, die sich am Konzept Distributed Leadership orientiert und innerschulische Kooperation fördern will. „In diesem Konzept geht es darum, dass die Schulleitung Aufgaben und Verantwortung abgibt und mehr Gelegenheiten schafft, um Lehrkräfte an Entscheidungen teilhaben zu lassen. Grundlegend für diese Sichtweisen ist die Annahme, dass die Führung weniger als Rolle, denn als *Funktion* zu verstehen ist" (Bonsen 2016, S. 316, Hervor. i. O.). Dabei können neben der Schulleitung auch andere Organisationsmitglieder Führungsaufgaben übernehmen.

> „Gemeint ist dabei allerdings nicht, dass jedes individuelle Organisationsmitglied ‚führt', sondern, dass Führung als dynamischer Prozess der Einflussnahme auf die Praxis einer Organisation gefasst wird, der sich aus dem situativen Handeln und den Interaktionen vieler ergibt (Harris, 2008) und weniger als das Handeln einzelner Personen in formalen oder informellen Führungsrollen. [...] Distributed Leadership ist also zu verstehen als konzentrierte Aktion, das Gesamt der Expertise, der Entscheidungen, der Zielsetzungen und Umsetzungen in einer Schule" (Huber 2020 mit Verweis auf Harris 2008, S. 1428. Hervor. i. O.).

Durch den Ausbau des Ganztags steigt die Notwendigkeit Verantwortung zu teilen und weitere Schulmitglieder mit Entscheidungs- und Gestaltungskompetenzen auszustatten. Die Idee und steigende Beliebtheit von Distributed Leadership wird beispielsweise an der steigenden Anzahl von schulischen Steuerungsgruppen deutlich. In Steuerungsgruppen übernehmen ausgewählte Schulmitglieder Führungsaufgaben. Steuerungsgruppen sind in organisationspädagogischen Kontexten schon länger bekannt, während sie in Schulen ein relativ neues Phänomen darstellen (vgl. Huber/Feldhoff 2009, S. 13). Mitglieder von Steuerungsgruppen übernehmen Führungsaufgaben, in dem sie in Schulentwicklungsprozessen gezielt mitwirken, bzw. sich für deren Entwicklung und Umsetzung bereit erklären. Durch ihre Einbindung in wichtige schulische Organisationsentwicklungsprozesse werden Steuerungsgruppen, als Erweiterung von Schulleitungen, von Huber und Feldhoff, ebenfalls als Change Agents beschrieben (vgl. ebd.). Feldhoff betont weiter, dass „Veränderungsprozesse [...] auf Mitwirkung und Partizipation der Beteiligten, bzw. Betroffenen angewiesen" sind (2011, S. 141). Steuerungsgruppen können daher als „Transformationsagenturen" in Schule fungieren und zwischen Organisation und Professionen vermitteln, weil sie nicht in hierarchische Strukturen der Schule (Schulleitung, Schulvorstand, Gesamtkonferenz usw.) eingebunden sind (vgl. ebd., S. 153). Als entscheidend für die Qualität und das Engagement von Steuerungsgruppen erscheinen Entwicklungsmaßnahmen, die die Mitglieder auf Ihre Funktion vorbereiten und anschließend reflexiv begleiten.

Nicht verwechselt werden sollte die Abgabe von Führungsaufgaben durch Schulleitungen jedoch mit der Abgabe von Führungsverantwortung. Nach Dubs gibt es hier zwei unterschiedliche Auffassungen: „die eine empfiehlt das Prinzip der *Unteilbarkeit der Verantwortung*, die andere gliedert sich in Führungs- und Handlungsverantwortung und lässt die *Delegation der Handlungsverantwortung* zu" (2006, S. 129 f., Hervor. i. O.). Vor dem Hintergrund des ausdifferenzierten Handlungsspielraums und gewachsen Führungsaufgaben von Schulleitungen wäre ein Festhalten am Prinzip der Unteilbarkeit fatal, da

Schulleitung allein diesen nicht gewachsen wären. Die Differenzierung von Führungsverantwortung und Handlungs-/Aufgabenverantwortung ermöglicht es Schulleitungen Aufgaben aus ihren Verantwortungsbereichen an andere Organisationsmitglieder abzugeben und gleichzeitig weiterhin die Gesamtverantwortung zu tragen. Schulleitung „bleibt für die richtige Führung der Delegation verantwortlich in dem er [oder sie] die Delegationsempfänger[*innen] richtig ausbilden, auszuwählen und einzusetzen hat, die Arbeit koordinieren und informieren muss" (ebd., S. 131). Das schulische Personal muss so zum einem zur Verantwortungsübernahme entwickelt werden und zum anderen muss Schulleitung den organisatorischen Rahmen zu deren Ausführung schaffen.

Kummer Wyss und Rolff verstehen das Konzept der geteilten Leitung als Beziehungsnetzwerk, in dem das „Wie der Verteilung", das „Wie der Beziehungsnetzgestaltung" im Vordergrund stehen, wobei Schulleitungen „in der Mitte eines Beziehungsnetzes, in dem sie die Letzt- bzw. Gesamtverantwortung tragen" stehen (2019, S. 7). Für die Schulleitung, resümiert Bonsen, hat eine verantwortungsvolle Delegationspraxis eine entlastende Funktion bezogen auf ihren eigenen Workload und zum anderen lässt sich mit ihr Vertrauen und Respekt gegen über den pädagogischen Fachkräften ausdrücken. „Die Mitarbeiter werden gestärkt, Initiative zu entwickeln und erhalten Gelegenheit zum persönlichen Wachstum und Freiraum für Entwicklung" (Bonsen 2003, S. 160). Dieses Führungsverständnis ist insbesondere auch für Schulen mit multiprofessionellem Personal von besonderer Bedeutung, wenn diese von den unterschiedlichen Wissensbestände und pädagogischen Fachperspektiven profitieren und berufsgruppenübergreifende Zusammenarbeit fördern wollen. Die StEG aus 2019 zeigt hier allerdings noch großes Entwicklungspotenzial auf:

> „Auch 15 Jahre nach dem Ganztagsschulausbau scheinen Lehrkräfte und das weitere pädagogische Personal nicht gleichwertig in die Schulkultur und die Weiterentwicklung des Ganztagsbetriebs eingebunden zu sein. […] Bei Schulentwicklungsaktivitäten sind an etwa der Hälfte der Primarschulen und Schulen der Sekundarstufe 1 (ohne Gymnasien) auch Personen des weiteren pädagogischen Personals beteiligt, wenn diese bei den Schulen angestellt sind. Personal, welches bei einem externen Partner angestellt ist, wird kaum in die Schulentwicklungsarbeiten involviert. Allein mit Lehrkräften lässt sich aber der Ganztag nicht gestalten. Ein Viertel der Schulleitungen gibt sogar an, dass das Kollegium der Lehrkräfte die Weiterentwicklung des Ganztags nicht unterstützt" (StEG-Konsortium 2019, S. 161).

Von der Gruppe der Lehrkräfte abgegrenzt wird hier weiteres, nicht lehrendes an Ganztagsschulen pädagogisch tätiges Personal. Tillmann verweist in diesem Zusammenhang auf einen Bezeichnungsdschungel, in dem es im Kern, aber immer um „die pädagogische Arbeit von Personen, die nicht als LK eingestellt sind, mit Kindern und Jugendlichen an ganztägig organisierten Schulen" arbeiten, geht (2020, S. 1380). Diese begrifflichen Differenzierungen weisen bereits auf ein asymmetrisches Verhältnis der Berufsgruppen hin, zwischen denen es zu Anerkennungsproblemen und Zugehörigkeitsfragen kommt. Vor diesem Hintergrund wird multiprofessionelle Personalentwicklung in schulischen Entwicklungsprozessen zu einem zukunftsweisenden Aufgabenbereich von Schulleitung, die hier einen integrativen Vermittlungsauftrag hat. Denn ob und wie multiprofessionelle Zusammenarbeit und Verantwortungsteilung in Schule gelingt, hängt maßgeblich von der Ausübung der Führungs- und Förderungsverantwortung der Schulleitungen ab. Nachstehend soll daher nun kurz einführend auf das Zusammenspiel von Personal- und Organisationsentwicklung und die Rolle von Schulleitungen in schulischen Entwicklungsprozessen eingegangen werden. Im Anschluss werden die Bedeutung und Herausforderungen multiprofessioneller Zusammenarbeit aufgezeigt und die Notwendigkeit multiprofessionelle Personalentwicklung verdeutlicht.

2.3 (Multiprofessionelle) Personalentwicklung in schulischen Entwicklungsprozessen

Schulleitungen agieren in ihrem komplexen Aufgabenfeld gleichzeitig als Manager*innen und Entwickler*innen. Zum einen muss die Funktionstüchtigkeit der Schule sichergestellt sein, und zum anderen braucht es innovative Schulentwicklungsmaßnahmen, um die Qualität der Schule zu erhalten und auszubauen (vgl. Dubs 2006, S. 114).

Die hierfür benötigte bewusste und systematische Weiterentwicklung von Einzelschulen wird als Schulentwicklung beschrieben. Sie stellt „eine Synthese von Organisations-, Unterrichts- und Personalentwicklung" dar (Rolff 2016, S. 36 f.). Die mit Rolff aufgezeigte Trias der Schulentwicklung nimmt ihren Ausgangspunkt in der Organisationsentwicklung, die Schule als Lernende Organisation rahmt (vgl. ebd., S. 15). Das Konzept der lernenden Organisation von Argyris und Schön (1999) verweist darauf, dass Schule sich nur durch die in ihr handelnden und lernen Organisationsmitglieder entwickeln kann. Erst, wenn die Mitglieder lernen, kann auch die Organisation lernen. Die Personalentwicklung fungiert als eine Art Motor organisationalen Lernens in Schulentwicklungsprozessen (vgl. Steger Vogt 2013). Sie „hat zum Ziel, neben der gegenwärtigen auch die zukünftige Aufgabenerfüllung der Schule zu gewährleisten, indem die Leistungsfähigkeit und -bereitschaft der Lehrperson für heute und für morgen hergestellt oder erhalten wird" (Steger Vogt/Kansteiner/Pfeifer 2014, S. 11 mit Verweis auf Buchen 1995). Das setzt voraus, dass Personalentwicklung „einerseits auf die einzelne Lehrperson ausgerichtet [ist], mit dem Ziel, sie in ihrer individuellen Entwicklung sowie in ihrer Qualifikation zur

Wahrnehmung gegenwärtiger sowie zukünftiger Aufgaben zu fördern" und sich „zugleich an der Schule als Organisation orientiert, um deren Bedarf an qualifizierten Lehrpersonen zu decken. Die Fähigkeiten und Neigungen der Lehrpersonen sollen erkannt, entwickelt und mit den Erfordernissen des Arbeitsplatzes Schule in Übereinstimmung gebracht werden" (Steger Vogt 2013, S. 20 f.). Hierfür braucht es Konzepte, die ganzheitlich geplant, realisiert und evaluiert werden (vgl. Meetz 2007, S. 20).

Mit Blick auf die Schulgeschichte in Deutschland und dem langen alleinigen Wirken von Lehrkräften in Schulen und ihrer bis heute bestehenden Unterrichtsverantwortung, war es lange verständlich, dass in der Regel nur Lehrkräfte als Adressat*innen von schulischen Personalentwicklungsmaßnahmen genannt wurden. Allerdings müssen heute alle pädagogischen Berufsgruppen in schulischen Personalentwicklungsansätzen Beachtung finden. Wenn diese lernen sollen miteinander zu kooperieren, ist eine isolierte Betrachtung der einzelnen Berufsgruppen in Personalentwicklungsmaßnahmen nicht zielführend. Pädagogische Fachkräfte, die nicht in die Gruppe der Lehrkräfte fallen, werden in der Schulwirksamkeitsforschung jedoch aktuell immer noch vernachlässigt. Die Bedeutung des sog. nicht lehrenden Personals für eine erfolgreiche Umsetzung des ausgeweiteten Erziehungs- und Bildungsauftrags wird ausgeblendet (vgl. Graßhoff et al. 2019). In der Folge fehlt es an Konzepten für multiprofessionelle Personalentwicklung, an denen sich Schulleitungen bei der schulinternen Entwicklung ihrer Mitarbeiter*innen orientieren können.

Dieser Leerstand zeigt sich auch im Bereich der Fortbildungen für Lehrkräfte, die von Instituten, die den jeweiligen Kultusministerien zugeordnet sind, durchgeführt und verantwortet werden. Die Konferenz der Kultusminister*innen definiert hierzu:

> „Die Lehrerfortbildung dient der Erhaltung und Erweiterung der beruflichen Kompetenz der Lehrkräfte. Sie trägt dazu bei, dass die Lehrkräfte den aktuellen Anforderungen ihres Lehramtes entsprechen und den Erziehungs- und Bildungsauftrag der Schule erfüllen können" (KMK 2019, S. 215).

Thematisch geht es dabei um „Schulfächer, Schularten oder Erziehungs- und Unterrichtsziele" oder auch „Veranstaltungen in bestimmten aktuellen Schwerpunktthemen (z. B. interkulturelles Lernen oder neue Technologien)" (ebd.). Wie die beruflichen Fortbildungen in den einzelnen Ländern organisiert und entwickelt sind, unterscheidet sich (analog zu den Qualifizierungsmaßnahmen für Schulleitungen) mitunter stark. Daschner beschreibt die Lehrerfortbildung in Deutschland kritisch als intransparent, unterentwickelt und unterfinanziert (2019, S. 71). Die Zusammenarbeit von Lehrkräften mit anderen Professionen wird vom KMK nicht als aktuelles Schwerpunktthema aufgeführt. Das ist in Anbetracht des Ausbaus der Ganztagsschule und damit einhergehenden neuen

Kooperationsbeziehungen verwunderlich. Speziell die individuelle Förderung von Schüler*innen – die als ein großes Potenzial der Ganztagsschule beschrieben wird – ist auf multiprofessionelle Kooperation angewiesen (vgl. StEG-Konsortium 2019, S. 5). Es besteht ein großer Bedarf an Schulentwicklungskonzepte, die multiprofessionelle Fortbildungen in den Mittelpunkt stellen und neben Lehrkräften weitere pädagogische Fachkräfte, wie Pädagogische Mitarbeiter*innen oder Schulsozialarbeiter*innen als Zielgruppe adressieren. Denn die neuen Formen der schulischen Zusammenarbeit sind voraussetzungsvoll und auf gezielte personelle und organisationale Entwicklung angewiesen, wie nun dargestellt werden soll.

2.4 Multiprofessionalität und Personalentwicklung – Herausforderungen und Bedarfe im Ganztag

Multiprofessioneller Zusammenarbeit wird in Ganztagsschulen eine hohe Bedeutung zu gemessen. Sie ist in fast allen ganztägig organisierten Schulen Realität (vgl. StEG-Konsortium 2019). Zwar unterscheiden sich die Einzelschulen im Ausbau ihrer Schulnetzwerke (Anzahl der Kooperationspartner*innen) und der Intensität und Qualität der Kooperationspartner*innen, mitunter auch in Abhängigkeit von Schulform, Region (ländlich/urban), aber die Heterogenität des schulischen Personals steigt kontinuierlich. Diese erweiterte Personalstruktur wird im schulischen Diskurs mit „Multiprofessionalität" beschrieben. Doch trotz der hohen Beliebtheit des Begriffs bleibt in schulischen Kotexten eher vage, was genau unter Multiprofessionalität verstanden werden kann bzw. soll. Bis heute fehlt eine eindeutige Arbeitsdefinition (vgl. Rohde 2019, S. 41). Cloos stellt fest, dass der Begriff immer dann fällt, wenn

> „mehrere Berufsgruppen in einem Handlungsfeld oder einer Einrichtung tätig sind. Die multiprofessionelle Zusammenarbeit kann dabei ganz unterschiedliche Konstellationen von einer eher losen gekoppelten Kooperation über hierarchische Abhängigkeitsbeziehungen bis hin zu der Verwischung bestehender Professionsgrenzen umfassen" (Cloos 2017, S. 148).

Aktuell arbeiten „eine Vielzahl an Personen mit unterschiedlichsten Berufszugehörigkeiten, Qualifikationen, Erfahrungen, Zeitbudgets sowie Tätigkeitsmerkmalen (u. a. haupt- und ehrenamtlich)" in Schulen (Speck et al. 2011, S. 12). Unterschiedliche Wissensbestände und Perspektiven von Lehrkräften, Sozialpädagog*innen oder beispielsweise Pädagogischen Mitarbeiter*innen sollen in schulischer Teamarbeit zu einer verbesserten Bildungsqualität führen. Bauer betont, dass die Bedeutsamkeit genau dieser Unterschiede des Personals in der schulischen Zusammenarbeit eine Grundannahme des Konzepts der Multiprofessionalität ist und schlägt folgende Definition vor:

„Unter Multiprofessionalität (oder Interprofessionalität) lässt sich die gezielte Zusammenführung von Personen aus unterschiedlichen Berufsgruppen und Professionen fassen. Diese bringen eine jeweils spezifische Expertise, Wissensbestände und Kompetenzen in die Bearbeitung von Problemstellungen der alltäglichen Lebenspraxis ein, für die Menschen professionelle Hilfe und Unterstützung in Anspruch nehmen. Durch die gezielte Zusammenarbeit von professionell Tätigen sollen diese Problemstellungen umfassender und wirkungsvoller bearbeitet werden (Bauer 2018, S. 731).

Der Mehrwert von multiprofessioneller Zusammenarbeit liegt zusammenfassend in der gezielten Zusammenführung von unterschiedlichen Perspektiven in arbeitsteiligen Prozessen zur Erreichung eines gemeinsamen Ziels, wie der Erfüllung des Bildungs- und Erziehungsauftrags und dem Abbau von Bildungsbenachteiligung.

Auf die Organisation Schule angewandt, zeichnet sich multiprofessionelle Zusammenarbeit, nach Speck, dann durch folgende Merkmale aus:

- „eine Herausforderung im beruflichen Alltag, deren Problemlösung durch Nutzung der Kompetenzen von unterschiedlichen Berufsgruppen effektiver und effizienter erscheint,
- ein gezieltes und längerfristiges, d. h. nicht nur punktuelles Zusammenwirken von mehr als zwei unterschiedliche Berufsgruppen an einem Ort,
- einen relativ hohen Spezialisierungsgrad der beteiligten Berufsgruppen,
- eine detaillierte Abstimmung und verbindliche Regelung der beruflichen Zuständigkeiten und Handlungsabläufe zwischen den Berufsgruppen sowie
- einen kontinuierlichen und zeitlich umfassenden Austausch zwischen den Berufsgruppen"
- (2020, mit Verweis auf Vorarbeiten von Speck/Olk/Stimpel 2011, S. 1455).

Insbesondere die letzten beiden genannten Punkte von Speck, Transparenz und Aushandlung von Zuständigkeiten sowie verlässliche Räume und Zeiten für Austausch, stellen die größten Herausforderungen in multiprofessionellen Kontexten dar. Die äußerst positive Konnotation des Begriff Multiprofessionalität lässt die großen Herausforderungen und organisationalen Bedingungen multiprofessioneller Zusammenarbeit in den Hintergrund treten. Die Praxis zeigt, dass hohe Erwartungen an die multiprofessionelle Bearbeitung von Praxisproblemen geknüpft sind, es in der Kooperationspraxis allerdings oft auch zu „Irritationen, Schwierigkeiten und Konflikten bei der Zusammenarbeit" kommt (Fabel-Lamla et al. 2020, S. 100). Denn Multiprofessionelle Zusammenarbeit ist immer in einem Spannungsfeld eingebettet:

Sie „konstituiert sich *erstens* in der Spannung zwischen der Aufrechterhaltung einer professionsspezifischen Differenz einerseits und der Notwendigkeit der Integration von Perspektiven und Bearbeitungsstrategien andererseits. [...] *Zweitens* lässt sich multiprofessionelle Zusammenarbeit in der Spannung zwischen notwendiger, vor allem auf die Beziehung zu den AdressatInnen gerichteter Autonomie der einzelnen professionellen Akteure einerseits und wechselseitiger Abhängigkeit voneinander andererseits verorten" (Bauer 2014, S. 277, Hervor. i. O.).

An das mit Bauer aufgezeigte Spannungsfeld schließen Silkenbeumer, Kunze und Bartmann an. Sie arbeiten aus einer professionstheoretischen Perspektive heraus, wie „sich Handlungsbereiche und Tätigkeiten pädagogischer Fachpersonen unter neuen organisationalen Rahmenbedingungen und Steuerungsvorgaben entwickeln" und stellen eine diffuse All- und zugleich Teilzuständigkeit bei schulischen Fachkräften fest, die in einem irritierenden Widerspruch zu „institutionell und organisational eindeutig erklärten und stabilen Zuständigkeiten der jeweiligen pädagogischen Berufsgruppen mit genuinen Aufgabenbereichen als Grundlage professioneller pädagogischer Praxis" ausgehen (2018, S. 130 ff.). In der Folge stellen Pfadenhauer und Dieringer fest, dass mit Professionalisierung ein Zwang zur Selbstinszenierung einhergeht und sich die professionell Tätigen in Schule gegenseitig über ihre Kompetenzen versichern müssen. Es kommt zu einer institutionalisierten Kompetenzdarstellung (vgl. Pfadenhauer/Dieringer 2019, S. 3 ff.).

Multiprofessionelle Zusammenarbeit führt dazu, dass Zuständigkeiten und somit auch Entscheidungskompetenzen und Verantwortlichkeiten in der ehemals monoprofessionell organisierten Schule neu ausgehandelt werden müssen. Multiprofessionelle Zusammenarbeit erfordert somit immer auch eine permanente Grenzarbeit der Beteiligten (vgl. Cloos 2017, S. 150). Durch die Öffnung von Schule und Integration von neuen, teilweise semi-professionellen Berufen, in arbeitsteilige Prozesse, entsteht ein dynamisches System, in dem sich „neue Berufsgruppen heraus[bilden], die nach professioneller Autonomie streben" (ebd.). In der Folge kommt es laut Cloos zu Machtkämpfen, um den eigenen professionellen Status zu sichern, veränderte Arbeitsteilungen und einer Herausbildung „kollektiver Identitäten", die jedoch als fluide und entgrenzt bezeichnet werden können, weil „in den jeweiligen Professionen sehr unterschiedliche Vorstellungen über den eigenen Auftrag eine ständige Transformation der professionellen Identitäten erzeugen" (ebd.).

Das permanente Abarbeiten an der eigenen beruflichen Identität ist kräftezehrend und benötigt Entwicklungsräume. Insbesondere Lehrkräfte sind in ihrem beruflichen Selbstverständnis berührt. Denn spätestens mit der Einführung der Ganztagsschule ist das auf Lortie (1975) zurückgehende „Autonomie-Paritäts-Muster" infrage gestellt und es kommt zu einer Auflösung der Einzelpositionen von Lehrkräften. Dennoch werden Lehrkräfte in ihrer Ausbildung kaum bis gar nicht auf die Zusammenarbeit mit anderen Professionen vorbereitet und empfinden diese in der Praxis dann belastend, wenn sie unsicher sind, welche Aufgaben sie delegieren können oder Koordinationsaufwand entsteht, für den in den bestehen organisationalen Strukturen ihrer Schule keine Zeitfenster eingeplant sind (vgl. Sauerwein/Heer i.E.). Fabel-Lamla, Haude und Volk kommen bestätigend zu dem Schluss:

> „Pädagogische Teamgespräche an Schulen im Sinne etablierter Arbeitsgruppen, in denen sich Lehrkräfte regelmäßig austauschen und gemeinsam Arbeitsprozesse strukturieren, sind (noch) nicht selbstverständlicher Teil des Tätigkeitsprofils und Alltagsgeschäft von Lehrkräften" (2019, S. 225).

Damit ist ein von Speck angesprochenes Merkmal multiprofessioneller Kooperation „kontinuierlicher und zeitlich umfassender Austausch zwischen den Berufsgruppen" oftmals nicht erfüllt (2020, S. 1455). Das ist äußerst problematisch, weil Zuständigkeiten so unklar bleiben und die Zusammenarbeit der Fachkräfte erschwert wird. Wenn nicht ausgehandelt werden kann, wer welche Aufgabe mit welchen Kompetenzen übernehmen kann, verbleibt das Fachpersonal in der mit Silkenbeumer, Kunze und Bartmann aufgezeigten diffusen Allzuständigkeit. Das kann dann „prekäre Zuständigkeitsentwürfe" zur Folge haben, wenn sich einzelne für alles verantwortlich fühlen (Kunze 2018, S. 71). Dabei kann laut Dizinger, Fussangel und Böhm-Kasper „gerade auch die Delegation von Aufgaben- und Verantwortungsbereichen, die vorwiegend in erzieherischen Aufgabenfeldern liegen, Entlastung hinsichtlich der eigenen Rollendefinition und des pädagogischen Handelns" schaffen (2011, S. 124). Oftmals bleiben die von Speck, Olk und Stimpel (2011) angesprochenen „verbindlichen Regelungen der Zuständigkeiten" jedoch noch aus, weil es an „zeitlich umfassenden Austausch zwischen den Berufsgruppen" fehlt.

Neben den gesteigerten Kommunikationserfordernissen, verweisen auch Breuer, Idel und Schütz

> „auf die Last, Gemeinsamkeiten zu identifizieren und Differenzen auszuhalten. Dabei geht es um die Aushandlung von Selbstständigkeiten vor dem Hintergrund unterschiedlicher (professioneller) Selbstverständnisse einerseits und Fremdzuschreibungen andererseits sowie darum, unterschiedliche Perspektiven auf die Schüler/innen in einen Dialog zu bringen" (2019, S. 312).

Kunze plädiert daher dafür die Konflikthaftigkeit von multiprofessioneller Zusammenarbeit nicht auflösen zu wollen, sondern als Normalfall an zu sehen und dadurch zu entproblematisieren (2018, S. 71). Zuständigkeiten in multiprofessionellen Settings müssen iterativ immer wieder neu ausgehandelt werden. Hierfür benötigt es die entsprechenden Techniken und Ressourcen. An dieser Stelle wird deutlich, warum Organisations-, Personal- und Unterrichtsentwicklung von Schulleitungen gemeinsam gedacht werden müssen. Es reicht nicht aus, die Bereitschaft zur Kooperation bei den einzelnen Berufsgruppen mit gezielten Personalmaßnahmen zu erhöhen, wenn die organisationalen und kulturellen Strukturen einer Schule diese nicht unterstützen oder sogar hindern. Der multiprofessionelle Ganztag muss von einer rein unterrichtszentrierten Zeitstruktur abweichen und neue Formen der Rhythmisierung finden, die verlässliche Gelegenheiten für formellen und informellen Austausch ermöglichen.

Neben zeitlichen Aspekten, ist auch die räumliche Ausstattung einer Schule von Bedeutung und damit verbunden die Frage wie und von wem die jeweiligen Räume genutzt werden können. Fabel-Lamla, Rhode und Weis weisen darauf hin, dass für einzelne Berufsgruppen nach wie vor „Zugangsbarrieren zum Lehrerzimmer" bestehen und plädieren für einen sensibleren Sprachumgang (Mitarbeiter*innenzimmer statt Lehrerzimmer) sowie die „Umsetzung neuer Raumkonzepte [...], die neben einem Ort für das Gesamtkollegium auch kleinere Einheiten, wie *Besprechungs-, Team-, Arbeits- und Multifunktionsräume*, vorsehen" (2018, S. 102, Hervor. i. O.).

In der sprachlichen Differenzierung zwischen Lehrkräften auf der einen und allen anderen in Schule Tätigen als weiteres pädagogisches Personal auf der anderen Seite, zeigt sich eine weitere Herausforderung multiprofessioneller Schulgemeinschaften, die von Cloos (2017) als „Grenzarbeiten" und „Machtkämpfe" beschrieben wurde. Bei den Pädagogische Mitarbeiter*innen handelt es sich um eine äußerst heterogene Gruppe, mit ganz unterschiedlichen Berufsbiografien und Qualifikationen. Ihre Aufgabenprofile sind vielfältig und reichen von Lernförderung, Mitarbeit in Unterrichtssettings über die Durchführung von AGs oder Betreuung von gemeinsamen Mittagessen. Auch ihre Anstellungsverhältnisse unterscheiden sich. Sie können direkt von der Schulleitung angestellt werden oder aber das Beschäftigungsverhältnis läuft über außerschulische Träger*innen, Vereine oder andere, mit der Schule kooperierende Organisationen. Ergänzt wird die Gruppe der Pädagogischen Mitarbeiter*innen von Sozialpädagog*innen oder beispielsweise Schulbegleiter*innen. Diese „neuen" Berufsgruppen in Schule finden sich vielfach in einem asymmetrischen Beziehungsgefüge mit Lehrkräften wieder, die aufgrund ihrer Historie und zellulären Organisation von Schule als Leitprofession fungiert. Buchna et al. (2016) sprechen in diesem Zusammenhang von einer derzeitig normalisierten Hierarchie. Daran anschließend kommen Idel et al. zu dem Fazit:

> „In Bezug auf die Installierung intra- und multiprofessioneller Teams in der Schule wird die Frage zentral sein, ob sich Schule in diesen Zusammenhängen zu einer Organisation entwickelt, in der die Professionen gleichrangig in unterschiedlichen Kooperationsformen agieren, oder ob die Profession der Lehrkräfte weiterhin in der dominanten Position der Leitprofession bleibt, zu der andere Professionen in Assistenzverhältnissen stehen"(2019, S. 48).

Ob es tatsächlich eine „Kooperation auf Augenhöhe" zwischen den einzelnen Berufsgruppen für einen „guten" Ganztag braucht, kann diskutiert werden. Dass gelingende Kooperation wechselseitige Anerkennung und Wertschätzung in der Verantwortungsgemeinschaft braucht, nicht.

3. Schlussbetrachtung

Schulleitungen und die in der Organisation Schule tätigen pädagogischen Fachkräfte tragen eine große Verantwortung im Aufwachsen junger Menschen. In der Corona-Pandemie hat sich die Bedeutung von multiprofessionellen Teams in Schulen besonders herauskristallisiert. Die Ergebnisse der Jugendstudie „JuCo" zeigen deutlich, dass Kinder und Jugendliche während der Corona-Pandemie stark in ihrem Status als Schüler*innen adressiert werden, fast ein Viertel sich zuhause aber nicht hinreichend unterstützt und mit den eigenen Sorgen wahrgenommen gefühlt hat (vgl. Andresen et al. 2020, 9 ff.). Lehrkräfte, Pädagogische Mitarbeiter*innen und Schulsozialarbeiter*innen sind laut Bildungsbericht 2020 wichtige Beziehungspersonen im Leben junger Menschen geworden. Auch zeigt sich, dass die Umsetzung des Homeschoolings und Schule auf Abstand gelingen kann, wenn die organisationalen und personalen Bedingungen für eine multiprofessionelles Kollegium durch die Schulleitung geschaffen werden konnten.

Mit multiprofessioneller Zusammenarbeit kann den Herausforderungen von Ganztagsschulen im 21. Jahrhundert begegnet werden. Schulleitungen tragen in der Verantwortungsgemeinschaft Schule zwar auch in Krisen-Zeiten weiterhin die Hauptverantwortung für eine erfolgreiche Umsetzung des ausgeweiteten Bildungs- und Erziehungsauftrags, aber es lässt sich ein Paradigmenwechsel im Führungsverständnis vieler Schulleitungen erkennen. Immer mehr Schulleitungen orientieren sich am Distributed Leadership Ansatz und geben bewusst einzelne Führungsaufgaben an weitere Schulmitglieder ab. Diese gezielte Verantwortungsabgabe stellt eine Reaktion auf die Komplexität des heutigen Aufgaben- und Handlungsbereichs von Schulleitungen dar. Gleichzeitig zielt ein kooperativer Führungsstil und die Übertragung von Verantwortlichkeiten auf die Entwicklung des Schulpersonals ab. So kann beispielsweise die Implementierung von Steuerungsgruppen in Verbindung mit schulischer Organisationsentwicklung zu einer individuellen, nachhaltigen Personalentwicklungsmaßnahme werden. Darüber hinaus sorgen Steuerungsgruppen „für die Aktivierung des ganzen Kollegiums sowie die Erzeugung von Akzeptanz" und stellen darüber hinaus „für die Mitglieder einen Ort der Personalentwicklung" dar, an dem diese Gestaltungs- und Steuerungskompetenzen erwerben können (Rolff 2009, S. 260).

Die gesellschaftlichen Erwartungshaltungen an Schulen und ihre Leitungen sind hoch. Multiprofessionelle Ganztagsschulen werden auch in Zukunft mit Herausforderungen der Vielfaltsgesellschaft konfrontiert sein, und sich mit den örtlichen Strukturen und Akteur*innen im Sozialraum konstruktiv auseinandersetzen müssen. Dies setzt kontinuierliche Schulentwicklung und gemeinsames Lernen aller pädagogischen Fachkräfte in Schule voraus. Schulleitungen müssen personelle und organisationale Faktoren im Blick haben und gezielt gestalten. Denn multiprofessionelle Zusammenarbeit benötigt verlässliche Zeiten und Räume in denen Zuständigkeiten ausgehandelt werden können, damit die berufsgruppenübergreifende Zusammenarbeit zum Mehrwert und nicht zur Belastung für das Fachpersonal wird. Diese Aushandlungsprozesse zu ermöglichen und auszuhalten ist die Verantwortung der Schulleitung. Multiprofessionelle Schulteams benötigen Klarheit über Fragen, wie

- Was ist unser geteiltes Verständnis von Verantwortung und wie leben wir dies?
- Welche Verantwortlichkeiten gibt es, wer übernimmt welche und was benötigen die Einzelnen hierfür?
- Wie geht das Schulteam damit um, wenn Verantwortlichkeiten abgegeben oder nicht (mehr) übernommen werden?

Entscheidend dabei ist, so betonen Burow, Plümpe und Bornemann, dass Schulentwicklung „als offener, partizipativer Entwicklungsprozess angelegt" sein muss, dessen Erfolg von wertschätzendem und unterstützenden Schulleitungshandeln abhängt (2020, S. 1163 ff.). Auch Philipp (2015) weist auf Wertschätzung als Kernressource in schulischen Personalentwicklungsprozessen hin.

Oftmals übersehen wird bei der Auseinandersetzung mit schulischen Führungsaufgaben, dass Schulleitungen selbst in einem komplexen Aufgabenfeld unter hoher Unsicherheit handeln. Ihnen steht zwar oftmals, wie beispielsweise in der Corona-Pandemie ein Rahmenplan zu Schulöffnung unter Berücksichtigung von Hygienemaßnahmen zu Verfügung, wie genau sie diesen in den jeweiligen Schulen umsetzen sollen, bleibt jedoch offen. Schulleitungen sind immer wieder herausgefordert neue Organisationsstrukturen zu gestalten und sich vorrangig mit der Frage auseinander zu setzen, wie Schule aktuell strukturell und personell beschaffen sein muss, um ein „guter" Lern- und Lebensort zu sein. Die Führung und Entwicklung eines multiprofessionellen Teams erfordert Innovationsmut und nachhaltige Organisationsentwicklungsmaßnahmen. Multiprofessionelle Personalentwicklungskonzepte, die hier unterstützend zur Orientierung dienen könnten, liegen aktuell allerdings (noch) nicht vor.

Literatur

Andresen, S./Lips, A./Möller, R./Rusack, T./Schröer, W./Thomas, S./Wilmes, J. (Hrsg.) (2020): Erfahrungen und Perspektiven von jungen Menschen während der Corona-Maßnahmen. Erste Ergebnisse der bundesweiten Studie JuCo. Hildesheim: Universitätsverlag. hildok.bsz-bw.de/frontdoor/index/index/docId/

Argyris, C./Schön, D. (Hrsg.) (1999): Die lernende Organisation: Grundlagen, Methode, Praxis. Stuttgart: Klett-Cotta.

Autorengruppe Bildungsberichterstattung (2020): Bildungsbericht in Deutschland 2020. Ein indikatorengestützter Bericht mit einer Analyse zu Bildung in einer digitalisierten Welt. www.bildungsbericht.de/static_pdfs/bildungsbericht-2020.pdf.

Bauer, P. (2018): Multiprofessionalität. In: Graßhoff, G./Renker, A./Schröer, W. (Hrsg.): Soziale Arbeit. Wiesbaden: Springer VS, S. 727–739.

Bauer, P. (2014): Kooperation als Herausforderung in multiprofessionellen Handlungsfeldern. In: Faas, S./Zipperle, M. (Hrsg.): Sozialer Wandel. Wiesbaden: Springer VS, S. 273–286.

Bonsen, M. (2016): Schulleitung und Führung in der Schule. In: Altrichter, H./Maag Merki, K. (Hrsg.): Handbuch neue Steuerung im Schulsystem. 2. Auflage. Wiesbaden: Springer VS, S. 301–323.

Bonsen, M (2003): Schule, Führung, Organisation. Eine empirische Studie zum Organisations- und Führungsverständnis von Schulleiterinnen und Schulleitern. Münster: Waxmann Verlag.

Breuer, A./Idel, T.-S./Schütz, A. (2019): Professionsentwicklung im Ganztag. Verschiebungen im Spiegel praxeologischer Forschung. In: Berdelmann, K./Fritzsche, B./Rabenstein, K./ Scholz, J. (Hrsg.): Transformationen von Schule, Unterricht und Profession. Erträge praxistheoretischer Forschung. Wiesbaden: VS Verlag, S. 307–323.

Buchen, H. (1995): Personalentwicklung in der Schule. In: Buchen, H./Horster, L./Rolff, H.-G. (Hrsg.): Schulleitung und Schulentwicklung. Ein Reader. Stuttgart: Raabe, S. 58–68.

Buchna, J./Coelen, T./Dollinger, B./Rother, P. (2016): Normalisierte Hierarchie in Ganztagsgrundschulen – empirische Befunde zur innerorganisationalen Zusammenarbeit von Lehrkräften und weiterem pädagogisch tätigem Personal. In: Zeitschrift für Soziologie der Erziehung und Sozialisation 26, H. 3, S. 281–297.

Buhren, C. G./Rolff, H.-G. (2002): Personalmanagement für die Schule. Ein Handbuch für Schulleitung und Kollegium, 2. Auflage. Weinheim und Basel: Beltz.

Cloos, P. (2017): Multiprofessionelle Teams in Kindertageseinrichtungen: Neue Herausforderungen für die Zusammenarbeit. In: von Balluseck, H. (Hrsg.): Professionalisierung der Frühpädagogik. Perspektiven, Entwicklungen, Herausforderungen. 2. Aktualisierte und überarbeitete Auflage. Opladen u.a: Budrich, S. 145–157.

Daschner, P. (2019): Intransparent, unterentwickelt, unterfinanziert. Befunde einer Bestandsaufnahme der Lehrerfortbildung in Deutschland. In: McElevany, N./Schwabe, F./ Bos, W./Holtappels, H.-G. (Hrsg.): Lehrerbildung – Potentiale und Herausforderungen in den drei Phasen. IFS-Bildungsdialoge, Band 3, S. 71–92.

Dizinger, V./Fussangel, K./Böhm-Kasper, O. (2011): Interprofessionelle Kooperation an Ganztagsschulen aus der Perspektive der Lehrkräfte. Wie lässt sie sich erfassen und wie wird sie im schulischen Belastungs- und Beanspruchungs-Geschehen bewertet? In: Speck, K./Olk, T./Böhm-Kasper, O./Stolz, H.-J./Wiezorek, C. (Hrsg.): Ganztagsschulische Kooperation und Professionsentwicklung. Studien zu multiprofessionellen Teams und sozialräumlicher Vernetzung. Weinheim und Basel: Beltz Juventa, S. 114–127.

Dubs, R. (2006): Führung. In: Buchen, H./Rolff, H.-G. (Hrsg.): Professionswissen Schulleitung. Weinheim und Basel: Beltz, S. 102–176.

Fabel-Lamla, M./Lux, A.-L./Schäfer, A./Schilling, C. (2020): Multiprofessionalität und Konflikt. In: Karic, S./Heyer, L./Hollweg, C./Maack, L. (Hrsg.): Multiprofessionalität weiterdenken: Dinge, Adressat*innen, Konzepte. Weinheim und Basel: Beltz Juventa, S. 100–124.

Fabel-Lamla, M./Haude, C./Volk, S. (2019): Zuständigkeitserklärungen in der multiprofessionellen Teamarbcit. In: Cloos, P./Fabel-Lamla, M./Kunze, K./Lochner, B. (Hrsg.): Pädagogische Teamgespräche. Methodische und theoretische Perspektiven eines neuen Forschungsfeldes. Weinheim und Basel: Beltz Juventa, S. 225–246.

Fabel-Lamla, M./Rohde, D./Weiss, F. (2018): Krach als Begleiterscheinung multiprofessioneller Zusammenarbeit? In: Asselmeyer, H. (Hrsg.): Wenn's im Lehrerzimmer kracht. So begegnen sie Konflikten mit Lehrkräften professionell. Köln: Carl Link, S. 83–107.

Fend, H. (2008a): Neue Theorie der Schule. Einführung in das Verstehen von Bildungssystemen. 2., durchgesehene Auflage. Wiesbaden: Springer VS.

Fend, H. (2008b): Schule gestalten. Systemsteuerung, Schulentwicklung und Unterrichtsqualität. Wiesbaden: Springer VS.

Fullan, M (2002): Beyond Instructional Leadership: The change leader. Educational Leadership 59, H. 8, S. 16–21.

Graßhoff, G./Haude, C./Idel, T.-S./Bebek, C./Schütz, A. (2019): Die Eigenlogik des Nachmittags. Explorative Beobachtungen aus Ethnografien zu außerunterrichtlichen Angeboten. In: DDS-Die deutsche Schule 111, H. 2, S. 205–218.

Harris, A. (2008): Distributed leadership: according to the evidence. Journal of Educational Administration 46, H. 2, S. 172–188.

Holtappels, H. G. (2003): Ganztagsschule und Schulöffnung als Rahmen pädagogischer Schulreform. In: Appel, S./Ludwig, H./Rother, U./Rutz, G. (Hrsg.): Jahrbuch Ganztagsschule 2004. Neue Chancen für die Bildung. Schwalbach: Wochenschau Verlag, S. 164–187.

Huber, S. G./Feldhoff, T. (2009): Steuergruppen – theoretische Verortung und empirische Forschung. In: Huber, S. G. (Hrsg.): Handbuch für Steuergruppen. Grundlagen für die Arbeit in zentralen Handlungsfeldern des Schulmanagements. Luchterhand: C. H. Beck, S. 13–20.

Idel, T.-S./Lütje-Klose, B./Grüter, S./Mettin, C./Meyer, A. (2019): Kooperation und Teamarbeit in der Schule. In: Cloos, P./Fabel-Lamla, M./Kunze, K./Lochner, B. (Hrsg.): Pädagogische Teamgespräche. Methodische und theoretische Perspektiven eines neuen Forschungsfeldes. Weinheim und Basel: Beltz Juventa, S. 34–52.

Katz, D./Kahn, R. L. (Hrsg.) (1966): The social psychology of organizations. New York: Wiley.

Kaufmann, F.-X. (1989): Über die soziale Funktion von Verantwortung und Verantwortlichkeit. In: Lampe, E.-J. (Hrsg): Verantwortlichkeit und Recht. Jahrbuch für Rechtssoziologie und Rechtstheorie. Opladen: Westdeutscher Verlag, S. 204–224.

Kultusministerkonferenz (KMK) (2019): Das Bildungswesen in der Bundesrepublik Deutschland 2016/2017. Darstellung der Kompetenzen, Strukturen und bildungspolitischen Entwicklungen für den Informationsaustausch in Europa. www.kmk.org/fileadmin/Dateien/pdf/Eurydice/Bildungswesen-dt-pdfs/dossier_de_ebook.pdf

Kultusministerkonferenz (KMK) (2015): Ganztagsschulen in Deutschland. Bericht der Kultusministerkonferenz vom 03.12.2015. www.kmk.org/fileadmin/Dateien/veroeffentlichungen_beschluesse/2015/2015-12-03-Ganztagsschulbericht.pdf (Abfrage: 07.06.2020).

Kummer Wyss, A./Rolff, H.-G. (Hrsg.) (2019): Verteilte Führung. Editorial, Journal für Schulentwicklung 23, H. 2, S. 6–10.

Kunze, K. (2018): „Niemandem die Scheibe Brot vom Teller ziehen." Zuständigkeitsunsicherheit als Herausforderung multiprofessioneller Kooperationsbeziehungen. In: Boller, S./Fabel-Lamla, M./Feindt, A./Kretschmer, W./Schnebel, S./Wischer, B. (Hrsg.): Kooperation. Friedrich Jahresheft 36, S. 70–72.

Lochner; B./Cloos, P. (2019): Teams und Teamarbeit in der Frühpädagogik. Ein Forschungsüberblick. In: Cloos, P./Fabel-Lamla, M./Kunze, K./Lochner, B. (Hrsg.): Pädagogische Teamgespräche. Methodische und theoretische Perspektiven eines neuen Forschungsfeldes. Weinheim und Basel: Beltz Juventa, S. 53–70.

Loh, J. (2017): Strukturen und Relata der Verantwortung. In Heidbrink, L./Langbehn, C./Loh, J. (Hrsg.): Handbuch Verantwortung. Wiesbaden: Springer VS, S. 35–56.

Lortie, D. (1975): Schoolteacher. A Sociological Study. London: University of Chicago Press.

Meetz, F. (2007): Personalentwicklung als Element der Schulentwicklung. Bestandsaufnahme und Perspektiven. Bad Heilbrunn: Klinkhardt.

Pfadenhauer, M./Dieringer, V. (2019): Professionalität als institutionalisierte Kompetenzdarstellungskompetenz. Kritik der Kritik des inszenierungstheoretischen Ansatzes in der Supervisionsforschung. In: Schnell, C./Pfadenhauer, M. (Hrsg.): Handbuch Professionssoziologie. Wiesbaden: Springer VS.

Philipp, E. (2015): Wertschätzende Kooperation und Erfolgsfaktoren der Teamentwicklung. In: Buhren, C./Neumann, S. (Hrsg.): Führungsaufgaben der Schulleitung. Weinheim und Basel: Beltz, S. 75–85.

Richter, M./Andresen, S. (2012): Orte „guter Kindheit"? Aufwachsen im Spannungsfeld familialer und öffentlicher Verantwortung, Zeitschrift für Soziologie der Erziehung und Sozialisation 32, H. 2, S. 250–265.

Rohde, D. (2019): Schule als multiprofessionelles Terrain. In: Sozialmagazin 44, Heft 2, S. 38–44.

Rolff, H.-G. (2016): Schulentwicklung kompakt. Modelle, Instrumente, Perspektiven, 3. Auflage. Weinheim und Basel: Beltz.

Rolff, H.-G. (2009): Führungs als Gestaltung und ihre Bedeutung für die Schulreform. In: DDS-Die deutsche Schule 101, H. 3, S. 253–265.

Rollett, W./Lossen, K./Holtappels, H.-G. (2020): Ausgewählte Befunde der Studie zur entwicklung von Ganztagsschulen (StEG). In: Bollweg, P./Buchna, J./Coelen, Th./Otto, H.-U. (Hrsg): Handbuch Ganztagsbildung. 2. Auflage. Wiesbaden: Springer VS, S. 1505–1522.

Saalfrank, W.-T. (2014): Die autonome Schule als Ort der Teilhabe. In: Rihm, T. (Hrsg.): Teilhaben an Schule. Zu den Chancen wirksamer Einflussnahme auf Schulentwicklung. 2. erweiterte und aktualisierte Auflage. Wiesbaden: Springer VS, S. 181–194.

Sauerwein, M./Heer, J. (2020).: Implementierung des Themas Ganztagsschule in den Studiengängen Lehramt für Primarstufe, Soziale Arbeit und Erziehungswissenschaften. Expertise für die Stiftung Mercator.

Schleicher, A. (2015): Schools for the 21st-Century Learners: Strong Leaders, Confident Teachers, Innovative Aproaches. International Summit on the teaching profession. OECD Publishing. www.oecd-ilibrary.org/docserver/9789264231191en.pdf?expires=1593440843 &id=id&accname=guest&checksum=01B556D703B6CC38F43111046C1E96E7

Silkenbeumer, M./Kunze, K./Bartmann, S. (2018): Teil- und zugleich Allzuständigkeit? Rekonstruktionen zu Zuständigkeitsfigurationen und Positionierungen pädagogischer Berufsgruppen in der Organisation Schule. In: Neuhaus, L./Käch, O. (Hrsg.): Bedingte Professionalität. Professionelles Handeln im Kontext von Institution und Organisation Schule. Weinheim und Basel: Beltz Juventa, S. 130–157.

Sekretariat der Ständigen Konferenz der Kultusminister der Länder in der Bundesrepublik Deutschland (2020). Allgemeinbildende Schulen in Ganztagsform in den Ländern in der Bundesrepublik Deutschland – Statistik 2014 bis 2018.

Sekretariat der Ständigen Konferenz der Kultusminister der Länder in der Bundesrepublik Deutschland (2008): Allgemeinbildende Schulen in Ganztagsform in den Ländern in der Bundesrepublik Deutschland – Statistik 2002 bis 2006.

Speck, K./Olk, T./Böhm-Kasper, O./Stolz, H.-J./Wiezorek, C. (2011): Multiprofessionelle Teams und sozialräumliche Vernetzung? Befunde zur Ganztagsschulentwicklung. In: Speck, K./Olk, T./Böhm-Kasper, O./Stolz, H.-J./Wiezorek, C. (Hrsg.): Ganztagsschulische Kooperation und Professionsentwicklung. Studien zu multiprofessionellen Teams und sozialräumlicher Vernetzung. Weinheim und Basel: Beltz Juventa, S. 7–28.

Speck, K./Olk, T./Stimpel, T. (2011): Auf dem Weg zu multiprofessionellen Organisationen? Die Kooperation von Sozialpädagogen und Lehrkräften im schulischen Ganztag. Empirische Befunde aus der Ganztagsforschung und dem Forschungsprojekt „Professionelle Kooperation von unterschiedlichen Berufskulturen an Ganztagsschulen" (ProKoop). In: Helsper, W./Tippelt, R. (Hrsg.): Zeitschrift für Pädagogik. Pädagogische Professionalität (57. Beiheft). Weinheim und Basel: Beltz, S. 184–201.

StEG-Konsortium (2019): Ganztagsschule 2017/2018. Deskriptive Befunde einer bundesweiten Befragung. Frankfurt am Main, Dortmund, Gießen & München.

Steger Vogt, E. (2013): Personalentwicklung – Führungsaufgabe von Schulleitungen. Eine explorative Studie zur Gestaltungspraxis, Akzeptanz und förderlichen Bedingungen der Personalentwicklung im Bildungsbereich. Münster: Waxmann.

Steger Vogt, E./Kansteiner, K. (2014): Theoretische Grundlagen zur Personalentwicklung an Schulen. In: Steger Vogt, E./Kansteiner, K./Pfeifer, M. (Hrsg.): Gelingende Personalentwicklung in der Schule. Insbruck: Studienverlag, S. 9–21.

Stogdill, R. M. (1950): Leadership, membership and organization, Psychological Bulletin 47, H. 1, S. 1–14.

Thom, N./Ritz, A. (2005): Public Management-Reformen und ihre Folgen für die Schulführung. In: Koch, S./Fisch, R. (Hrsg.): Schulen für die Zukunft: Neue Steuerung im Bildungswesen. Baltmansweiler. Schneider Verlag Hohengehren, S. 121–137. www.researchgate.net/publication/312383417_Public_Management-Reformen_und_ihre_ Folgen_fur_die_Schulfuhrung.

Tillmann, K. (2020): Weiteres pädagogisch tätiges Personal an Ganztagsschulen. In: Bollweg, P./Buchna, J./Coelen, Th./Otto, H.-U. (Hrsg): Handbuch Ganztagsbildung. 2. Auflage. Wiesbaden: Springer VS, S. 1377–1394.

Tulowitzki, P./Hinzen, I./Roller, M. (2019): Die Qualifizierung von Schulleiter*innen in Deutschland – ein bundesweiter Überblick. In: DDS-Die deutsche Schule 111, H. 2, S. 149–169.

Wunderer, R./Grunwald, D. (Hrsg.) (2019, Reprint): Führungslehre, Band 1: Grundlagen der Führung. Berlin: De Gruyter.

Züchner, I./Fischer, N. (2014): Kompensatorische Wirkungen von Ganztagsschulen – Ist die Ganztagsschule ein Instrument zur Entkopplung des Zusammenhangs von sozialer Herkunft und Wirkung? Zeitschrift für Erziehungswissenschaft 17, S. 349–367.

Berufsgruppenübergreifende Kooperation in ganztägigen Bildungs-, Erziehungs- und Betreuungsarrangements

Nina Thieme

Im aktuellen Koalitionsvertrag zwischen CDU, CSU und SPD betont die große Koalition, dass „Familien und Kinder im Mittelpunkt" (S. 19) unserer Gesellschaft stehen und es demzufolge in der 19. Legislaturperiode darum gehe, mittels eines umfassenden Maßnahmenpakets „alle Familien finanziell [zu] entlasten, die Kinderbetreuung [zu] verbessern und mehr Zeit für Familie [zu] ermöglichen" (ebd.). Als eine wesentliche Maßnahme, um insbesondere die Vereinbarkeit von Familie und Beruf zu verbessern, soll bis 2025 ein Rechtsanspruch auf Ganztagsbetreuung für Kinder im Grundschulalter verwirklicht werden (vgl. ebd., S. 20). In dem Zusammenhang würden „die Vielfalt der in den Ländern und Kommunen bestehenden Betreuungsmöglichkeiten der Kinder- und Jugendhilfe und die schulischen Angebote" (ebd.) Berücksichtigung finden.

Zwar firmiert der im Koalitionsvertrag vorgesehene Rechtsanspruch nicht unter der Chiffre „Ganztagsbildung" (Bollweg et al. 2020, S. 3), wie der vor gut 15 Jahren initiierte umfassende Ausbau ganztägiger Bildungs-, Erziehungs- und Betreuungsarrangements im Zuge des Investitionsprogramms „Zukunft Bildung und Betreuung" (BMBF 2009, o. S.), sondern ist auf „Ganztagsbetreuung" gerichtet (vgl. Klieme/Rauschenbach 2019, S. 8). Auch wenn sich demzufolge die ganztägigen Arrangements zugewiesene Funktion in ihrer Schwerpunktsetzung verschiebt und zudem der Begriff der Kooperation in den Ausführungen zum Rechtsanspruch im Koalitionsvertrag nicht explizit verwendet wird, ist dennoch nicht zu erwarten, dass der zwecks Realisierung des Rechtsanspruchs notwendige (weitere) Ausbau (vgl. Klemm/Sauerwein/Zorn 2019; Guglhör-Rudan/Alt in diesem Band) ohne berufsgruppenübergreifende Kooperationen[1],

---

1 Im vorliegenden Beitrag wird der Terminus der berufsgruppenübergreifenden Kooperation verwendet. Im Verhältnis zu dem im Diskurs prominenteren Begriff der multiprofessionellen Kooperation sprechen zwei Gründe für diese Wahl: Erstens ist der Begriff der berufsgruppenübergreifenden Kooperation der umfassendere Begriff. Während mit multiprofessioneller Kooperation auf die „Zusammenarbeit von Professionen" (Bauer 2014,

insbesondere zwischen Schule und Kinder- und Jugendhilfe, auskommt. Denn: Geht man davon aus, „dass [im Zuge des zu realisierenden Ausbaus] die derzeit bestehende Angebotsstruktur [der ganztägigen Bildung, Erziehung und Betreuung im Grundschulbereich] und ihre prozentuale Verteilung in den Ländern konstant bleiben" (Guglhör-Rudan/Alt 2019, S. 14) und zugleich berufsgruppenübergreifende Kooperationen in ganztägigen Arrangements seit mehr als 10 Jahren „dauerhaft bei mehr als 75% [liegen]" (Arnoldt/Züchner 2020, S. 1086), werden diese Kooperationen auch im Rahmen der neu zu schaffenden ganztägigen Betreuungsplätze für Grundschulkinder weiterhin von großer Bedeutung sein.

Solche berufsgruppenübergreifenden Kooperationen in ganztägigen Bildungs-, Erziehungs- und Betreuungsarrangements stellen den Gegenstand des vorliegenden Beitrags dar, auf dessen Relevanz zunächst einleitend eingegangen wird (vgl. Abschnitt 1). Untrennbar verbunden mit diesen, als Akt der Zusammenarbeit von mindestens zwei Akteur*innen unterschiedlicher Berufsgruppen definierten Kooperationen ist die Zuständigkeitsfrage (vgl. Abbott 1988; Silkenbeumer/Thieme/Kunze 2017). Diese Frage, wer sich im Kooperationsgeschehen für was in welcher Situation als zuständig erklärt, wird anschließend empirisch in den Blick genommen (vgl. Abschnitt 2): Materiale Basis der auszugsweise dargestellten sozialwissenschaftlich-hermeneutischen Rekonstruktion ist ein dem Datenkorpus der qualitativ-rekonstruktiven FallKo-Studie (vgl. Silkenbeumer/Thieme 2019) entstammendes protokolliertes Teamgespräch zwischen schul-, sonder- und sozialpädagogischen Fachkräften, die an einer ganztägigen, inklusionsorientierten Gesamtschule tätig sind. In dem Teamgespräch, das auf eine siebte Klasse bezogen ist, wird exemplarisch deutlich, dass die beteiligten professionellen Akteur*innen im Sprechen über die Gestaltung einer neuen Sitzordnung Zuständigkeiten aushandeln. Bezüglich des sich zeigenden Erfor-

---

S. 273) verwiesen ist, bezeichnet der Begriff der berufsgruppenübergreifenden Kooperation die Zusammenarbeit verschiedener Berufsgruppen, wobei darunter auch professionalisierte Berufsgruppen, sprich: Professionen, fallen. Dementsprechend erfordert dieser Begriff keine eindeutige Positionierung bezüglich der professionstheoretischen Kontroverse, ob es sich bei den in ganztägigen Bildungs-, Erziehungs- und Betreuungsarrangements tätigen pädagogischen Berufsgruppen um Professionen handelt oder nicht. Zweitens lässt der Begriff offen, wie viele Berufsgruppen an der Kooperation beteiligt sind. Während die Kooperation von zwei Berufsgruppen strenggenommen nicht mit dem Terminus „multiprofessionelle Kooperation" gefasst werden kann, kann der Begriff der berufsgruppenübergreifenden Kooperation, genau wie der der interprofessionellen Kooperation, genutzt werden, um Formen der Zusammenarbeit von mindestens zwei verschiedenen Berufsgruppen zu bezeichnen. Da es, wenn es um die Zusammenarbeit der fachlichen Akteur*innen in ganztägigen Arrangements geht, vielfach um die Kooperation von sozialpädagogischen Professionellen und Lehrer*innen geht, bietet sich der weitere Begriff der berufsgruppenübergreifenden Kooperation an.

dernisses der Aushandlung von Zuständigkeiten werden im Rahmen der folgenden Theoretisierungen zwei Erklärungsangebote dargelegt. Mit diesen wird, in unterschiedlicher Weise, davon ausgegangen, dass Zuständigkeiten der in ganztägigen Bildungs-, Erziehungs- und Betreuungsarrangements tätigen pädagogischen Berufsgruppen anscheinend nicht eindeutig und klar abgrenzbar vorliegen (vgl. Abschnitt 3). Eine demzufolge resultierende Aushandlungsnotwendigkeit von Zuständigkeiten wird abschließend hinsichtlich ihrer möglichen Implikationen für die berufsgruppenübergreifende pädagogische Zusammenarbeit in ganztägigen Bildungs-, Erziehungs- und Betreuungsarrangements reflektiert (vgl. Abschnitt 4).

1. Einleitende Bemerkungen zur berufsgruppenübergreifenden Kooperation in ganztägigen Bildungs-, Erziehungs- und Betreuungsarrangements

Kooperationen zwischen Schule und außerschulischen Partner*innen, insbesondere der Kinder- und Jugendhilfe, sind „ein nicht wegzudenkendes Element der Gestaltung ganztägiger Bildungsarrangements" (StEG-Konsortium 2019, S. 30). So arbeiteten im Jahr 2018 sowohl im Primar- als auch im Sekundarbereich in etwa 80% aller Schulen mit außerschulischen Partner*innen zusammen (vgl. ebd., S. 31 ff.). Da solche ganztägigen Arrangements Schüler*innen zunehmend inklusiv beschulen (vgl. Hofmann-Lun 2014, S. 1), anschließend an die im Jahr 2009 in Deutschland ratifizierte UN-Behindertenrechtskonvention, die in Artikel 24 den Auftrag beinhaltet, ein inklusives Bildungs- und Erziehungssystem zu verwirklichen (vgl. Lütje-Klose 2013, S. 19), kooperieren die dort tätigen Regelschullehrer*innen und sozialpädagogischen Professionellen auch zunehmend mit Förderschullehrkräften: „Die Zusammenarbeit verschiedener Fachkräfte […] erscheint [dabei] als bedeutsame Möglichkeit, den Herausforderungen bei der Entwicklung inklusiver Bildung zu begegnen" (Arndt 2014, S. 72).

Neben der praktischen Bedeutsamkeit, die multiprofessioneller Kooperation in ganztägigen Arrangements demgemäß in den letzten Jahren zukommt, ist auch das wissenschaftliche Interesse an diesem Gegenstand gewachsen, wie zahlreiche Studien dokumentieren (vgl. Böttcher et al. 2011; Breuer 2015; Breuer/Reh 2010; Chiapparini/Schuler Braunschweig/Kappler 2016; Fabel-Lamla 2012; Kunze/Reinisch 2019; Labhart 2019; Maykus 2011; Olk/Speck/Stimpel 2011; Reh et al. 2015; Silkenbeumer/Thieme 2019; Thieme/Faller/Heinrich 2012). Auch wenn in der wissenschaftlichen Auseinandersetzung mit multiprofessioneller Kooperation in ganztägigen, inklusionsorientierten Arrangements überwiegend der Mehrwert einer solchen berufsgruppenübergreifenden Zusammenarbeit fokussiert wird, werden in der Fachliteratur auch Schwierigkeiten und Herausforderungen der Kooperation an Ganztagsschulen in den Blick genommen (vgl. Olk/Speck/Stimpel 2011, S. 67).

Eine besondere Aufmerksamkeit erfährt in dem Zusammenhang die Zuständigkeitsfrage. Denn: Gegenüber der „tradierten Situation, in der die Differenzierung der Zuständigkeiten über die Aufteilung der pädagogischen Berufe auf unterschiedliche Handlungsfelder ‚von außen' geregelt war" (Kunze/Reinisch 2019, S. 54), stellt sich die Zuständigkeitsfrage, vor dem Hintergrund der *gemeinsamen* Tätigkeit in ganztägigen Bildungs-, Erziehungs- und Betreuungsarrangements, „in neuer und auch durchaus brisanter Weise" (ebd., S. 52; vgl. auch Silkenbeumer/Thieme/Kunze 2017).

Wie sich diese für professionalisierte und professionalisierungsbedürftige Berufe relevante Frage nach Zuständigkeiten im Kooperationsgeschehen empirisch zeigt, soll im Folgenden anhand eines auszugsweise rekonstruierten Protokolls einer an einer ganztägigen, inklusionsorientierten Gesamtschule aufgezeichneten Teamsitzung aufgezeigt werden, an der schul-, sonder- und sozialpädagogische Fachkräfte beteiligt sind.

2. Rekonstruktive Vergewisserungen zur Aushandlung von Zuständigkeiten in ganztägigen Bildungs-, Erziehungs- und Betreuungsarrangements

2.1 „Wer macht wen und was wie zum Fall? Rekonstruktionen zur Fallkonstitution und Kooperation sonder- und sozialpädagogischer Professioneller in inklusiven Schulen" – FallKo

Die Teamsitzung, auf die im Folgenden Bezug genommen wird, ist im Rahmen der FallKo-Studie aufgezeichnet worden. Bei der FallKo-Studie („Wer macht wen und was wie zum Fall? Rekonstruktionen zur Fallkonstitution und Kooperation sonder- und sozialpädagogischer Professioneller in inklusiven Schulen") handelt es sich um eine vom BMBF von Oktober 2017 bis September 2020 geförderte, an den Universitäten Kassel und Frankfurt am Main angesiedelte Verbundstudie. Mit dieser wird untersucht, wie sonder- und sozialpädagogische Akteur*innen in ganztägigen, inklusionsorientierten Schulen und Beratungs- und Förderzentren Fälle konstituieren, d. h. auch prozessieren, und wie sie in dem Zusammenhang Zuständigkeiten – vor dem Hintergrund organisationaler Rahmenbedingungen – aushandeln (vgl. Silkenbeumer/Thieme 2019). Das in diesem Beitrag verwendete Material entstammt der Kasseler Teilstudie.

2.2   Sozialwissenschaftliche Hermeneutik

Methodisch-methodologisch ist die Kasseler Teilstudie und entsprechend auch die im Folgenden auszugsweise dargestellte Rekonstruktion an einer sozialwissenschaftlichen Hermeneutik orientiert (vgl. Soeffner 2004, 2005).

Eine sozialwissenschaftlich-hermeneutische Rekonstruktion zielt auf „das sukzessive Finden einer Sinnfigur […], mit deren Hilfe soziales Handeln verstanden und erklärt werden kann" (Reichertz 2016, S. 259). Diese Sinnfigur beschränkt sich „nicht (nur) auf das […], was […] ohnehin schon ‚auf der Hand' zu liegen scheint" (Hitzler 2002, Absatz 23). Vielmehr geht es auch um die schrittweise Entdeckung einer latenten, allgemeinen „Strukturformation" (Soeffner/Hitzler 1994, S. 39), in Hinblick auf die der analysierte Fall als „historisch-konkrete Antwort" (ebd.) gilt.

Das methodische Herzstück einer sozialwissenschaftlichen Hermeneutik ist ein sequenzanalytisches Vorgehen. Dieses basiert auf der Annahme eines sequenzartigen Aufbaus der interessierenden sinnstrukturierten Wirklichkeitskonstruktionen, also „jener Konstruktionen, […] auf die sich das Handeln und Planen von Gesellschaftsmitgliedern in alltäglicher, pragmatischer Perspektive beziehen" (Soeffner 2005, S. 167) und deren Entstehung es in der Rekonstruktion schrittweise nachzuvollziehen gilt. Als wesentliche Prinzipien, die leitend für ein sozialwissenschaftlich-hermeneutisches Vorgehen sind, gelten die Prinzipien der Kontextfreiheit (vgl. Soeffner/Raab 2011, S. 554), des Textbezugs und der Reflexion des Handelns der Forschenden sowie der eigenen Sichtweisen (vgl. Knoblauch 2005, S. 181).

2.3   „Aber jetzt mal Sitzordnung" – Rekonstruktive Vergewisserungen zur Aushandlung von Zuständigkeiten

Der im Folgenden im Fokus stehende Auszug ist einer laufenden Teamsitzung entnommen, die an einer ganztägigen, inklusionsorientierten Gesamtschule stattgefunden hat. An dieser nehmen neben dem Schulbegleiter Herrn Münzberg[2] und der Deutschlehrerin Frau Beck die im Folgenden „zu Wort kommende" Förderschullehrerin Frau Peppas, die an der Schule fest angestellt ist, die ebenfalls an der Schule fest angestellte Sozialpädagogin Frau Schmidt und Herr Hüttner, der Klassenlehrer der siebten Klasse, auf die sich die Teamsitzung bezieht, teil.

Frau Peppas, die Förderschullehrerin, leitet durch folgenden Sprechakt einen Themenwechsel ein. Das Thema „Sitzordnung" wird zum Gegenstand der Teamsitzung gemacht:

---

2   Alle Namen wurden anonymisiert.

> *Frau Peppas*: „Aber jetzt mal Sitzordnung. Ähm, ich weiß nicht (2), also ich kann wir also ich nicht so gut so arbeiten, weil die nicht arbeiten." (2)
>
> *Herr Hüttner*: „(uv) Da müssen wir Sitzordnung da werden wir heute nochma Sitzordnung machen."
>
> *Frau Peppas*: „Ja, und, äh, vor allem solln wa denn die Tischgruppen lassen, oder soll wa nen U machen?"
>
> *Frau Schmidt*: „Also, ich bin soo gegen das U."
>
> *Frau Peppas*: „Das geht schnell, dann kannst Du wieder zurück."
>
> *Frau Schmidt*: „Nein, das machen wir nicht. Das U steht, und die verbarrikadieren sich hinter dem U und sind nicht mehr für mich als Sozialpädagogin (.) nicht mehr zu erreichen."
>
> *Herr Hüttner (atmet tief ein)*
>
> *Frau Peppas*: „Wir können da nicht arbeiten, ich bin da ja auch viel drin, ich weiß nicht, also ich (.) Du bist ja in Mathe."
>
> *Herr Hüttner*: „Ja. Das Ding ist (.) was ich was ich (.) also, ich kann Dein Deine Missbehagen dann teilen *(Frau Schmidt: hm (leise))*
>
> (Teamsitzung vom 16.01.2018, Z. 167–181;
> Transkriptionskonventionen s. am Ende des Beitrags)

Etwas Gegensätzliches zum vorangehend Thematisierten einleitend („aber jetzt"), setzt die Förderschullehrerin – grammatikalisch verkürzt – das Thema „Sitzordnung" (in der Klasse) auf die Agenda der Teambesprechung, wodurch die gegenwärtige Sitzordnung als problematisch und somit als bearbeitungsbedürftig markiert wird. Dies reproduziert sich in ihrer anschließenden Erläuterung, dass die gegenwärtige Sitzordnung dazu führe, dass sie „nicht so gut arbeiten kann, weil die (Schüler*innen) nicht arbeiten".

Während – aufgrund der gewählten Formulierung „Aber jetzt mal Sitzordnung" – die Thematisierung der Sitzordnung zum gegenwärtigen Zeitpunkt der Teamsitzung als gesetzt gilt, wird der Gesprächsraum durch die Fortführung des Sprechaktes durch die Förderschullehrerin geöffnet: Performativ erzeugen die Abbrüche und Neustarts sowie der Verzögerungslaut „ähm", die Pausen, die Formulierung „ich weiß nicht" und das Changieren zwischen „Ich" und „Wir" eine Vagheit (vgl. Pitsch/Krafft 2010, S. 218), durch die – entgegen einer eindeutigen Festlegung wie zu Beginn der Sequenz („Aber jetzt mal Sitzordnung") – „Möglichkeiten der interaktiven Anschließbarkeit" (ebd.) und somit gemeinsamer Aushandlung entscheidend erweitert werden.

Anschließend an die Bekräftigung der Notwendigkeit einer Thematisierung der Sitzordnung durch den Klassenlehrer Herrn Hüttner wird diese Möglichkeit gemeinsamer Aushandlung durch die Förderschullehrerin jedoch in zweifacher Weise zurückgenommen: Zunächst bietet sie, einer Entweder-Oder-Logik folgend, die gegenwärtige Sitzordnungsform „Tischgruppen" und eine weitere Form, das „U", als Formen an, zwischen denen entschieden werden könne. Andere Formen, beispielsweise eine Reihenanordnung, werden nicht zur Diskussion gestellt. Dadurch, dass sie das Thema „Sitzordnung" durch ihr Setzen auf die Agenda der Teamsitzung als problematisch markiert hat, ist jedoch die erstgenannte, gegenwärtige Gestalt, nämlich die Anordnung der Stühle und Tische in Form von Gruppentischen, zumindest aus ihrer Perspektive keine Option. Faktisch schließt sich also der gerade eröffnete Aushandlungsraum wieder.

Auf diese Schließung reagiert die Sozialpädagogin Frau Schmidt, die sich entschieden, mit entsprechender Begründung, gegen die von der Förderschullehrerin vorgegebene Variante stellt. Deutlich wird – dadurch, *dass* sich die Sozialpädagogin unter Berufung auf ihre Berufsbezeichnung positioniert („für mich als Sozialpädagogin") –, dass aus ihrer Perspektive die Entscheidung über die Sitzordnung nicht in der alleinigen Verantwortung der Förderschullehrerin und des Regelschullehrers liegt, sondern auch in ihrer Zuständigkeit, da die Sitzordnung ihr Arbeiten in der Klasse beeinflusse.

Wie lassen sich diese hier relativ knapp dargestellten Rekonstruktionsergebnisse, die sich auch in anderen Teamsitzungen der FallKo-Studie in ähnlicher Weise finden, theoretisieren (vgl. dazu Kalthoff 2008, S. 10)?

3. Entgrenzung von Zuständigkeiten oder Zuständigkeitsdiffusität – Theoretisierungen zur Zuständigkeitsfrage pädagogischer Berufsgruppen

Die einleitend angesprochenen Entwicklungen in Deutschland – der immense Ausbau von ganztägigen Bildungs-, Erziehungs- und Betreuungsarrangements seit knapp 15 Jahren und der Auftrag, ein inklusives (schulisches) Bildungs- und Erziehungssystem zu realisieren – haben zu einer verhältnismäßig grundlegenden Veränderung von Schule und Unterricht geführt. Insbesondere der letztgenannte Auftrag, Schulen zu inklusiven Schulen zu entwickeln und Unterricht inklusiv zu gestalten, hat dazu geführt, dass die Zusammenarbeit verschiedener pädagogischer Berufsgruppen auch im Klassenraum an enormer Bedeutung gewonnen hat. Erst durch dieses Zusammentreffen der verschiedenen pädagogischen Berufsgruppen in der ganztägigen, inklusionsorientierten Schule wird die Frage nach Zuständigkeiten virulent. Denn: Dadurch, dass Sozialpädagog*innen „das ihnen traditionell zugewiesene Feld der ‚außerschulischen' Jugendarbeit verließen und in die Schule eindrangen" (Aden-Grossmann 2016, S. 171) und Förderschullehrer*innen im Zuge der Umsetzung von Inklusion zunehmend in der allgemeinen Schule tätig sind (vgl. Grummt 2019, S. 1), entsteht die Notwendigkeit, über Zuständigkeiten zu verhandeln, die zuvor qua alleiniger Zugehörigkeit zu einer Organisation eindeutig geregelt waren.

Dass sich jedoch überhaupt in Kooperationszusammenhängen in ganztägigen Arrangements die Frage für Regel-, Förderschullehrer*innen und Professionelle der Sozialen Arbeit stellt – und dies zeigt die hier auszugsweise präsentierte Rekonstruktion exemplarisch –, wer eigentlich für was in welcher Art und Weise zuständig ist, deutet zunächst auf Folgendes hin: Diese Berufsgruppen verfügen anscheinend über keine relativ klaren und eindeutig voneinander abgrenzbaren Zuständigkeiten, die im Kooperationsgeschehen weiter existent bleiben. In dem Fall wären Zuständigkeitsaushandlungen, die sich in den empirischen Befunden der FallKo-Studie auch hinausgehend über das hier fokussierte Teamgespräch finden, obsolet. Demzufolge widersprechen diese Ergebnisse dem sogenannten „Differenzierungsansatz" (Kunze/Reinisch 2019, S. 54) im sozial-, sonder- und schulpädagogische Perspektiven umfassenden Diskurs zu berufsgruppenübergreifender bzw. multiprofessioneller Kooperation im Handlungsfeld Schule. Diesem Ansatz sind Positionen zuzuordnen, denen die Annahme zugrunde liegt, dass Professionen bzw. professionalisierungsbedürftige Berufsgruppen über relativ klare und eindeutige Zuständigkeiten verfügen und sich auch in Kontexten berufsgruppenübergreifender Kooperation die eigenen fachlichen Expertisen der professionellen Akteur*innen und damit verbundene Zuständigkeiten nicht auflösen lassen, sondern different bleiben. Im Zuge dieses Ansatzes wird die Aufrechterhaltung von Differenz in multiprofessionellen Kooperationen sogar als unerlässlich beurteilt, denn nur so könne der eigenständige Arbeitsauftrag gegenüber anderen Berufsgruppen durchgesetzt werden (vgl. Bauer/Bolay 2013, S. 67; Bauer 2013, S. 169).

In der auszugsweise dargestellten Rekonstruktion des Teamgesprächs zeigt sich jedoch das Erfordernis der Aushandlung von Zuständigkeiten, sodass von keinen relativ klaren und eindeutigen, im Kooperationsgeschehen different bleibenden Zuständigkeiten ausgegangen werden kann. Denn: Dadurch, *dass* die Förderschullehrerin das Thema „Sitzordnung" durch ein Setzen auf die Agenda als *gemeinsam* im Team zu bearbeitendes Thema markiert, wird deutlich, dass die ursprünglich alleinige und qua Organisationszugehörigkeit eindeutig festgelegte Zuständigkeit der Lehrkraft für die Gestaltung des Unterrichts, zu der auch die Festlegung der Sitzordnung als wesentlicher Faktor der Klassenraumregie gehört (vgl. Wittinger 2011, S. 259), so im Kooperationskontext ganztägiger Arrangements nicht mehr gegeben zu sein scheint. Auf das Nicht-Vorhandensein eindeutiger und relativ stabil abgrenzbarer Zuständigkeiten der Lehrkräfte gegenüber anderen Berufsgruppen, im Folgenden gegenüber der Sozialen Arbeit, verweist auch die Positionierung der Sozialpädagogin in Form einer vehementen Ablehnung der u-förmigen Anordnung der Tische, die als Ausdruck eines „Fehlens von Nicht-Zuständigkeit" (Kunze 2016, S. 273) gelesen werden kann: Würde sie sich als nicht-zuständig für das Unterrichtsge-schehen erklären, wäre die von ihr in der Teamsitzung vorgenommene Positio-nierung obsolet.[3]

Das sich hier materialisierende Erfordernis der Aushandlung von Zustän-digkeiten kann entweder als Ausdruck einer Integration und damit verbunde-nen Entgrenzung von Zuständigkeiten der pädagogischen Berufsgruppen in Kooperationssettings wie ganztägigen Arrangements oder aber als Ausdruck einer grundlegenden Zuständigkeitsdiffusität gedeutet werden.

Positionen zufolge, die auf der Annahme einer Integration von Zuständig-keiten basieren und demzufolge einem Integrationsansatz zuzuordnen sind (vgl. Kunze/Reinisch 2019, S. 54), verbinden sich in der berufsgruppenüber-greifenden Kooperation die zunächst je eigenen Fachlichkeiten und Expertisen der unterschiedlichen Berufsgruppen miteinander, sodass es zu einer Anglei-chung der verschiedenen Zuständigkeiten kommt, bis hin zu einer „zeitwei-lige[n] Auflösung von Professionsgrenzen" (Lütje-Klose 2016, S. 367), sprich einer Entgrenzung von Zuständigkeiten. Der genuine Mehrwert berufsgrup-penübergreifender Kooperation wird gemäß diesem Ansatz darin gesehen, dass durch die aufeinander zu beziehenden disziplinären „Erfahrungs-, Wissenho-rizonte und Kompetenzen" (Fabel-Lamla/Reinecke-Terner 2015, S. 152) Poten-ziale eröffnet werden hinsichtlich der Erweiterung von „Möglichkeiten profes-sionellen Handelns in Bezug auf die individuelle Förderung und Unterstützung von Kindern und Jugendlichen" (ebd.).

Diesen Positionen liegt die Prämisse zugrunde, *dass* es erst bedingt durch die Kooperationssituation zu einer Integration und damit verbundenen Ent-grenzung ursprünglich verschiedener Zuständigkeiten der Berufsgruppen kommt.

Demgegenüber vertritt Kunze, anschließend an Wernet, die These einer dem Kooperationsgeschehen bereits vorgelagerten Zuständigkeitsdiffusität der pädagogischen Berufsgruppen, mit der sie von deren uneindeutiger gesell-schaftlicher Institutionalisierung ausgeht. Was besagt diese von Andreas Wer-net entfaltete, an die revidierte Theorie professionalisierten Handelns nach Ulrich Oevermann anschließende These einer uneindeutigen gesellschaftlichen Institutionalisierung pädagogischer Berufsgruppen?

Gemäß dem Oevermannschen Theorieangebot ist davon auszugehen, dass sich Professionen durch eine sie konstituierende Handlungslogik, durch die der stellvertretenden Krisenbewältigung, kennzeichnen lassen. Diese wiederum sei

---

3 Inwieweit sich hier – mit Blick auf den durch die Sitzordnung präfigurierten Unterricht – eine „Sozialpädagogisierung des Schulischen" (Hummrich/Graßhoff 2011, S. 24) andeutet und/oder sich mit Blick auf die Professionelle der Sozialen Arbeit bereits eine Verein-nahmung des Sozialpädagogischen durch das Schulische vollzogen hat, wäre zu diskutieren.

als Antwort auf ein spezifisches Handlungsproblem der primären Lebenspraxis zu verstehen, nämlich auf das Problem, dass existenziell bedeutsame Krisen von dieser nicht mehr selbstständig, also autonom, bewältigt werden könnten (vgl. Oevermann 2002, S. 22). Professionen sind also als Berufe zu bestimmen, die mit einer stellvertretenden Krisenbewältigung für existenziell bedeutsame Krisen beauftragt sind. Zu unterscheiden sind hierbei drei unterschiedliche Funktionsfoci (vgl. Oevermann 2009, S. 120), in denen die Professionen der Jurisprudenz, der Medizin bzw. Therapie und der Wissenschaft sowie Kunst jeweils kernzuständig seien für Krisen, die eine (Wieder-)Herstellung der normativen Ordnung, der Integrität des Subjektes und der begrifflichen und sinnlichen Erkenntnis erforderten (vgl. Wernet 2014, S. 84).

Die pädagogischen Berufe dagegen, so Wernet, seien nicht innerhalb eines Funktionsfokus zuständig, sondern in mehreren Funktionsfoci, befänden sich also in einer Querlage zu den drei genannten Foci (vgl. Wernet 2014, S. 85) und seien somit „überall [teil-] und nirgends [kernzuständig]" (Wernet 2014, S. 77).

Mit Blick auf die in ganztägigen Arrangements kooperierenden Berufsgruppen heißt das, dass bereits vor Eintritt der Kooperation eine solche *„allgemeine Zuständigkeitsproblematik"* (Kunze 2016, S. 274; Hervorheb. im Original) bestehe, diese jedoch erst durch das *Zusammentreffen und Zusammenarbeiten* von Regel- und Förderschullehrer*innen sowie Sozialpädagog*innen im Kontext ganztägiger Arrangements virulent wird.

4. Zur Notwendigkeit der Aushandlung von Zuständigkeiten in der berufsgruppenübergreifenden Kooperation in ganztägigen Bildungs-, Erziehungs- und Betreuungsarrangements – ein Fazit

Wenn nun Berufsgruppen, wie die in ganztägigen Arrangements tätigen pädagogischen Berufsgruppen, nicht über verhältnismäßig stabile und eindeutige Zuständigkeiten verfügen und es somit nicht qua Professions- bzw. Berufsgruppenzugehörigkeit von vornherein relativ eindeutig festgelegt ist, wer für was in welcher Situation zuständig ist und wer nicht, resultiert in kooperativen Zusammenhängen das Erfordernis eines kontinuierlichen Aushandelns von Zuständigkeiten und Nichtzuständigkeiten zwischen den verschiedenen Berufsgruppen.

Geht man von diesem Moment einer Aushandlungsnotwendigkeit in kooperativen Zusammenhängen aus, wird schnell offensichtlich, dass Kooperation, wie im Diskurs zu multiprofessioneller Kooperation in der Regel angenommen, zumindest nicht vorrangig „als Strategie […] [fungiert,] um durch Verfahren der Koordination und Abstimmung die Bearbeitung komplexer Aufgaben zu *erleichtern* bzw. zu ermöglichen" (Ziegler 2017, S. 24; Hervorheb. N.T.). Vielmehr ist zu berücksichtigen, dass die Aushandlung von Zuständigkeiten ein Konfliktpotenzial birgt: Abbott spricht in dem Zusammenhang von möglichen „jurisdictional conflicts" (Abbott 1986, S. 187) auf der Ebene des Arbeitsplatzes. Um solche Konflikte zu bearbeiten, ist Zeit vonnöten, die jedoch nicht nur hierfür benötigt wird, sondern grundsätzlich in *jedem* Aushandlungsgeschehen einen relevanten Faktor repräsentiert. Vor diesem Hintergrund ist eher nicht davon auszugehen, dass berufsgruppenübergreifende Kooperationen die Bearbeitung komplexer Aufgaben per se erleichtern, sondern es ist anzunehmen, dass in vielen Fällen ein Mehr an Zeit und damit verbunden auch an Aufwand in berufsgruppenübergreifenden Kooperationen investiert werden muss. Demgemäß ist situativ immer wieder neu zu reflektieren, inwieweit durch die berufsgruppenübergreifende Zusammenarbeit Handeln tatsächlich effektiver gestaltet werden kann, wie es im Diskurs angenommen wird – und zwar vor allem effektiver im dem Sinn, dass die im Kontext ganztägiger, inklusionsorientierter Bildungs-, Erziehungs- und Betreuungsarrangements adressierten Kinder und Jugendlichen von der Kooperation profitieren. Eine solche Reflexion scheint nicht nur deshalb geboten, weil, wenn es um berufsgruppenübergreifende Zusammenarbeit geht, die Frage nach dem Mehrwert für die Adressierten bisher vernachlässigt worden ist, sondern auch deshalb, weil die oftmals ohnehin knappen zeitlichen Ressourcen der professionellen Akteur*innen, wenn sie für kooperationsbezogene Aushandlungsprozesse verwendet werden, in entsprechendem Umfang nicht mehr für die Arbeit mit den Kindern und Jugendlichen in ganztägigen Arrangements zur Verfügung stehen.

Literatur

Abbott, A. (1986): Jurisdictional Conflicts: A New Approach to the Development of the Legal Professions. In: American Bar Foundation Research Journal 11, H. 2, S. 187–224.

Abbott, A. (1988): The system of professions. An essay on the division on expert labor. Chicago und London: University of Chicago Press.

Aden-Grossmann, W. (2016): Geschichte der sozialpädagogischen Arbeit an Schulen. Entwicklung und Perspektiven von Schulsozialarbeit. Wiesbaden: VS.

Arndt, A.-K. (2014): Multiprofessionelle Teams bei der Umsetzung inklusiver Bildung. In: Archiv für Wissenschaft und Praxis der sozialen Arbeit 45, H. 1, S. 72–79.

Arnoldt, B./Züchner, I. (2020): Kooperationsbeziehungen von Ganztagsschulen mit außerschulischen Trägern. In: Bollweg, P./Buchna, J./Coelen, T./Otto, H.-U. (Hrsg.): Handbuch Ganztagsbildung. 2., aktualisierte und erweiterte Auflage. Wiesbaden: Springer VS, S. 1083–1096.

Bauer, P. (2013): Multiprofessionelle Kooperation und institutionelle Vernetzung an der (Ganztags-)Schule. In: Bohl, T./Meissner, S. (Hrsg.): Expertise Gemeinschaftsschule. Forschungsergebnisse und Handlungsempfehlungen für Baden-Württemberg. Weinheim und Basel: Beltz Juventa, S. 161–176.

Bauer, P. (2014): Kooperation als Herausforderung in multiprofessionellen Handlungsfeldern. In: Faas, S./Zipperle, M. (Hrsg.): Sozialer Wandel. Herausforderungen für Kulturelle Bildung und Soziale Arbeit. Wiesbaden: Springer VS, S. 273–286.

Bauer, P./Bolay, E. (2013): Zur institutionellen Konstituierung von Schülerinnen und Schülern als Adressaten der Schulsozialarbeit. In: Spies, A. (Hrsg.): Schulsozialarbeit in der Bildungslandschaft. Möglichkeiten und Grenzen des Reformpotenzials. Wiesbaden: VS, S. 47–69.

BMBF (2009): Gut angelegt. Das Investitionsprogramm Zukunft Bildung und Betreuung. Berlin.

Bollweg, P./Buchna, J./Coelen, T./Otto, H.-U. (2020): Ganztagsbildung als Konzept und Referenzrahmen: Einleitung in die zweite, aktualisierte und erweiterte Auflage. In: Bollweg, P./Buchna, J./Coelen, T./Otto, H.-U. (Hrsg.): Handbuch Ganztagsbildung. 2., aktualisierte und erweiterte Auflage. Wiesbaden: Springer VS, S. 3–9.

Böttcher, W./Maykus, S./Altermann, A./Liesegang, T. (2011): Multiprofessionelle Kooperation an Ganztagsschulen. In: Speck, K./Olk, T./Böhm-Kasper, O./Stolz, H.-J./Wiezorek, C. (Hrsg.): Ganztagsschulische Kooperation und Professionsentwicklung. Studien zu multiprofessionellen Teams und sozialräumlicher Vernetzung. Weinheim und Basel: Beltz Juventa, S. 102–113.

Breuer, Anne (2015): Lehrer-Erzieher-Teams an ganztägigen Grundschulen. Kooperation als Differenzierung von Zuständigkeiten. Wiesbaden: Springer VS.

Breuer, A./Reh, S. (2010): Zwei ungleiche Professionen? Wie LehrerInnen und ErzieherInnen in Teams zusammenarbeiten. In: Soziale Passagen 2, H. 1, S. 29–46.

CDU/CSU/SPD (2018): Ein neuer Aufbruch für Europa. Eine neue Dynamik für Deutschland. Ein neuer Zusammenhalt für unser Land. Koalitionsvertrag für die 19. Legislaturperiode. www.bundesregierung.de/breg-de/themen/koalitionsvertrag-zwischen-cdu-csu-und-spd-195906 (Abfrage: 05.06.2020).

Chiapparini, E./Schuler Braunschweig, P./Kappler, C. (2016): Pädagogische Zuständigkeiten in Tagesschulen. In: Diskurs Kindheits- und Jugendforschung 11, H. 3, S. 355–361.

Du Bois, J. W./Schuetze-Coburn, S./Cumming, S./Paolino, D. (1993): Outline of discourse transcription. In: Edwards, J. A./Lampert, M. D. (Hrsg.): Talking data: Transcription and coding in discourse research. Hillsdale/New Jersey: Lawrence Erlbaum Associates, S. 45–89.

Fabel-Lamla, M. (2012): Vertrauen in der interprofessionellen Kooperation zwischen Lehrern und Sozialpädagogen. In: Schilcher, C./Will-Zochol, M./Ziegler, M. (Hrsg.): Vertrauen und Kooperation in der Arbeitswelt. Wiesbaden: VS, S. 195–213.

Fabel-Lamla, M./Reinecke-Terner, A. (2015): Schulsozialarbeit im inklusiven Schulsystem – Chancen und Herausforderungen der Kooperation in multiprofessionellen Teams. In: Krüger, R./Mähler, C. (Hrsg.): Gemeinsames Lernen in inklusiven Klassenzimmern. Prozesse der Schulentwicklung gestalten. Kronach: Carl Link, S. 147–169.

Grummt, M. (2019): Sonderpädagogische Professionalität und Inklusion. Wiesbaden: Springer VS.

Guglhör-Rudan, A./Alt, C. (Hrsg.) (2019): Kosten des Ausbaus der Ganztagsgrundschulangebote. Bedarfsgerechte Umsetzung des Rechtsanspruchs ab 2025 unter Berücksichtigung von Wachstumsprognosen. DJI. München.

Hitzler, R. (2002): Sinnrekonstruktion. Zum Stand der Diskussion (in) der deutschsprachigen interpretativen Soziologie. In: Forum Qualitative Sozialforschung 3, H. 2, 35 Absätze. www.qualitative-research.net/index.php/fqs/article/view/867 (Abfrage: 29.06.2020).

Hofmann-Lun, I. (2014): Mit der Ganztagsschule auf dem Weg zur Inklusion. Wie tragen Ganztagskonzepte und Jugendhilfe zur gleichberechtigten Teilhabe von Menschen mit und ohne Behinderung an allen Bereichen des Lebens bei? DJI. München.

Hummrich, M./Graßhoff, G. (2011): Lieben, Zeigen, Helfen – eine Verhältnisbestimmung von Familie, Schule und Jugendhilfe. In: Fischer, J./Buchholz, T./Merten, R. (Hrsg.): Kinderschutz in gemeinsamer Verantwortung von Jugendhilfe und Schule. Wiesbaden: VS, S. 17–34.

Kallmeyer, W./Schütze, F. (1976): Konversationsanalyse. In: Studium Linguistik 1, H. 1, S. 1–28.

Kalthoff, H. (2008): Einleitung: Zur Dialektik von qualitativer Forschung und soziologischer Theoriebildung. In: Kalthoff, H./Hirschauer, S./Lindemann, G. (Hrsg.): Theoretische Empirie. Zur Relevanz qualitativer Forschung. Frankfurt am Main: Suhrkamp, S. 8–32.

Klemm, K./Sauerwein, M./Zorn, D. (2019): Kosten der Anpassung bestehender Ganztagsgrundschulen an die Vorgaben des angekündigten Rechtsanspruchs, herausgegeben von der Bertelsmannstiftung. www.bertelsmann-stiftung.de/de/publikationen/publikation/did/kosten-der-anpassung-bestehender-ganztagsgrundschulen-an-die-vorgaben-des-angekuendigten-rechtsanspru/(Abfrage: 08.06.2020).

Klieme, E./Rauschenbach, T. (2019): „Der Rechtsanspruch muss zur Klärung der Profile von Ganztagsschulen beitragen". Ein Expertengespräch. In: DJI Impulse, Nr. 122, S. 4–11.

Knoblauch, H. (2005): Wissenssoziologie. Konstanz: UVK.

Kunze, K. (2016): Multiprofessionelle Kooperation – Verzahnung oder Differenzierung? Einige Einwände gegen die Polarisierungstendenz einer Diskussion. In: Idel, T.-S./Dietrich, F./Kunze, K./Rabenstein, K./Schütz, A. (Hrsg.): Professionsentwicklung und Schulstrukturreform. Klinkhardt: Bad Heilbrunn/Obb, S. 261–277.

Kunze, K./Reinisch, R. (2019): Kooperation – (Macht)Mittel oder Möglichkeit? In: Baur, C./Krüger, C./Homuth, F. (Hrsg.): Professionen in Schule – zwischen Kooperation und Konflikt. Dokumentation der Fachtagung vom 07. Juni 2018. Wolfenbüttel: Ostfalia Hochschule für angewandte Wissenschaft – Hochschule Braunschweig/Wolfenbüttel, S. 52–63.

Labhart, D. (2019): Interdisziplinäre Teams in inklusiven Schulen. Eine ethnografische Studie zu Fallbesprechungen in multiprofessionellen Gruppen. Bielefeld: transcript.

Lütje-Klose, B. (2013): Inklusion in der Kinder- und Jugendhilfe. Materialien zum 14. Kinder- und Jugendbericht, herausgegeben von der Sachverständigenkommission 14. Kinder- und Jugendbericht. DJI. München.

Lütje-Klose, B. (2016): Teamarbeit. In: Hedderich, I./Biewer, G./Hollenweger, J./Markowetz, R. (Hrsg.): Handbuch Inklusion und Sonderpädagogik. Bad Heilbrunn: Klinkhardt, S. 365–369.

Maykus, S. (2011): Kooperation als Kontinuum. Erweiterte Perspektiven einer schulbezogenen Kinder- und Jugendhilfe. Wiesbaden: VS.

Oevermann, U. (2002): Professionalisierungsbedürftigkeit und Professionalisiertheit pädagogischen Handelns. In: Kraul, M./Marotzki, W./Schweppe, C. (Hrsg.): Biographie und Profession. Bad Heilbrunn: Julius Klinkhardt, S. 19–63.

Oevermann, U. (2009): Die Problematik der Strukturlogik des Arbeitsbündnisses und der Dynamik von Übertragung und Gegenübertragung in einer professionalisierten Praxis von Sozialarbeit. In: Becker-Lenz, R./Busse, S./Ehlert, G./Müller, S. (Hrsg.): Professionalität in der Sozialen Arbeit. Standpunkte, Kontroversen, Perspektiven. 2. Auflage. Wiesbaden: VS, S. 113–142.

Olk, T./Speck, K./Stimpel, T. (2011): Professionelle Kooperation unterschiedlicher Berufskulturen an Ganztagsschulen – Zentrale Befunde eines qualitativen Forschungsprojekts. In: Stecher, L./Krüger, H.-H./Rauschenbach, T. (Hrsg.): Ganztagsschule – Neue Schule? Eine Forschungsbilanz. Sonderheft 15 der Zeitschrift für Erziehungswissenschaft. Wiesbaden: VS, S. 63–80.

Pitsch, K./Krafft, U. (2010): Von der emergenten Erfindung zu konventionalisiert darstellbarem Wissen: Zur Herstellung visueller Vorstellungen bei Museums-Designern. In: Dausendschön-Gay, U./Domke, C./Ohlhus, S. (Hrsg.): Wissen in (Inter-)Aktion. Verfahren der Wissensgenerierung in unterschiedlichen Praxisfeldern. Berlin und New York: Walter de Gruyter, S. 189–224.

Reh, S./Fritzsche, B./Idel, T.-S./Rabenstein, K. (Hrsg.) (2015): Lernkulturen. Rekonstruktion pädagogischer Praktiken an Ganztagsschulen. Wiesbaden: VS.

Reichertz, J. (2016): Qualitative und interpretative Sozialforschung. Eine Einladung. Wiesbaden: Springer VS.

Silkenbeumer, M./Thieme, N. (2019): Wer macht wen und was wie zum Fall? Rekonstruktionen zur Fallkonstitution und Kooperation sonder- und sozialpädagogischer Professioneller in inklusiven Schulen (FallKo). In: Soziale Passagen 11, H. 1, S. 205–208.

Silkenbeumer, M./Thieme, N./Kunze, K. (2017): Kooperation in multiprofessionellen Handlungskontexten. Zur Frage beruflicher Zuständigkeit/en Sozialer Arbeit. In: Thieme, N./ Silkenbeumer, M. (Hrsg.): Die herausgeforderte Profession. Soziale Arbeit in multiprofessionellen Handlungskontexten. 14. Sonderheft der Zeitschrift „neue praxis", S. 35–42.

Soeffner, H.-G. (2004): Auslegung des Alltags – Der Alltag der Auslegung. Zur wissenssoziologischen Konzeption einer sozialwissenschaftlichen Hermeneutik. Konstanz: UVK.

Soeffner, H.-G. (2005): Sozialwissenschaftliche Hermeneutik. In: Flick, Uwe/von Kardorff, Ernst/Steinke, Ines (Hrsg.): Qualitative Forschung. Ein Handbuch. 4. Auflage. Reinbek bei Hamburg: Rowohlt Taschenbuch, S. 164–174.

Soeffner, H.-G./Hitzler, R. (1994): Hermeneutik als Haltung und Handlung: über methodisch kontrolliertes Verstehen. In: Schröer, N. (Hrsg.): Interpretative Sozialforschung: auf dem Wege zu einer hermeneutischen Wissenssoziologie. Opladen: Westdeutscher Verlag, S. 28–54.

Soeffner, H.-G./Raab, J. (2011): Kultur und Auslegung der Kultur. Kultursoziologie als sozialwissenschaftliche Hermeneutik. In: Jaeger, F./Straub, J. (Hrsg.): Handbuch der Kulturwissenschaften. Band 2: Paradigmen und Disziplinen. Stuttgart und Weimar: J.B. Metzler, S. 546–567.

StEG-Konsortium (2019): Ganztagsschule 2017/2018. Deskriptive Befunde einer bundesweiten Befragung. Frankfurt am Main, Dortmund, Gießen & München: DIPF, DJI, IFS, Justus-Liebig-Universität. www.pedocs.de/frontdoor.php?source_opus=17105 (Abfrage: 09.07.2020).

Thieme, N./Faller, C./Heinrich, M. (2012): Bildungsgerechtigkeit oder Reproduktion von Bildungsungerechtigkeit durch schul- und sozialpädagogische Professionelle – BiRBi-Pro. In: Soziale Passagen 4, H. 1, S. 159–162.

Wernet, A. (2014): Überall und nirgends. Ein Vorschlag zur professionalisierungstheoretischen Verortung des Lehrerberufs. In: Leser, C./Pflugmacher, T./Pollmanns, M./Rosch, J./ Twardella, J. (Hrsg.): Zueignung. Pädagogik und Widerspruch. Opladen u. a.: Budrich, S. 77–96.

Wittinger, T. (2011): ... und sie bewegt sich doch?! Soziometrie und Gruppendynamik in der Schule. In: Zeitschrift für Psychodrama und Soziometrie 10, H. 2, S. 253–265.

Ziegler, H. (2017): Ressortübergreifende Kooperation. In: Thieme, N./Silkenbeumer, M. (Hrsg.): Die herausgeforderte Profession. Soziale Arbeit in multiprofessionellen Handlungskontexten. 14. Sonderheft der Zeitschrift „neue praxis", S. 24–34.

Transkriptionskonventionen

Im Folgenden werden die Transkriptionskonventionen (in Anlehnung an Du Bois et al. 1993, S. 45 ff., z. T. in ihrer Ausformulierung orientiert an Kallmeyer/Schütze 1976, S. 6 f.) angeführt, die hinsichtlich der verwendeten Auszüge aus dem Protokoll eine Rolle spielen:

(2)	Pause, deren Länge in der Klammer in Sekunden angegeben wird
(.)	Pause unter einer Sekunde
(leise)	signifikante Veränderungen der Sprechweise oder andere Artikulationen
(uv)	Unverständlich
(Frau Schmidt: hm)	Einwürfe, die nicht mehr als ein bis zwei Worte umfassen und keinen Wechsel der Sprecher*innenrolle darstellen

Schulsozialarbeit im Ganztag

Karsten Speck

Ab 2025 hat jedes Grundschulkind einen Anspruch auf eine ganztägige Betreuung. Damit dieser Rechtsanspruch quantitativ und qualitativ angemessen umgesetzt werden kann, müssen Länder, Kommunen, Schulen und Jugendhilfeträger in den kommenden Jahren erhebliche Anstrengungen unternehmen. Es werden vor allem ganztägige Betreuungskonzepte, bauliche Veränderungen in den Schulen bzw. Horten, räumliche Voraussetzungen für die Betreuung der Kinder sowie nicht zuletzt hinreichend qualifiziertes Personal benötigt. Im vorliegenden Beitrag wird näher betrachtet, welche Bedeutung der Schulsozialarbeit im Ganztag und besonders der Ganztagsbetreuung der Grundschulen, zukommt. In der Darstellung erfolgt zunächst eine begriffliche und konzeptionelle Klärung (1). Darauf aufbauend wird auf empirische Befunde zur Schulsozialarbeit in Grundschulen und im Ganztag eingegangen (2). Anschließend werden Gemeinsamkeiten und Unterschiede von Schulsozialarbeit und Ganztagsbetreuung (3) und unterschiedliche Rollen der Schulsozialarbeit in der Ganztagsbetreuung diskutiert (4). Abschließend werden Herausforderungen und Perspektiven der Schulsozialarbeit im Ganztag skizziert (5).

1. Begriffliche und konzeptionelle Klärung

Die Begriffe Schulsozialarbeit und Ganztag sind nicht selbsterklärend. Für beide Begriffe werden im Alltag und der Fachdiskussion auch andere Bezeichnungen verwendet. Vor diesem Hintergrund erscheint es sinnvoll, zunächst begrifflich und konzeptionell zu klären, was unter Schulsozialarbeit und Ganztag verstanden werden soll.

1.1 Schulsozialarbeit

Das Arbeitsfeld Schulsozialarbeit kann in Deutschland inzwischen auf eine längere Historie zurückgreifen. Seit den 1970er Jahren wurde Schulsozialarbeit in Schulen erprobt. Seitdem ist die Zahl der Schulsozialarbeiter*innen und die Anzahl an Schulen mit Schulsozialarbeit in konjunkturellen Wellen deutlich angestiegen. Tabelle 1 gibt anhand der Kinder- und Jugendhilfestatistik einen groben Überblick über die Personen im Handlungsfeld Schulsozialarbeit zu unterschiedlichen Messzeitpunkten, wobei hier einerseits nur die Personen erfasst werden, die über die Kinder- und Jugendhilfe beschäftigt sind (deutliche Unterschätzung der Personenzahl) und andererseits auch solche Personen erfasst werden, die lediglich mit einer überwiegenden Tätigkeit im Bereich der schulbezogenen Jugendhilfe tätig sind (Überschätzung der Personenzahl).

Tab. 1: Tätige Personen im Handlungsfeld Schulsozialarbeit nach Beschäftigungsstatus

	Angaben absolut				Verteilung in %			
	Personal insgesamt	davon Vollzeit	davon Teilzeit	davon im Nebenberuf	Personal insgesamt	davon Vollzeit	davon Teilzeit	davon im Nebenberuf
1998	755	365	335	55	100,0	48,3	44,4	7,3
2002	1.385	606	638	141	100,0	43,8	46,1	10,2
2006	1.751	605	924	222	100,0	34,6	52,8	12,7
2010	3.025	1.036	1.738	251	100,0	34,2	57,5	8,3
2016	5.600	1.817	3.550	233	100,0	32,4	63,4	4,2

(Deutschland; 1998 bis 2016; Angaben absolut und in Prozent; Datenbasis: Kinder- und Jugendhilfestatistik; Quelle: http://www.destatis.de und eigene Berechnungen)

Mit Blick auf den Ganztag ist von Bedeutung, worin die ursprünglichen Ziele und Aufgaben von Schulsozialarbeiter*innen bestehen. Dem internationalen Netzwerk zur Schulsozialarbeit zufolge haben Schulsozialarbeiter*innen ein äußerst breites Aufgabenfeld. Hierzu gehören 1. die Hilfe und Förderung der Schüler*innen bei schulischen, familiären und sozialen Problemen, 2. die Zusammenarbeit mit Kindern, Jugendlichen, Eltern, Lehrkräften und dem weiteren pädagogischen Personal in den Schulen, 3. die Förderung der Kooperation von Schule und Elternhaus, 4. die Vermittlung an soziale Einrichtungen im Umfeld, 5. die Unterstützung der Schüler*innen in akuten Krisen sowie 6. die Durchführung von präventiven Angeboten und Programmen (vgl. International Network for School Social Work 2020).

Die Schulsozialarbeit ist in Deutschland die engste Form der Kooperation von Lehrkräften und Sozialarbeiter*innen und kann als ein sozialpädagogisches Arbeitsfeld verstanden werden,

„bei dem sozialpädagogische Fachkräfte kontinuierlich am Ort Schule tätig sind und mit Lehrkräften auf einer verbindlich vereinbarten Basis zusammenarbeiten, um junge Menschen in ihrer individuellen, sozialen, schulischen und beruflichen Entwicklung zu fördern, ferner dazu beizutragen, Bildungsbenachteiligungen zu vermeiden und abzubauen, Erziehungsberechtigte sowie Lehrerinnen und Lehrer bei der Erziehung und dem erzieherischen Kinder- und Jugendschutz zu beraten und zu unterstützen sowie zu einer schülerfreundlichen Umwelt beizutragen" (Speck 2020, S. 44; ähnlich auch Spies/Pötter 2011; Drilling 2009).

Dennoch gibt es auch zu Schulsozialarbeit viele offene Fragen.

- Es gibt in Deutschland keinen Konsens über den Begriff Schulsozialarbeit Je nach Bundesland werden auch andere *Begrifflichkeiten* verwendet (z. B. „Jugendsozialarbeit an Schulen", „schulbezogene Jugendsozialarbeit", „Soziale Arbeit in schulischer Verantwortung", „Sozialarbeit an Schulen"). Die Bezeichnung Schulsozialarbeit ist allerdings sowohl in der schulischen Praxis als auch der Fachliteratur vorherrschend.
- In der Fachdiskussion werden unterschiedliche *Zielgruppen* der Schulsozialarbeit beschrieben (vgl. Drilling 2009): Zu den Primärzielgruppen können die Kinder und Jugendlichen und ihre Erziehungsberechtigten und zu den Sekundärzielgruppen die Lehrkräfte gezählt werden.
- In Abhängigkeit von den Zielgruppen werden mit Schulsozialarbeit unterschiedliche *Ziele* verfolgt. Fokussiert man sich auf die Gruppe der Kinder und Jugendlichen, dann soll Schulsozialarbeit die Identitäts- und Persönlichkeitsentwicklung, die schulische und außerschulische Lebensbewältigung (z. B. bei Entwicklungsaufgaben, akuten Problemen und Konflikten) und die sozialen Kompetenzen junger Menschen fördern.
- In der Schulsozialarbeit kommt eine Vielzahl an *Methoden* zum Einsatz. Die klassischen Methoden der Sozialen Arbeit (Einzelfallhilfe, Gruppenarbeit und Gemeinwesenarbeit) gehören allerdings zum Standardrepertoire der Schulsozialarbeit.
- Zu den *Kernangeboten* der Schulsozialarbeit gehören a) die Beratung und Begleitung von einzelnen Schüler*innen, b) die sozialpädagogische Gruppenarbeit, c) offene Gesprächs-, Kontakt- und Freizeitangebote, d) die Mitwirkung in Unterrichtsprojekten und in schulischen Gremien, e) die Zusammenarbeit mit und Beratung der Lehrkräfte und Erziehungsberechtigten sowie f.) die Kooperation und Vernetzung mit dem Gemeinwesen (vgl. Speck 2020, S. 83 f.).

Im Folgenden ist zu prüfen, wo Anknüpfungspunkte zwischen Schulsozialarbeit und Ganztagsbetreuung bestehen. Hierzu wird zunächst auf die Begriffe Ganztagsbildung, Ganztagsschule und Ganztagsbetreuung eingegangen.

1.2 Ganztag: Ganztagsbildung, Ganztagsschule und Ganztagsbetreuung

Im (fach-)öffentlichen Diskurs zum Ganztag werden vielfach unterschiedliche Begrifflichkeiten verwendet, die im Folgenden zur Vereinfachung unter dem Stichwort Ganztag gefasst und erläutert werden sollen:

Der Begriff *Ganztagsbildung* wurde maßgeblich von Coelen (2002, 2004) geprägt. Er verstand unter Ganztagsbildung – in Abgrenzung zur auf Lernleistung und Förderung abzielenden Ganztagsschule und zur an den Unterricht am Nachmittag angehängten Ganztagsbetreuung „solche Institutionalisierungsformen [...], die formelle und nicht-formelle Bildung durch die komplementären Kernelemente ‚Unterricht' und ‚Kinder- und Jugendarbeit' sowie weiterer Elementen unter Beibehaltung ihrer jeweiligen institutionellen Eigenheiten zu einem integrierten Ganzen gestalten" (Coelen 2004, S. 247). Im Handbuch „Grundbegriffe Ganztagsbildung" betonten Coelen und Otto besonders die kind- und jugendspezifischen Ziele, die Kooperation von Jugendeinrichtungen und Schulen unter Wahrung ihrer Eigenständigkeit sowie die regionale bzw. lokale Verortung der Ganztagsbildung:

> „Die Bezeichnung „Ganztagsbildung" dient als Chiffre für einen gesellschaftstheoretisch fundierten Konzeptvorschlag, der Möglichkeiten zur Identitätsentwicklung und Ausbildung von Kindern und Jugendlichen u. a. in Jugendeinrichtungen und Schulen auf Basis der institutionellen Eigenheiten – und damit ihrer bildungsrelevanten Strukturprinzipien – im Rahmen einer räumlich begrenzten, regionalen oder lokalen Bildungslandschaft fasst" (Coelen/Otto 2008, S. 17).

Im aktuellen „Handbuch Ganztagsbildung" verbinden Bollweg u. a. (2020, S. 4) vor allem jugendzentrierte und interdisziplinäre Erwartungen mit dem Konzept der Ganztagsbildung:

> „Ganztagsbildung verstehen wir als progressives Konzept, mit dem drei zentrale Anliegen bzw. Ansprüche formuliert sind: Zum einen der Anspruch an eine spezifische Ausrichtung, nämlich subjektbezogen, ganzheitlich und orientiert an den Bedürfnissen von Kindern und Jugendlichen zu sein (vgl. Coelen/Otto 2008). Als Zweites eine übergreifende Perspektive, die (inter-)disziplinäre Engführungen und ausschließlich schulzentrierte Betrachtungsweisen zu überwinden sucht und zum Dritten die Aufforderung, konservative, monokausale und utilitaristische Denkmuster aufzubrechen" (Bollweg et al. 2020, S. 3).

Die Jugend- und Familienministerkonferenz sowie die Kultusministerkonferenz (vgl. JMFK/KMK 2020, S. 2) haben sich in einem gemeinsamen Beschluss an diesem Verständnis von Ganztagsbildung orientiert. Sie sprechen von Ganztagsbildung, wenn „die Kernherausforderungen (oder spezifischen Entwicklungsaufgaben) der Jugendphase, Qualifizierung, Verselbstständigung und Selbstpositionierung junger Menschen als Leitkonzept in einen kooperativen Ansatz eingefasst und umgesetzt werden" (JMFK/KMK 2020, S. 8). Gefordert wird ferner, dass in einer jugendorientierten Ganztagsbildung „Ganztagsschulen und die außerschulischen Kooperations- und Bildungspartner/-innen die Herausforderungen der Jugendphase als Ausgangspunkt [nehmen] und [...] unter Beteiligung junger Menschen Angebote auf Basis eines gemeinsamen und miteinander abgestimmten Bildungsverständnisses [machen]" (ebd.).

Bei der Nutzung des Begriffes *Ganztagsschule* wird sich in der Fachdebatte – sofern nicht auf landesspezifische Regelungen abgezielt wird – zumeist an der allgemeinen und schullastigen Definition der Kultusministerkonferenz orientiert, die einen Minimalkonsens der Kultusminister*innen darstellt. Die Definition berücksichtigt der Kultusministerkonferenz zufolge „sowohl den Gesichtspunkt der ganztägigen Beschulung als auch den der Betreuung" (KMK 2020, S. 4). Damit wird implizit 1. eine strukturelle und/oder konzeptionelle Trennung von Unterricht und Betreuungsangeboten und 2. eine Abwertung der außerunterrichtlicher Ganztagsangebote als bloße Betreuungsangebote vorgenommen. Unter Ganztagsschulen werden, legt man die Definition der Kultusministerkonferenz weiter zugrunde, solche Schulen verstanden, „bei denen im Primar- und Sekundarbereich I

- an mindestens drei Tagen in der Woche ein ganztägiges Angebot für die Schülerinnen und Schüler bereitgestellt wird, das täglich mindestens sieben Zeitstunden umfasst;
- an allen Tagen des Ganztagsschulbetriebs den teilnehmenden Schülerinnen und Schülern ein Mittagessen bereitgestellt wird;
- die Ganztagsangebote unter der Aufsicht und Verantwortung der Schulleitung organisiert und in enger Kooperation mit der Schulleitung durchgeführt werden sowie in einem konzeptionellen Zusammenhang mit dem Unterricht stehen." (ebd.)

Die pädagogischen Ansprüche an Ganztagsschulen in Deutschland sind damit in der Bildungsverwaltung und Bildungspolitik im Gegensatz zur erziehungswissenschaftlichen Fachdebatte nicht sehr hoch gesetzt. Notwendig sind lediglich wenige Voraussetzungen. Bei genauerer Betrachtung kann lediglich die konzeptionelle Verknüpfung von Unterricht und Ganztagsangeboten als pädagogische Erwartung im engeren Sinne gewertet werden. Sie wird jedoch in der Praxis nur zum Teil erreicht (vgl. SteG-Konsortium 2019) und lässt sich bei bestimmten Ganztagsformen (teilgebundene und offene) aufgrund der geringen Planbarkeit auch nur schwer realisieren, denn die Kultusministerkonferenz unterscheidet drei unterschiedliche Formen von Ganztagsschulen:

- „In der voll gebundenen Form sind alle Schülerinnen und Schüler verpflichtet, an mindestens drei Wochentagen für jeweils mindestens sieben Zeitstunden an den ganztägigen Angeboten der Schule teilzunehmen.
- In der teilweise gebundenen Form verpflichtet sich ein Teil der Schülerinnen und Schüler (z. B. einzelne Klassen oder Klassenstufen), an mindestens drei Wochentagen für jeweils mindestens sieben Zeitstunden an den ganztägigen Angeboten der Schule teilzunehmen.

- In der offenen Form können einzelne Schülerinnen und Schüler auf Wunsch an den ganztägigen Angeboten dieser Schulform teilnehmen. Für die Schülerinnen und Schüler ist ein Aufenthalt, verbunden mit einem Bildungs- und Betreuungsangebot in der Schule, an mindestens drei Wochentagen im Umfang von täglich mindestens sieben Zeitstunden möglich." (SteG-Konsortium 2019, S. 5).

Seit dem Schuljahr 2016/2017 werden unter offenen Ganztagsangeboten auch solche Angebote verstanden, bei denen:

- „an mindestens drei Tagen in der Woche ein ganztägiges Angebot für die Schülerinnen und Schüler bereitgestellt wird, das täglich mindestens sieben Zeitstunden umfasst;
- an allen Tagen des Ganztagsbetriebs den teilnehmenden Schülerinnen und Schülern ein Mittagessen bereitgestellt wird;
- die Schulleitung auf der Basis eines gemeinsamen pädagogischen Konzeptes mit einem außerschulischen Träger kooperiert und
- eine Mitverantwortung der Schulleitung für das Angebot besteht" (ebd., S. 6)

Die Erweiterung der ursprünglich bestehenden Definition von offenen Ganztagsschulen hat weitreichende Folgen: Erstens führt die Kooperation zwischen Grundschulen und Horten qua Definition zu einer Ganztagsschule. Zweitens wird in der Definition einem gemeinsamen pädagogischen Konzept und der Kooperation mit außerschulischen Trägern eine explizite und höhere Bedeutung beigemessen. Drittens wird die Aufsichtsfunktion und Verantwortung der Schulleitung abgeschwächt und die konzeptionelle Verknüpfung von Unterricht und Ganztagsangeboten vollkommen zurückgenommen. Ganztagsschulen in der offenen Form können in der erweiterten Definition als additive Kooperationsprojekte von Schulen und außerschulischen Trägern verstanden werden.

Der Begriff der *Ganztagsbetreuung* wird in der Fachöffentlichkeit inzwischen sehr oft genutzt, ohne dabei jedoch definiert zu sein. In der Regel geht es bei Verwendung des Begriffes weniger um fachliche Prämissen, sondern vielmehr um die Absicherung der Betreuung der Kinder zur Gewährleistung der Vereinbarkeit von Familie und Beruf. Legt man die Definition des Statistischen Bundesamtes (2019, S. 14) zugrunde, so wird von Ganztagsbetreuung dann gesprochen, wenn Kinder in Kindertageseinrichtungen oder in Kindertagespflege durchgehend, das heißt ohne Unterbrechung über den Mittag, täglich mehr als sieben Stunden betreut werden. Zu berücksichtigen ist, dass die Verständnisse und Kriterien zur Ganztagsbetreuung zwischen den Bundesländern sehr unterschiedlich sind.

Zusammenfassung: Die Begriffe Ganztagsbildung, Ganztagsschule und Ganztagsbetreuung machen auf 1. die Begriffsvielfalt im Feld, 2. unterschiedliche konzeptionelle und fachliche Ansprüche sowie 3. unterschiedliche Erwartungs-kriterien an ganztägige Angebote aufmerksam. Der Begriff der Ganztagsbildung ist dabei – stark vereinfacht – ein ausdifferenziertes Konzept einer jugendge-rechten, umfassenden und ganztägigen Förderung von Kindern und Jugendli-chen im Rahmen einer Kooperation von Schule und Jugendhilfe. Eine Ganz-tagsschule ist – lässt man die Einschränkungen zur offenen Form außer Acht – eine Bildungseinrichtung, die Kindern und Jugendlichen – neben einem Mit-tagessen – ein ganztägiges Unterrichts- und Betreuungsangebot bereitstellt, welches unter Aufsicht und Verantwortung der Schulleitung erfolgt und auf einer konzeptionellen Verknüpfung von Unterricht und Ganztagsangeboten beruht. Die Ganztagsbetreuung fokussiert in erster Linie auf die institutionelle Beaufsichtigung von Kindern im Interesse der Berufstätigkeit der Eltern.

2. Empirische Befunde zur Schulsozialarbeit im Ganztag

Zur Schulsozialarbeit im Ganztag der Grundschule liegen kaum Publikationen und Erkenntnisse vor. Vor diesem Hintergrund wird als Annäherung an das Thema nachfolgend 1. Befunde zur Schulsozialarbeit in der Grundschule sowie 2. Befunde zur Schulsozialarbeit in Ganztagsschulen eingegangen.

2.1 Befunde zur Schulsozialarbeit in der Grundschule

Lange Zeit standen die Grundschulen weder im Fokus des landes- und kom-munalpolitischen Ausbaus noch der Fachpublikationen und Forschung zur Schulsozialarbeit. Der Ausbau der Schulsozialarbeit konzentrierte sich lange Zeit auf den Sek I-Bereich (vor allem die Hauptschulen) sowie die Berufsbil-dende Schulen. Lediglich in einzelnen Bundesländern (z. B. Berlin) und Kom-munen (z. B. München) gibt es bereits eine längere Tradition mit Schulsozial-arbeit. Übereinstimmend zu dieser anfänglich eher geringen, quantitativen Bedeutung spielte und spielt die Schulsozialarbeit in Grundschulen in den Fachpublikationen nur eine untergeordnete Rolle. Nur in wenigen konzeptio-nell-theoretischen Fachbeiträgen wurde und wird die Schulsozialarbeit an Grundschulen ausführlicher thematisiert (vgl. Fatke/Valtin 1997; Balluseck 2003; 2004; Streblow 2011; Thimm 2012; Speck 2017). Die Beiträge machen zum einen auf die Besonderheiten des Grundschulalters und der Schulsozial-arbeit an Grundschulen aufmerksam (vgl. Speck 2017): Verwiesen wird unter anderem auf die spezifische Zielgruppe in Grundschulen (Kinder im Alter von etwa sechs bis zehn Jahren mit besonderen Entwicklungsaufgaben und Ver-wundbarkeiten), die starken Veränderungen in der Kindheit und Schule in den letzten Jahren (veränderte Familienstrukturen, eingeschränkte öffentliche Räume, Mediatisierung, Kommerzialisierung, Pädagogisierung), die Übergangsherausforderungen der Kinder (Kita-Grundschule, Grundschule-weiterführende Schulen), die Kooperationsanforderungen mit Blick auf andere Professionen und Eltern sowie die Wohnortnähe und kommunale Einbindung der Schulen. Zum anderen verdeutlichen die Beiträge auch die vielfältigen Wirkungspotenziale der Schulsozialarbeit an Grundschulen (vgl. Balluseck 2003; 2004; Streblow 2011; Thimm 2012; Speck 2017) im Hinblick auf eine Förderung der zur sozialen und personalen Kompetenzen, der schulischen Beteiligung und Integration sowie der Vermeidung von Ausgrenzungen und Dropouts der Schüler*innen.

In den letzten Jahren hat sich der empirische Kenntnis- und Forschungsstand zur Schulsozialarbeit etwas verbessert. Ausschlaggebend hierfür sind zum einen der Ausbau an Grundschulen über Landesprogramme und zum anderen Statistiken, Studien und wissenschaftliche Begleitung zur Schulsozialarbeit in den Ländern. Deutlich erkennbar ist dabei in jedem Fall eine Zunahme der Schulsozialarbeit an Grundschulen. Darüber hinaus sind differenziertere Aussagen zur Verbreitung, zu den Rahmenbedingungen, zu den Arbeitsschwerpunkten sowie zur Nutzung der Schulsozialarbeit möglich:

- Hinsichtlich der *Verbreitung von Schulsozialarbeit an Grundschulen* weisen die Statistiken und Erhebungen in den Bundesländern auf sehr unterschiedliche Versorgungsquoten hin: Die Versorgungsquote bewegt sich zwischen einem quasi Alltagsangebot für etwa die Hälfte der Grundschulen (40–60% der Grundschulen) und einem Unterstützungsangebot für lediglich ausgewählte (Brennpunkt-)Schulen und Schüler*innen (ca. 10–15% der Grundschulen). So liegt die Versorgungsquote mit Schulsozialarbeit an Grundschulen in Brandenburg bei 57% (vgl. Gursch/Landeskooperationsstelle 2020) und in Berlin bei 42% (vgl. SPI 2020); in Thüringen jedoch lediglich bei 14% (vgl. TMBJS 2020). Die unterschiedlichen Versorgungsquoten dürften auf die unterschiedlichen Prioritätensetzungen und konzeptionellen Ausrichtungen der Schulsozialarbeit in den Ländern zurückzuführen sein.

- Legt man die Studien und wissenschaftlichen Begleitungen in den Ländern zugrunde (z. B. Riedt 2012; Orbit 2014), dann können die personellen, sächlichen, finanziellen und kooperativen *Rahmenbedingungen für die Schulsozialarbeit* an Grundschulen (diese glten jedoch in ähnlicher Weise auch für andere Schulformen) noch nicht durchgängig als gut bewertet werden. Obwohl in der Fachdiskussion eine große Einigkeit über notwendige Mindeststandards besteht, weicht die Realität in der Praxis zum Teil deutlich von den Vorgaben ab. So gibt es beispielsweise nicht überall unbefristete Stellen, einen eigenen Büroraum; regionale und standortbezogene Konzepte zur Schulsozialarbeit, eine Einbindung der Schulsozialarbeit in die

Schulkonzepte sowie Stellenbeschreibungen für die Schulsozialarbeiter*innen (vgl. Riedt 2012; Orbit 2014).

- Die *Arbeitsschwerpunkte der Schulsozialarbeit* an Grundschulen sind vielfach erforscht (vgl. SPI 2020; Riedt 2012; Balluseck 2004; Olk/Speck/Stimpel 2011; Olk/Speck/Bathke 2003; Qualitätszirkel Schulsozialarbeit des Landes Sachsen-Anhalt 2000). Dabei zeichnet sich eine hohe Überschneidung zur Schulsozialarbeit an den anderen Schulformen ab. Im Unterschied zu den anderen Schulformen nehmen an Grundschulen 1. die sozialpädagogische Kompetenzförderung in Gruppen und Projektarbeit, 2. Freizeitangebote, 3. die Kooperations- und Netzwerkarbeit, 4. die Zusammenarbeit mit den Eltern sowie 5. zum Teil Einzelfallhilfen und -beratungen offensichtlich eine größere Bedeutung ein.

- Zur *Nutzung* der Schulsozialarbeit an Grundschulen liegen aufgrund des Alters der Kinder und entsprechender Herausforderungen bei altersgerechten Erhebungsinstrumenten nur wenige Befunde vor (vgl. Balluseck 2003, 2004; Pudelko 2010; Olk/Speck/Bathke 2003). Die Befunde deuten darauf hin, dass die Schüler*innen die Schulsozialarbeiter*innen bei der Bewältigung persönlichen Problemen und Streits, bei Angeboten außerhalb des Unterrichts und in Unterrichtsprojekten relativ häufig in Anspruch nehmen. Im Vergleich zu den Sekundarschulen und Gesamtschulen zeigt sich eine deutliche höhere Inanspruchnahme (vgl. Olk/Speck/Bathke 2003).

Zusammenfassung: Die Schulsozialarbeit hat an Grundschulen in den letzten Jahrzehnten und Jahren an Bedeutung gewonnen. Politisch wird zunehmend anerkannt, dass eine Kooperation von Schulen und Jugendhilfe in Form der Schulsozialarbeit an Primarschulen sinnvoll und auch notwendig ist. Der empirische Forschungsstand sowie theoretisch-konzeptionelle Beiträge zur Schulsozialarbeit an Grundschulen erscheinen gegenwärtig noch ausbaufähig.

2.2 Befunde zur Schulsozialarbeit im Ganztag

Während zur Schulsozialarbeit allgemein relativ viel Forschung besteht, existieren zur Schulsozialarbeit an Ganztagsschulen nur wenige Publikationen und empirische Studien. Übergreifende Befunde zur Kooperation von Ganztagsschulen mit dem weiteren pädagogisch tätigen Personal liefert zwar die bundesweite „Studie zur Entwicklung von Ganztagsschulen" (StEG), allerdings wird hier nicht zwischen den unterschiedlichen Professionen an Ganztagsschulen unterschieden. Die Untersuchungsbefunde von StEG machen unter anderem professionsübergreifend auf eine hohe Bedeutung von Angeboten der Kooperationspartner zur Absicherung der Ganztagsschule, eine Vielzahl unterschiedlicher Kooperationspartner und Professionen an Ganztagsschulen, unterschiedliche Kooperationsmotive und Bildungsverständnisse, zu wenig Zeit für Absprachen zwischen den Partnern sowie eine fehlende Verknüpfung von Unterricht und Ganztagsangeboten aufmerksam (vgl. StEG-Konsortium 2019, 2016, 2015; Steiner 2013; Holtappels et al. 2007).

Die wenigen Publikationen, die sich etwas intensiver mit der Schulsozialarbeit an Ganztagsschulen beschäftigen, weisen sowohl auf Chancen und Erfolge als auch auf Probleme und Risiken der Schulsozialarbeit als engster Form der Kooperation von Jugendhilfe und Schule an Ganztagsschulen hin (vgl. Wiesner/Olk/Speck 2016; Wetzel 2015; Zipperle 2014; Spies 2014; Speck/Olk/Stimpel 2011; Olk et al. 2011; Riedt 2010, 2006; Flad/Bolay 2005). Die empirischen Studien lassen unter anderem folgende Rückschlüsse zu: 1. Ein Teil der Schulsozialarbeitsprojekte und Schulsozialarbeiter*innen ist in Ganztagsschulen tätig, kooperiert mit den anderen Professionen in den Ganztagsschulen und richtet die eigenen Angebote auch auf Schüler*innen im Ganztag aus (vgl. Deinte/Nelke 2015; Busche-Baumann et al. 2014; Riedt 2006). 2. Der Schulsozialarbeit an Ganztagsschulen kommt eine wichtige „Scharnier- bzw. Brückenfunktion" für weitere Kooperationspartner zu (Riedt 2010, S. 85). Sie wirkt kooperationsfördernd. 3. Die Schulsozialarbeit wirkt zudem „strukturbildend, da sie ‚organisationsnahe' Jugendhilfeleistungen der Ganztagsschule anbietet und die Kooperationen ‚ko-managt' " (Flad/Bolay 2005, S. 82 f.). Sie ist schließlich „unverzichtbar für Jugendberatung in der Schule", da diese in keiner anderen Kooperationsform zwischen Ganztagsschule und außerschulischen Jugendhilfepartnern erbracht wird (ebd., S. 83). 4. Eine multiprofessionell aufgestellte Schule, u. a. mit Lehrkräften und Schulsozialarbeiter*innen führt nicht per se zu einer multiprofessionellen Zusammenarbeit. Die Kooperation an Ganztagsschulen ist vielmehr durch hohe programmatische Ansprüche in der Bildungspolitik bei gleichzeitig sehr pragmatischen Kooperationsvorstellungen in den Schulen, divergierende und nicht transparente Kooperationsvorstellungen bei Schulen und Kooperationspartnern sowie Ausbalancierungserfordernisse der Kooperationspartner zwischen Anpassung und Autonomiedurchsetzung geprägt (vgl. Speck/Olk/Stimpel 2011). 5. Schulsozialarbeiter*innen können in Ganztagsschulen in einen Konflikt geraten, sich entweder auf Einzelfallhilfen oder aber auf die Organisation von Ganztagsprojekten zu fokussieren. Sie müssen dafür eine Ausbalancierung finden (vgl. Zipperle 2014).

3. Gemeinsamkeiten und Unterschiede von Schulsozialarbeit und Ganztagsbetreuung

Wenn geklärt werden soll, welche Rolle die Schulsozialarbeit in der Ganztagsbetreuung hat, lohnt ein kurzer Blick auf die Gemeinsamkeiten und Unterschiede von Schulsozialarbeit und Ganztagsbetreuung: Gemeinsamkeiten bestehen unter anderem im gemeinsamen Arbeits- und Angebotsort Schule, in den gleichen Kindern und Jugendlichen, im Kooperationsgebot gegenüber den Lehrkräften und Eltern sowie in der Notwendigkeit zur multiprofessionellen Zusammenarbeit. Unterschiede zwischen Schulsozialarbeit und Ganztagsbetreuung sind unter anderem zu sehen in 1. den Eltern und Lehrkräfte als Zielgruppe (ja vs. nein), 2. in der Freiwilligkeit des Angebotes (ja vs. nein), 3. im Betreuungsauftrag (nein vs. ja) sowie 4. in der Bedeutung der Einzelfallhilfe und Gemeinwesenarbeit (hoch vs. niedrig). Die Ausweitung der Ganztagsbetreuung hat Auswirkungen für die Schulsozialarbeit: Durch 1. die Verplanung der Nachmittagszeit der Kinder mit Ganztagsangeboten sowie 2. ähnliche Arbeitsmethoden und sich überschneidende Aufgabenschwerpunkte bestehen Risiken für die Zusammenarbeit von Fachkräften in der Schulsozialarbeit und in der Ganztagsbetreuung.

4.   Rolle der Schulsozialarbeit in der Ganztagsbetreuung

Bislang spielt die Schulsozialarbeit in Richtlinien, Erlassen, Grundsätzen und Leitlinien der Länder zum Ganztag eine eher untergeordnete Rolle. Je nach Bundesland wird a) eine Mitwirkung der Schulsozialarbeiter*innen im Ganztag explizit ausgeschlossen (z. B. für die Hausaufgabenbetreuung oder die Aufsicht beim Mittagessen), b) eine Kooperation der Schulsozialarbeiter*innen mit Lehrkräften und dem weiteren sozialpädagogischen Fachkräften (grundsätzlich oder mit verbleibenden Stunden) angestrebt oder c) eine Mitwirkung der Schulsozialarbeiter*innen bei den außerunterrichtlichen Angeboten des Ganztags explizit vorgeschrieben. Die Regelungsdichte deutet darauf hin, dass die Verknüpfungsmöglichkeiten von Schulsozialarbeit und Ganztag bislang noch nicht hinreichend konkretisiert sind. Es ergibt sich der Eindruck, dass eine zentrale, schulpädagogische Reform (Ganztagsschule) noch zu wenig mit vorhandenen, sozialpädagogischen Diskursen, Praxen und Ressourcen verknüpft wird (z. B. Schulsozialarbeit). Es stellt sich daher die Frage, welche Rolle die Schulsozialarbeiter*innen im Ganztag haben könnten. Angesichts des Rechtsanspruchs auf Ganztagsbetreuung wird im Folgenden ausschließlich auf die Rolle der Schulsozialarbeiter*innen in der Ganztagsbetreuung eingegangen. Stark verkürzt lassen sich dabei drei unterschiedliche Rollen der Schulsozialarbeit bei der Ganztagsbetreuung identifizieren:

a) *Koordination der oder Integration in die Ganztagsbetreuung:* Eine erste Rolle könnte darin bestehen, dass die Schulsozialarbeiter*innen die Organisation der Ganztagsbetreuung (Koordination) oder sogar die personelle Absicherung der Ganztagsbetreuung übernehmen (Integration). Für die Schulsozialarbeiter*innen würde dies eine klare Aufgabenzuständigkeit („Verantwortliche für Ganztagsbetreuung") und für Politik und Schulen eine relativ kostengünstige Entlastung des Betreuungsproblems bedeuten. Als Nachteile sind jedoch 1. die Unterordnung der Schulsozialarbeit unter enge bildungspolitische und schulische Ziele, 2. die Einschränkungen der Handlungsspielräume und Autonomie der Fachkräfte sowie 3. eine Aufgabe der verschiedenen Zielgruppen (Schüler*innen, Erziehungsberechtigte, Lehrkräfte), sozialpädagogischen Ziele (Unterstützung der Lebensbewältigung, der Identitäts- und Persönlichkeitsentwicklung, der sozialen Kompetenzen der Schüler*innen) und Methodenvielfalt (Einzelfallhilfe, Gruppenarbeit und Gemeinwesenarbeit) beinhaltet.

b) *Konkurrenz zur Ganztagsbetreuung:* Eine zweite Rolle der Schulsozialarbeit könnte in einer bewussten Konkurrenzhaltung zur Ganztagsbetreuung bestehen. In einem solchen Fall würden die Schulsozialarbeiter*innen eine systematische und offensive Abgrenzung zur Ganztagsbetreuung vornehmen. Eine solche Haltung hätte den Vorteil, dass die Schulsozialarbeiter*innen nicht im Zuge der Ganztagsbetreuung vereinnahmt werden könnten. Vor allem der Auftrag sowie die Ziele, Zielgruppen und Methoden der Schulsozialarbeit würden gewahrt bleiben. Eine Konkurrenz zur Ganztagsbetreuung würde jedoch auch bedeuten, dass Schulsozialarbeiter*innen – unter Umständen dauerhaft – eigene Ressourcen für den Kampf um Zuständigkeiten und Ressourcen verwenden müssten. Noch gravierender erscheint allerdings, dass kein auf die Kinder abgestimmtes, regionales Gesamtsystem von Bildung, Betreuung und Erziehung entwickelt werden könnte.

c) *Kooperation mit der Ganztagsbetreuung:* Eine Kooperation von Schulsozialarbeit und Ganztagsbetreuung bietet Vorteile für eine gemeinsame, konzeptionelle Ausrichtung, eine Abstimmung der Zeiten und Angebote sowie die Erreichung der angestrebten Ziele. Nachteile der Kooperation sind die umfangreichen Zeitressourcen für Kooperationsabsprachen. Die Ganztagsbetreuung ist darauf angewiesen, dass die verschiedenen Professionen am Ort Schule miteinander kooperieren. Eine solche multiprofessionelle Kooperation wird am ehesten gelingen, wenn ein gemeinsames, übergreifendes Konzept besteht, eine gegenseitige Transparenz über die Interessen und Angebote hergestellt wird, die Verantwortlichkeiten geklärt sind und feste Kooperationszeiten zur Verfügung stehen.

5. Herausforderungen der Schulsozialarbeit im Ganztag

Im Folgenden sollen kurz drei Herausforderungen der Schulsozialarbeit in der Ganztagsbetreuung skizziert werden. Die konkrete Entwicklung dürfte dabei von den konzeptionellen Leitlinien, den Rahmenbedingungen sowie den Kooperationsstrukturen im Ganztag abhängen.

Schulsozialarbeit hat anderes Selbstverständnis und Aufgabenprofil als die Ganztagsbetreuung: Auf den ersten Blick tangiert der Rechtsanspruch auf eine ganztägige Betreuung für jedes Grundschulkind die Schulsozialarbeit nur mittelbar. Schulsozialarbeiter*innen sind zwar wichtige Kooperationspartner von Lehrkräften und Fachkräften im Ganztag (und daher einzubinden) und können einen wichtigen Beitrag für die Ausgestaltung der Ganztagsbildung leisten. Sie sind jedoch aufgrund des anderen Selbstverständnisses und Aufgabenprofils nicht die zentralen Akteure für die Koordinierung und Absicherung des Ganztags. Insofern ist dem Deutschen Verein zuzustimmen, der einerseits eine Verknüpfung des Angebots der ganztägigen Erziehung, Bildung und Betreuung mit den weiteren schulbezogenen Angeboten der Kinder- und Jugendhilfe (z. B. Schulsozialarbeit) einfordert, aber gleichzeitig sehr deutlich auf das andere Aufgabenprofil der Schulsozialarbeit aufmerksam macht:

> „Klarstellend weist der Deutsche Verein darauf hin, dass die Schulsozialarbeit – aufgrund ihres eigenständigen Auftrages v. a. zum Abbau sozialer Benachteiligungen oder Überwindung individueller Beeinträchtigungen – nicht mit Angeboten der ganztägigen Erziehung, Bildung und Betreuung zu verwechseln ist und deshalb auch nicht zur Erfüllung oder teilweisen Erfüllung des Rechtsanspruches herangezogen werden darf" (Deutscher Verein 2019, S. 14).

Ein Risiko bleibt dennoch, dass die Schulsozialarbeiter*innen für die Koordination und Absicherung der ganztägigen Angebote instrumentalisiert werden. Dies gilt vor allem dort, wo Schulsozialarbeiter*innen bzw. Sozialpädagog*innen im Schuldienst angestellt sind und insofern leichter für aktuelle schulische Bedarfe herangezogen werden können (z. B. Niedersachsen, Hessen).

Risiko der Deprofessionalisierung der Schulsozialarbeit: Es ist zu befürchten, dass Bund und Länder nicht ausreichend finanzielle Ressourcen für Personal und Fachkräfte, Investitionen für Neu- und Umbauten der Räumlichkeiten, Betriebskosten für den laufenden Unterhalt sowie nicht zuletzt Sachmittel für die Durchführung von Angeboten bereitstellen. Erschwerend kommt hinzu, dass selbst bei ausreichenden Personalressourcen voraussichtlich nicht ausreichend bzw. nicht hinreichend qualifiziertes Personal gewonnen werden kann. In diesem Fall würde zwar ein Rechtsanspruch auf ganztägige Betreuung bestehen, der jedoch aufgrund personeller Engpässe nicht erfüllt werden bzw. fachlich nicht angemessen umgesetzt werden kann. Mit Blick auf das Personal erscheinen insofern unterschiedliche Gegenstrategien denkbar: Um den Personalbedarf zu decken, könnte versucht werden, a) Kooperationsvereinbarungen mit außerschulischen Einrichtungen abzuschließen (wobei ggf. auf eine einschlägige Expertise und Fachlichkeit verzichtet wird), b) Eltern, Ehrenamtliche und nicht einschlägige Qualifizierte als hauptsächliche Verantwortungsträger für die ganztägigen Angebote zu gewinnen (vgl. Idel in diesem Band), c) kostengünstiges Erzieher*innenpersonal einzustellen und/oder d) die zum Teil vorhandenen Schulsozialarbeiter*innen mit der Koordination und Umsetzung der ganztägigen Betreuung zu verpflichten. Letzteres würde zu einer Deprofessionalisierung der Schulsozialarbeit führen, weil pragmatische, schulische Interessen zur Umprogrammierung des Arbeitsfeldes führen und relevante Merkmale und Wirkungsfaktoren der Schulsozialarbeit verlorengehen würden (breiter, kinder- und jugendbezogener, sozialpädagogischer Auftrag und Bildungsanspruch, Fokus auf soziale Kompetenzförderung und Identitätsentwicklung, Autonomie der Fachkräfte). Der Rechtsanspruch auf eine ganztägige Betreuung könnte zumindest in der Anfangszeit zu häufigen Personalwechsel auf attraktivere Stellen führen und die Stabilität und Beziehungsarbeit gefährden. Gleichzeitig könnte der Personalmangel zu einer Aufwertung und besseren Bezahlung sozialer Berufe führen.

Fachlich-konzeptionelle Rahmungen und fachliche Standards für Ganztagsbetreuung unerlässlich: Sofern der Rechtsanspruch auf eine ganztägige Betreuung mehr sein soll als ein quantitativer Ausbau des Betreuungssystems, sind fachlich-konzeptionelle Rahmungen und fachliche Standards für die Ganztagsbetreuung unerlässlich. Notwendig sind vor allem (vgl. Deutscher Verein 2019): 1. ein ausdifferenzierte Konzept einer kindgerechten und partizipativen Ganztagsbildung auf der Landes- und Kommunalebene (welches über eine bloße Betreuung hinausgeht und einen Bildungs-, Erziehungs- und Betreuungsanspruch verfolgt), 2. abgestimmte Konzepte, Ziele und Bildungsverständnisse zwischen Schule, Jugendhilfeträgern und anderen zentralen Kooperationspartnern auf der Schul- bzw. Projektebene, 3. konzeptionelle Verknüpfungen zwischen den schulischen Angeboten an Grundschulen (Unterricht, ganztägige Angebote) und den weiteren schulbezogenen Angeboten der Jugendhilfe (z. B. Schulsozialarbeit, schulbezogene Kinder- und Jugendarbeit), 4. fest vereinbarte Kooperationszeiten und -settings zwischen Schule, Schulsozialarbeit, Jugendhilfe und anderen zentralen Kooperationspartnern sowie 5. Personalentwicklungskonzepte mit klaren Personalschlüsseln, Verantwortlichkeiten Stellenbeschreibungen und Fortbildungsbedarfen, um eine verantwortungsvolle Personalpolitik in den Schulen vorzunehmen.

Literatur

Balluseck, H. von (2003): Schulstationen in Berlin. In: Soziale Arbeit 52, H. 7, S. 256–263.

Balluseck, H. von (2004): Formale und non-formale Bildung in der Berliner Grundschule. Bedeutung und Auswirkung von Kooperationen zwischen Grundschule und Jugendhilfe am Beispiel der Schulstationen. Berlin

Bollweg, P./Buchna, J./Coelen, Th./Otto, H.-U. (2020): Ganztagsbildung als Konzept und Referenzrahmen: Einleitung in die zweite, aktualisierte und erweiterte Auflage. In: Bollweg, P./Buchna, J./Coelen, Th./Otto, H.-U. (Hrsg.): Handbuch Ganztagsbildung. Wiesbaden: Springer VS, S. 3–9.

Busche-Baumann, M./Becker, M./Rainer, H./Oelker, S. (2014): Einblick. Schulsozialarbeit in Niedersachsen. Hildesheim.

Coelen, T. (2002): „Ganztagsbildung". Ausbildung und Identitätsbildung von Kindern und Jugendlichen durch die Zusammenarbeit von Schulen und Jugendeinrichtungen. In: Neue Praxis 32, H. 1, S. 53–66.

Coelen, T. (2004): „Ganztagsbildung" – Integration von Aus- und Identitätsbildung durch die Kooperation zwischen Schulen und Jugendeinrichtungen. In: Otto, H.-U./Coelen, T. (Hrsg.): Grundbegriffe der Ganztagsbildung. Beiträge zu einem neuen Bildungsverständnis in der Wissensgesellschaft. Wiesbaden: VS Verlag, S. 247–267.

Coelen, T./Otto, H.-U. (2008): Zur Grundlegung eines neuen Bildungsverständnisses. In: Coelen, T./Otto, H.-U. (Hrsg.): Grundbegriffe Ganztagsbildung. Das Handbuch. Wiesbaden: VS Verlag, S. 17–25.

Deinet, U./Nelke, K. (2015): Zwischen Schule, Jugendhilfe und Sozialraum – Ergebnisse einer Studie zur Schulsozialarbeit in Düsseldorf. In: sozialraum.de 7, Ausgabe 1 www.sozialraum.de/zwischen-schule-jugendhilfe-und-sozialraum.php (Abfrage: 24.08.2020).

Deutscher Verein – Deutscher Verein für öffentliche und private Fürsorge (2019): Empfehlungen des Deutschen Vereins zur Implementierung und Ausgestaltung eines Rechtsanspruches auf ganztägige Erziehung, Bildung und Betreuung für schulpflichtige Kinder in der Grundschulzeit. Die Empfehlungen (DV 13/19) wurden am 4. Dezember 2019 vom Präsidium des Deutschen Vereins verabschiedet. Berlin: Eigenverlag

Drilling, M. (2009): Schulsozialarbeit. Antworten auf veränderte Lebenswelten. 4. Auflage Bern: Haupt.

Fatke, R./Valtin, R. (Hrsg.) (1997): Sozialpädagogik in der Grundschule. Aufgaben, Handlungsfelder und Modelle. Frankfurt am Main: Arbeitskreis Grundschule.

Flad, C./Bolay, E. (2005): Expertise zur Kooperation von Ganztagsschulen und Jugendhilfeangeboten in Baden-Württemberg. publikationen.uni-tuebingen.de/xmlui/handle/10900/47473 (Abfrage: 13.02.2019).

Gursch, A.-M./Landeskooperationsstelle Schule – Jugendhilfe (Hrsg.) (2020): Faktencheck Schulsozialarbeit. Eine empirische Erhebung im Land Brandenburg. Potsdam: Eigenverlag.

Holtappels, H. G./Klieme, E./Rauschenbach, Th./Stecher, L. (Hrsg.) (2007): Ganztagsschule in Deutschland. Ergebnisse der Ausgangserhebung der „Studie zur Entwicklung von Ganztagsschulen" (StEG). Weinheim und München: Juventa.

International Network for School Social Work (2018): School Social Work. Url: internationalnetworkschoolsocialwork.htmlplanet.com/International%20Network/School%20social%20work.html (Abfrage: 24.08.2020)

JMFK/KMK 2020 – Jugend -und Familienministerkonferenz und Kultusministerkonferenz (JMFK/KMK) (2020): Entwicklung und Ausbau einer kooperativen Ganztagsbildung in der Sekundarstufe I (Beschluss der Jugend -und Familienministerkonferenz vom 27.05. 2020/Beschluss der Kultusministerkonferenz vom 18.06.2020). Baden-Württemberg.

KMK 2020 – Sekretariat der Ständigen Konferenz der Kultusminister der Länder in der Bundesrepublik Deutschland (KMK) (2020): Allgemeinbildende Schulen in Ganztagsform in den Ländern in der Bundesrepublik Deutschland – Statistik 2014 bis 2018. Berlin.

Nevermann, C. (1997): Schulstationen. Unterstützende Pädagogik im sozialen Lernfeld, eine Publikation der TANDEM gemeinnützigen Beschäftigungs- und Qualifizierungsgesellschaft. Basdorf bei Berlin: Retriever.

Olk, Th./Speck, K./Bathke, G.-W. (2003): Abschlussbericht zur wissenschaftlichen Begleitforschung. Schulsozialarbeit in Sachsen-Anhalt: „Zusammenarbeit von Schule und Jugendhilfe – Schulsozialarbeit in Schulen Sachsen-Anhalts", Forschungsbericht im Auftrag des Kultusministeriums und des Ministeriums für Arbeit, Soziales und Gesundheit des Landes Sachsen-Anhalt, Martin-Luther-Universität Halle-Wittenberg: Eigendruck: Halle.

Olk, Th./Speck, K./Stimpel, Th. (2011): Zwischenbericht der wissenschaftlichen Begleitung zum ESF-Programm „Projekte zur Vermeidung von Schulversagen und zur Senkung des vorzeitigen Schulabbruchs" im Auftrag des Ministeriums für Gesundheit und Soziales sowie des Kultusministeriums des Landes Sachsen-Anhalt. Eigendruck: Halle und Oldenburg.

Orbit (2014): Bestandsanalyse im Landesprogramm „Schulbezogene Jugendsozialarbeit" Ergebnisse aus den Befragungen der Schulsozialarbeiter/innen und Schulleiter/innen. Eigendruck: Jena.

Qualitätszirkel Schulsozialarbeit des Landes Sachsen-Anhalt (2000): Qualitätsstandards in der Schulsozialarbeit. Diskussionspapier zum Arbeitsfeld Schulsozialarbeit und seinem Leistungsspektrum, erarbeitet im Rahmen des Landesprogramms „Zusammenarbeit von Schule und Jugendhilfe". Eigendruck: Magdeburg/Halle.

Riedt, R. (2012): Sozialarbeit an Grundschulen im Land Brandenburg. Positionsbestimmung und Auswertung einer landesweiten Befragung. Herausgegeben von der Landeskooperationsstelle Schule-Jugendhilfe. Potsdam: Eigenverlag.

Riedt, R. (2006): Schulsozialarbeit an den Ganztagsschulen der Sekundarstufe I in Brandenburg. Auswertung einer schriftlichen Befragung von SchulsozialarbeiterInnen an den Ganztagsschulen der Sek. I in Brandenburg zu deren Mitwirkung im Rahmen der schulischen Ganztagsangebote. Potsdam: Eigenverlag.

Riedt, R. (2010): Schulsozialarbeit an Ganztagsschulen in Brandenburg. In: Speck, K./Olk, Th. (Hrsg.): Forschung zur Schulsozialarbeit. Stand und Perspektiven. Weinheim und München: Juventa, S. 77–88.

Speck, K. (2017): Schulsozialarbeit an der Ganztagsgrundschule. In: Neuß, N. (Hrsg.): Handbuch Hort und Ganztagsschule. Grundlagen für den pädagogischen Alltag und die Ausbildung. München: Cornelsen Scriptor, S. 62–73.

Speck, K. (2020): Schulsozialarbeit. Eine Einführung. Vierte Auflage. München und Basel: UTB-Verlag.

Speck, K./Olk, Th. & Stimpel, Th. (2011): Auf dem Weg zu multiprofessionellen Organisationen? Die Kooperation von Sozialpädagogen und Lehrkräften im schulischen Ganztag. In: Helsper, W./Tippelt, R. (Hrsg.): Pädagogische Professionalität. 57. Beiheft der Zeitschrift für Pädagogik. Weinheim und Basel: Beltz, S. 184–201.

SPI 2020 – Stiftung SPI – Programmagentur der Jugendsozialarbeit an Berliner Schulen (2020): Anteil der Schulen in Berlin ohne Jugendsozialarbeit zu Beginn des Jahres 2020. Stand 01.2020. www.spi-programmagentur.de/fileadmin/user_upload/Programmagentur/ Dokumente/Grafik_Anteil_Schulen_ohne_JSA_Stand_01_2020.pdf (Abfrage: 24.08.2020).

Spies, A. (2014): Schulsozialarbeit in der inklusiven Ganztagsschule. Ein Beitrag zur Schulentwicklung. In: Dreizehn: Zeitschrift für Jugendsozialarbeit, 7, H. 11, S. 9–13.

Spies, A./Pötter, N. (2011): Soziale Arbeit an Schulen – Einführung in das Handlungsfeld Schulsozialarbeit. Wiesbaden: VS.

SPI-Programmagentur (2020): Sachbericht 2019 zum Programm „Jugendsozialarbeit an Berliner Schulen" für die Senatsverwaltung für Bildung, Jugend und Familie. (Projekte Personalkosten der Sozialpädagogen/innen und Trägerpauschalen). www. spiprogrammagentur.de/fileadmin/user_upload/Programmagentur/Dokumente/SenBJF_ Sachbericht_2019_final_web.pdf. (Abfrage: 24.08.2020).

Statistisches Bundesamt (2019): Kindertagesbetreuung regional. Ein Vergleich aller 402 Kreise in Deutschland. Wiesbaden. www.destatis.de/DE/Themen/Gesellschaft-Umwelt/Soziales/ Kindertagesbetreuung/Publikationen/Downloads-Kindertagesbetreuung/kindertagesbetreuung-regional-5225405187004.pdf?__blob=publicationFile (Abfrage: 24.08.2020).

StEG-Konsortium (2019): Ganztagsschule 2017/2018: Deskriptive Befunde einer bundesweiten Befragung, Frankfurt. www.pedocs.de/volltexte/2019/17105/pdf/Ganztagsschule_ 2017_2018_StEG.pdf (Abfrage: 24.08.2020).

StEG-Konsortium (2016): Ganztagsschule: Bildungsqualität und Wirkungen außerunterrichtlicher Angebote. Ergebnisse der Studie zur Entwicklung von Ganztagsschulen 2012– 2015, Frankfurt am Main, Dortmund, Gießen und München.

StEG-Konsortium (2015): Ganztagsschule 2014/2015. Deskriptive Befunde einer bundesweiten Befragung. Ergebnisse der Schulleitungsbefragung 2015 in StEG. Frankfurt am Main, Dortmund, Gießen und München.

Steiner, Ch. (2013): Die Einbindung pädagogischer Laien in den Alltag von Ganztagsschulen. In: Bildungsforschung 10, H. 1, S. 64–90.

Streblow, C. (2011): Schulsozialarbeit und Lebenswelten Jugendlicher. Ein Beitrag zur dokumentarischen Evaluationsforschung. 2. Auflage. Opladen u. a.: Budrich.

Thimm, K. (2012): Werkbuch Sozialarbeit an Grundschulen. Positionsbestimmungen, Alltagsbeschreibungen und Praxisreflexion. Aachen: Shaker Verlag.

TMBJS 2020 -thüringer Ministerium für Bildung, Jugend und Sport (2020): Schulsozialarbeit. bildung.thueringen.de/jugend/schulsozialarbeit/ (Abfrage: 24.08.2020).

Wetzel, K. (2015): Die Erweiterung des schulischen Bildungs-und Erziehungsauftrages. Ganztagsbildung und Schulsozialarbeit. In: Wetzel, K. (Hrsg.): Öffentliche Erziehung und Strukturwandel. Umbrüche. Krisenzonen, Reformoptionen. Wiesbaden: Springer VS, S. 101–128.

Wiesner, T./Olk, Th./Speck, K. (2016): Kooperation im Ganztag: Wohin steuern die Schulen? Erkenntnisse aus einer Evaluationsstudie zum Ganztagsgeschehen in Brandenburg. In: Fischer, N./Kuhn, H. P./Tillack, C. (Hrsg.): Was sind gute Schulen? Teil 4: Theorie, Praxis und Forschung zur Qualität von Ganztagsschulen. Immenhausen: Prolog, S. 202–215.

Zipperle, M. (2014): Falsche Prioritätensetzung? Transformationsprozesse von Schulsozialarbeit an Ganztagsschulen. In: SozialExtra, 38, H. 4, S. 16–19.

Laienpersonal in unterrichtsfernen Ganztagsangeboten

Empirische und theoretische Perspektiven auf eine in der Forschung vernachlässigte Gruppe

Till-Sebastian Idel

1. Einleitung

Der Ausbau der Ganztagsschule in Deutschland in den letzten nunmehr fast 20 Jahren wäre ohne die Ausdifferenzierung der Personalstruktur nicht möglich gewesen. Wie in anderen pädagogischen Handlungsfeldern diversifiziert sich nun auch in Schule das Personal. Für den Ganztag ist dies konstitutiv, weil die überwiegende Zahl der den Unterricht ergänzenden und unterrichtsfernen Ganztagsangebote von sogenanntem „weiteren pädagogisch tätigen Personal" (wptP) verantwortet wird (vgl. Tillmann 2020, S. 1379). Fast alle Ganztagsschulen greifen in ihrer Entwicklung auf andere pädagogische Berufsgruppen, außerschulische Kooperationspartner und deren jeweilige Fachlichkeit zurück (vgl. StEG-Konsortium 2019). Für ein bedarfsdeckendes Angebot an Ganztagsschulen ist diese Personalkategorie – gerade auch von dem Hintergrund eines sicherlich die Nachfrage steigernden Rechtsanspruchs – unverzichtbar, und zwar nicht nur aus kapazitativen, sondern auch aus pädagogischen Gründen und Erwartungen, die an Ganztagsschule gerichtet werden. Denn von Anfang an wurde eine Vorstellung von guter Ganztagsschule befördert, in der diese gerade in Absetzung von der unterrichtszentrierten Halbtagsschule gedacht wird. Die gute Ganztagsschule sei nicht deren Verlängerung, sie soll „mehr als nur Schule" sein (www.ganztägig-lernen.de) bzw. eine solche, die ganz anders ist (vgl. Stecher/Krüger/Rauschenbach 2012). Sie soll anregungsreiche Bildungsangebote vorhalten, Bildungsdisparitäten reduzieren, durch Momente einer Alltagsbildung den exklusiven schulischen Bildungskanon ergänzen und so die Schule zur Lebenswelt hin öffnen. Dies könne von Lehrkräften alleine nicht gewährleistet werden, dafür sei eine Überschreitung der monoprofessionellen schulischen Personalstruktur unerlässlich.

Multiprofessionelle Teams sollen in enger Abstimmung und Kooperation Angebote der „Ganztagsbildung" (so die erweiterte pädagogische Semantik, vgl.

Bollweg et al. 2020) schaffen, in denen schul- und sozialpädagogische Handlungsmaxime bzw. unterschiedlichste pädagogische Expertisen zum Tragen kommen. Die Ganztagsschuldebatte konzentriert sich also auf den Übergang der Schule von einer mono- zu einer diskursiv eingeforderten multiprofessionellen Organisation. Die Personalfrage wird entsprechend unter professionstheoretischem Vorzeichen und den Begriffen der Multi- und Interprofessionalität bzw. Teamarbeit von professionellen Pädagog*innen unterschiedlichster Provenienz verhandelt: Lehrer*innen als schulische Leitprofessionelle sowie Sozialpädagog*innen, Schulsozialarbeiter*innen, Sonderpädagog*innen, Erzieher*innen als Professionsandere, die nun in der Schule pädagogisch tätig werden, sei es als in Schule selbst angestellte Fachkräfte oder als solche, die über Kooperationsverträge mit außerschulischen Trägern in Schule einbezogen werden. Inzwischen sind einige Studien der ganztagsschulbezogenen Kooperationsforschung erschienen, die die Praxisformen, Asymmetrien, Zuständigkeits- und Verantwortungsdifferenzierungen, Konfliktzonen und Anforderungen im Zusammenwirken von beruflich qualifizierten Pädagog*innen in der Ganztagsschule untersuchen und strukturelle wie berufskulturelle Gelingensbedingungen ausbuchstabieren (vgl. Speck/Olk/Stimpel 2011; Coelen/Rother 2014; Breuer 2015; Kunze 2016; Bauer 2018; Rother 2019; Idel et al. 2019; vgl. auch die Beiträge von Rother, Speck und Thieme in diesem Band). Weitestgehend unberücksichtigt geblieben ist dabei allerdings der Sachverhalt, dass ein nicht geringer Anteil des wptP im Ganztag – etwa 40% – über gar keine formale Berufsausbildung als Pädagog*in verfügt (vgl. Steiner 2013; Höhmann/Bergmann/Gebauer 2008). Berufs- und professionssoziologisch sind diese Personen als „pädagogische Laien" (Steiner 2013) bzw. als „Non-Professionelle" (Bebek/Idel 2021) zu bezeichnen. Das empirische Wissen zu pädagogischen Laien ist defizitär. Steiner, die sich als eine von wenigen mit ihnen befasst hat, schreibt dem Laienbegriff Irritationspotenzial zu: Er stünde als „Synonym für Unzulänglichkeit" (Steiner 2013, S. 65) und würde wahrscheinlich deswegen nicht in der Diskussion verwendet. Stattdessen wird diese Gruppe ohne einen formalen pädagogischen Ausbildungsgrad mehr oder weniger unter den Begriff der Multiprofessionalität subsumiert bzw. inkludierend mitthematisiert, wenn etwa in Empfehlungen zur guten Ganztagsschule formuliert wird, dass zu deren Realisierung „pädagogische Fachkräfte, aber auch pädagogischen Laien [gehören], die mit ihren Kompetenzen die Lernmöglichkeiten der Schule erweitern" (Radisch/Klemm/Tillmann 2017, S. 32).

Die begriffliche Unterscheidung wird also durchaus aufgerufen, um sie dann wiederum zu kassieren. Der Professionsbegriff wird weit ausgedehnt, mit der Folge, dass die Transformationsprozesse und Grenzverschiebungen im Ganztag unter der eingeschränkten Perspektive auf Professionsentwicklung und Professionalisierung akzentuiert werden. Dem Gegenhorizont einer Deprofessionalisierung bzw. der Gleichzeitigkeit von Professionalisierung und

Deprofessionalisierung im Ganztag durch die Mitwirkung von pädagogischen Laien wird so kaum Aufmerksamkeit geschenkt. Während in der Sozialpädagogik die Diskussion um das Verhältnis von beruflicher Arbeit und (ehrenamtlichem) Laienhandeln, um die Bestimmung von Fachlichkeit und Qualifizierung, um Einsatzbereiche von Laien und um Kriterien ihrer Auswahl einschlägig ist (vgl. Rauschenbach 1993), fehlt eine solche Debatte bislang in der schulpädagogischen Forschung und professionstheoretischen Auseinandersetzung ebenso wie in der Diskussion zum Ganztag. Die Forschung dazu bleibt ein „Nischenthema" (Tillmann 2020, S. 1388). Für eine differenzierte Diskussion der Positionierung und des Aufgabenspektrums von pädagogischen Laien und der Bestimmung ihres Verhältnisses zu den pädagogischen Fach- und den Lehrkräften – nicht nur, aber auch in Abgrenzung zu Kriterien beruflichen Handelns bzw. pädagogischer Professionalität und professioneller Handlungslogiken – wären allerdings weitere grundlegende Forschungen nötig.

Vor diesem Hintergrund soll im folgenden Beitrag zunächst das schmale empirische Wissen über pädagogische Laien referiert werden. Dazu wird Bezug auf quantitative Auswertungen aus dem Kontext der Studie zur Entwicklung von Ganztagsschulen (StEG) und anderer quantitativer Studien (vgl. Beher/ Rauschenbach 2006; Steiner 2013; Leussidis 2016) und dann vor allem auf eigene Beobachtungen aus dem ethnographischen Ganztagsforschungsprojekt Jenseits des Unterrichts (JenUs) genommen (vgl. Bebek/Idel 2021; Haude et al. 2020; Graßhoff et al. 2019a; Graßhoff et al. 2019b). Auf dieser Folie soll dann die pädagogische Laisierung von Schule professionstheoretisch diskutiert werden. Der Beitrag schließt mit offenen Fragen für die fachliche Debatte um Schule und Ganztagsbildung und die die diesbezügliche Forschung.

2. Empirisches Wissen zu pädagogischen Laien

Das vorliegende Forschungswissen über pädagogische Laien lässt sich in drei Hinsichten systematisieren: erstens werden pädagogische Laien als Personalgruppe charakterisiert, die bestimmte Nachmittagsangebote vorhalten; zweitens wird der Frage nachgegangen, wie pädagogische Laien in die Institution Schule und die schulische Organisation des Ganztags einbezogen werden; drittens werden schließlich Einblicke in die Angebotsgestaltung gegeben, indem aus teilnehmenden Beobachtungen zur Lernkultur außerunterrichtlicher Angebote pädagogische Praktiken der Laien rekonstruiert werden.

2.1 Personalstruktur: Charakteristika pädagogischer Laien

Genauso wie das wptP insgesamt sind auch die darin eingeschlossenen pädagogischen Laien eine heterogene Gruppe. Es handelt sich z. B. um Künstler*innen,

Sportler*innen, um Mütter, Senioren, manchmal auch ältere Schüler*innen, Manche von ihnen sind ehrenamtlich im Ganztag tätig, die meisten aber werden für ihre Tätigkeit bezahlt.

Steiner hat durch ihre Sekundäranalyse der StEG-Daten von 2009 Licht ins Dunkel dieser Gruppe bringen können (vgl. Steiner 2013). Sie schlägt vor, in einer Binnendifferenzierung zwischen pädagogischen Laien und „professionalisierten Laien" zu unterscheiden. Damit wird dem Sachverhalt Rechnung getragen, dass einige der Laien etwa über pädagogische Zertifizierungen (z. B. als Übungsleiter*innen oder als Trainer*innen) und insofern über pädagogische Vorerfahrungen verfügen, möglicherweise auch einige längere Erfahrungen in der pädagogischen Arbeit in Schule selbst erworben und zum Teil auch bereits an schulbezogenen Fortbildungen teilgenommen haben. Entlang dieser Unterscheidung wären nach Steiners Daten mit Blick auf die Teilgruppe der pädagogische Laien fast zwei Drittel von ihnen als professionalisiert zu bezeichnen, d. h. ein Drittel blieben im engeren Sinne reine Laien ohne jegliche pädagogische Zertifizierung und Vorerfahrung im weiten Feld der außerschulischen Kinder- und Jugendarbeit (vgl. Steiner 2013, S. 73). Bezogen auf die von Steiner zugrunde gelegte Gesamtstichprobe des wptP sind immerhin 15% des weiteren pädagogisch tätigen Personals reine pädagogische Laien.

Der Anteil pädagogischer Laien in der Primarstufe (wo der Ganztag in der Hauptsache Angelegenheit von Erzieher*innen ist) ist geringer als in der Sekundarstufe I (vgl. Tillmann/Rollett 2014 gehen von ca. 50% aus). Wie Lehrkräfte sind auch pädagogische Laien vorwiegend Frauen. Nur wenige pädagogische Laien sind jung, d. h. unter 30 Jahre alt. Nur jede zehnte pädagogische Non-Professionelle übt ihre Tätigkeit in der Ganztagsschule ehrenamtlich aus, die meisten tun dies neben- oder sogar hauptberuflich. Für ihr Engagement sind sowohl die Orientierung am Gemeinwohl als auch individuelle Nutzenerwägungen (Einkommen, sinnvolle Tätigkeit, Weiterqualifizierung) ausschlaggebend. Sie messen sowohl schulischem als auch sozialem Lernen und der Erziehungsaufgabe eine hohe Bedeutung zu. Steiner arbeitet in einer Clusteranalyse vier Einsatzprofile heraus (Unterrichtsorientierte, Alltagsbildner, Betreuer und Allrounder) und konstatiert eine Arbeitsteilung zwischen Laien, die entweder bildungsorientierte Angebote durchführen oder für Betreuung sorgen (vgl. Steiner 2013, S. 81 ff.). In Grundschulen sind insbesondere Allrounder und Betreuer*innen anzutreffen, die vielfältige Angebote (Mittagessen, Hausaufgaben, Freizeit) übernehmen.

Vor dem Hintergrund ihrer Befunde kommt Steiner zum Schluss, dass der Ganztag „professions- und erwerbsförmig strukturiert" (S. 79) und offen für ganz unterschiedlich Beschäftigte in der Kinder- und Jugendarbeit sei. Blickt man aus dieser analytischen Perspektive, die die non-formalen Qualifikationsprofile, Erfahrungsbestände, Tätigkeitsmotive und pädagogischen Orientierungen herausstellt, auf die pädagogischen Laien, so spricht einiges gegen eine scharfe Differenz zwischen Professionalität und Laientum entlang formaler Ausbildung oder gar akademischer Qualifizierung und vieles stattdessen für die Fassung von pädagogischer Professionalität auf einem Kontinuum der Professionalisiertheit.

Steiners Konzeptualisierung wurde in dem ethnographischen DFG-Projekt JenUs zur Lernkulturanalyse von unterrichtsfernen Angeboten um eine weitere Dimension ergänzt (vgl. Graßhoff et al. 2019a). Die Analysen stützen sich auf explorative Interviews mit dem wptP, das für die in diesem Projekt über ein Schuljahr beobachteten außerunterrichtlichen musisch-künstlerischen, sport- und freizeit- und kulturbezogenen Angebote (also nicht: Hausaufgaben und Förderangebote, Mittagessen, ungebundene Freizeit) an vier Schulen der Sekundarstufe zuständig war. Als Ergebnis der systematischen Sichtung aller Angebotsverantwortlichen wurde eine zweidimensionale heuristische Matrix entworfen. Die Achse der pädagogischen Professionalität, mit der sich wie bei Steiner das Ausmaß pädagogischer Qualifizierung und Erfahrung graduieren lässt, diente als Ausgangspunkt und wurde um die Achse der „Sachexpertise" ergänzt. Entlang der beiden Achsen, deren Kombination ein Vier-Felder-Schema entstehen lässt (vgl. Abb. 1), wurden vier Kategorien zur Systematisierung des wptP abgeleitet: Fachkräfte mit Sachexpertise; Fachkräfte ohne Sachexpertise; Laien ohne Sachexpertise; Laien mit Sachexpertise.

Abb. 1: Matrix zur Systematisierung des wptP im Projekt JenUs

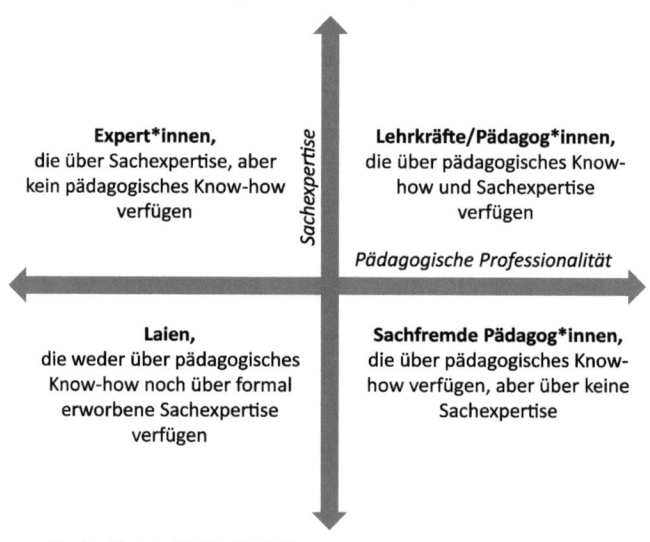

(übernommen aus Graßhoff et al. 2019a, S. 213)

Auf der Achse der Sachexpertise kann dann ebenfalls auf einem Kontinuum zwischen den beiden Polen von Expert*innen mit entsprechender, d. h. für die Themenstellung im Angebot relevanter Ausbildung und Laien ohne eine solche angebots- bzw. themenrelevante Ausbildung unterschieden werden. Außerunterrichtliche Angebote umfassen in Ganztagsschulen eine Vielzahl von Aktivitäten, die über eine „typische" schulische Expertise hinausgehen. Expert*innen in Kletterangeboten sind dann vor allem geübte und geschulte Kletter*innen (u. U. mit einem Trainerschein), und im Angebot Hip-Hop etwa zählt die Expertise des „Tanzen Könnens". Der Einbezug der Sachexpertise hilft, die Bestimmung des wptP weiter auszudifferenzieren und darin ihre Kompetenzen ins Recht zu setzen (vgl. Kroner/Wolff 1989). So werden die Aikido-Meister, die engagierte Hobbygärtnerin oder der langjährige Schachspieler zu Experten in ihren spezifischen Bereichen.

Als Alternative zu einem eindimensionalen schematischen Dual wird so ein Spektrum von Qualifikation und paraprofessioneller Befähigung in Kombination mit einer spezifischen Expertise für das, um was es im Angebot konkret gehen soll, deutlich. Hinsichtlich des Laienprofils kann dann eben nicht nur nach pädagogischen Kompetenzen und Qualifikationen unterschieden werden, sondern ebenso nach dem spezifischen Können im Umgang mit einer Sache. Zugleich lässt sich vor dem Hintergrund eines dynamischen Spektrums darüber nachdenken, welche Mindeststandards in Anschlag gebracht werden sollten, damit Laien als professionalisierte Laien am Ganztag mitwirken und in welchen Bereichen sie dann begründet und erwartungssicher im Hinblick auf ihre Erfahrungen und Kompetenzen eingesetzt und entsprechend weiterqualifiziert werden können.

2.2 Organisationskultur: Institutionelle Einbindung von pädagogischen Laien

Während im Diskurs um multiprofessionelle Teamarbeit in der Ganztagsschule in der Regel eine relativ enge Kooperation – nach Möglichkeit idealisierend als eine „auf Augenhöhe" imaginiert – als Norm gesetzt wird, muss davon ausgegangen werden, dass im Unterschied zu den pädagogischen Fachkräften die pädagogischen Laien in der Regel im Randbereich der Schule agieren (vgl. Beher 2005; Beher/Rauschenbach 2006). Nicht selten sind sie mit wenigen Stunden und auf Schul(halb)jahre befristeten Verträgen am Nachmittag in der Schule (aber auch z. T. an außerschulischen Lernorten) in prekären Arbeitsverhältnissen tätig und bekommen Lehrkräfte ebenso wie Schulleitungen kaum zu Gesicht. Auch in den Daten der StEG-Studie zeigt sich, dass sie tendenziell – vor allem in Abhängigkeit von Beschäftigungsumfang und Zuständigkeitsbereichen – wenig in die innerschulische Akteurskonstellation eingebunden sind (vgl. Leussidis 2016).

Im JenUs-Projekt wurde durch ungerichtete freischwebende Beobachtungen zwischen dem Vor- und Nachmittag, durch mitgehende Begleitung der Angebotsverantwortlichen und Schüler*innen durch die Flure und Räume der

Schulhäuser hin zu den Örtlichkeiten, wo die Angebote stattfanden, und durch die Beobachtung von gemeinsamen Treffen mit der Schulleitung bzw. den schulischen Ganztagskoordinator*innen versucht, den Formen der institutionellen Einbindung auf die Spur zu kommen (als Fallstudie vgl. Bebek/Idel 2021). Die leitende Frage dieser Beobachtungen, die auf die vier Schulen begrenzt und daher explorativer Natur sind, bezog sich auf die Interaktion und die wechselseitigen Adressierungen im Rahmen von Ansammlungen und Versammlungen des wptP unter sich und mit anderen schulischen Akteuren. In den von uns nachgezeichneten Zusammenkünften zeigte sich fernab von Augenhöhe eine asymmetrische Interaktion zwischen den non-professionellen Angebotsverantwortlichen und den schulischen Repräsentant*innen. Die pädagogischen Laien wurden als Hilfs- und Unterstützungsbedürftige adressiert. Die Modi der Handlungskoordination, die das Handeln der auf schulischer Seite verantwortlichen Akteure kennzeichneten, waren um die Formen einer sanften Überwachung, Relevanzabstufung und minimierten Koordination zentriert. So gab es kaum verbindliche Treffen, in einer Schule war z. B. lediglich eines zum Schuljahresbeginn für alle verbindlich. So wurden etwa bei einem solchen Treffen die Laien „pädagogisch gebrieft": Ihnen wurden Handlungsanweisungen in knappen Sätzen auf einem Handout mitgeteilt. Die Schulleitungsmitglieder bzw. Ganztagskoordinator*innen orientierten sich an der Maßgabe einer unauffälligen Funktionalität und am Modus der Krisenvermeidung: Wenn im Schuljahresverlauf etwa von Eltern und Schüler*innen keine Kritik zu hören war und die Angebote nachgefragt waren und „liefen", gab es keinen Thematisierungsbedarf. Umgekehrt wurden Laien, über die sich deutlich beschwert wurde, „leise gegangen", d. h. ihre Arbeitsverträge wurden schlicht nicht verlängert, eine Problembearbeitung im Sinne einer Klärung und möglicherweise einer Qualifizierung, zweiten Chance o. ä. konnte nicht beobachtet werden.

Mit Blick auf die Formen der wechselseitigen Bezugnahmen der pädagogischen Laien als „Kollegen und Kolleginnen" – also auf die Aufführung von Kollegialität als wechselseitiges Anerkennungs- und Adressierungsgeschehen – war der Austausch untereinander einerseits davon geprägt, sich psychohygienisch wechselseitig zu beraten und zu stützen. Differenzen tauchten auf, wurden aber nicht weiter diskursiv bearbeitet. Reflektierende pädagogische Bezugnahmen aufeinander, ein sich Einlassen auf Fälle und Erfahrungen, die zum Thema gemacht, gemeinsam ausgeleuchtet und mit Bezug auf konzeptuelles Wissen oder verallgemeinerungs- und begründungsfähige pädagogische Handlungsmaximen, -prinzipien und Normen in ein anderes Licht hätten gerückt werden können, konnten nicht gefunden werden. Auf der anderen Seite lag die Spezifik des beobachteten kollegialen Austauschs in dem Sachverhalt, dass dieser in der Regel – z. B. bei einem von der Schulleitung veranstalteten „Treffen auf einen Kaffee" ohne Teilnahmeverpflichtung – vor der auch anwesenden Schulleitung aufgeführt wurde. Dadurch kam ein weiteres Moment

hinzu: das des Sich-vorbildlich-Zeigens und Sich-Bekennens vor der Schulleitung, die letztlich über die Macht verfügt, Verträge und Anstellungen zu ver-
längern oder zu beenden. Die Selbstpositionierung der pädagogischen Laien in
den Interviews changierte wiederum zwischen zwei Polen: einerseits dem Streben nach Autonomie und Unabhängigkeit und der Orientierung daran, sich
mehr wie ein Besucher ohne kollektive Verbindlichkeiten in der Schule zu be-
wegen, was dann auch eher heißt, dass man sich weniger als Teil oder Angehö-
riger der Schule sah; andererseits dem Wunsch nach mehr Unterstützung und
Integration, also dem umgekehrten Ansinnen, als schulische*r Akteur*in wahrgenommen, anerkannt und einbezogen zu werden. Die quantitativen StEG-
Daten weisen darauf hin, dass dies mit dem Beschäftigungsumfang und damit
zusammenhängt, ob das wptP eher am Rand oder im Kernbereich des Ganztags
tätig ist: Je mehr Zeit in der Schule verbracht wird, je professionalisierter das
wptP ist und je höher die Bedeutung der Tätigkeit für die eigene materielle
Reproduktion ist, umso höher sind die Erwartungen an Kollegialität und institutionelle Einbindung und die Ansprüche, an der Konzeptentwicklung zu par-
tizipieren, mithin gehört zu werden und Einfluss ausüben zu können (vgl.
Beher/Rauschenbach 2006; Leussidis 2016).

Im JenUs-Projekt konnten demzufolge eher nur verstreute Praktiken einer
Abstimmung und eines Austauschs zwischen den überwiegenden pädagogischen Laien im Angebotsbereich der außerunterrichtlichen Ganztagsaktivitäten
und den schulischen Akteuren beobachtet werden. Zumindest für diese Struk-
turvariante der Ansiedlung von pädagogischen Laien im Ganztag, die bereits in
sich eine nur ziemlich lose Akteurskonstellation darstellen, verfehlt eine Ab-
handlung unter dem Label von Multiprofessionalität und Teamarbeit das Phänomen. Die pädagogischen Laien agieren als Assoziierte auf Zeit in einem in-
stabilen Status bzw. im Modus einer „prekären organisationalen Mitgliedschaft". Vornehmlich scheinen sie „Zaungäste" (Steiner 2013, S. 66) zu sein, die
zum Teil mehr als dies sein wollen, zum Teil aber auch mit ihrem schwachen
Status und der geringen Einbindung zufrieden sind.

2.3 Lernkultur: Praktiken pädagogischer Laien

Der Zentralbefund der Angebotsethnographien im JenUs-Projekt lautet, dass
die außerunterrichtlichen Angebote, die häufig von pädagogischen Laien
durchgeführt werden, nicht nur zeitlich an den Rändern von Schule angesiedelt,
sondern auch faktisch eher nur lose in die schulische Ordnung eingebunden
sind – so wie die Laien als Personal selbst in die Institution wenig integriert
scheinen. Die Angebote sind durch eine schwache institutionelle Strukturierung bzw. eine geringe sachliche und soziale Rahmung geprägt. Während die
Ordnungsbildung im Unterricht durch ein stabilisierendes äußeres Drittes der
Institutionalisierung entlastet wird (curricular durch den Lehrplan, sachlich

durch die daraus resultierende Inhalte, zeitlich nicht nur durch die Zeitstruktur, sondern auch durch die Geschichte und sozialen Beziehungen der Lerngruppe in the long run, sozial durch die Rollenasymmetrie und durch Professionalität), zeichnet die Ordnungsbildung in außerunterrichtlichen Angeboten eine erhöhte Kontingenz bzw. eine gesteigerte Emergenzkonstellation aus. Sie sind – und dies ist in der Regel ja auch die programmatische Erwartung und Zielsetzung – weniger gebunden an schulische Skripte. In dieser äußeren Strukturschwäche und inneren Offenheit lagert die pädagogische Potenzialität und Optionalität der Lernkultur der unterrichtsfernen Angebote als anderer Erfahrungsraum, aber auch zugleich ihre Anfälligkeit für pädagogische Entgrenzungen und ambivalente Zitationen bzw. Anleihen unterrichtlicher Strukturelemente.

Für das pädagogische Handeln der Laien ergibt sich daraus, dass die Ordnungen, die sie im Zusammenhandeln mit den Schüler*innen in den Angeboten herstellen, in wesentlich größerem Ausmaß das Werk ihrer situierten Praktiken sind. Die pädagogischen Laien und auch die Schüler*innen sind insofern auch als Suchende charakterisierbar. So ließen sich Angebote beobachten, die mehr oder weniger didaktisiert waren, genauso wie solche, in denen die Laien die Angebote mehr einer hohen Selbstläufigkeit in einer wenig vorstrukturierten Handhabung der Sache überließen, was darauf verweist, dass die jeweilige Sache als Aktant eine nicht geringe Wirkungskraft in der Performativität der Situation besitzt. So wie im Schulunterricht Fachkulturen symbolisch wie materiell wirkmächtig werden, werden in den außerunterrichtlichen Angeboten die Sachbezüge ebenso für die Herstellung tragend – sei es beim Voltigieren, Schwarz-Licht-Theater, Drag-Football, dem Videoclip-Dancing, der Computer AG etc.

Relativ unabhängig davon, wie die Angebotsverantwortlichen methodisch und didaktisch vorbereitet waren und einem in der Beobachtung erkennbaren Entwurf folgten, war das Ausmaß der Partizipation, also der Beteiligung der Schüler*innen und ihrem Einfluss darauf, was wie gemacht wurde. Nicht zwangsläufig führt eine Didaktisierung der Angebote, also in gewisser Hinsicht eine Anlehnung an Schulunterricht, zu einem Verlust an Mitwirkungs- und Einflussmöglichkeiten der Schüler*innen – und umgekehrt entstanden in gering durch die Angebotsverantwortlichen (vor)strukturierten Angeboten nicht von selbst größere Partizipationsräume (vgl. dazu die Angebotsmatrix in Graßhoff et al. 2019a, S. 216). Dies korrespondiert mit Analysen quantitativer StEG-Daten, die Sauerwein (2019) vorgelegt hat: Seine Auswertungen ergaben, dass entscheidender für die wahrgenommene Partizipation ist, ob Schüler*innen die Angebote freiwillig besuchen oder nicht, weniger aber der Umstand, ob sie unterrichtsnäher oder -ferner waren.

Im pädagogischen Laienhandeln konnten drei Modi des Umgangs mit dieser hybriden Ordnungsbildung an den Rändern der Schule identifiziert werden (vgl. Abb. 2).

Abb. 2: Handlungsmodi der pädagogischen Laien in außerunterrichtlichen Ganztags-angeboten

Insbesondere in prekären Situationen ließ sich beobachten, dass die angebots-verantwortlichen Laien versuchten, das jeweilige Problem zu lösen, indem sie auf eine rigide (imaginierte) schulische Ordnung zurückgriffen. In diesem *Modus der Imitation* versuchten sie sich performativ in die Position einer (vorge-stellten) Lehrer*innenrolle zu bringen. In einem recht frei angelegten Angebot ist dann bspw. plötzlich davon die Rede, dass störende Schüler*innen als Strafe vor die Lehrerzimmertür gesetzt werden. Darüber hinaus ist zu beobachten, dass auch eine Ausführung schulischer Ordnung seitens der Schule an die Angebotsverantwortlichen herangetragen wird, wodurch sich Anbietende in herausfordernden und prekären Situationen wiederfinden, da sie widersprüch-liche Aufgaben und Funktionen bearbeiten müssen. Als Beispiel einer solchen herausfordernden Herstellung von Ganztagsschule lassen sich die zahlreich be-obachteten Anwesenheitskontrollen anführen, in denen die Laien feststellen mussten, ob alle Schüler*innen anwesend sind. Diese Kontrollen wurden von den Schüler*innen ihrerseits nicht selten unterlaufen, indem sie Informations-defizite der Angebotsverantwortlichen ausnutzten oder die Prozedur dadurch ins Lächerliche zogen, dass sie Namen vertauschten (was nur möglich war, weil die Laien nicht immer alle Schüler*innen gut kannten). Als zweiter Modus lässt sich die Umkehrung dessen in der *Logik einer Distanzierung von der schulischen Ordnung* beobachten. In prekären Situationen handeln Laien zum Teil so, dass sie selbstverständliche pädagogische Aufgaben nicht angehen. Wird es prekär, „steigen sie aus der Situation aus" oder „schauen einfach weg", verweigern sich also der pädagogischen Aufgabe. So etwa, wenn in einer Fußball-AG dem

Wunsch nach freiem Spiel nachgegeben wird und der Angebotsverantwortliche sich dann von seiner Rolle als Trainer oder Schiedsrichter zurückzieht und auch dann nicht interveniert, wenn es zu groben Fouls und Konflikten unter den Schüler*innen kommt. Ein solches „Wegschauen" ist durchaus auch im professionalisierten Handlungsrepertoire von Lehrer*innen oder (Schul-)Sozialarbeiter*innen zu finden, dort aber idealtypisch als aktives Unterlassen oder pädagogische Permissivität (Wernet 2003) – als eine professionelle Praktik. Auch wenn die implizite pädagogische Motivierung in Beobachtungen von Praktiken nicht unmittelbar zugänglich ist, schien bei den untersuchten Laien anderes im Spiel zu sein: Das Wegschauen und Unterlassen erschien bei ihnen zumeist nicht als pädagogisch begründungspflichtige und -fähige Praktik, sondern schlicht als Rückzug auf die Rolle des Laien, der sich als Grenzgänger an den Rändern der Schule aufhält. Strukturell eröffnete so der Status des Laien die Möglichkeit, den schulischen Auftrag (z. B. oppositionelles Schüler*innenverhalten zu regulieren) zurückzuweisen. Schließlich kann als dritter Modus des Laienhandelns in unterrichtsfernen Angeboten eine *(Re)Inszenierung außerschulischer Alltagspraktiken* bzw. die Logik, eine nicht-schulische Sachkultur einfach in den schulischen Raum zu übersetzen, rekonstruiert werden. So wird ein Fußball-Anbieter, der Zeit seines Lebens im Verein gespielt hat, bei der Gestaltung seines Angebots quasi selbstverständlich auf Vereinspraktiken wie bspw. Übungsformen und Modi der Ansprache der Spieler*innen zurückgreifen, wie er sie selbst erlebt hat. Neben Praktiken aus Vereinskulturen lassen sich auch Praktiken beobachten, die in einem eher informell-familiären Kontext gründen. So fiel in einem Garten-Angebot die körperliche Interaktion zwischen der Anbieterin und den Schüler*innen auf. Die Schüler*innen (Fünft-, Sechst- und Siebtklässler*innen) wurden bspw. umarmt, geschoben oder quasi mitgenommen und „unter den Arm geklemmt", um sie auf etwas hinzuweisen.

Die drei Modi schließen sich nicht wechselseitig aus. Sie können in denselben Angeboten in unterschiedlichen situativen Konstellationen beobachtet werden. Insofern kann man sie als einen Komplex unterschiedlicher Praktiken im Laienhandeln bezeichnen, die in verschiedenen Situationen vollzogen werden, um jeweils die Anforderungen der Angebotsgestaltung am Rand der Schulkultur in situ zu lösen. Die Laien changieren in diesem Sinne auf opportune Weise zwischen diesen Handlungsmodi einer Adaption und Negation schulischer Praktiken, um in prekären Situationen zunächst für sich handlungsfähig zu bleiben (unabhängig davon, ob dies letztlich erfolgreich ist oder nicht). Und sie ignorieren in gewisser Weise dann die Situierung ihrer Angebote im schulischen Raum, wenn sie Praktiken von außen in die Schule hineintragen und dort reinszenieren. Dass dies nicht ohne weiteres möglich ist, zeigt sich dann, wenn Situationen prekär werden oder die pädagogischen Laien doch mit der Umsetzung schulisch-organisationaler Anforderungen konfrontiert werden.

3. Diskussion: Das schulische Laientum aus professionstheoretischer Sicht

Die Einblicke in die Praxis- und Handlungslogiken der von pädagogischen Laien durchgeführten Ganztagsangebote machen deutlich, dass hier in besonderer Weise – so die These im Folgenden – durch den hybriden Charakter pädagogisch anforderungsreiche Handlungssituationen entstehen. Im Anschluss an die strukturtheoretische Professionstheorie (vgl. Helsper 2016), die auf die unaufhebbaren antinomischen Strukturierungen pädagogischen Handelns in Schule und Unterricht abhebt, lassen sich die Angebote der Laien als solche beschreiben, in denen spezifische Entgrenzungen und antinomische Konstellationen zum Vorschein kommen. Drei davon seien akzentuiert:

1. Weil sie durch ein besonderes äußeres „Nicht-Festgestellt-Sein" durch schulische Strukturvorgaben und infolgedessen durch eine spezifische innere Kontingenz gekennzeichnet sind, wird tendenziell in den unterrichtsfernen Angeboten die *Organisationsantinomie* thematisch: Die Befreiung von organisatorischen Vorstrukturierungen fördert die interaktiven Gestaltungsmöglichkeiten, was zugleich aber auch heißt, nicht durch äußere Festlegungen entlastet zu sein.
2. Die Rekonstruktionen der Angebotspraktiken weisen darauf hin, dass auch die *Heteronomieantinomie* anders und komplizierter in unterrichtsfernen Angeboten gelagert ist: In der Regel gilt eine Teilnahmepflicht für die Schüler*innen, die durch die Laien auch überprüft werden muss; nicht alle Schüler*innen wählen sich nach eigenen Wünschen freiwillig in Angebote ein, manche werden auch von ihren Lehrer*innen bestimmten Angeboten zugewiesen. Dennoch sind die Angebote jenseits des Unterrichts von schulischen Leistungserwartungen eher frei, die Schüler*innen haben in ihnen die Möglichkeit, sich in etwas auszuprobieren, etwas kennenzulernen, ohne sich verbindlich längerfristig darauf einlassen zu müssen (vgl. Haude et al. 2020).
3. Insbesondere der letzte Modus, pädagogische Alltagspraktiken in die Schule zu übersetzen und den Umgang miteinander im Unterschied zum Unterricht in besonderer Weise zu informalisieren (dies auch vor dem Hintergrund, dass die entstehenden Kontakte zu den Schüler*innen in der Regel von kurzer Dauer eines Schul(halb)jahres sind), führt dazu, dass auch die *Näheantinomie* sich besonders in unterrichtsfernen Angeboten von Laien – möglicherweise aber auch darüber hinaus grundsätzlich in am Rande von Schule gelegenen Ganztagsangeboten – artikuliert.

Diese spezifische Lagerung pädagogischer Antinomien in den Laienangeboten und die prekären Situationen, in die sich die Laien verstricken, machen deutlich, dass von ihnen eine Reflexion und ein umsichtiger Umgang mit diesen

Spannungen in gleicher Weise geleistet werden müsste, wie es zu Recht von pädagogisch professionalisierten Fach- und Lehrkräften erwartet werden darf. Die oben skizzierten Beobachtungen des Austauschs der Laien untereinander und mit den schulisch Verantwortlichen legen nahe, dass mit einer von der Organisation ermöglichten und von den professionellen Padagog*innen begleiteten und moderierten kollegialen Prozessreflexion eher nicht zu rechnen ist.

Genau an dieser Stelle ist dann doch eine Strukturdifferenz zwischen Professionalität und Laientum einzuziehen. Professionalität als „wissenschaftlich basierte und zugleich gekonnte Beruflichkeit" (Dewe/Gensicke 2018, S. 7) zeichnet sich durch eine „Reflexivität zweiter Ordnung" aus, in der sich das Fallverstehen von komplexen Situationen vollzieht, Wissen und Können zueinander in Beziehung gebracht werden und auch die Möglichkeit entsteht, sich zu pädagogischen Rechtfertigungen des eigenen Handelns in ein reflektiertes Verhältnis zu setzen. Über eine Sachexpertise zu verfügen heißt nicht, damit zugleich eine Vermittlungsexpertise zu besitzen, und garantiert keineswegs jene erforderliche professionelle Reflexivität.

In der sozialpädagogischen Diskussion um das Verhältnis von Professionalität und Laientum hat Rauschenbach schon in den 1990er Jahren darauf aufmerksam gemacht, „dass Laien mögliche Nachteile auf dem einen Gebiet durch Vorteile auf anderen Gebieten mehr oder weniger vollständig kompensieren können. Also: Erfahrung und Intuition statt Wissen; Authentizität und Echtheit statt Methode; Milieunähe und Betroffenheit statt fallbezogener, routinierter Distanz" (Rauschenbach 1993, S. 217). Für die hier betrachteten Angebote und Handlungslogiken scheint dies allerdings nicht auszureichen. Vielmehr ist mit Bezug auf diese eine pädagogische Qualifizierung des Laienhandelns zwingend zu fordern. Pädagogische Laien benötigen über ihre Sachexpertise hinaus eine Vermittlungsexpertise und sie müssen in Praktiken des Reflektierens im Rückgriff auf höhersymbolisches konzeptuelles Wissen eingeübt werden, um eine pädagogische Risikofolgenabschätzung leisten und die eigene Befähigung weiterentwickeln zu können.

4. Fazit

Konstitutiv für Schule ist ein pädagogisches Handeln im Modus organisierter Professionalität. Die Entwicklung der modernen Schule lässt sich als ein Prozess zunehmender Professionalisierung und Verfachlichung lesen. Der Begriff der pädagogischen Laien war vormals eine Kategorie, mit der die Eltern bezeichnet wurden – die gar keine Mitgliedschaft in Schule besitzen, sondern Publikumsrollen einnehmen. Mit der Entwicklung der Ganztagsschule hat sich dies verändert. Die Umstellung auf den Ganztag bringt nicht nur eine Verschiebung hin zu einer mehr multiprofessionellen Organisation mit sich. Zugleich wächst die Zahl an pädagogischen Laien, die eigenverantwortlich pädagogische Arbeit am Nachmittag leisten und in Abblendung einer differenzierten Perspektive der Kategorie des „weiteren pädagogisch tätigen Personals" zugeschlagen werden.

Der Beitrag hat versucht, diese Entwicklung unter den Begriffen der Laisierung und Deprofessionalisierung des pädagogischen Handelns im Ganztag zu diskutieren. Zu beachten ist, dass aufgrund des Lehrkräftemangels auch vermehrt pädagogische Laien mit (formal, d. h. akademisch erworbener) Sachexpertise über Seiten- und Quereinstiege als angehende Lehrer*innen in die Schule kommen. Allerdings werden hier begleitende Programme zur (Nach)Qualifizierung aufgelegt, um on the job zu professionalisieren und Qualitätsstandards schulpädagogischen Handelns zu gewährleisten. Für die pädagogischen Laien im Ganztag existieren ein solches bildungspolitisches Qualitätsbewusstsein und entsprechende Maßnahmen in wesentlich geringerem Maße, und die (schul-)pädagogische Professionsforschung interessiert sich auch nicht annähernd so intensiv für pädagogische Laien im Ganztag wie für Seiten- und Quereinsteiger*innen in den Lehrkräfteberuf.

Ausgehend von einem professionstheoretischen Gegenhorizont, der Professionalität als institutionellen Standard markiert, wurde im letzten Abschnitt darauf hingewiesen, dass pädagogische Laien in der Ganztagsschule ebenso „professionalisierungsbedürftig" sind, auch dann, wenn sie im Sinne von Steiner als „professionalisierte" Laien gelten können. In der Idealisierung von laienpädagogischem Handeln gerät in Vergessenheit, dass Laisierung eben auch eine unterschiedlich weitreichende Deprofessionalisierung von Schule bedeuten kann, in der die Einhaltung von Standards der pädagogischen Arbeit ungewisser wird und die Kinder und Jugendlichen auch einer mehr riskanten, aber schulisch legitimierten Einflussnahme ausgesetzt sind, denn diese Ganztagsangebote sind offizielle schulische Pflichtveranstaltungen, wenn sich die Schüler*innen einmal in sie eingewählt haben (vgl. Idel/Kunze 2008).

Gerade vor dem Hintergrund der Unverzichtbarkeit dieser Personalkategorie für die Gestaltung des Ganztags soll hier dafür plädiert werden, sowohl in empirischen Studien als auch in der schul- und professionstheoretischen Forschung die Lücke zu pädagogischen Laien zu schließen und auch im Nachdenken über die konzeptionelle Gestaltung das Thema der Personalstruktur feinkörniger auszuleuchten:

1. Den Laien im Ganztag sollte insgesamt mehr Aufmerksamkeit geschenkt werden, gerade auch im Sinne einer pädagogischen Qualitätsentwicklung, die ihren Blick auf die Eignung, begleitende Qualifizierungen und die Gestaltung förderlicher Arbeitsbedingungen legt. Zu diskutieren wären auf der Ebene der Personalrekrutierung Qualitäts- bzw. Eignungsstandards, die in der systematischen Auswahl und Gewinnung von pädagogischen Laien in Anschlag gebracht werden sollten. Es sollten außerdem Fortbildungsange-

bote für Laien, die für den Ganztag z. T. schon vorhanden sind, regelhaft verfügbar und verpflichtend sein. Die Einbindung der pädagogischen Laien in die Institution Schule vor Ort ist eine organisationale Aufgabe von Schulleitungen und Ganztagsverantwortlichen. Ganztagsschulen sollten sich systematisch Gedanken machen, wen sie für welche Angebote einstellen wollen, wo Barrieren des Zugangs in der Unterscheidung von professionalisierten und „reinen" pädagogischen Laien einzuziehen sind. Strukturell für bessere Arbeitsbedingungen zu sorgen ist dagegen vor allem eine Aufgabe der Schulpolitik und Bildungsadministration, auch um die Bedingung für Schule zu schaffen, „gute" Laien längerfristig zu binden.

2. Forschungsbedarf besteht im Hinblick auf Panorama-Studien, die einen Überblick über schulische Rekrutierungs-, Integrations- und Qualifizierungsformen genauso wie über personenbezogene Qualifikationen, Kompetenzen und Wissensbestände, Einstellungen, pädagogische Orientierungen und Rollenverständnisse von pädagogischen Laien an Ganztagsschulen verschaffen. Hier gilt es die Perspektiven der frühen Ganztagsschulforschung aufzunehmen und weiterzuführen. Zum anderen wären tiefenschärfere Fallstudien nicht nur in der hier dargestellten ethnographischen Form, sondern auch vor dem Hintergrund der schwachen Einbindung von pädagogischen Laien in die Organisation als qualitativ-dynamische Netzwerkanalysen angezeigt, die ausleuchten, wie sich die pädagogischen Laien in die jeweiligen Organisations- und Schulkulturen und ihre Akteurskonstellationen einfügen, zu anderen relationieren und wie sie dort ihre Positionen übernehmen und ausgestalten. Nicht zuletzt auch, um auf der Grundlage eines solchen empirischen Wissens über pädagogische Laien Konzepte und Standards der systematischeren und gezielten Rekrutierung und Qualifikation zu entwickeln.

Weder sollte in unzulässiger Weise entdifferenzierend und einheitsstiftend von multiprofessionellen Teams bzw. multiprofessionellem weiteren pädagogisch tätigen Personal gesprochen noch schlicht und schematisch Professionelle und Laien entgegengesetzt werden; vielmehr scheint es notwendig, sowohl empirisch als auch theoretisch differenziert über das pädagogische Personal an Ganztagsschulen und was dies mit Schule und den Prozessen in ihr macht zu diskutieren und zu forschen. Gerade vor dem Hintergrund eines Rechtsanspruchs auf Ganztagsschulangebote scheint dies geboten zu sein – vorausgesetzt man will an der normativen Leitidee festhalten, dass auch an den Rändern der Schule und über den Unterricht hinaus ein Mindestmaß an Professionalisiertheit herrschen soll.

Literatur

Bauer, P. (2018): Multiprofessionalität. In: Graßhoff, G./Renker, A./Schröer, W. (Hrsg.): Soziale Arbeit. Eine elementare Einführung. Wiesbaden: Springer VS, S. 727–739.

Bebek, C./Idel, T.-S. (2021): Pädagogische Laien als Akteure in der Organisation Ganztagsschule. Ethnographische Beobachtungen aus dem Forschungsprojekt JenUs. In: Holtappels, H.-G. et al. (Hrsg.): IFS-Bildungsdialog 2020. Münster: Waxmann. (im Erscheinen)

Beher, K. (2005): Lage und Probleme des Personals im Ganztag: Nebenwirkungen nicht ausgeschlossen? Das Phänomen der Personalfluktuation (Expertise für das BLK-Verbundprojekt „Lernen für den Ganztag").

Beher, K./Rauschenbach, T. (2006): Die offene Ganztagsschule in Nordrhein-Westfalen. Ein gelungenes Zusammenspiel von Schule und Jugendhilfe? In: Zeitschrift für Erziehungswissenschaft 9, H. 1, S. 51–66.

Bollweg, P./Buchna, J./Coelen, T./Otto, H.-U. (2020): Handbuch Ganztagsbildung. Wiesbaden: Springer VS.

Breuer, A. (2015): Lehrer-Erzieher-Teams an ganztägigen Grundschulen. Kooperation als Differenzierung von Zuständigkeiten. Wiesbaden: Springer VS.

Coelen, T./Rother, P. (2014): Weiteres pädagogisch tätiges Personal an Ganztagsschulen. In: Coelen, T./Stecher, L. (Hrsg.): Die Ganztagsschule. Eine Einführung. Weinheim und Basel: Beltz Juventa, S. 111–116.

Dewe, B./Gensicke, D. (2018): Theoretische und methodologische Aspekte des Konzeptes „Reflexive Professionalität". In: Schnell, C./Pfadenhauer, M. (Hrsg.): Handbuch Professionssoziologie. Wiesbaden: Springer VS, S. 1–20, https://doi.org/10.1007/978-3-658-13154-8_6-11.

Graßhoff, G./Haude, C./Idel, T.-S./Bebek, C./Schütz, A. (2019a): Die Eigenlogik des Nachmittags. Explorative Beobachtungen aus Ethnografien zu außerunterrichtlichen Angeboten. In: Die Deutsche Schule 111, H. 2, S. 205–218.

Graßhoff, G./Haude, C./Bebek, C./Schütz, A./Idel, T.-S. (2019b): Die andere Seite der Bildung? Versuch einer Ordnungsbestimmung von außerunterrichtlichen Angeboten an Ganztagsschulen. In: neue praxis 49, H. 2, S. 147–163.

Haude, C./Schütz, A./Idel, T.-S./Graßhoff, G./Bebek, C. (2020): „Etwas lernen" und „Spaß haben". Modulationen des Umgangs mit der Sache in außerunterrichtlichen Ganztagsangeboten. Zeitschrift für interpretative Schul- und Unterrichtsforschung 9, S. 52–64.

Helsper, W. (2016): Lehrerprofessionalität – der strukturtheoretische Ansatz. In: Rothland, M. (Hrsg.): Beruf Lehrer/Lehrerin. Ein Studienbuch. Münster, New York: Waxmann, S. 103–125.

Höhmann, K./Bergmann, K./Gebauer, M. (2008): Das Personal. In: Holtappels, H. G./Klieme, E./Rauschenbach, T./Stecher, L. (Hrsg.): Ganztagsschule in Deutschland. Ergebnisse der Ausgangserhebung der „Studie zur Entwicklung von Ganztagsschulen" (StEG) (2. Aufl.). Weinheim und München: Juventa, S. 77–85.

Idel, T.-S./Kunze, K. (2008): Entwicklungsaufgabe Ganztagsschule. Neue Zuständigkeiten und professionelle Anforderungen – am Beispiel Rheinland-Pfalz. In: Die Deutsche Schule 100, H. 1, S. 97–108.

Idel, T.-S./Lütje-Klose, B./Grüter, S./Mettin, C./Meier, A. (2019): Kooperation und Teamarbeit in der Schule. In: Kloos, P./Fabel-Lamla, M./Kunze, K./Lochner, B. (Hrsg.): Pädagogische Teamgespräche. Methodologische und theoretische Perspektiven eines neuen Forschungsfeldes. Weinheim und Basel: Beltz, S. 34–52.

Kroner, W./Wolff, S. (1989): Pädagogik am Berg. Verwendung sozialwissenschaftlichen Wissens als Handlungsproblem vor Ort. In: Beck, U./Bonß, W. (Hrsg.): Weder Sozialtechnologie noch Aufklärung? Analysen zur Verwendung sozialwissenschaftlichen Wissens. Frankfurt am Main: Suhrkamp, S. 72–121.

Kunze, K. (2016): Multiprofessionelle Kooperation – Verzahnung oder Differenzierung? Einige Einwände gegen die Polarisierungstendenz einer Diskussion. In: Idel, T.-S./ Dietrich, F./Kunze, K./Rabenstein, K./Schütz, A. (Hrsg.): Professionsentwicklung und Schulstrukturreform: Zwischen Gymnasium und neuen Schulformen in der Sekundarstufe. Bad Heilbrunn: Julius Klinkhardt, S. 261–277.

Leussidis, E. (2016): Aufgaben und Veränderungsbedarf des weiteren pädagogisch tätigen Personals an Ganztagsschulen. Eine Analyse anhand des empirischen Materials der Studie zur Entwicklung der Ganztagsschule (StEG). Gießener Beiträge zur Bildungsforschung: Heft Nr. 11.

Radisch, F./Klemm, K./Tillmann, K.-J. (2017): Gelingensfaktoren guter Ganztagsschulen: Eine qualitative Studie bewährter Schulpraxis. In: Bertelsmann Stiftung, Robert Bosch Stiftung, Stiftung Mercator, Vodafone Stiftung: Mehr Schule wagen. Empfehlungen für den guten Ganztag, S. 20–38. www.bertelsmann-stiftung.de/fileadmin/files/Projekte/ 27_In_Vielfalt_besser_lernen/170511e_ganztagsschule_doppelseiten_small-mehr-schule-wagen-empfehlung_fuer-guten-ganztag.pdf (Abfrage: 14.08.2020).

Rauschenbach, T. (1993): Professionelle und Laien in der sozialen Arbeit: Kriterien für eine Grenzziehung aus sozialwissenschaftlicher Sicht. In: Sozialpädagogik 35, H. 5, S. 210–221.

Rother, P. (2019): Sortieren als Umgang mit Bildungsbenachteiligung. Orientierungen pädagogischer Akteure in einem kooperativen Ganztags-Setting. Reihe Studien zur ganztägigen Bildung. Weinheim und Basel: Beltz Juventa.

Olk, T./Speck, K./Stimpel, T. (2011): Professionelle Kooperation unterschiedlicher Berufskulturen an Ganztagsschulen – Zentrale Befunde eines qualitativen Forschungsprojektes. In: Zeitschrift für Erziehungswissenschaft 14, S. 63–80.

Sauerwein, M. N. (2019): Partizipation in der Ganztagsschule – vertiefende Analysen. In: Zeitschrift für Erziehungswissenschaft 22, S. 435–459.

Stecher, L./Krüger, H.-H./Rauschenbach, T. (2012): Ganztagsschule. Neue Schule? Wiesbaden: Springer VS.

Steiner, C. (2013). Die Einbindung pädagogischer Laien in den Alltag von Ganztagsschulen. In: bildungsforschung 10, H. 1, S. 64–90.

StEG-Konsortium (2019): Ganztagsschule 2017/2018. Deskriptive Befunde einer bundesweiten Befragung. Frankfurt am Main, Dortmund, Gießen & München. projekt-steg.de/sites/ default/files/Ganztagsschule_2017_2018.pdf. (Abfrage: 14.08.2020).

Tillmann, K. (2020): Weiteres pädagogisch tätiges Personal an Ganztagsschulen. In: Bollweg, P./Buchna, J./Coelen, T./Otto, H.-U. (2020): Handbuch Ganztagsbildung. Wiesbaden: Springer VS, S. 1377–1396.

Tillmann, K./Rollett, W. (2014): Multiprofessionelle Kooperation. Die Gestaltung des Personaleinsatzes als Gelingensbedingung. Die Grundschulzeitschrift 28, H. 274, S. 14–16.

Qualität: (Sozial-)pädagogische Herausforderungen

Sozialpädagogische Konzepte und Methoden in der Schule

Gunther Graßhoff/Markus Sauerwein

Ganztagsbetreuung ist ohne konzeptionelle und methodische Expertise der Sozialen Arbeit nicht denkbar. Dennoch ist die Frage, welchen Stellenwert sozialpädagogische Konzepte bei der Gestaltung von ganztägiger Betreuung hat immer noch umstritten. In diesem Beitrag wird ein sozialpädagogisch begründetes Verständnis von Konzept und Methoden eingeführt und auf den Kontext von Schule übertragen. An den wichtigsten Konzepten (Schulsozialarbeit, Ganztagsbildung bzw. Ganztagsschule) werden Herausforderungen aufgezeigt und im Hinblick auf einen Rechtsanspruch auf Ganztagsbetreuung fachliche Standards formuliert.

Sozialpädagogische Konzepte und Methoden im Kontext von Schule zu diskutieren ist in mehrfacher Hinsicht eine Herausforderung. Erstens ist die Methodendiskussion in der Sozialen Arbeit nur bedingt anschlussfähig an eine schulpädagogische Methodendiskussion. Während Lehrer*innen sich vor allem als Expert*innen im „unterrichten" begreifen und damit methodisch-didaktische Kompetenzen für sich in Anspruch nehmen (vgl. Hericks/Kunze/Meyer 2008) ist die methodische Expertise von Sozialpädagog*innen an Schulen diffuser (vgl. Chiapparini/Stohler/Bussmann 2018). Dies liegt nicht nur an der Spezifik sozialpädagogischer Methoden, sondern auch an der „nicht monopolisierten Zuständigkeit" (Galuske 2002, o. S.) der Sozialen Arbeit an Schulen.

Zweitens stellt sich die Frage, welche Transformationen sozialpädagogische Methoden in den institutionellen Kontext „Schule" erfahren. Sozialpädagogische Methoden sind in ihrem Handlungsfeld situiert und entsprechend findet die sozialpädagogische Methodendiskussion nicht losgelöst von organisationalen Strukturen statt. Es macht einen Unterschied, ob sozialpädagogisches Handeln an einer Ganztagsschule stattfindet und welche sozialräumlichen Bezüge und Bedingungen. Mit dieser zweiten Frage sind somit unterschiedliche Organisationsmodelle adressiert, wie Sozialpädagogik an Schule gestaltet ist. Eine ganztägig organisierte Schule bedarf einer anderen Zusammenarbeit und andere Angebote der Sozialpädagogik als halbtagsorganisierte Schulen. Entsprechend gibt es derzeit an den Schulen erhebliche Unterschiede, wie Soziale Arbeit mit der Schule verwoben ist: „Schulsozialarbeit" hat sich als eigenes Handlungsfeld weitgehend etabliert, punktuelle personelle Kooperationen (z-B. Anti-Mobbing-Trainer) sind weniger verbindlich an Schule angeschlossen. In einigen Bundesländern sind freie Träger der Jugendhilfe umfassend verantwortlich, den kompletten „Ganztag" an Schulen zu organisieren; weniger umfassend sind angebotsbezogene institutionelle Kooperationen (z. B. mit einem Jugendzentrum). Die Beispiele zeigen, dass Soziale Arbeit organisational unterschiedlich mit Schule verwoben bzw. mit Schule gekoppelt ist (vgl. Graßhoff et al. 2019). Zugleich kann auf übergeordneter Ebene, die Öffnung der Schule, als eine Stärkung „des emphatisch gedachten Pädagogischen, das im außerschulischen Sozialpädagogischen aufgehoben scheint, gegen die organisatorische Gestalt der real existierenden Schule" (Helsper 2001, S. 22) also gegen die Selektionsfunktion der Schule gelesen werden, die jedoch zweifelsohne virulent bleibt.

Drittens kann auf der Ebene der Akteure die Frage gestellt werden, inwiefern sozialpädagogisches Handeln monoprofessionell auf sozialpädagogische Fachkräfte bezogen wird oder in multiprofessionellen Arenen amalgamiert. Denn gerade aufgrund der multiprofessionellen Realität an vielen Schulen können Aufgaben, Ausbildung und Kompetenzen nicht klar voneinander getrennt werden und Lehrkräfte agieren beispielsweise auch sozialerzieherisch (vgl. Silkenbeumer/Thieme/Kunze 2018; Breuer/Idel/Schütz 2019; Chiapparini/Selmani/Kappler/Schuler 2018). So darf gefragt werden, ob ein*e Lehrer*in, bei der Gestaltung eines außerunterrichtlichen Angebots am Nachmittag (z. B. Klettern, Schach, Kreativangebot etc.) als „Lehrer*in" handelt oder vice versa ein*e Sozialpädagog*in, in der Hausaufgabenbetreuung oder im Unterricht sozialpädagogisch. Letztere werden von Schüler*innen in solchen Angeboten eher als Lehrer*in und weniger als Sozialpädagog*in wahrgenommen (vgl. Gadow et al. 2013). Ebenso kann die Allzuständigkeit der Lehrkräfte, als für Erziehung zuständige Sozialpädagogen*innen, im Sinne einer Entgrenzung des Pädagogischen kritisiert werden (vgl. Helsper 2001).[1]

Mit dem Rechtsanspruch auf Ganztagsbetreuung wird die Rolle von sozialpädagogischen Konzepten und Methoden an Schulen nicht völlig neu diskutiert werden. Dennoch werden in diesem Beitrag einige Chancen und Herausforderungen herausgearbeitet, wie Konzepte und Methoden der Sozialen Arbeit in ganztägigen Betreuungssettings ausdifferenziert werden können. Vor allem wird vor einer konzeptionellen Engführung gewarnt, sozialpädagogische Expertise an Schulen lediglich auf ein „erweitertes Methodenarsenal" zu reduzieren (Gesprächsführung, Mediation, Beratung etc.) und nicht in umfassende konzeptionelle Überlegungen einzubinden.

---

1   Solch entgrenzte pädagogische Konzepte sind vor allem im Kontext reformpädagogischer Traditionen auch im Hinblick auf Schutz bzw. persönliche Rechte von Kindern und Jugendlichen problematisiert worden.

In einem ersten Schritt werden drei zentralen Konzepte bzw. Orte sozialpädagogischen Handelns an Schulen (Schulsozialarbeit, Ganztagsschule und Ganztagsbildung) eingeführt und Gemeinsamkeiten wie auch Unterschiede herausgearbeitet. In dem nächsten Schritt wird ein Methodenverständnis aus der sozialpädagogischen Diskussion entfaltet und Anschlussmöglichkeiten an Schule skizziert. Diese konzeptionellen Überlegungen werden drittens dann auf die aktuelle Situation der Etablierung eines Rechtsanspruchs auf Ganztagsbetreuung bezogen und fachliche Herausforderungen formuliert. Interessanterweise scheint hiermit auch ein Blick auf sozialpädagogische Aktivitäten an Schule irritiert zu werden. Während diese vornehmlich als Re-Inklusionsarbeit für Schüler*innen zu verstehen sind, die durch die Dominanz der schulischen Selektionsfunktion Exklusionsrisiken befürchten (vgl. Helsper 2001), fokussiert der Rechtsanspruch vornehmlich alle Schüler*innen und scheint von der Orientierung her demnach eher der Jugendarbeit vergleichbar. So bestünde auch die Chance Schule sozialpädagogisch dahingehend zu gestalten, dass es gar nicht erst zu Exklusionsrisiken kommt (vgl. ebd.).

1. Sozialpädagogisches Handeln und Orte im Kontext von Schule

Wenn die Methodendiskussion an Schulen nur innerhalb der unterschiedlichen Settings diskutiert werden kann, so sollten zunächst die relevanten Formen, wie Soziale Arbeit an Schulen tätig ist, differenziert werden. Idealtypisch wird dies hier über drei zentrale Forschungsfelder gemacht: Der Forschung zur Schulsozialarbeit (1.1), der Ganztagsschulforschung (1.2) und den Diskursen zu Ganztagsbildung (1.3).

1.1 Soziale Arbeit an Schulen: Schulsozialarbeit

Schulsozialarbeit[2] gilt mittlerweile als eine selbstverständliche, niedrigschwellige und dauerhafte Leistung an Schulen (vgl. Spies 2018; Chiapparini et al. 2018), an der „sozialpädagogische Fachkräfte […] mit Lehrkräften auf einer verbindlich vereinbarten Basis zusammenarbeiten" (Speck 2020, S. 632), wobei es „die" Schulsozialarbeit nicht gibt (vgl. Zankl 2017). Mit Schulsozialarbeit haben sich sozialpädagogische Fachkräfte in multiprofessionellen Teams an Schulen etabliert. Sozialpädagogik ist ein unbestrittener Akteur in der Institution Schule. Dennoch müssen die Bedeutungen und die Aufgaben von Schulsozialarbeit als genuin sozialpädagogische Expertise relativiert werden. Schulsozialarbeit ist aufgrund ihrer rechtlichen wie auch formalen Zwischenposition eher als hybrid zu bezeichnen: Die unklare rechtliche Positionierung zwischen Schulgesetzen und SGB VIII führt in den Bundesländern und auch in der kommunalen Selbstverwaltung zu ganz unterschiedlichen Positionierungen und Konzepten (vgl. Speck 2009). Obwohl bereits der Begriff Schulsozialarbeit sozialpädagogische Expertise suggeriert, muss die Praxis als sehr heterogen beschrieben werden, was sich auch daran ablesen lässt, dass Unklarheiten bestehen, wie viele Personen „Schulsozialarbeit" betreiben – hier schwanken die Zahlen zwischen 5.000 (vgl. Speck 2014; Speck 2020) und 16.000 (vgl. Zankl 2017). Dies ist u. a. darauf zurückzuführen, dass Schulsozialarbeiter*innen über die Jugendhilfe, die Schule bzw. den Schulträger aber auch über Zuwendungen der Bundesländer angestellt sind. Das Aufgabenprofil und das Selbstverständnis von Schulsozialarbeiter*innen unterscheiden sich sehr stark. Ein fester Kern von Aufgabenprofilen kann nicht identifiziert werden. Deshalb muss die Tätigkeit von Schulsozialarbeiter*innen nicht nur im engeren Sinne sozialpädagogische Beratung und Unterstützung in Einzel- und Gruppensettings bedeuten, sondern es können auch schulische Aufgaben, z. B. in der Organisation des Ganztages, identifiziert werden (vgl. Altermann et al. 2016). Für einzelne Bundesländer oder Städte gibt es deskriptive Beschreibungen, der von Schulsozialarbeiter*innen vorwiegend wahrgenommen Aufgaben. Am Beispiel von zwei Erhebungen (vgl. Deinet/Nelke 2015; Busche-Baumann et al. 2016) wird die Unterschiedlichkeit der Tätigkeiten sichtbar. Neben den Schüler*innen bezogenen Tätigkeiten, fallen auch Angebote für Eltern, gemeinsame Tätigkeiten mit Lehrkräften (z. B. Austausch, Planen und Durchführen gemeinsamer Projekte) sowie auch schulorganisatorische Angebote (z. B. Netzwerkarbeit, Treffen mit der Schulleitung) ins Aufgabenspektrum der Schulsozialarbeiter*innen (Abb. 1).

---

2   Wir subsumieren hier unter Schulsozialarbeit alle unterschiedlichen Bezeichnungen für sozialpädagogische Fachkräfte am Ort Schule in den Bundesländern, wie etwa „Soziale Arbeit an Schulen" (Brandenburg), „Jugendarbeit an Schulen" (Thüringen) etc. (Speck, 2009).

Abb. 1: Angebote für Schüler*innen der Schulsozialarbeit

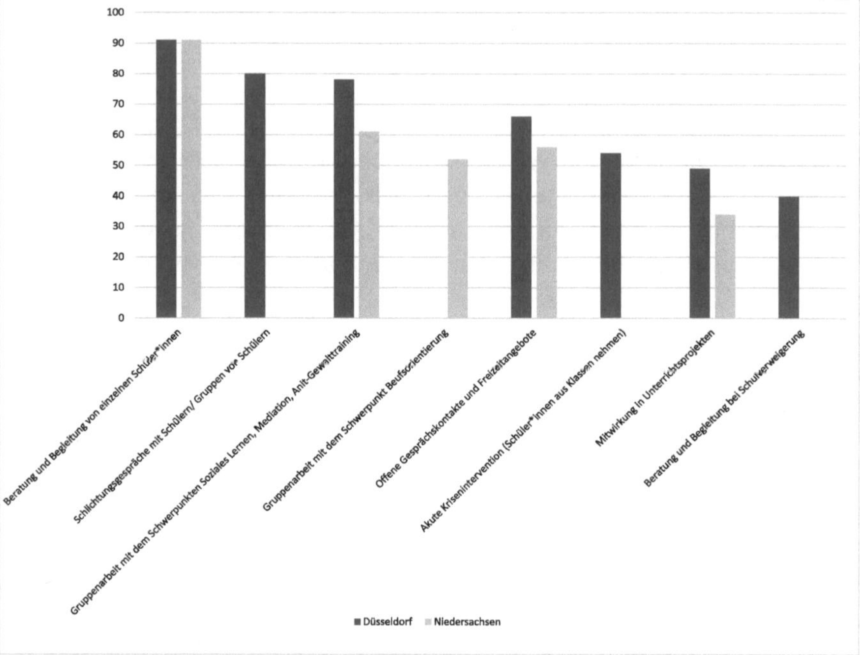

(eigene Darstellung basierend auf Deinet und Nelke (2015) sowie Busche-Baumann et al. (2016). Angegeben sind die Zustimmungswerte wie oft bzw. sehr oft Sozialarbeiter*innen nachfolgende Tätigkeiten ausführen)

Aufgrund dieser äußerst heterogenen Tätigkeiten, Angebote und den damit verbunden Zielsetzungen, sind auch die „Wirkungen" von Schulsozialarbeit im engeren Sinne schwer messbar (vgl. Speck/Olk 2010). Die offene Aufgabenbestimmung von Schulsozialarbeit macht formative Evaluationen auf der Ebene des Systems nahezu unmöglich. Wirkungen von Schulsozialarbeit sind im hohen Maße abhängig von Zielen, Rahmenbedingungen und gelungenen Kooperationsbeziehungen. Diese lassen sich jedoch vornehmlich auf der Ebene von Einzelschulen bestimmen (vgl. Speck 2009).

1.2 Soziale Arbeit als Akteur in der Ganztagsschule

Das Verhältnis von Schule und Sozialpädagogik hat sich insbesondere auch durch die Entwicklung der Ganztagsschule seit den 2000er Jahren verschoben. Der Ausbau ganztägiger Schulformen gilt als Katalysator von Schulöffnung. Schultheoretisch kann von Grenzverschiebungen im Sinne einer strukturellen Öffnung von Schule in den außerschulischen Bereich ausgegangen werden (vgl. Kolbe/Reh/Fritzsche/Idel/Rabenstein 2009). Aus quantitativer Sicht zeigt sich dies darin, dass rund drei Viertel aller Ganztagsschulen mit außerschulischen

Partnern und die Hälfte der Schulen mit der Kinder- und Jugendhilfe[3] kooperieren (vgl. StEG-Konsortium 2019). Die Ausdehnung von Schule auf den ganzen Tag – wobei Schule hier nicht mehr als „Unterrichtsschule" zu verstehen ist – ist eine bildungspolitische Leitlinie, die strukturell die Kooperation mit außerschulischen Partnern mitdenkt. Ohne die Kooperation mit örtlichen Trägern und Vereinen der außerschulischen Bildung sind Ganztagsschulen gar nicht denkbar. Die Kooperationsformen zwischen den Schulen und außerschulischen Bildungsinstitutionen sind vielfältig (vgl. Arnoldt 2011), wobei Organisationen der Kinder- und Jugendhilfe quantitativ nach den Sportvereinen die wichtigsten Kooperationspartner darstellen (vgl. StEG-Konsortium 2019).

Vor diesem Hintergrund hat sich mittlerweile ein eigenständiger Forschungsbereich um außerunterrichtliche Bildungsangebote im Kontext Ganztag etabliert: Es wird betrachtet, welche Arten von außerunterrichtlichen Angeboten Schüler*innen im Ganztag besuchen können, wobei hier von sportiven über fachbezogene (Förder-)Angebote und Hausaufgabenbetreuung bis hin zu Angeboten zum sozialen Lernen an den meisten Schulen eine große Vielfalt besteht (vgl. ebd.). Mit diesen Angeboten sollen Teilhabechancen für Heranwachsende aus benachteiligten Milieus eröffnet werden (vgl. Züchner/Arnoldt 2011). Die Angebote scheinen jedoch nicht – wie bildungspolitisch erhofft – die kognitiven Kompetenzen von Schüler*innen zu verbessern (vgl. Tillmann et al. 2017; Fischer et al. 2016; Bellin/Tamke 2010; Linberg/Struck/Bäumer 2018; Steinmann/Strietholt/Caro 2018), sondern eher – in Abhängigkeit von der Angebotsqualität – die sozio-emotionale Entwicklung anzuregen (vgl. Fischer/Kuhn/Züchner 2011; Sauerwein et al. 2017).

Konzeptionell können diese Angebote in einer Zwischenstellung von Unterricht und sozialpädagogischen Angeboten verortet werden (vgl. Sauerwein 2017), wobei hier nochmals weiter zu differenzieren ist. Einige Angebote sind eng an die lokale Schulkultur angeschlossen, bei anderen besteht lediglich eine lose Koppelung (vgl. Graßhoff/Haude/Idel/Bebek/Schütz 2019). Zudem sind viele dieser eher sozialpädagogischen Angebote in Schule organisational „anders" gerahmt als außerhalb. So gibt es beispielsweise Überprüfungen von Anwesenheit (vgl. ebd.), eine stärkere Einbindung in schulische Aufgaben, um den Bildungserfolg von Schule abzusichern (vgl. Zipperle 2015; Göppel 2012), sowie Engagement in der Hausaufgabenbetreuung (vgl. Rother 2019).[4]

---

3   Gymnasien kooperieren etwas seltener mit der Kinder- und Jugendhilfe
4   Zipperle (2016) differenziert zwischen drei Formen wie sich Kinder- und Jugendhilfe in Bezug zur Ganztagsschule transformiert. So können erstens Angebote der Kinder und Jugendhilfe in die Schule verlagert werden, zweitens eine Annäherung stattfinden, wenn Angebote von der Kinder- und Jugendhilfe organisiert werden, aber ihr Schulbezug intensiviert wird und es drittens zu einer Abkopplung der Angebote kommen, um ein eigenständiges Profil zu wahren oder zu erhalten.

Der Ausbau der Ganztagsschule ist somit eine der bildungspolitischen Entwicklungen in den letzten 20 Jahren, die die selbstverständliche Präsenz von „Nicht-Lehrkräften" als weiteres pädagogisches Personal an Schule durchgesetzt hat. Die empirische Vergewisserung zeigt jedoch auch, dass in sozialpädagogischen Studiengängen das Thema „Ganztag" kaum aufgegriffen wird (vgl. Sauerwein & Herr, i.E.) und nicht alle dieser neuen Akteursgruppen überhaupt eine sozialpädagogische Ausbildungen haben. Auch wenn eine genaue und differenzierte quantitative Vermessung des Feldes noch aussteht, kann angenommen werden, dass sich vor allem die Rolle und auch Quantität von nicht professionalisierten pädagogischen Akteuren („pädagogischen Laien" Steiner 2013; Idel in diesem Band) im Rahmen von Schule gewandelt hat. Für das Feld der Schulbegleitungen kann im Grunde analog argumentiert werden. Die steigende Anzahl von Schulbegleiter*innen an Schulen (über unterschiedliche Rechtskreise) läuft auf der Ebene der systematischen Qualitätssicherung weitgehend ungesteuert. Auch in diesem Feld gilt weder ein Fachkräftegebot noch klare Regelungen zu pädagogischen Zugangsvoraussetzung (vgl. Demmer/ Heinrich/Lübeck 2017).

Die Tatsache der Öffnung von Schule, auch für Laien, wird normativ sehr unterschiedlich gewertet. Berufsverbände und Gewerkschaften begreifen diese Tendenz vor allem als Abwertung pädagogischer Berufe und Deprofessionalisierung bzw. Sparpaket (vgl. Köhler 2021 i.E.). In der Praxis werden aber auch die steigenden Möglichkeiten dieser „Schulöffnung" für andere Berufsgruppen hervorgehoben. Mit dem Rechtsanspruch auf Ganztagsbetreuung für Grundschulkinder wird sich nicht nur aufgrund des Fachkräftemangels, sondern auch im Hinblick auf Qualitätssicherung der Betreuungsangebote die Frage der Qualifizierung des Personals verschärft stellen – dies schon deshalb, weil nicht genügend sozialpädagogisches Personal, Erzieher*innen oder Lehrkräfte, vorhanden ist.

1.3 Ganztagsbildung und kommunale Bildungslandschaften

Aus einem explizit sozialpädagogischen Diskurs heraus hat sich in den vergangenen Jahren der Begriff der Ganztagsbildung (vgl. Coelen 2002) etabliert. Er ist nicht lediglich im Zusammenhang mit dem Ausbau von Ganztagsschulen zu sehen, sondern folgt einer breiteren gesellschaftstheoretischen Perspektive. Gleichzeitig ist aber die Parallelität des Ausbaus von Ganztagsschulen und der Konzepte von Ganztagsbildung kein Zufall. Die sozialpädagogischen Reaktionen der Formulierung eines erweiterten Bildungsverständnisses sind ohne die oben skizzierte bildungspolitische Rahmung nicht zu verstehen (vgl. Graßhoff 2015). Ganztagsbildung vereint unterschiedliche Facetten institutioneller und subjektbezogener Bildungsdimensionen:

„Die Bezeichnung ‚Ganztagsbildung' dient als Chiffre für einen gesellschaftstheoretisch fundierten Konzeptvorschlag, der Möglichkeiten zur Identitätsentwicklung und Ausbildung von Kindern und Jugendlichen u. a. in Jugendeinrichtungen und Schulen auf Basis der institutionellen Eigenheiten – und damit ihrer bildungsrelevanten Strukturprinzipien – im Rahmen einer räumlich begrenzten, regionalen oder lokalen Bildungslandschaft fasst" (Coelen/Otto 2008a, S. 17).

Das Konzept der Ganztagsbildung soll als Kontextualisierung von unterschiedlichen Akteuren, Settings und Institutionen dienen. Das Innovative an diesem Ansatz ist die radikale Perspektive auf Kinder und Jugendliche in ihren individuellen Lebenslagen und das Überschreiten von disparaten und getrennten Bildungsorten (vgl. Coelen/Otto 2011), die jedoch ihre Eigenheiten beibehalten sollten (vgl. Coelen 2006). Gleichzeitig wirkt das Konzept der Kommunalen Bildungslandschaften vor allem metaphorisch. Nicht die Leistung einer Organisation (Schule, Jugendbildung, Erziehungshilfe) steht im Vordergrund, sondern die aufeinander bezogene und subjektorientierte soziale Infrastruktur im Sozialraum insgesamt kann individuelle Bildungsprozesse ermöglichen. Schule und Jugendhilfe werden hier im Kontext eines integrierten Systems von Bildung, Erziehung und Betreuung gedacht (vgl. Zipperle 2016). Da hierbei der Ausgangspunkt das lernende Subjekt ist und informelle und non-formale Bildungsprozesse oft nicht planbar sind und entsprechend schwierig institutionell verorten lassen, entziehen sich diese jedoch der Planbarkeit einer Bildungslandschaft (vgl. Deinet 2020). Auch werden in jüngerer Zeit Positionen formuliert, die das Konzept der Ganztagsbildung kritisch betrachten. Sie weisen darauf hin, dass die Transformationsprozesse im Kontext Ganztag ausgeblendet werden, die strikte Trennung der Institutionen Schule und Jugendhilfe nicht der Realität entspricht, und plädieren statt dessen für einen Rückbesinnung auf ein sozialpädagogisches Bildungsverständnis im Kontext Schule (vgl. Sauerwein/Thieme/ Chiapparini 2019). Auch ist einzuwenden, dass eine gänzliche Öffnung der Schule für/in die jugendlichen Lebenswelten nicht gelingen kann, da dies letztlich eine Didaktisierung der Jugendkultur bedeutet und diese so überformt (vgl. Helsper 2001). Ebenso ist die Einführung von Bildungslandschaften als bildungspolitische Vorgabe zu sehen, die ohne Zweifel mit positiven Intentionen verbunden war, jedoch Gegebenheiten vor Ort in der praktischen Umsetzung nicht immer hinreichend berücksichtigt (vgl. Gumz 2019).

2. Sozialpädagogische Konzepte und Methoden an Schulen – Anschlussmöglichkeiten und Grenzen

Für die Diskussion sozialpädagogische Methoden in der Schule muss zwischen Konzepten (1), Methoden (2) und Techniken und Verfahren (3) (vgl. Geißler/

Hege 2001; Galuske 2002) differenziert und dies für das Handlungsfeld Schule adaptiert werden.

(1) Konzepte bilden in diesem Zugang den umfassendsten Anspruch bei der Reflexion sozialpädagogischen Handelns an Schulen. „Unter Konzept verstehen wir ein Handlungsmodell, in welchem die Ziele, die Inhalte, die Methoden und die Verfahren in einen sinnhaften Zusammenhang gebracht sind. Dieser Sinn stellt sich im Ausweis der Begründung und der Rechtfertigung dar" (Geißler/Hege 2001, S. 23). Für die Arbeit an Schulen bedeutet eine solche konzeptionelle Verständigung deshalb ein hoch ambitioniertes Unterfangen: Denn es erfordert in den Schulen geteilte Begründungen und Ziele bei der Reflexion von Handlungsvollzügen. In einer Ganztagsschule wäre dies z. B. die Verknüpfung des Konzeptes von Ganztagsbildung mit dem der Schulsozialarbeit. Nicht vereinzelte sozialpädagogische Maßnahmen, sondern abgestimmte gemeinsame Ziele sind Kennzeichen dieses anspruchsvollen Unterfangens. Mit Speck (2020, S. 636) wird hier Sozialpädagogik als „Schnittstellenakteurin" relevant (vor allem zu Angeboten und Institutionen der Kinder- und Jugendhilfe) und kann in einem erweiterten Bildungsverständnis Identitätsbildung von Kindern- und Jugendlichen ermöglichen. In der Verbindung von Ganztagsbildung und Schulsozialarbeit müssen die sozialräumlichen Verortungen explizit aufgenommen werden und Biografien von Kindern und Jugendlichen jenseits von Lernbiografien verstanden werden.

(2) Methoden sind in diesem Verständnis der planerische Teil der Handlungskoordination und umfassen vor allem Fragen, wie Handeln begründet geplant wird. Dies könnte beispielsweise „offene Sprechzeiten" der Schulsozialarbeiter*in sein (um Zugang zu den Schüler*innen zu erhalten), die gemeinsame Einrichtung eines Schüler*innen Cafes etc.

(3) Verfahren und Techniken sind letztlich dann nur die einzelnen Werkzeuge in diesem systematischen Prozess. Als „Werkzeuge" stellen Verfahren und Techniken (z. B. der Gesprächsführung, der Hilfeplanung etc.) funktionierende Handlungsmuster dar, die sich als nützlich in der Reflexion sozialpädagogischen Handelns etabliert haben.

Bei der Umsetzung des Rechtsanspruchs wird es gesteigert darauf ankommen, vor allem die konzeptionelle Ebene in den Blick zu nehmen und sich nicht lediglich auf methodisches Handeln zu beschränken.

Eine andere Differenzierung sozialpädagogischen Handelns orientiert sich an den einzelnen Phasen der Gestaltung von Hilfeprozessen. Auch im Kontext von Schulen sind Hilfeprozesse immer zunächst zu verstehen und zu deuten (Anamnese und Diagnose) und werden in Interventionen überführt. Diese müssen dann systematisch evaluiert werden (vgl. Müller 1993). Galuske und

Müller konkretisieren diesen zeitlichen Verlauf der Hilfeplanung und Gestaltung in verschiedene Handlungsanforderungen, die auf das Feld der Schule übertragen werden können.

- „Hilfen zur Informationsgewinnung über sowie Analyse und Reflexion von KlientInnen(biografien), Situationen, institutionellen Settings, sozialräumlichen Strukturen und Netzwerken;
- Hilfen zur Gestaltung von Kommunikation und Interaktion mit KlientInnen,
- Klientengruppen und Akteuren in sozialen Netzwerken;
- Hilfen zur Gestaltung von flexiblen institutionellen Settings, je nach den Erfordernissen
- des Einzelfalls;
- Hilfen zur Phasierung des Hilfeprozesses in einzelne Handlungsschritte; Hilfen
- zur Sicherung der Partizipation von KlientInnen, Klientengruppen und sozialer
- Netzwerke im Hilfeprozess;
- Hilfen zur prozessbegleitenden Kontrolle der Folgen der Intervention" (Galuske/ Müller 2010, S. 593).

Entlang der unterschiedlichen Phasen sozialpädagogischen Handelns können mit dieser Struktur relativ gut Anforderungen an Fachkräfte formuliert werden. Zum Beispiel „Schulabstinenz" wird in diesem Sinne nicht als ein „Verhalten" eines Schülers gedeutet, welches verändert werden muss, sondern zunächst im Kontext von Lebenslage und Biografie analysiert. Sozialpädagog*innen haben besondere Fähigkeiten, mit den jungen Menschen umfassend ins Gespräch zu kommen. Erst mit dem Verstehen der gesamten Fallstruktur lassen sich sinnvolle „Interventionen" planen und durchführen. Denn gerade beim Thema Schulabstinenz zeigen sich Standardprogramme als wenig wirkungsvoll, da hinter dem Phänomen Schulabstinenz sich ganz unterschiedliches verbergen kann. Nach einer Intervention muss im professionellen Setting immer zurückgeblickt werden und kritisch gelungene Aspekte, wie auch nicht beabsichtigte Nebenfolgen reflektiert werden.

Einen letzten Zugang kann aus der spezifischen Struktur „sozialpädagogischen Sehens" identifiziert werden. Mit dem sozialpädagogischen Blick werden insgesamt Haltungen beschrieben, die weniger auf konkrete Situationsgestaltung ausgerichtet ist, als übergeordnete Positionierungen hervorhoben werden. Der Kern sozialpädagogischen Handelns ist in diesem Sinne vor allem ein spezifisches Fallverstehen. Betont wird vor allem eine sozialpädagogische Haltung, die nicht an einzelnen Merkmalen einfach beschrieben werden kann, sondern insgesamt als eine habitualisierte Struktur nicht immer bewusst ausgeführt wird. Schon Anfang der 1990er Jahre werden in einem Buch mit dem Titel „Der sozialpädagogische Blick" (Rauschenbach/Ortmann/Karsten 1993) unterschiedliche methodische Reflexionen im Kontext der Lebensweltorientierung versammelt. Das gemeinsame Merkmal der Beiträge ist eine grundlegende Skepsis gegenüber einem „klassischen" Verständnis sozialpädagogischer Methoden. Die Skepsis bezieht sich vor allem auf die Vorstellung, mit dem methodischen Arsenal der Sozialen Arbeit eine disziplinäre Identität zu konstituieren.

> „ ‚Methoden' galten lange Zeit als *das* zentrale Erkennungszeichen der Sozialarbeit und Sozialpädagogik. Je vielfältiger, umfangreicher und gesellschaftlich bedeutungsvoller die Soziale Arbeit allerdings im Laufe des Modernisierungsprozesses geworden ist, umso diffuser, verwirrender und schwieriger wurde die Beantwortung der Frage nach ihrem spezifischen Methodenarsenal und Handlungsrepertoire." (ebd. S. 7).

Konstruktiv gewendet erscheint mit der Metapher des sozialpädagogischen Blickes eine konzeptionelle Neuorientierung in Sicht. Der sozialpädagogische Blick vereinigt spezifische methodische Prämissen einer „strukturierten Offenheit" (Thiersch 2005). Diese Orientierung ist in neuer Weise anschlussfähig an alte kasuistische Prämissen der Sozialpädagogik. Geht es doch beim sozialpädagogischen Verstehen immer um eine möglichst breite, multiperspektivische Betrachtung (vgl. Müller 1993) von Fällen.

> „Kurz: Ein moderner, eigenständiger, ambitionierter und qualifizierter ‚sozialpädagogischer Blick' müsste dem Anspruch einer reflexiven Modernisierung und einer komplexen, aufgabenangemessenen Herangehensweise allemal gerecht werden. Im Bild formuliert: Ein gutes Weitwinkelobjektiv wäre für diesen Blick genauso unentbehrlich wie ein sensibles Teleobjektiv" (Rauschenbach/Ortmann/Karsten 1993, S. 9).

Sozialpädagogisches Sehen zeigt sich in diesem Bild damit in dem komplementären Zusammenhang von Distanzierung auf der einen Seite und Fokussierung auf der anderen Seite. Anders ausgedrückt: In dem Wechselspiel von Struktur und Subjekt.

Für das obige Beispiel zum Schulabsentismus könnte man festhalten, dass der sozialpädagogische Blick gerade in Schule eine zentrale Bedeutung hat. Schule und Lehrer*innen mehr an der Gestaltung von Lernprozessen orientiert und verstehen „Verzögerungen" in diesem Kontext eher als Abweichung. Der sozialpädagogische Blick hingegen ist umfassender auf Fallverstehen ausgerichtet und kann hier im Sinne jugendlicher Identitätsbildung wichtige Vermittlung leisten. Für die Schulsozialarbeit hat in wissenssoziologischer Tradition Baier (2013) das sehr anschaulich pointiert.

> „Der wissensbasierte sozialpädagogische Blick trägt insofern dazu bei, dass Konstruktionen sozialer Wirklichkeiten in Schulen um weitere, auf umfangreichen Fachwissen basierende Deutungen ergänzt werden. Nicht selten wird durch solche umfangreicheren Verstehensprozesse dann aus einem ‚schwierigen Schüler' ein

‚Schüler in Schwierigkeiten', mit dem nach einem solchen Verstehensprozess ganz anders umgegangen bzw. dem ganz anders geholfen werden kann" (Baier 2013, S. 95).

Zusammenfassend zeigt sich in der sozialpädagogischen Diskussion um Konzepte und Methoden in Schule, dass es nicht lediglich um eine Adaption von *einzelnen* sozialpädagogischen Methoden gehen kann. Nur in breiten konzeptionellen Reflexionen (z. B. in der Verbindung von Schulsozialarbeit und Ganztagsbildung) können tatsächliche schulische Lernkulturen verändert werden. Der sozialpädagogische Blick ist in diesem Verständnis eine besondere Form des Verstehens von Situationen an Schulen, die sich den Expertisen anderer Professionen unterscheidet. Mit der Umsetzung des Rechtsanspruchs auf Ganztagsbetreuung werden alleine schon aufgrund des institutionellen Ausbaus an vielen Stellen improvisierte Konzepte in kurzer Zeit entstehen. Es ist die Aufgabe von Wissenschaft und Praxis, die hier aufgezeigten konzeptionellen Maßstäbe auch in dieser Phase der weiteren Expansion hoch zu halten.

3. Sozialpädagogische Konzepte und Methoden in der Schule vor dem Kontext des Rechtsanspruchs auf Ganztagsbetreuung

Es kann derzeit nicht davon ausgegangen werden, dass in der Durchsetzung des Rechtsanspruchs auf Ganztagsbetreuung konzeptionelle und methodische Standards rechtlich formuliert werden. Die hier aufgemachte Methodendiskussion innerhalb der Sozialen Arbeit hat gezeigt, dass dies auch gar nicht sinnvoll bzw. möglich erscheint.

Wie oben bereits ausgeführt können sozialpädagogische Konzepte vor allem einen erweiterten Blick auf Kindheit und Jugend ermöglichen. Dieser ist auf umfassende Kompetenzförderung und Identitätsbildung von Kindern und Jugendlichen ausgerichtet, denkt Schulen in ihrem Sozialraum und vernetzt unterschiedliche Akteur*innen und Institutionen, bewahrt aber die Besonderheiten von Jugendhilfe *und* Schule in ihrer spezifischen professionellen Logik. Mit dem Ausbau der Ganztagsbetreuung gilt es diese „andere Seite von Schule" immer wieder mitzudenken, denn eine Analyse der vorliegenden Richtlinien und Erlasse deutet darauf hin, dass die Ganztagsschulreform „ohne hinreichende strategische Verknüpfung mit sozialpädagogischen Diskursen und Praxen (Schulsozialarbeit) stattfindet" (Speck 2020, S. 637).

Auch die Ideen der Bildungslandschaft (als Aspekt einer Sozialraumorientierung) können gut mit dem Konzept der Ganztagsbildung integriert werden und betonen hierbei die individuelle Seite von Bildung (vgl. Deinet 2020). Zentral ist hierbei zu betrachten, wie sich die sozialpädagogischen Methoden transformieren – auch gerade im Angesicht des geplanten Rechtsanspruchs. Nachfolgend wird ein entsprechender Versuch unternommen.

Das Konzept kommunaler Bildungslandschaften ist ebenso ein wichtiger Baustein auf dem Weg der Etablierung des Rechtsanspruchs. Dies bedeutet praktisch, dass nicht nur die Schule als Ort und Institution einbezogen wird, sondern auch die Angebote der Kinder und Jugendhilfe (die rechtlichen Rahmenbedingungen sprechen dafür, dass auch der Rechtsanspruch über das SGB VIII durchgesetzt wird, vgl. Wrase in diesem Band). Jugendhilfe kann dabei auch als Akteur in der Schulentwicklung auftreten (vgl. Zipperle 2016). Hierbei sind die unterschiedlichen sozialpädagogischen Methoden an die Gegebenheiten, den Sozialraum sowie die Adressat*innen zu adaptieren, um hier individuelle Passung zu ermöglichen. Dies führt letztlich auch dazu, dass kein „Methodenkoffer" oder „Rezept" für eine sozialpädagogische Umsetzung des Rechtsanspruchs präsentiert werden kann und somit – wie oben Angesprochen – Diffusität, nicht zu verwechseln ist mit Beliebigkeit. Diese Diffusität könnte positiv formuliert auch als Vielfalt oder „strukturierten Offenheit" (Thiersch 2005) bezeichnet werden. Sozialpädagogische Methoden können in diesem Verständnis mehr sein als Verfahren und Techniken, die für den Kontext Schule genutzt werden können. Auch bei der Umsetzung des Rechtsanspruchs sollte man sich nicht mit weniger zufrieden geben, zumal der Rechtsanspruch – im Kontrast zur Ganztagsschulreform eine Chance bietet. Während Ganztagsschulen in der Verantwortung des Schulsystems liegen, wird der Rechtsanspruch über das Sozialgesetz geregelt und fällt damit in den Bereich der Kinder- und Jugendhilfe. In diesem Sinne ginge es darum qua konzeptioneller Verknüpfung einen Rahmen für das gelingende Aufwachsen von Kinder bereitzustellen, der institutionelle Grenzen überwindet.

Zugleich bestehen hierbei auch Risiken, denn nicht alle Lebensbereiche von Kindern sollten pädagogisiert und didaktisiert werden. Sozialpädagogik kann qua des Rechtsanspruchs aus der Funktion Defizite von durch das System Schule exkludierten Schüler*innen aufzufangen entkommen, da sie nun den Auftrag erhält – ähnlich der Jugendarbeit – für alle Schüler*innen zuständig zu sein. Zu achten ist hierbei jedoch darauf, Schulen nicht zu einer, die ganze Kindheit und Jugend bestimmenden Institution zu gestalten sondern mit einem sozialpädagogischen Blick und sozialpädagogischen Konzeptionen Kindern und Jugendlichen entsprechende Freiräume für die Entwicklung eine eigen Kultur zu bewahren – oder in Anlehnung an Hannah Arendt (1958) dafür Sorge zu tragen, dass das Neue in den Kindern bewahrt wird.

Literatur

Altermann, A./Börner, N./Lange, M./Menke, S./Steinhauer, R./Tabel, A. (Hrsg.) (2016): Bildungsbericht Ganztagsschule NRW 2016. Dortmund.

Arendt, H. (1958): Die Krise in der Erziehung. In: Arendt, H. (Hrsg.): Vergangenheit und Zukunft. Überlegungen im politischen Denken. Bremen: Angelsachsens-Verlag, S. 255–276.

Arnoldt, B./Steiner, C. (2010): Partizipation an Ganztagsschulen. In: Betz, T./Gaiser, W./ Pluto, L. (Hrsg.): Partizipation von Kindern und Jugendlichen: Forschungsergebnisse, Bewertungen, Handlungsmöglichkeiten. Schwalbach am Taunus: Wochenschau-Verlag, S. 155–178.

Arnoldt, B. (2011): Kooperation zwischen Ganztagsschule und außerschulischen Partnern: Entwicklung der Rahmenbedingungen. In: Fischer, N./Holtappels, H. G./Klieme, E./ Rauschenbach, T./Stecher, L./Züchner, I. (Hrsg.): Ganztagsschule. Weinheim und Basel: Beltz Juventa, S. 312–329.

Baier, F./Heeg, R. (Hrsg.) (2011): Praxis und Evaluation von Schulsozialarbeit. Wiesbaden: VS-Verlag für Sozialwissenschaften.

Bellin, N./Tamke, F. (Hrsg.) (2010): Bessere Leistungen durch die Teilnahme am offenen Ganztagsbetrieb? Empirische Pädagogik. 24, S. 93–112.

Busche-Baumann, M./Becker, M./Rainer, H./Oelker, S. (Hrsg.) (2016): Schulsozialarbeit in Niedersachsen. Hildesheim/Holzminden/Göttingen: Herausgegeben von der HAWK.

Chiapparini, E./Strohler, R./Bussmann, E. (2018): Einleitung: Soziale Arbeit im Kontext Schule. In: Chiapparini, E./Stohler, R./Bussmann, E. (Hrsg.): Soziale Arbeit im Kontext Schule. Aktuelle Entwicklungen in Praxis und Forschung in der Schweiz. Opladen u. a.: Budrich, S. 7–18.

Chiapparini, E./Selmani, K./Kappler, C./Schuler, P. (2018): „Die wissen gar nicht, was wir alles machen." Befunde zu multiprofessioneller Kooperation im Zuge der Einführung von Tagesschulen in der Stadt Zürich. In: Chiapparini, E./Stohler, R./Bussmann, E. (Hrsg.): Soziale Arbeit im Kontext Schule. Aktuelle Entwicklungen in Praxis und Forschung in der Schweiz. Opladen u. a.: Budrich, S. 48–60

Coelen, T. (2002): „Ganztagsbildung". Ausbildung und Identitätsbildung von Kindern und Jugendlichen durch die Zusammenarbeit von Schulen und Jugendeinrichtungen. In: Neue Praxis, 32(1), S. 53–66.

Coelen, T. (2006): „Ganztagsbildung durch Kooperation von Schulen und Jugendeinrichtungen". In: Bildung und Erziehung, 59(3), S. 269–284.

Coelen, T./Otto, H.-U. (2008a): Zur Grundlegung eines neuen Bildungsverständnisses. In: Coelen, T./Otto, H.-U. (Hrsg.): Grundbegriffe Ganztagsbildung. Wiesbaden: VS Verlag, S. 17–25.

Coelen, T./Otto, H.-U. (Hrsg.) (2008b): Grundbegriffe Ganztagsbildung: Das Handbuch. Wiesbaden: VS Verlag.

Coelen, T./Otto, H.-U. (2011): Ganztagsbildung. In: Otto, H.-U./Thiersch, H./Grunwald, K. (Hrsg.): Handbuch Soziale Arbeit. 4. Auflage. München: Reinhardt, S. 445–454.

Deinet, U./Nelke, K. (2015): Zwischen Schule, Jugendhilfe und Sozialraum – Ergebnisse einer Studie zur Schulsozialarbeit in Düsseldorf. www.sozialraum.de/zwischen-schule-jugendhilfe-und-sozialraum.php (Abfrage: 31.05.2019).

Deinet, U. (2020): Sozialraumorientierung. In: Bollweg, P./Buchna, J./Coelen, T./Otto, H.-U. (Hrsg.): Handbuch Ganztagsbildung. Wiesbaden: Springer Fachmedien, S. 1299–1309.

Demmer, C./Heinrich, M./Lübeck, A. (Hrsg.) (2017): Funktion und Funktionalität von Schulbegleitung im inklusiven Schulsystem!? Hannover: AFET.

Fischer, N./Kuhn, H. P./Züchner, I. (2011): Entwicklung von Sozialverhalten in der Ganztagsschule. In: Fischer, N./Holtappels, H. G./Klieme, E./Rauschenbach, T./Stecher, L./Züchner, I. (Hrsg.): Ganztagsschule: Entwicklung, Qualität, Wirkungen: Längsschnittliche Befunde der Studie zur Entwicklung von Ganztagsschulen (StEG). Weinheim und Basel: Beltz Juventa, S. 246–266.

Fischer, N./Sauerwein, M. N./Theis, D./Wolgast, A. (2016): Vom Lesen lernen in der Ganztagsschule: Leisten Ganztagsangebote einen Beitrag zur Leseförderung am Beginn der Sekundarstufe I? In: Zeitschrift für Pädagogik, 62, H. 6, S. 780–796.

Gadow, T./Peucker, C./Pluto, L./Seckinger, M. (2013): Vielfalt offener Kinder- und Jugendarbeit. Eine empirische Analyse. In: Deutsche Jugend 61, H. 9, S. 380–389.

Galuske, M. (2002): Methoden der Sozialen Arbeit: Eine Einführung. 4. Auflage. Weinheim und München: Juventa.

Galuske, M./Müller, C. W. (2010): Handlungsformen in der Sozialen Arbeit: Geschichte und Entwicklung. In: Thole, W. (Hrsg.): Grundriss Soziale Arbeit. 3. Auflage. Wiesbaden: VS Verlag, S. 587–610.

Graßhoff, G. (2015): Die eine und die andere Seite der Bildung – Der sozialpädagogische Blick auf Bildungsgerechtigkeit. In: Manitius, V./Hermstein, B./Berkemeyer, N./Bos, W. (Hrsg.): Zur Gerechtigkeit von Schule. Münster: Waxmann, S. 93–107.

Graßhoff, G./Haude, C./Bebek, C./Schütz, A./Idel, T.-S. (2019): Die andere Seite der Bildung? Versuch einer Ordnungsbestimmung von außerunterrichtlichen Angeboten an Ganztagsschulen. In: Neue Praxis 49, H. 2, S. 147–163.

Graßhoff, G./Haude, C./Idel, T.-S./Bebek, C./Schütz, A. (2019): Die Eigenlogik des Nachmittags. Explorative Beobachtungen aus Ethnografien zu außerunterrichtlichen Angeboten. In: Die Deutsche Schule 111, H. 2, S. 205–218.

Geißler, K. A./Hege, M. (2001): Konzepte sozialpädagogischen Handelns: Ein Leitfaden für soziale Berufe. 10. Auflage. Weinheim und München: Juventa.

Gumz, H. (2019): „Wenn man es gemeinsam täte, wäre das Ganze wirkungsvoller" Wissenschaft und Praxis im Kontext von Bildungslandschaften. In: Sozial Extra 43 H. 4, S. 263–267.

Göppel, R. (2012): Das traditionelle Bildungsmonopol der Schule und die Bildungsambitionen der Jugendarbeit. In: Markowetz, R./Schwab, J. E. (Hrsg.): Die Zusammenarbeit von Jugendhilfe und Schule: Inklusion und Chancengerechtigkeit zwischen Anspruch und Wirklichkeit. Bad Heilbrunn: Klinkhardt, Julius, S. 57–89.

Helsper, W. (2001): Die sozialpädagogische Schule als Bildungsvision? Eine paradoxe Entparadoxierung. In: Becker, P./Schirp, J. (Hrsg.): Jugendhilfe und Schule. Zwei Handlungsrationalitäten auf dem Weg zu einer? (BSJ-Jahrbuch, 1999/2000). Münster: Votum-Verlag.

Hericks, U./Kunze, I./Meyer, M. A. (2008): Forschung zu Didaktik und Curriculum. In: Helsper, W./Böhme, J. (Hrsg.): Handbuch der Schulforschung. VS Verlag, S. 747–778.

Idel, T.-S. (2013): Pädagogische Praktiken im Ganztag. In: Müller, H.-R. (Hrsg.): Schriften der Deutschen Gesellschaft für Erziehungswissenschaft. Erziehungswissenschaftliche Grenzgänge: Markierungen und Vermessungen: Beiträge zum 23. Kongress der Deutschen Gesellschaft für Erziehungswissenschaft. Opladen u. a.: Budrich, S. 151–166.

Kolbe, F.-U./Reh, S./Fritzsche, B./Idel, T.-S./Rabenstein, K. (Hrsg.) (2009): Ganztagsschule als symbolische Konstruktion: Fallanalysen zu Legitimationsdiskursen in schultheoretischer Perspektive. Wiesbaden: VS Verlag.

Köhler, B. (2021): Tarife im Sozial und Erziehungsdienst – ein dauernder Kampf um Aufwertung. In: Fischer, J./Graßhoff, G. (Hrsg.): Fachkräfte. Mangel. Sonderband Sozialmagazin. Weinheim und Basel: Beltz Juventa, S. 62–68.

Linberg, T./Struck, O./Bäumer, T. (2018): Vorzug Ganztagsschule? Zusammenhänge mit der Kompetenzentwicklung im Bereich Lesen und Mathematik. In: Zeitschrift für Erziehungswissenschaft 14, H. 2, S. 1205–1227.

Müller, B. (1993): Sozialpädagogisches Können. Ein Lehrbuch zur multiperspektivischen Fallarbeit. Freiburg im Breisgau: Lambertus.

Rauschenbach, T./Ortmann, F./Karsten, M. E. (1993): Der Sozialpädagogische Blick: Lebensweltorientierte Methoden der sozialen Arbeit. München: Juventa.

Rother, P. (2019): Sortieren als Umgang mit Bildungsbenachteiligung: Orientierungen pädagogischer Akteure in einem kooperativen Ganztags-Setting. Studien zur ganztägigen Bildung. Weinheim und Basel: Beltz Juventa.

Sauerwein, M. N. (2017): Qualität in Bildungssettings der Ganztagsschule: Über Unterrichtsforschung und Sozialpädagogik. Weinheim und Basel: Beltz Juventa.

Sauerwein, M. N. (2018): Partizipation in der Ganztagsschule – vertiefende Analysen. In: Zeitschrift für Erziehungswissenschaft 62, H. 6, S. 830–855.

Sauerwein, M. N./Thieme, N./Chiapparini, E. (2019): Wie steht es mit der Ganztagsschule? Ein Forschungsreview mit sozialpädagogischer Kommentierung. In: Soziale Passagen 15, H. 1, S. 81–97.

Sauerwein, M./Heer, J. (2020).: Implementierung des Themas Ganztagsschule in den Studiengängen Lehramt für Primarstufe, Soziale Arbeit und Erziehungswissenschaften. Expertise für die Stiftung Mercator.

Silkenbeumer, M./Thieme, N./Kunze, K. (2018): Kooperation in multiprofessionellen Handlungskontexten. Zur Frage beruflicher Zuständigkeit/en Sozialer Arbeit. In: Neue Praxis Sonderheft, H. 14, S. 35–42.

Speck, K. (2009): Schulsozialarbeit: Eine Einführung. 2. Auflage. München: Reinhardt.

Speck, K./Olk, T. (2010): Zur Forschung in der Schulsozialarbeit. In: Speck, K./Olk T. (Hrsg): Forschung zur Schulsozialarbeit. Stand und Perspektiven. Weinheim: Juventa, S. 7–8.

Speck, K. (2011): Ganztagsschulische Kooperation und Professionsentwicklung: Studien zu multiprofessionellen Teams und sozialräumlicher Vernetzung. Weinheim und Basel: Beltz Juventa.

Speck, K./Olk, T./Stimpel, T. (2011): Auf dem Weg zu multiprofessionellen Organisationen? Die Kooperation von Sozialpädagogen und Lehrkräften im schulischen Ganztag. Empirische Befunde aus der Ganztagsforschung und dem Forschungsprojekt „Professionelle Kooperation von unterschiedlichen Berufskulturen an Ganztagsschulen"(ProKoop). In: Zeitschrift für Pädagogik Beiheft (57), S. 63–80.

Speck, K. (2014): Schulsozialarbeit: Eine Einführung. 3. Auflage. Stuttgart, München: Reinhardt.

Speck, K. (2020): Schulsozialarbeit. In: Bollweg, P./Buchna, J./Coelen, T./Otto, H.-U. (Hrsg.): Handbuch Ganztagsbildung. Wiesbaden: Springer VS, S. 631–646.

Spies, A. (2018): Schule und Soziale Arbeit. In: Graßhoff, G./Renker, A./Schröer, W. (Hrsg.): Soziale Arbeit. Eine elementare Einführung. Wiesbaden: Springer VS, S. 133–150.

StEG-Konsortium. (2019): Ganztagsschule 2017/2018: Deskriptive Befunde einer bundesweiten Befragung. Frankfurt am Main, Dortmund, Gießen & München.

Steinmann, I./Strietholt, R./Caro, D. (2018): Participation in extracurricular activities and student achievement. Evidence from German all-day schools. School Effectiveness and School Improvement 30, H. 2, S. 155–176.

Thiersch, H. (2005): Lebensweltorientierte Soziale Arbeit: Aufgaben der Praxis im sozialen Wandel. 6. Auflage. Weinheim und München: Juventa.

Tillmann, K./Sauerwein, M./Hannemann, J./Decristan, J./Lossen, K./Holtappels, H. G. (2017): Förderung der Lesekompetenz durch Teilnahme an Ganztagsangeboten? – Ergebnisse der Studie zur Entwicklung von Ganztagsschulen (StEG). In: Schüpbach, M./Frei, L./Nieuwenboom, W. (Hrsg.): Tagesschulen: Ein Überblick. Wiesbaden: Springer Fachmedien, S. 289–307.

Zankl, P. (2017): Die Strukturen der Schulsozialarbeit in Deutschland: Forschungsstand und Entwicklungstendenzen. München: DJI.

Zipperle, M. (2015): Jugendhilfeentwicklung und Ganztagsschule: Empirische Ergebnisse zu Herausforderungen und Chancen. Weinheim und Basel: Beltz Juventa.

Zipperle, M. (2016): Jugendhilfe als Schulentwicklung – Schule als Jugendhilfeentwicklung. Zur wechselseitigen Impulsvermittlung. In: Zipperle, M./Bauer, P./Stauber, B./Treptow, R. (Hrsg.): Vermitteln. Eine Aufgabe von Theorie und Praxis Sozialer Arbeit. Wiesbaden: Springer VS, S. 151–164.

Züchner, I./Arnoldt, B. (2011): Schulische und außerschulische Freizeit- und Bildungsaktivitäten: Teilhabe und Wechselwirkung. In: Fischer, N./Holtappels, H.-G./Klieme, E./Rauschenbach, T./Stecher, L./Züchner, I. (Hrsg.): Ganztagsschule. Weinheim und Basel: Beltz Juventa, S. 267–290.

Mittagessen in der Ganztagsschule – eine Frage des (Rechts-)Anspruchs

Anna Schütz/Vicki Täubig

Vor der Einführung des Rechtsanspruchs auf Ganztagsbetreuung im Grundschulalter in Deutschland beschließt das Berliner Abgeordnetenhaus 2019, dass „jedes Berliner Schulkind der Klassen 1 bis 6 den Anspruch auf ein Mittagessen ohne Kostenbeteiligung" (SenBJF 2019, o. S.) hat. Dabei besteht für das Mittagessen keine Teilnahmepflicht und das Angebot muss jedem Kind an gebundenen und offenen Ganztagsschulen unabhängig von der Nutzung weiterer Ganztagselemente zur Verfügung gestellt werden. Die Kosten trägt das Land. Als Begründung dieses Schrittes finden sich neben dem Abbau von sozialer Ungleichheit, der Verbesserung von Teilhabe und der Sicherstellung von Versorgung auch Zielsetzungen zur Ernährungsbildung. Ein Blick auf die Umsetzung dieses ambitionierten Projektes zeigt, dass das Mittagessen noch stärker zum Dreh- und Angelpunkt ganztägiger schulischer Bildungsorganisation wird, da sich die für den Ganztag bedeutsamen pädagogischen Zeit- und Raumkonzepte an der Gewährleistung des Mittagessens ausrichten müssen.

Nicht nur, aber auch weil die Einführung des elternkostenbeteiligungsfreien Mittagessens zum Schuljahr 2019/20 in Berlin in sehr knapper Zeit umgesetzt wurde, standen hier im ersten Jahr Fragen nach der pädagogischen Gestaltung des Mittagessens hinter organisatorischen Fragen und der steuerungsrelevanten Frage der Qualitätssicherung der Speisen und der Ausschreibungsorganisation zurück. Die deutlich gestiegene Nachfrage – laut einer ersten Umfrage um zwanzig bis fünfzig Prozent[1] – produzierte an einem Großteil der Berliner Schulen enorme Herausforderungen, da vor allem die räumliche Ausstattung dieser Menge an Essenden nicht gewachsen war. Es mussten kurzfristig Lösungen gefunden werden, die stellenweise zu Provisorien in der zeitlichen und räumlichen (Um-)Organisation des Mittagessens führten und nach wie vor Auswirkungen auf die Essensituation haben. Wenn bspw. in Schichten gegessen wird oder sich pädagogische Konzepte gemeinsamen Essens zeitlich nicht mehr oder nur stark verändert umsetzen lassen, wenn der Essenszeitraum erweitert

---

[1] https://www.rbb24.de/politik/beitrag/2020/01/berlin-kostenloses-schulessen-erste-bis-sechste-klasse.html (Abfrage: 03.08.2020)

wird, sodass einige Schüler*innen bereits um 11 Uhr, andere aber erst nach 14 Uhr essen. Wenn noch keine Mensa vorhanden oder die vorhandene Mensa nicht ausreichend ist, werden Aulen, Container oder andere schulische Räumlichkeiten als räumliche Provisorien genutzt.

Die Einführung des elternkostenbeteiligungsfreien Mittagessens verlief nicht frei von Kritik. Diese kam vor allem von Seiten der Pädagog*innen und von Seiten der Erziehungsberechtigten, während von Seiten der Caterer*innen eine durchaus positive Bilanz gezogen wurde. Der Anspruch, allen Schüler*innen kostenfrei ein Essen anbieten zu können, konnte in Berlin umgesetzt werden, jedoch – und dies erinnert an frühere Bilanzen zum Ganztagsschulausbau – wird hinsichtlich der Gestaltung der pädagogischen Situation noch Entwicklungsbedarf gesehen. So konstatiert das Berliner Bündnis „Qualität im Ganztag" nach einer Umfrage unter Pädagog*innen und Eltern, dass der Fokus auf die Umsetzung des Mittagessens neben räumlichen Ressourcen vor allem auch zeitliche und personelle Ressourcen binde, die vormals bspw. dem Bereich der ergänzenden Förderung und Betreuung, ungebundenen Pausen oder auch dem Unterricht zugeschlagen waren (Berliner Bündnis „Qualität im Ganztag" 2019).

Mit diesem Blick nach Berlin zeigt sich das Mittagessen im Zusammenspiel von Organisation und (pädagogischer) Konzeption einmal mehr als „Achillesferse" (Otto 2006, S. 190) ganztägiger schulischer Bildung. Vor dem Hintergrund des politisch angestrebten neuen Rechtsanspruches wird das Mittagessen somit in weiteren Facetten als „nur" der Kostenfreiheit virulent. Im Folgenden werden wir zunächst das Verhältnis zwischen Mittagessen und Ganztagsschule aufrufen (1.), um anschließend einerseits der Frage nach der Organisation des Mittagessens (2.) nachzugehen. Andererseits diskutieren wir, warum und für wen das Mittagessen ein pädagogisches Thema ist (3.).

1.   Mittagessen und Ganztagsschule

Das Mittagessen ist laut der Definition der KMK (2017) neben dem Unterricht und den außerunterrichtlichen Angeboten das dritte konstitutive Element, das eine Schule zur Ganztagsschule macht. Auch aus rein physiologischen Gründen besteht die Notwendigkeit, während der längeren Aufenthaltszeit in der Ganztagsschule Nahrung aufzunehmen. Das Mittagessen an Schulen ist erst durch den jüngeren Ausbau von Ganztagsschulen wieder zum Alltag geworden; historisch gesehen ist es allerdings nichts Neues. So ist die Einführung der Schulspeisung verbunden mit einer verstärkten Armenfürsorge im 19. Jahrhundert. In den sogenannten neuen Bundesländern wird mit dem Mittagessen an eine durch die Wiedervereinigung vorübergehend ausgesetzte Tradition angeschlossen (vgl. Schütz/Täubig 2020). Mit dem bundesweiten Investitionsprogramm „Zukunft Bildung und Betreuung" (IZBB) wurde seit 2003 auch der (Aus-)Bau von Mensen und Essensräumen finanziert. Im Jahr 2005 verfügten über solche Räumlichkeiten bereits 87 Prozent der Ganztagsschulen (vgl. Höhmann/Grewe/ Strietholt 2008, S. 73).

Die Entwicklung hin zu einem Rechtsanspruch auf Ganztagsbetreuung im Grundschulalter ruft insbesondere Debatten um die Qualität der ganztägigen Bildung auf den Plan (z. B. Bundesjugendkuratorium 2019). Diese wird nicht selten auch an der Verpflegung gemessen. Die Qualität der Schulverpflegung zeigt sich als ein Konstrukt, das Erwartungen ganz verschiedener Akteur*innen aufgreift (vgl. Jansen 2019, S. 13). In der gesundheits- und bildungspolitischen sowie schulpädagogischen Programmatik werden dem Mittagessen im Ganztag eine ganze Reihe von Funktionen zugeschrieben: Es soll zugleich Versorgung und gesunde Ernährung gewährleisten, Geschmackserlebnis sein und zur Ernährungsbildung, zum Erlernen von Tischsitten und zur Steigerung der Leistungsfähigkeit beitragen, es soll aber auch eine Entspannungsphase im Rhythmus von An- und Entspannung über den ganzen Tag sein, Partizipation der Kinder und Jugendlichen ermöglichen und die Konstituierung von Gemeinschaft stützen (vgl. Schütz 2016, S. 170 ff.; s. auch Walther/ Nentwig-Gesemann in diesem Band). Jansen (vgl. 2019, S. 108 ff.) analysiert für die Schulverpflegung sechs Leitprinzipien: Gesundheitsförderung und Prävention, Nachhaltigkeit, Esskultur, soziale Gerechtigkeit, Partizipation und professionelles Handeln.

Am Mittagessen entbrennen diverse Diskurse, die auch in diesem Band verhandelt werden: Die Zusammenarbeit und Zuständigkeiten der unterschiedlichen, den Ganztag gestaltenden Professionen (s. hierzu Thieme in diesem Band), die mit dem Ganztag verbundene Grenzarbeit zwischen öffentlicher und privater Sphäre, den Interessen der Erziehungsberechtigten und denen der Schule, die Frage der Akzeptanz des schulischen Angebots durch die Schüler*innen sowie das Ziel der Verbesserung von Chancengleichheit. Letzteres ist ein dezidiertes Ziel ganztägiger Bildung und zugleich sind die mit den erweiterten Angeboten verbundenen Kosten des Ganztags (vgl. Sauerwein/Lossen in diesem Band) ein strukturelles Hindernis für Teilhabe, die durch Ganztagsschulen verbessert werden sollte.

2. Organisation des Mittagessens: Finanzierung, Akteur*innen und Kooperationen

Die Finanzierung bzw. Kostenfreiheit des ganztagsschulischen Mittagesssens zielt auf die Verbesserung von Chancengleichheit. Das Beispiel aus dem Land Berlin zeigt aber auch Effekte aufseiten der Ganztagsschulgestaltung. Hier dominieren die organisatorischen Herausforderungen oftmals die Debatten rund um das schulische Mittagessen. Im Folgenden wird nun zusammengefasst, wer mit welchen Zuständigkeiten die Bereitstellung des Mittagessens finanziert und organisiert (vgl. Schütz/Täubig 2020).

Bisher stellt das Mittagessen das für die Eltern bzw. Personensorgeberechtigten kostenrelevanteste Ganztagsschulelement dar. Ein bundesweit durchschnittlicher Verkaufspreis wird im Jahr 2018 für Grundschulen mit 3,22 Euro, für Förderschulen mit 3,31 Euro sowie für weiterführende Schulen mit 3,45 Euro errechnet (vgl. Tecklenburg et al. 2018, S. 10). Für das Mittagessen ist häufiger als für die Teilnahme am Ganztag insgesamt oder an einzelnen Angeboten ein finanzieller Beitrag durch die Eltern zu leisten (vgl. StEG-Konsortium 2015, S. 80). Im Jahr 2015 betraf dies bundesweit 95 bis 97 Prozent der Grund- und Sekundarschulen (vgl. ebd.). Verschiedene Landesprogramme zur Bezuschussung des Mittagessens und nun seit 2019 in Berlin die Beteiligungsbefreiung für alle Familien sollen zur finanziellen Entlastung der Personensorgeberechtigten beitragen. Bundesweit wird durch Änderungen des „Bildungs- und Teilhabepakets" im „Starke-Familien-Gesetz" ab August 2020 für Familien, die Grundsicherung, Kinderzuschlag, Wohngeld oder Asylbewerberleistungen beziehen, das Mittagessen an Schulen kostenfrei (vgl. BMAS 2020). In einer im Jahr 2018 durchgeführten Befragung gaben 27 Prozent der Schulträger an, unabhängig vom bisherigen „Bildungs- und Teilhabepaket" das Mittagessen direkt zu bezuschussen (vgl. Tecklenburg et al. 2018, S. 10). Zuschüsse zum Mittagessen lagen 2015 im Durchschnitt bei 0,50 bis 2,50 Euro pro Mittagessen (vgl. Arens-Azevedo et al. 2015, S. 25 f.). Regionale Unterschiede zeigten sich hier bei den weiterführenden Schulen (vgl. ebd.; StEG-Konsortium 2015, S. 80). Neben dem Mittagessen selbst finanzieren mit 85 Prozent und mehr meistens die Schulträger die „Hardware" der Essenszubereitung, -ausgabe und -aufnahme, indem sie die Gebäude- und Betriebskosten sowie die Bereitstellung des Mobiliars und der Kücheneinrichtung übernehmen (vgl. Arens-Azevedo et al. 2015, S. 26; Tecklenburg et al. 2018, S. 10).

Auch jenseits der Finanzierung zeigt sich das schulische Mittagessen verwoben in ein komplexes Mehrebenensystem, in dem Bund, Länder und Kommunen sowie weitere Akteur*innen Aufgaben übernehmen oder rahmende Funktionen erfüllen. Mit den Schulgesetzen stellen zunächst die Bundesländer die rechtlichen Bedingungen für das Schulessen bereit und regeln darin die Zuständigkeit der Kommunen. Das Bundesministerium für Ernährung und Landwirtschaft finanziert mit den Landesministerien für Landwirtschaft die sogenannten Vernetzungsstellen für Schulverpflegung. Über diese werden in enger Kooperation mit der Deutschen Gesellschaft für Ernährung (DGE) die „Qualitätsstandards für die Schulverpflegung" (DGE 2014, o. S.) zur Grundlage der Praxis gemacht. Die Vernetzungsstellen in den Bundesländern beraten auf Anfrage Schulträger, Schulen, Caterer und Eltern hinsichtlich der Qualitätsentwicklung des Mittagessens. Auf Schulebene sind die Schulleitungen am häufigsten verantwortlich und alleinige Ansprechpartner*innen für die Schulverpflegung (vgl. Arens-Azevedo et al. 2015, S. 48). In Berlin sind die Schulen allerdings aufgefordert, sogenannte Mittagessensausschüsse unter Beteiligung von Pädagog*innen, Eltern und Schüler*innen zu bilden, die die Auswahl der Caterer sowie die Qualitätssicherung und -entwicklung vor Ort unterstützen. Neben der alltäglichen Organisation des Mittagessens obliegt es aber insbesondere der Schulleitung dieses evtl. im Sinne einer Profilierung der Schule in das Schulkonzept einzubinden. Schulleitungen suchen bei der Umsetzung der Schulverpflegung Unterstützung bei der DGE (25 Prozent), bei den Vernetzungsstellen Schulverpflegung (21 Prozent) sowie beim Schulträger (18 Prozent der Schulleitungen) (ebd., S. 51).

Für die Bereitstellung des Mittagessens sind die Schulträger verantwortlich. Das jeweilige „Bewirtschaftungssystem" zieht verschieden gelagerte Kooperationen nach sich. Die Fremdbewirtschaftung des Mittagessens ist mit 57 Prozent der Schulen vorherrschend (vgl. Tecklenburg et al. 2018, S. 9)[2]. Für den geringen Anteil von 11 Prozent der Schulen wird eine Eigenbewirtschaftung vorgenommen, die zur Hälfte auf einen kommunalen Eigenbetrieb und zu knapp vierzig Prozent auf einen Mensa- oder Förderverein entfallen; zu jeweils fünf Prozent kochen in der Eigenbewirtschaftung Eltern oder Schüler*innen. Eine Kombination aus Fremd- und Eigenbewirtschaftung, d. h. eine (personelle) Trennung zwischen Essensanlieferung und Essensausgabe, besteht für 33 Prozent der Schulen. Der Großteil des schulischen Mittagessens wird von Cateringunternehmen und externen Lieferant*innen zubereitet und/oder ausgegeben; in der Studie von 2015 galt dies für 84 Prozent der Schulen (vgl. Arens-Azevedo et al. 2015, S. 43 f.). Damit etabliert sich über das Mittagessen ein „begehrtes Absatzfeld für kommerzielle Essensanbieter" (Rose 2012, S. 232) an Schulen.

Für die Kinder- und Jugendhilfe wird auch das Mittagessen als Feld der Kooperation von Kinder- und Jugendarbeit mit der Ganztagsschule beschrieben, wobei unterschiedliche Varianten analysiert werden. Diese reichen von der pädagogischen Betreuung des Mittagessens über die Betreuung des Mittagessens, das ein Cateringunternehmen liefert oder an einigen Wochentagen von den Jugendarbeiter*innen gekocht wird, bis zum Betreiben der Schulmensa durch eine Einrichtung der Jugendarbeit (vgl. Deinet 2009). Mitunter agiert hier eine Einrichtung der offenen Kinder- und Jugendarbeit zugleich mit Angeboten der Mittagessenbetreuung in der Schule und im Jugendzentrum (vgl. Gosse 2020). Die Bereitstellung einer kostenlosen Alternative zum schulischen Mittagessen zählt „als Reaktion auf die Armut von Kindern und Jugendlichen" (Deinet 2009, S. 127) als weitere Variante der Kooperation mit Ganztagsschulen.

---

2 Über die Befragung von Schulträgern wurden in die Stichprobe 6350 Schulen einbezogen.

3. Mittagessen als (sozial-)pädagogisches Thema

Die Vorstellung, „daß das geeignetste Mittel, Kinder zu erziehen, darin besteht, sie durch ihren Mund zu lenken." (Rousseau 1762/1998, S. 328) ist nur ein Beleg für die vielfältigen Bezugnahmen historischer Pädagogik auf die Zusammenhänge von Essen und Erziehung. Seichter (2012, S. 269) fasst dies dahingehend zusammen, dass: „Erziehung ihren Ursprung und Grund in der Ernährung hat." Mit der Entstehung der bürgerlichen Familie kommt ab dem 17. Jahrhundert eine Pädagogisierung des Essens auf (vgl. Prahl/Setzwein 1999). Bis heute wird bei der Ausbildung des Ernährungsverhaltens der „Primärsozialisation" (Reitmeier 2013, S. 225) Vorrang eingeräumt und das Essen in allen pädagogischen Kontexten vom Ideal der bürgerlichen Familienmahlzeit geprägt. Zu einer öffentlichen Aufgabe wird die Ernährung spätestens durch die Industrialisierung, um die Leistungsfähigkeit in Fabrik und in Schule zu steigern (vgl. Homfeldt 2016). Der Sozialen Arbeit gelten die ebenso im 19. Jahrhundert angesiedelten „Ernährungsnotlagen als Wurzel der Profession" (Rose/Sturzenhecker 2009, S. 10). Essen ist somit eine alltägliche Praxis von Familien wie auch von öffentlichen Institutionen im Erziehungs- und Bildungssystem (vgl. Täubig 2018), es ist Alltag der Adressat*innen und Alltag der (sozial-)pädagogischen Praxis (vgl. Homfeldt 2016; Meyer 2018). Essen und Ernährung werden in jüngerer Zeit zudem wieder stärker als Bildung betrachtet (vgl. Krinninger/Müller 2012; Schmidt/Wulf/Althans 2014) und werden – zwar immer noch randständig aber doch zunehmend – zum Gegenstand (sozial-)pädagogischer Forschung (Überblick: Täubig 2016a; Tull 2019, S. 19 ff.).

Mit dem Ausbau ganztägiger schulischer Bildung wurden Kooperationsgefüge unterschiedlicher pädagogischer Professionen unter dem Dach der Schule in der Breite implementiert (z. B. Speck et al. 2011). Insbesondere am Mittagessen lassen sich disziplinäre und professionelle Verschränkungen und Konkurrenzen beobachten (vgl. Schütz/Täubig 2020). Dies wird im Folgenden ebenso thematisiert wie die pädagogische Gestaltung des Mittagessens, wobei die Perspektiven der Kinder und Jugendlichen, die als Ganztagsschüler*innen das Essen konsumieren (sollen), fokussiert werden.

3.1 Personal und Professionalisierung

Mit den Ausführungen zur Organisation des Mittagessens ist dieses ganztagschulische Element bereits als ein multiprofessionelles und stark von pädagogischen Laien (siehe auch Idel in diesem Band) getragenes Handlungsfeld angedeutet. Welches Personal überhaupt beim ganztagsschulischen Mittagessen eingesetzt wird, hängt wesentlich mit dem Bewirtschaftungssystem (siehe 2.) zusammen. Schließlich entscheidet sich am Bewirtschaftungssystem, in welchem Maße schulische oder außerschulische Akteur*innen eingesetzt werden, was wiederum Einfluss auf eine eventuelle pädagogische Professionalisierung der Akteur*innen hat. Im Weiteren geht es um Personal, das im Kontext des Mittagessens am Ort der Schule in direktem Kontakt mit Kindern und Jugendlichen tätig ist. Selbst mit dieser Eingrenzung ergibt sich ein breites, häufig arbeitsteilig organisiertes Aufgabenspektrum für das Personal: Essenszubereitung, -ausgabe, -betreuung und -beaufsichtigung (vgl. Schütz/Täubig 2020).

Insgesamt sind systematische Befunde zur Quantifizierung oder zur Qualifikation des Personals beim schulischen Mittagessen nicht verfügbar. Schuleigenes Küchen- und Ausgabepersonal wird nur in den ernährungswissenschaftlichen Untersuchungen konkret benannt (vgl. Arens-Azevedo et al. 2015); mitunter sind Pädagog*innen und Schüler*innen an der Zubereitung und Ausgabe des Essens beteiligt. Die Aufsicht bzw. Betreuung des Mittagessens übernehmen nach verschiedenen Untersuchungen und darin verwendeten Bezeichnungen Erzieher*innen, pädagogisch qualifizierte Fachkräfte, pädagogische Kräfte, Hauswirtschaftskräfte, Küchenpersonal, Jugendarbeiter*innen, Lehrkräfte und ältere Schüler*innen (vgl. Althans/Tull 2014; Beher et al. 2007; Deinet 2009; Gosse 2020; Rose/Seehaus/Schneider 2016; Schütz 2015). Für Pädagog*innen und Schüler*innen ist die Doppelrolle als Aufsicht und Konsument*in des Mittagessens nicht selten. So kommt dem (pädagogischen) Personal beim gemeinsamen Essen mit den Kindern und Jugendlichen eine „ ,kulinarische Vorbildfunktion' " (Seehaus/Gillenberg 2016, S. 159) zu, die insbesondere in den familienähnlichen Settings (siehe 3.2) zum Tragen kommt (vgl. ebd.).

Das jeweilige professionelle pädagogische Personal (Erzieher*innen, Sozialarbeiter*innen und Lehrer*innen) hat professionsbedingt oftmals unterschiedliche Verständnisse davon, was das Mittagessen letztlich leisten soll, wie es dementsprechend idealerweise zu gestalten ist und welche Rolle ihnen dabei zukommt. Verständnisse des Mittagessens als Lernarrangement, als Raum für Gemeinschaft der Peers und als Arrangement der Sorge stehen meist schwer vereinbar nebeneinander (vgl. Schütz 2016, S. 182). In der „(Selbst-)Inszenierung professioneller Akteur*innen" (Tull 2019, S. 249) werden die Rollen Organisator*in (zwischen Koordinierung und Disziplinierung), Sorgende*r (zwischen Versorgung und Fürsorge), Pädagog*in (zwischen Lehren und Lernen) sowie gleichgestellte*r Nutzer*in (zwischen Nahrungsaufnahme und -teilnahme agierend) analysiert (vgl. Tull 2019, S. 249)[3]. Professionstheoretisch lassen sich die verschiedenen Rolleninterpretationen professioneller Pädagog*innen beim schulischen Mittagessen reflektieren als Reaktion auf widersprüchliche Erwartungen an das Mittagessen selbst aber auch als Entgrenzung der jeweiligen pädagogischen Professionalisierung (vgl. Schütz 2016): für Lehrer*innen weicht

---

3   Die Studie bezieht gleichermaßen Grundschulen und Kindertageseinrichtungen als auch Mittagessen und Frühstück ein.

die Betreuung des Mittagessen vom eigentlichen Tätigkeitsfokus des Unterrichtens stark ab, während für das sozialpädagogische Personal die im Feld der Schule verstärkte strukturellen Divergenz zwischen Sorge- und Lernarrangement wenig vertraut ist. Darüber hinaus sind bisher Thematisierungen des Essens und die damit verknüpfte pädagogische Sorgetätigkeit kaum Gegenstand sozial- und schulpädagogischer Studiengänge oder Ausbildungen, sodass in diesem Ganztagselement nicht von einer pädagogischen Professionalisierung im engeren Sinne gesprochen werden kann. Die Randständigkeit des Essens in Forschung Lehre der erziehungswissenschaftlichen Teildisziplinen mündet letztlich auch in der Orientierung der pädagogischen Praxis an den zur Verfügung stehenden ernährungswissenschaftlichen Handlungsanleitungen (vgl. Seehaus/Gillenberg 2016; Rose 2012).

3.2 Die pädagogische Gestaltung des Mittagessens

Das Angebot eines schulischen Mittagessens wird von einem größeren Teil der Schüler*innen nicht in Anspruch genommen. Bundesweit nutzen fünfzig Prozent der Grundschüler*innen und dreißig Prozent der Sekundarschüler*innen nach den aktuellsten dazu vorliegenden Zahlen das Mittagessen (vgl. Arens-Azevedo et al. 2015, S. 41). Für die Gestaltung des Mittagessens wurden empirisch zwei Idealtypen herausgearbeitet (vgl. Rose/Seehaus/Schneider 2016; Schütz 2016, S. 174 f.):

Ein Idealtyp ist vor allem an Grundschulen mit gebundenem Ganztag zu finden und kann als „geschlossenes-familienähnliches Setting" bezeichnet werden: Feste Tischgruppen (bspw. Klassen oder Lerngruppen) kommen zu festen Zeiträumen an ihrem angestammten Tisch in der Mensa zusammen. Ein Tischdienst, der unter den Schüler*innen wechselt, sorgt für einen gedeckten Tisch und die Bereitstellung der Speisen, die in Schüsseln auf dem Tisch platziert werden. Die Gruppe wird von einer/einem Pädagog*in begleitet, die/der für einen reibungslosen Ablauf des Mensabesuchs und der Mahlzeit (bspw. die gerechte Verteilung der Speisen und die Einhaltung von Regeln) verantwortlich ist und mit der Gruppe ebenfalls ihr/sein Mittagessen zu sich nimmt. Diese kollektive Essenszeit synchronisiert die Einzelnen. Nicht selten müssen sich in diesem Setting einzelne Schüler*innen im Hinblick auf das Essenstempo der Mehrheit der Gruppe anpassen. Der Ablauf der Mahlzeit wird an der Sicherstellung von Verpflegung (alle sollen essen), der Effektivität (alle sollen in einer bestimmten Zeit essen) und der Reibungslosigkeit (alle sollen gesittet aufessen) ausgerichtet. Gerade diese kollektive Ausrichtung hat zur Folge, dass individuelle Abweichungen – nicht aufessen wollen, keinen Hunger haben, das Essen schmeckt nicht – oftmals als Störungen aufgenommen und behandelt werden (vgl. Althans/Tull 2014). Das Setting ist in seiner starken Ritualisierung sehr verlässlich, stärkt die institutionellen Gruppen und ähnelt damit der idealtypischen Familienmahlzeit.

Das „offene-kantinenähnliche Setting" ist der zweite Idealtyp und wurde sowohl an Grund- als auch an Sekundarschulen der gebundenen und der offenen Ganztagsschulform beobachtet (vgl. Schütz 2015): Die Schüler*innen holen das gewählte, bezahlte und bereits durch die Küchenkräfte portionierte Essen an der Essensausgabe ab, suchen sich einen Platz, essen in kleinen Gruppen oder auch einzeln. Der Ablauf ist asynchron, denn während die einen noch essen, bringen andere bereits ihr Geschirr weg und wieder andere betreten die Mensa. Auch Pädagog*innen nutzen die Mensa, um zu Mittag zu essen, oftmals aber separiert von den Schüler*innen. Regulierende Eingriffe durch Erwachsene sind kaum zu beobachten, wenn überhaupt machen sich die Schüler*innen gegenseitig darauf aufmerksam, dass noch etwas abgeräumt oder abgewischt werden muss. Dieses Setting eröffnet Optionen für Gruppierungen von Peers nach Alter, Geschlecht, Freundschaft etc. und ist durch einen großen Gestaltungsspielraum für die Kinder und Jugendlichen in Bezug auf die Essenszeit, den Verbleib, den Aufenthaltsort und die Platzwahl gekennzeichnet, sodass die Organisationsform der Mahlzeit der einer betrieblichen Kantine ähnelt.

Diese beiden Pole des Kontinuums von Mittagessenssettings unterscheiden sich im Wesentlichen entlang des Individualisierungsgrades des Essens, der institutionellen Organisation der Mahlzeit und der Vergemeinschaftungsoptionen. Die idealtypischen Settings repräsentieren zugleich die widersprüchlichen Ansprüche an das schulische Mittagessen, familiäre Nähe bieten zu sollen und institutionellen Abläufen gerecht werden zu müssen. Die Gestaltung eines familienähnlichen Settings im Kontext der Schule verweist auf das Verhältnis zwischen Familie und Schule. Die Zuständigkeit für das Essen von Kindern und Jugendlichen liegt zwischen öffentlich und privat, was ebenso an der Finanzierung des schulischen Mittagessens (siehe 1.) nachvollzogen werden kann. Die Idealtypen eröffnen die Diskussion um die Ausdeutung des Mittagessens als Lernraum, Pause und/oder Peer-Zeit. So tritt das kantinenähnliche Setting durch die empirischen Analysen als peerkulturell relevanter Raum, in dem die Schüler*innen selbst die Situation ausgestalten, hervor. Da das kantinenähnliche Setting eher für ältere und das familienähnliche Setting eher für jüngere Schüler*innen angeboten wird, scheint das Alter die Betreuungsdichte, die Selbständigkeitsanforderungen und Autonomiegewährungen zu bedingen (vgl. Seehaus/Gillenberg 2016). Das Mittagessen wird also als Erziehungsprozess angelegt, in dem mit altersabhängiger Regulierungsintensität agiert wird, um die Voraussetzungen dafür zu schaffen, dass sich Kinder und Jugendliche in der Folge anders verhalten (können). Rose unterscheidet hier das Verpflegungsformat für Kinder, als imaginierte erziehungsbedürftige Esser*innen, vom Verpflegungsformat für Jugendliche, als imaginierte autonome Konsument*innen[4].

Über die idealtypischen Settings hinweg wurden in den empirischen Untersuchungen zentrale Praktiken des Mittagessens herausgearbeitet. Anhand von drei ausgewählter Praktiken soll in den Blick genommen werden, wie sich Kinder, Jugendliche und Pädagog*innen zum Mittagessen positionieren:

1. Individualisierung der Gemeinschaftsverpflegung: Durch individuelle Bestellungen an der Ausgabetheke, durch das Bedienen aus den bereitgestellten Schüsseln, durch Verschenken einzelner Komponenten oder das Entsorgen von Nahrung (vgl. Seehaus/Rose 2019, S. 35 ff.) individualisieren die Schüler*innen die in der Regel standardisierte Gemeinschaftsverpflegung. Gerade das Nicht-Essen ergibt eine Möglichkeit, die eigene Mahlzeit ohne viel Aufhebens zu individualisieren (vgl. Seehaus/Gillenberg 2016, 155). Die (spielerische) Umnutzung von Nahrungsmitteln zu Wurfgeschossen, Baumaterial etc. (vgl. Rose/Seehaus 2019, S. 131 ff.) ist eine weitere Option der Individualisierung. Insgesamt lässt sich das schulische Mittagessen als Moment des „Schüler-Unterlebens" (ebd., S. 137) verstehen.

2. Kommentierung des Essens: Kommentierungen des Essens stellen eine Möglichkeit dar, sich als jemand, der/die gern Gemüse oder Salat isst und damit als „vernünftiges Kind" (Seehaus/Gillenberg 2016, 158) oder als „gute*r Schüler*in" (Schütz 2015, 196) zu zeigen. Kommentierungen des Essens, die Kritik an der von der Institution bereitgestellten Speise beinhalten, sind als eine oppositionelle Position der Kommentierenden zur Institution Schule verstehbar. Dazu gehört bspw. das offensichtliche Aufführen von Ekel mit entsprechender Kommentierung der Speisen (vgl. Pötzschke et al. 2018). Kommentierungen des Essens finden sich auch aufseiten der Erwachsenen, die bspw. qua Lob des Wohlgeschmacks für das Essen werben.

3. Regulierung des Essens: „Störungen" des zeitlich-organisatorischen Ablaufs des Mittagessens führen zu Interventionen der Erwachsenen (vgl. Seehaus/Gillenberg 2016, 158) aber auch von Schüler*innen (vgl. Adio-Zimmermann et al. 2019, S. 77). Diese Praktiken reichen von der Verführung oder dem Überreden zum Essen über die Durchsetzung von Regeln (bspw. es muss probiert oder aufgegessen bzw. es darf nichts weggeschmissen werden) (vgl. Schütz 2015, 178 ff.; Seehaus/Gillenberg 2016, 159) bis zur Unterbrechung der Mahlzeit. In den Bemühungen zeigt sich, dass das (ganz-

---

4 An dieser Stelle wird auf die Unterscheidung nach Rose verwiesen: https://www.slowfood. de/aktuelles/2017/genuss_macht_schule_food_policy_im_alltag (Abfrage: 28.07.2020)

tagschulische Mittag-)Essen dem Einüben in Praktiken des (gemeinsamen) Speisens und im Zuge dessen dem Lernen von Normen, Regeln und Konventionen einer kulturell spezifischen Praxis dient.

Diese Praktiken der Positionierung und der Beziehungsgestaltung im Verhältnis zu den Peers, der Institution und zwischen Erwachsenen und Kindern bzw. Jugendlichen weisen auf die pädagogisch zu bearbeitenden Konflikte insbesondere bzgl. der pädagogischen Generationendifferenz hin. Denn hier treffen generationale Paradigmen aufeinander: Gesundheit aber auch Kosten und Effizienz stellen Leitfiguren der Gemeinschaftsverpflegung aus Erwachsenensicht dar, während bei Kindern und Jugendlichen das gemeinsame Essen für Spiele aber vor allem für die Aushandlung von Beziehungen und zur Abgrenzung – auch von der Institution Schule – von besonderer Bedeutung sind (vgl. Rose/ Seehaus 2019, S. 49 f.)[5].

4. Fazit

Der Rechtsanspruch birgt das Potenzial, schulische Bildung mit allen Ganztagselementen (Unterricht, außerunterrichtliche Angebote und Mittagessen) für weitere Kinder und Jugendliche zugänglich(-er) zu machen. Dabei ist zu bedenken, dass die mit dem Ganztagsschulausbau verbundene Grenzverschiebung zwischen öffentlicher und privater Erziehung und Bildung insbesondere über eine Defizitkonstruktion von Familie legitimiert wird (vgl. Fritzsche/ Rabenstein 2009). Der Bedarf schulischer Verpflegung wird durch pädagogische Professionelle u. a. damit begründet, dass Defizite bezüglich der familiären Essensversorgung und Esskultur bestehen (vgl. ebd.; Schmidt 2018). Darin wird das Dilemma deutlich, dass ausgedehnte öffentliche Angebote der Betreuung und Verpflegung zwar auch auf Bedarfe, wie bspw. eine Vereinbarkeit von Familie und Beruf, reagieren, dies aber zugleich verknüpft wird mit der Zuschreibung von Defiziten. Dies verweist auf soziale Bildungsungleichheit und die dafür bedeutsame Frage der Anschlussfähigkeit lebensweltlich-familiärer Bildung an schulische Erwartungen (vgl. Täubig 2016b, S. 213), die sich durch ein elternkostenbeteiligungsfreies Mittagessen allein nicht beantworten lässt. Der Rechtsanspruch auf Ganztagsbetreuung und gerade das elternkostenbeteiligungsfreie Mittagsessen werden zwar zu einer Normalisierung der Schulverpflegung beitragen, erfordern aber zugleich die Reflexion der Spannungsfelder

---

5   siehe dazu auch: https://www.slowfood.de/aktuelles/2017/genuss_macht_schule_food_ policy_im_alltag (Abfrage: 28.07.2020)

zwischen öffentlicher und familiärer Sorge und zwischen unterschiedlichen Lebenswelten.

Das Berliner Beispiel der Einführung eines elternkostenbeteiligungsfreien Mittagessens zeigte zudem, dass diese Gelenkstelle des Ganztags auch Potenzial dafür bietet, das Zusammenspiel der Ganztagselemente, die Zusammenarbeit im multiprofessionellen Kollegium sowie vor allem auch Zeit- und Raumkonzepte weiterzuentwickeln. So war die Einführung der Kostenbefreiung des Mittagessens zugleich eine große Herausforderung für die Schulen als auch vielerorts ein Motor der Ganztagsschulentwicklung hinsichtlich der Gestaltung des ganzen Schultages.

Unsere hier zusammengestellten Perspektiven auf das schulische Mittagessen machen deutlich, dass mit der (Wieder-)Einführung bzw. dem Ausbau des Mittagessenangebots nicht nur komplexe Aufgaben, sondern hohe und auch widersprüchliche Anforderungen verbunden sind. Die im Zuge des Rechtsanspruchs mitgeführte Forderung eines Fokus auf die Qualitätsentwicklung der Ganztagsschule muss in Bezug auf das Mittagessen eine Auseinandersetzung mit diesen Spannungsfeldern und Widersprüchen beinhalten. Sie muss zudem die ernährungswissenschaftliche Perspektive erweitern und die unterschiedlichen Perspektiven der Erziehungswissenschaft einbinden. Das schulische Mittagessen ist somit als eine professionelle pädagogische Herausforderung anzunehmen, um dieses insbesondere entsprechend der Bedürfnisse der Kinder und Jugendlichen zu gestalten.

Literatur

Adio-Zimmermann, N./Rose, L./Schneider, K./Seehaus, R. (2019): Der soziale Raum des Schulessens: Gemeinschaft, Parzellierung und das Ringen um einen Sitzplatz. In: Rose, L./ Seehaus, R. (Hrsg.): Was passiert beim Schulessen? Wiesbaden: Springer VS, S. 73–109.

Althans, B./Tull, M. (2014): Irritierte Routinen: Essensangebote als Innovation in Ganztagsgrundschulen?! Eine empirische Untersuchung von Essenssituationen im Primarbereich. In: Weber, S. M./Göhlich, M./Schröer, A./Schwarz, J. (Hrsg.): Organisation und das Neue. Wiesbaden: Springer VS, S. 193–202.

Arens-Azevedo, U./Schillmöller, Z./Hesse, I./Paetzelt, G./Roos-Bugiel, J./Glashoff, M. (Hrsg.) (2015): Qualität der Schulverpflegung – Bundesweite Erhebung. Abschlussbericht. Berlin: Bundesministerium für Ernährung und Landwirtschaft (BMEL).

Beher, K./Haenisch, H./Hermens, C./Nordt, G./Prein, G./Schulz, U. (Hrsg.) (2007): Die offene Ganztagsschule in der Entwicklung. Empirische Befunde zum Primarbereich in Nordrhein-Westfalen. Weinheim und München: Juventa.

Berliner Bündnis „Qualität im Ganztag" (2019): Zu voll, zu laut, zu hektisch. Erste Ergebnisse einer Blitzumfrage nach Einführung des kostenlosen Mittagessens an Berliner Schulen. www.qualitaet-im-ganztag.de/downloads/blitzumfrage_schulmittag_191202.pdf (Abfrage: 28.07.2020)

BMAS (Bundesministerium für Arbeit und Soziales) 2020: Die Leistungen des Bildungspakets. www.bmas.de/DE/Themen/Arbeitsmarkt/Grundsicherung/Leistungen-zur-Sicherung-des-Lebensunterhalts/Bildungspaket/leistungen-bildungspaket.html (Abfrage: 28.07.2020)

Bundesjugendkuratorium (2019): Zwischenruf des Bundesjugendkuratoriums. Rechtsanspruch auf Ganztagsbetreuung für Kinder im Grundschulalter. www.bundesjugend-kuratorium.de/assets/pdf/press/zwischenruf_ganztag.pdf (Abfrage: 28.07.2020)

Deinet, U. (2009): Essen im Ganztag als Kooperationsthema von Jugendarbeit und Schule. In: Rose, L./Sturzenhecker, B. (Hrsg.): Erst kommt das Fressen …! Über Essen und Kochen in der Sozialen Arbeit. Wiesbaden: VS Verlag, S. 121–137.

DGE (Deutsche Gesellschaft für Ernährung) (2014): DGE-Qualitätsstandard für die Schulverpflegung. 4. Auflage. Bonn.

Fritzsche, B./Rabenstein, K. (2009): „Häusliches Elend" und „Familienersatz". Symbolische Konstruktionen in Legitimationsdiskursen von Ganztagsschulen der Gegenwart. In: Ecarius, J./Groppe, C./Malmede, H. (Hrsg.): Familie und öffentliche Erziehung. Theoretische Konzeptionen, historische und aktuelle Analysen. Wiesbaden: VS Verlag, S. 183–200.

Gosse, K. (2020): Pädagogisch betreut. Die offene Kinder- und Jugendarbeit und ihre Erziehungsverhältnisse im Kontext der (Ganztags-)Schule. Wiesbaden: Springer VS.

Höhmann, K./Grewe, M./Strietholt, R. (2008): Gründung und Ausstattung. In: Holtappels, H. G./Klieme, E./Rauschenbach, T./Stecher, L. (Hrsg.): Ganztagsschule in Deutschland. 2. Auflage. Weinheim und München: Juventa, S. 70–76.

Homfeldt, H. G. (2016): Essen/Trinken und Ernähren – (sozial-)pädagogische Miniaturen zu einer gesundheitsbezogenen sozialen Bildung. In: Täubig, V. (Hrsg.): Essen im Erziehungs- und Bildungsalltag. Weinheim und Basel: Beltz Juventa, S. 31–50.

Jansen, C. (2019): Essen an Schulen zwischen Anspruch und Wirklichkeit. Erwartungen an Schulverpflegung in Anbetracht von Erfahrungen aus der Praxis. Weinheim und Basel: Beltz Juventa.

KMK (Sekretariat der Ständigen Konferenz der Kultusminister der Länder) (2017): Allgemeinbildende Schulen in Ganztagsform in den Ländern in der Bundesrepublik Deutschland. Statistik 2011 bis 2015. www.kmk.org/fileadmin/Dateien/pdf/Statistik/Dokumentationen/GTS_2015_Bericht.pdf (Abfrage: 18.07.2020).

Krinninger, D./Müller, H.-R. (2012): Die Bildung der Familie. Zwischenergebnisse aus einem ethnographischen Forschungsprojekt. In: Zeitschrift für Soziologie der Erziehung und Sozialisation 32, S. 233–249.

Meyer, C. (2018): Essen und Soziale Arbeit. Eine Einführung. Wiesbaden: Springer VS.

Otto, R.-R. (2006): Denn wovon lebt der Mensch – Die Mensa bietet mehr als nur Essen. In: Höhmann, K./Holtappels, H. G. (Hrsg.): Ganztagsschule gestalten. Konzeption – Praxis – Impulse. Stuttgart: Klett, S. 182–193.

Pötzschke, L./Rettig, H./Rose, L./Schröder, J./Schütz, A./Täubig, V. (2018): Feeding Feelings – zur wohlfahrtsstaatlichen Versorgung mit Nahrung. In: Kommission Sozialpädagogik (Hrsg.): Wa(h)re Gefühle? Sozialpädagogische Emotionsarbeit im wohlfahrtsstaatlichen Kontext. Weinheim und Basel: Beltz Juventa, S. 190–201.

Prahl, H.-W./Setzwein, M. (Hrsg.) (1999): Soziologie der Ernährung. Opladen: Leske und Budrich.

Reitmeier, S. (2013): Warum wir mögen, was wir essen. Eine Studie zur Sozialisation der Ernährung. Bielefeld: transcript.

Rose, L. (2012): Essen in der Schule. Kritische Anfragen und Entwicklungsperspektiven für eine sozialpädagogische Aneignung des Verpflegungsthemas. In: Soziale Passagen 4, H. 2, 231–246.

Rose, L./Seehaus, R./Schneider, K. (2016): Sozialisierungen am Mittagstisch. Ethnografische Anmerkungen zum Essen in der Schule. In: Althans, B./Bilstein, J. (Hrsg.): Essen – Bildung – Konsum. Pädagogisch-anthropologische Perspektiven. Wiesbaden: Springer VS, S. 13–28.

Rose, L./Seehaus, R. (2019): Das Mittagessen als Spielarena. In: Rose, L./Seehaus, R. (Hrsg.): Was passiert beim Schulessen? Wiesbaden: Springer VS, S. 111–144.

Rose, L./Sturzenhecker, B. (2009): Einleitung: Warum die Beschäftigung mit Essen und Kochen Potentiale für die Soziale Arbeit enthält. In: Rose, L./Sturzenhecker, B. (Hrsg.): Erst kommt das Fressen …! Über Essen und Kochen in der Sozialen Arbeit. Wiesbaden: VS Verlag, S. 9–17.

Rousseau, J.-J. (1762/1998): Emile oder Über die Erziehung. Stuttgart: Reclam Verlag.

Schmidt, F. (2018): „Es verschiebt sich alles viel viel mehr in die Kita und Schule". Perspektiven von Pädagog*innen auf Erziehung und Sorge im Kontext der Nahrungsversorgung. In: Diskurs Kindheits- und Jugendforschung 13, H. 2, S. 211–224.

Schmidt, F./Wulf, C./Althans, B. (2014): Einleitung. In: Schmidt, F./Wulf, C./Althans, B. (Hrsg.): Nahrung als Bildung. Interdisziplinäre Perspektiven auf einen anthropologischen Zusammenhang. Weinheim und Basel: Beltz Juventa, S. 7–14.

Schütz, A. (2015): Schulkultur und Tischgemeinschaft. Eine Studie zur sozialen Situation des Mittagessens an Ganztagsschulen. Wiesbaden: Springer VS.

Schütz, A. (2016): Das Mittagessen in der Ganztagsschule – eine schultheoretische Auseinandersetzung mit dem Setting. In: Täubig, V. (Hrsg.): Essen im Erziehungs- und Bildungsalltag. Weinheim und Basel: Beltz Juventa, S. 169–189.

Schütz, A./Täubig, V. (2020): Mittagessen. In: Bollweg, P./Buchna, J./Coelen, T./Otto, H.-U. (Hrsg.): Handbuch Ganztagsbildung. 2. Auflage. Wiesbaden: Springer VS, S. 1035–1045.

Seehaus, R./Gillenberg, T. (2016): Gesundes Schulessen – Zwischen Diskurs und täglicher Praxis. In: Täubig, V. (Hrsg.): Essen im Erziehungs- und Bildungsalltag. Weinheim und Basel: Beltz Juventa, S. 151–168.

Seehaus, R./Rose, L. (2019): Stumme Akteure des Schulessens I: Die Schulspeise. In: Rose, L./Seehaus, R. (Hrsg.): Was passiert beim Schulessen? Wiesbaden: Springer VS, S. 27–50.

Seichter, S. (2012): Erziehung und Ernährung. Weinheim und Basel: Beltz Juventa.

SenBJF (Senatsverwaltung für Bildung, Jugend und Familie) (2019): Infobrief. Schulmittagessen.
www.berlin.de/sen/bildung/schule/bildungswege/grundschule/schulmittagessen_infobrief.pdf (Abfrage: 28.07.2020)

Speck, K./Olk, T./Böhm-Kasper, O./Stolz, H.-J./Wiezorek, C. (Hrsg.) (2011): Ganztagsschulische Kooperation und Professionsentwicklung. Studien zu multiprofessionellen Teams und sozialräumlicher Vernetzung. Weinheim und München: Juventa.

StEG-Konsortium (Hrsg.) (2015): Ganztagsschule 2014/2015. Deskriptive Befunde einer bundesweiten Befragung. Frankfurt am Main, Dortmund, Gießen und München.

Täubig, V. (2016a): Essen im Erziehungs- und Bildungsalltag. Weinheim und Basel: Beltz Juventa.

Täubig, V. (2016b): Essen im Erziehungs- und Bildungsalltag erforschen. In: Täubig, V. (Hrsg.): Essen im Erziehungs- und Bildungsalltag. Weinheim und Basel: Beltz Juventa, S. 212–232.

Täubig, V. (2018): Mahlzeiten und andere Verzehrsituationen und deren Bedeutung für das Aufwachsen von Kindern und Jugendlichen. In: ProJugend. H. 1, S. 4–8.

Tecklenburg, E./Belke, L./Klein, S./Arens-Azevedo, U./Papenheim-Tockhorn, H./Spiller, A. (Hrsg.) (2018): Bundeskongress Schulverpflegung 2018. #schulessen #schulverpflegung. DGE-Studie zu Kosten- und Preisstrukturen in der Schulverpflegung (KuPS). Erste Ergebnisse. Bonn: Bundesministerium für Ernährung und Landwirtschaft.

Tull, M. (2019): Essen in Kindertageseinrichtungen und Grundschulen. Eine ethnographische Studie zur Inszenierung von Frühstücken und Mittagessen. Wiesbaden: Springer VS.

Ganztag aus der Perspektive von Kindern im Grundschulalter

Bastian Walther/Iris Nentwig-Gesemann

1. Einleitung

Wenn 2025 der Rechtsanspruch auf Ganztagsbetreuung eingeführt wird, ist anzunehmen, dass – analog zur Einführung des Rechtsanspruches auf einen Kitaplatz – die Besuchsquoten des Ganztags stark steigen (vgl. Autorengruppe Bildungsberichterstattung 2020, S. 121 f.). Damit schreitet die Entwicklung hin zur „Kindheit in Institutionen" (Baader 2014, S. 442 ff.) weiter voran und es stellt sich umso dringlicher die Frage, was aus der Perspektive von Kindern relevant ist, damit sie sich in pädagogischen Einrichtungen in ihren Rechten anerkannt, ihren Interessen und Bildungsprozessen unterstützt, wertgeschätzt und wohl fühlen. Der Beitrag verortet sich *methodologisch-methodisch* in einer spezifisch wissenssoziologisch fundierten, praxeologisch ausgerichteten Kindheitsforschung, in deren Zentrum die Dokumentarische Methode (vgl. Bohnsack 2014, 2017; Bohnsack/Nentwig-Gesemann/Nohl 2013) steht. Im Folgenden werden wir kurz von *Dokumentarischer Kindheitsforschung* sprechen (vgl. Nentwig-Gesemann et al. 2020; Wagner-Willi/Bischoff-Pabst/Nentwig-Gesemann 2019). Diese ist zum einen dadurch gekennzeichnet, dass die kollektiven Erfahrungen und Erlebnisse von Kindern, ihre handlungsleitenden Orientierungen und Praktiken sowie die sozialen (u. a. auch pädagogischen) Praktiken, in denen Kindheit, Kinder und Kind-Sein immer wieder neu hervorgebracht und ausgestaltet werden, rekonstruiert werden. Dabei wird auch die Mit-Wirkung von räumlichen, materialen und zeitlichen Arrangements an der Hervorbringung bzw. Genese von Praxis in den empirischen Blick genommen. Zum anderen fragen die empirischen Rekonstruktionen in einer soziogenetischen Einstellung nach „dahinter liegenden" gesellschaftlichen, organisationalen und interaktionalen Milieus bzw. konjunktiven Erfahrungsräumen, in denen habituelle Orientierungen fundiert sind.

Im Zentrum der explorativen Studie, deren Ergebnisse hier zusammenfassend vorgestellt werden, stand die Rekonstruktion der Erfahrungen und Praktiken, der Orientierungen und Relevanzen von Grundschulkindern in Bezug auf den Ganztag. In einem kontinuierlichen Prozess des Vergleichens konnten schließlich 14 Qualitätsdimensionen in vier Qualitätsbereichen herausgearbeitet werden. Dabei handelt es sich um – zwischen positiven Horizonten und negativen Gegenhorizonten[1] aufgespannte – typische Orientierungen von Kindern bezüglich der Frage, was aus ihrer Perspektive einen „guten" Ganztag ausmacht. Eingegangen sind auch explizite Einschätzungen und Bewertungen der Kinder, der Formulierung der Qualitätsdimensionen liegen aber vor allem ihre impliziten Wissensbestände, die aus Fokussierungssequenzen[2] rekonstruiert wurden, zugrunde.

2. Forschungsstand

Die Perspektiven von Kindern auf Ganztag wurden in verschiedenen Studien mit unterschiedlichen Schwerpunkten schon untersucht, allerdings stellen sich auf ganz Deutschland beziehende und die verschiedenen Formate des Ganztags umfassende Erkenntnisse noch ein Forschungsdesiderat dar[3].

Aufgrund der heterogenen Landschaft der Angebote fokussieren vorhandene Studien typischerweise eine bestimmte Form der Ganztagsbetreuung in einer bestimmten Region. So begleiteten beispielsweise Beher und Kolleg*innen (2007) die Einführung der Offenen Ganztagsschule in Nordrhein-Westfalen u. a. mit der Befragung von Kindern mittels standardisierter Fragebögen und verschiedener qualitativer Interviewformen zu ihren Perspektiven auf die OGS. Eine Gruppe um Gspurning (vgl. Gspurning et al. 2010) sowie Fukkink und Boogaard (2020) interessieren sich für die pädagogische Qualität der Nachmittagsbetreuung in Österreich bzw. den Niederlanden und befragten Kinder dazu mittels Gruppendiskussionen.

Methodisch hervorzuheben ist die Studie „Offene Ganztagsschule – Schule als Lebensort aus Sicht der Kinder" der Forschungsgruppe um Ulrich Deinet (vgl. Deinet et al. 2018), die den Ertrag verschiedener qualitativer Erhebungsmethoden deutlich macht. In der Studie befragten die Forscher*innen Kinder an sechs Düsseldorfer Schulen zu ihrem „Erleben", der „Nutzung der Räum-

---

1 Mit (Gegen-)Horizonten werden in der Dokumentarischen Methode explizite und v. a. implizite (z. B. narrativ entfaltete) Vergleichshorizonte bezeichnet, zwischen denen ein Orientierungsrahmen gleichsam ‚aufgespannt' ist: Wohin streben Orientierungen, was ist ihr positives Ideal und wovon grenzen sie sich ab? (vgl. Przyborski & Wohlrab-Sahr 2014, S. 296).

2 Mit Fokussierungssequenzen werden in der Dokumentarischen Methode Fokussierungsmetaphern und Fokussierungsakte bezeichnet: besonders selbstläufige, interaktiv dichte, metaphorisch-szenisch ‚aufgeladene' Passagen, in denen sich Erlebniszentren dokumentierten (vgl. genauer: Nentwig-Gesemann 2010).

3 Für einen ausführlichen Überblick über die Literatur siehe Forschungsbericht zum Projekt in Nentwig-Gesemann, Walther & Fried (2020)

lichkeiten und ihrem subjektiv wahrgenommenen Grad an Partizipation bei der Gestaltung der OGS" (ebd., S. 18). Zur Erhebung der Kinderperspektive wurde ein Mixed-Methods-Ansatz gewählt, der die Instrumente „Kinderfragebogen", „Nadelmethode", „subjektive Schulkarte" und „Landkarte", „Gruppeninterviews" sowie „Autofotografie" (Deinet et al. 2018, S. 19 f.) beinhaltete.

Auch die methodische Herangehensweise von Staudner (2018) erscheint interessant, welche Tagebücherprotokolle von Drittklässler*innen aus oberbayrischen Ganztagsgrundschulen mit denen aus Halbtagsgrundschulen verglich und anschließend dazu vertiefende Interviews mit den Kindern führte.

Alle genannten Studien werteten die qualitativen Daten inhaltsanalytisch aus und entwickelten Kategorien, in denen die Vorstellungen der Kinder zu einem „guten" Ganztag gebündelt werden.

Einige dieser Kategorien finden sich bei allen angeführten Studien wieder, sodass sie aufgrund der unterschiedlichen Settings (Nachmittagsbetreuung/Hort vs. Ganztagsgrundschule) und der unterschiedlichen regionalen Schwerpunkte, als empirisch gut gesichert gelten können. Dazu zählt erstens die Partizipation von Kindern, also die Möglichkeit, ihre eigenen Wünsche und Interessen einbringen und den Ganztag mitgestalten zu können (bspw. vgl. Deinet et al. 2018, S. 41). Zweitens erscheint ein ausgewogenes Verhältnis von selbstbestimmter Freizeitgestaltung mit den Peers sowie anregungs- und abwechslungsreichen Angeboten durch die Pädagog*innen zentral (bspw. vgl. Beher et al. 2007, S. 181 f.). Wenn sowohl freundschaftliche Beziehungen zu anderen Kindern unterhalten als auch unterstützende Beziehungen zu den Fachkräften erlebt werden können, scheint das zu einem von den Kindern geschätzten sozialen Klima im Ganztag beizutragen. Weitere wichtige Aspekte scheinen Bewegung und Spiel zu sein (vgl. Beher et al. 2007, S. 204; Deinet et al. 2018, S. 38; Gspurning et al. 2010), die Möglichkeit, sich zurückziehen (vgl. Beher et al. 2007, S. 204; Deinet et al. 2018, S. 31 ff.), draußen sein (vgl. Deinet et al. 2018, S. 31 ff.; Fukkink/Boogaard 2020, S. 9) und sowohl mit männlichen als auch mit weiblichen Fachkräften interagieren zu können (vgl. ebd., S. 54 ff.; ebd., S. 8). Darüber hinaus werden manche Aspekte nur von einzelnen Studien aufgeworfen, wie die Bedeutung von Ausflügen (vgl. Deinet et al. 2018, S. 54 ff.), Möglichkeiten zum Zusammenfinden in geschlechtshomogenen Gruppen (vgl. Beher et al. 2007, S. 234) oder Dinge machen zu können, die zu Hause nicht möglich sind (vgl. Fukkink/Boogaard 2020, S. 8).

3. Sample und Forschungsmethodik

Der Methodik der Dokumentarischen Kindheitsforschung folgend, wurde die Studie „Kinderperspektiven auf Ganztag im Grundschulalter"[4] als eine *explorative* Studie durchgeführt: Es ging darum, mit offenen, hypothesengenerierenden Verfahren herauszufinden, was aus der Sicht von Kindern einen „guten" Ganztag ausmacht und welche Erfahrungen ihren Orientierungen zugrunde liegen.

3.1 Sample

Die Samplingstrategie zielte auf das Maximieren von Unterschieden der untersuchten Einheiten im Sinne eines theoretical samplings (vgl. Glaser/Strauss 1967, S. 55). So verteilten sich die Einrichtungen *räumlich* auf die fünf Bundesländer Berlin, Brandenburg, Nordrhein-Westfalen, Baden-Württemberg und Bayern, wobei in Bayern in zwei und in Berlin in drei Ganztagen Erhebungen durchgeführt wurden. Es wurden sowohl Einrichtungen aus unterschiedlich großen Orten, von einer kleinen Landstadt mit 2000–5000 Einwohnern, als auch aus Metropolen, wie Berlin oder der Region Rhein-Ruhr, einbezogen. Auch die Einrichtungsgröße variierte stark: Der kleinste einbezogene Ganztag verfügt lediglich über 25, während der größte 440 Plätze anbietet.

Ausgewählt wurden zudem Einrichtungen mit unterschiedlichen pädagogischen und organisatorischen Profilen:

- Waldhort in freier Trägerschaft (Erzieherinnen-Initiative)
- Hort einer verlässlichen Halbtagsgrundschule im Brennpunktgebiet (städtischer und freier Träger)
- Ganztagsbereich einer gebundenen Ganztagsgrundschule mit hohem Anteil von Familien mit Migrations- und Fluchthintergrund (freier Träger: Stiftung öffentlichen Rechts)
- integrativer Hort an einer Halbtagsgrundschule (AWO)
- Ganztagsbereich einer freien Naturschule (freier Träger: Erzieherinnen-Eltern-Initiative)
- Ganztagsbereich einer quasi-gebundenen Grundschule in städtischer Trägerschaft
- Montessori-Hort in freier Trägerschaft (Elterninitiative)
- Ganztagsbereich einer katholischen Europagrundschule (AWO)

---

4   Die Studie „Kinderperspektiven auf Ganztag im Grundschulalter" (Oktober 2019 bis September 2020) wurde von der Bertelmann Stiftung, der Bosch Stiftung, der Stiftung Mercator und der AWO in Auftrag gegeben.

Insgesamt haben 165 Kinder im Alter zwischen sechs und zehn Jahren, bzw. in Berlin und Brandenburg bis zwölf Jahren an der Studie teilgenommen. In Bezug auf die Kinder wurde keine Auswahl getroffen – es konnten alle Kinder teilnehmen, deren Eltern ihr Einverständnis in die Teilnahme gegeben hatten und die selbst ihr Einverständnis erklärten.

3.2 Erhebungsmethoden

Inspiriert durch den multimethodischen Ansatz des Mosaic Approach[5] (vgl. Clark 2017) wurden den Kindern maximal mögliche Freiräume eröffnet, ihre Erfahrungen, Orientierungen und Einschätzungen zum Ausdruck zu bringen. Das Prinzip der Offenheit und der möglichst wenigen (und dann in den Analysen immer mit interpretierten und reflektierten) Eingriffe der Forscher*innen in den Relevanzrahmen und die Ausdrucksweisen der Kinder gewährleistete ein hohes Maß an Gültigkeit, also an Angemessenheit und Adäquanz, mit der empirisch tatsächlich das Erfahrungswissen der Kinder rekonstruiert werden konnte.

Die eingesetzten Erhebungsmethoden sowie Kernelemente der Dokumentarischen Methode als Interpretationsverfahren werden im Folgenden kurz vorgestellt.

Die *Gruppendiskussion* ist ein für die Kindheitsforschung besonders geeignetes Verfahren, das sich variabel den jeweiligen verbalen Ausdrucksweisen von Kindern unterschiedlichen Alters anzupassen vermag (vgl. Nentwig-Gesemann 2010; Nentwig-Gesemann/Gerstenberg 2014). Die Kinder konnten die für sie wichtigen Themen aufgreifen und diese in ihrer alltäglichen Sprache und der gewohnten Form der Interaktionsorganisation bearbeiten (vgl. Nentwig-Gesemann 2010, S. 6).

Malbegleitende Gespräche (vgl. Bakels/Nentwig-Gesemann 2019) boten den Kindern die Möglichkeit, sich an einen ruhigen Ort zurückzuziehen und mit den Forscher*innen ins Gespräch zu kommen. Möglich war sowohl ein Vertiefen in den Prozess des Malens als auch das Führen intensiver, dialogorientierter Gespräche mit den Forscher*innen.

Die Methode „*Kinder fotografieren ihren Ganztag*" wurde in Anlehnung an Deinets „Autofotografie" (Deinet 2009, S. 78 f.) entwickelt: Je zwei Kindern wurde eine Kamera gegeben, mit der sie abwechselnd ihre Lieblingsorte, „blöde Orte", Rückzugsorte oder interessante Orte fotografieren sollten. Im Anschluss

---

5   Die Grundidee des Ansatzes ist, verschiedene Methoden zur Datenerhebung einzusetzen, die sich an die Themen, Relevanzen und (non-)verbalen Ausdrucksweisen der Kinder orientieren, und das gesammelte Material dann wie ein Puzzle zu einem Gesamtbild zusammenzusetzen.

wurden die digitalisierten Fotos gemeinsam mit den Kindern angeschaut, um mit ihnen in fotobasierten Interviews über ihre Erfahrungen, Aktivitäten und Sichtweisen ins Gespräch zu kommen.

Schließlich wurde den Kindern in einer separaten Station eine „Briefbox" samt Materialien (Karteikarten, Stifte, Stempel, Aufkleber mit Smileys) zur Gestaltung von Briefen zur Verfügung gestellt. Die Kinder wurden gebeten, Ideen, Kritik, Wünsche oder Lob zu formulieren und diese (anonym) als „Briefe" in die Box zu werfen.

Um auch aus der unmittelbaren Praxis im Ganztag Rückschlüsse auf die Orientierungen der Kinder ziehen zu können, wurde zusätzlich *fokussiert teilnehmend beobachtet* (vgl. Heinzel et al. 2010; Krüger 2006). Die dokumentarische Auswertung der Beobachtungsprotokolle von Mittagessens-, Begrüßungs-Freispielsituationen, ermöglichte – ergänzend zu den gesprächsorientierten Erhebungsverfahren – die Rekonstruktion von Interaktionsqualität im Sinne von Beschaffenheit der interaktiv hervorgebrachten Beziehungen zwischen den Kindern sowie zwischen ihnen und den pädagogischen Fachkräften.

3.3 Dokumentarische Methode

Das in den jeweils zweitägigen Feldaufenthalten gesammelte Material wurde mit der Dokumentarischen Methode (vgl. Bohnsack 2014, 2017; Bohnsack/Nentwig-Gesemann/Nohl 2013) interpretiert. Kernziel der Methode ist es, *Implizites explizit zu machen*. Dabei bilden sich habituell entfaltende Praktiken und die überwiegend impliziten Erfahrungswissensbestände der sozialen Akteure den Kern der Interpretationsarbeit. Der rekonstruktive, erkenntnisgenerierende Interpretationsansatz ermöglichte es, „typische", also immer wiederkehrende, Dimensionen von „guter" Qualität im Ganztag aus dem Material herauszudestillieren. Zentral für die Kontrolle der Standortverbundenheit der Forscher*innen ist das Prinzip der fallinternen und fallübergreifenden Komparation: Dieses sichert ab, dass nicht die (z. B. theoriegeleiteten) Perspektiven der Forschenden den Analysefokus lenken, sondern empirisch generierte Vergleichsfälle, die auf Gemeinsamkeiten und Unterschiede hin befragt werden.

Das empirische Material wird *zum einen* daraufhin befragt, was auf der Ebene des *immanenten Sinns*, auf einer inhaltlich-thematischen Ebene, ausgedrückt wird – sie werden *formulierend interpretiert*. Wir erfuhren hier viel darüber, was für die Kinder überhaupt relevante Themen sind, was ihnen (un-) wichtig ist und wie sie bestimmte Dinge im Ganztag bewerten.

Zum anderen fragt der zentrale Arbeitsschritt der *reflektierenden Interpretation* nach dem *Dokumentsinn*: Welche handlungsleitenden Orientierungen, Relevanzen, Wertorientierungen und Deutungsmuster, welches Erfahrungswissen dokumentiert sich in Inhalt und Form einer Erzählung, einer Bezugnahme aufeinander im Gespräch, eines Briefes, einer Fotografie, einer Zeichnung, einer

Handlungs- oder Interaktionssituation? Auf dieser Interpretationsebene haben wir uns den grundlegenden Bedürfnissen, Orientierungen und Anliegen der Kinder zugewandt, die begrifflich-theoretisch von diesen selbst so nicht zum Ausdruck gebracht werden können.

Die *komparative Analyse* stellt ein fundamental wichtiges Arbeitsprinzip der Dokumentarischen Methode dar: Lassen sich „typische", homologe Muster erkennen, die bei der Bearbeitung verschiedener Themen bzw. bei verschiedenen Akteuren immer wiederkehren, also fall- und situationsübergreifend sind? In der vorliegenden Studie führte das kontinuierliche interpretative Vergleichen von thematisch ähnlichen Sequenzen aus den unterschiedlichen Erhebungen am Ende zu einem verdichteten und empirisch gesättigten Bild davon, was aus der Perspektive der einbezogenen Kinder relevante Dimensionen eines guten Ganztages sind.

4. Ergebnisse: Qualitätsdimensionen aus Kindersicht

Der rekonstruktive, erkenntnisgenerierende Interpretationsansatz ermöglichte es, das Feld nicht durch die Brille vorab formulierter Kriterien zu betrachten, sondern die Erfahrungen, Praktiken und Orientierungen der Kinder in den Mittelpunkt zu stellen. Dem Prinzip der komparativen Analyse (vgl. Kapitel 2.3) folgend, verdichteten sich Interpretationsergebnisse immer dann zu generalisierungsfähigen Dimensionen, wenn sowohl innerhalb des in einem Ganztag erhobenen Materials als auch über alle einbezogenen Einrichtungen hinweg Homologien rekonstruiert werden konnten. Auf diese Weise konnten die folgenden vierzehn Qualitätsdimensionen von „guter" Qualität im Ganztag, die auf der Ebene von vier Qualitätsbereichen noch einmal abstrahiert wurden, aus dem Material herausdestilliert werden. In der sequentiellen Anordnung der folgenden Übersicht soll dabei keine Hierarchie ausgedrückt werden, die Bereiche stehen vielmehr gleichwertig nebeneinander.

Tab. 1. Qualitätsbereiche und -dimensionen des Ganztags aus Kindersicht

1.	Die Gestaltung positiver pädagogischer Beziehungen (Beziehungen zwischen Kindern und Pädagog*innen)	
	1.1	In Lern- und Arbeitssettings (z. B. Hausaufgabenbetreuung) von Pädagog*innen unterstützt werden, die aufmerksam und respektvoll an die Interessen und Bedarfe von Kindern anknüpfen
	1.2	In Alltagssituationen (z. B. Essen) mit Pädagog*innen in Beziehungen interagieren, die von Emotionalität, Vertrauen und Ebenbürtigkeit gekennzeichnet sind
	1.3	In Konfliktsituationen von Pädagog*innen begleitet werden, die verständnisvoll und fair intervenieren und Strategien für ein friedliches und demokratisches Miteinander etablieren
	1.4	An der Gestaltung des Ganztages beteiligt sein, mitreden und mitbestimmen
2.	Die produktive Bearbeitung von Themen und Aufgaben der mittleren und späten Kindheit	
	2.1.	(Noch) Verbotenes tun und Grenzen austesten
	2.2	Zerstreuenden, unterhaltsamen und entspannenden Aktivitäten nachgehen
	2.3	Handlungspraktischen Tätigkeiten langanhaltend nachgehen und sich in Situationen mit ‚Ernstcharakter' bewähren
	2.4	Sich in riskante, herausfordernde Bewegungsaktivitäten und in (kompetitive) Bewegungsspiele vertiefen
3.	Die Gestaltung einer positiven Peer-Kultur (Beziehungen unter Gleichaltrigen)	
	3.1	In „wilden", körperbetonten Spielen Grenzen testen und tragfähige Regeln entwickeln
	3.2	Zeiten und Orte für Rückzug und ruhige Unterhaltungen unter Freundinnen haben
	3.3	In Fantasie- und Rollenspielen unterschiedliche Positionen, Status und Verhaltensweisen ausprobieren
	3.4	Freunde haben, Freundschaft erleben und sich auf Freund*innen verlassen können
4.	Die Erweiterung des Bildungsraums Schule/Ganztag in den Natur- und den Sozialraum	
	4.1.	Naturerfahrungen machen
	4.2	Ausflüge machen und etwas über das ‚wahre' Leben draußen erfahren

Im Folgenden wird exemplarisch der Prozess der dokumentarischen Rekonstruktionsarbeit, die zu diesem Ergebniskondensat geführt hat, noch einmal nachvollziehbar aufbereitet.[6] Es handelt sich aus Platzgründen um stark kondensierte reflektierende Interpretationen von drei Sequenzen, in denen bspw. die Kategorien der Diskurs- und Interaktionsorganisation nicht im Einzelnen expliziert werden – dies kann im Forschungsbericht nachvollzogen werden.

3.1 Empirisches Beispiel: *Gemeinsames Mittagessen*

In der Sequenz *Gemeinsames Mittagessen*, die exemplarisch für die Dimension 1.2 „In Alltagssituationen (z. B. Essen) mit Pädagog*innen in Beziehungen interagieren, die von Emotionalität, Vertrauen und Ebenbürtigkeit gekenn-

---

6   Im Forschungsbericht (Nentwig-Gesemann, Walther & Fried, 2020) wird anhand von jeweils drei interpretierten Sequenzen pro Dimension deren empirische Sättigung verdeutlicht.

zeichnet sind", steht, dokumentiert sich, wie wichtig es Kindern ist, resonante, sich wechselseitig anregende und vertrauensvolle Beziehungen zu den Erwachsenen im Ganztag zu erleben. Die Situation vollzieht sich, kurz nachdem Federico allein den ca. 500m langen Weg von der Schule zum Hort genommen hat. Alle anderen Kinder haben schon zu Mittag gegessen und den Essensraum verlassen.

Abbildung 1: Teilnehmende Beobachtung des Mittagessens

Federico (Kind) ist von der Schule gekommen, hat sich einen Teller mit Essen am Buffet gefüllt und sich an einen der leeren Tische gesetzt. Michel (Pädagoge) füllt sich ebenfalls einen Teller und stellt ihn neben den des Kindes. Er geht in die Küche, holt Kräutersalz und Pfeffer und stellt beides auf den Tisch, in die Nähe seines Tellers. Dann setzt er sich neben Federico und würzt sein Essen. Federico erblickt das Salz, und ruft erfreut: „Kräutersalz!". Er greift danach und streut es über sein Essen. Michel: „Juhuu Kräutersalz". Die beiden essen gemeinsam. Michel blickt zu Federico: „Hast du genug Platz? Ich sitze ganz schön dicht bei dir." Federico lächelnd, leise: „Nein komm noch dichter dran." Michel, lachend: „Noch dichter?!" Beide lachen und rücken erst sehr dicht zusammen, dann ein kleines Stück auseinander.
Michel verbrennt sich an seinem Essen und bringt seinen Schmerz zum Ausdruck: „Aahh heiß". Dabei hält er sich die Hand vor den geöffneten Mund. Federico wendet sich ihm zu, guckt besorgt, klopft ihm auf die Brust und sagt: „Trink was!". Michel: „Ich hab mir zu viel Sauce genommen, die war noch heiß." Während die beiden gemeinsam weiteressen, fragt Michel Federico nach seinen Plänen für das Wochenende. Sie unterhalten sich über unterschiedliche Dinge, unter anderem Computerspiele. Kurze Zeit später hat Federico aufgegessen. Er steht auf und räumt seinen Teller in die Küche.

Reflektierende Interpretation der Sequenz

Der Beginn des gemeinsamen Mittagessens ist von einem Verstehen im Medium des Selbstverständlichen geprägt: Der Pädagoge Michel und Federico finden sich zum Essen zusammen und freuen sich beide gleichermaßen über das geholte Kräutersalz. Hier steht das miteinander geteilte Genießen im Vordergrund, das sich im Modus einer habituellen Reziprozität entfaltet (vgl. Nentwig-Gesemann/Gerstenberg 2018; Nentwig-Gesemann/Walther/Munk 2020).

In der folgenden Interaktionssequenz ist dann ebenfalls ein inkludierender, dialogorientierter Interaktionsmodus erkennbar, der sich allerdings in einer *reflexiven Form der Reziprozität manifestiert*: Eine potenzielle Inkongruenz wird kommunikativ bearbeitet, indem die beiden sich absichern, dass sie es wirklich mögen, nah beieinander zu sitzen. Dass das vertrauensvolle und wertschätzende Herstellen von Nähe auf das Einverständnis *beider* Interaktionspartner angewiesen ist, wird hier nicht nur praktiziert, sondern es findet eine kommunikative Sensibilisierung dafür statt. Das wechselseitige Vertrauen dokumentiert sich dann auch in der Fürsorglichkeit, mit der Federico sich dem Erzieher zuwendet, als dieser sich am heißen Essen verbrannt hat. Darin kommt nicht nur eine Zuneigung zwischen den beiden zum Ausdruck, sondern auch eine gewisse Ebenbürtigkeit. Der Erwachsene ist in Not und lässt sich von Federico helfen, dem ganz selbstverständlich eine verantwortungsvolle und fürsorgliche Rolle in der Interaktion zugestanden wird. Beide kümmern sich nicht nur um das eigene, sondern auch um das Wohl des anderen.

Diese und zahlreiche weitere Interpretationen zusammenfassend, ergab sich die folgende Dimensionsbeschreibung:

> **Qualitätsdimension 1.2:**
> **In Alltagssituationen mit Pädagog*innen in Beziehungen interagieren, die von Emotionalität, Vertrauen und Ebenbürtigkeit gekennzeichnet sind**
>
> In Alltagssituationen (z. B. Essenssituationen) wünschen Kinder sich freundliche und nahbare pädagogische Fachkräfte, mit denen sie in resonanten, d. h. sich *wechselseitig* anregenden, Beziehungen interagieren und denen sie vertrauen können. Kinder mögen alle informell-familiären Interaktionssettings, die es im Ganztag ermöglichen, Beziehungen zu den Erwachsenen einzugehen, die nicht wie im konventionellen Unterricht durch die Hierarchie einer Lehrer-Schüler-Beziehung geprägt sind und zudem nicht mit einer Leistungsbeurteilung und -bewertung verknüpft sind. Als wohltuend erleben Kinder Beziehungen zu Pädagog*innen, die von wechselseitigem Interesse, von Emotionalität und Ebenbürtigkeit geprägt sind. In einer entspannten Atmosphäre unterhalten Kinder sich gerne mit Erwachsenen, sie spielen gerne etwas mit ihnen und beteiligen sich gerne an gemeinsamen Arbeiten.

3.2 Empirisches Beispiel: *Poetry-AG und Hortzeitung*

In der Sequenz „Poetry-AG und Hortzeitung", die exemplarisch für die Dimension 2.3 „Handlungspraktischen Tätigkeiten langanhaltend nachgehen und sich in Situationen mit ‚Ernstcharakter' bewähren", steht, dokumentiert sich, dass Kinder Lern- und Arbeitssettings schätzen, in denen sie ihren Themen und Interessen nachgehen, ihre Fähigkeiten erproben und erweitern können.

Das folgende Gespräch entspann sich begleitend zu einer Zeichnung, in der ein Mädchen im Zusammenhang mit dem von ihr gemalten Schulhof auf das Hortfest im letzten Sommer zu sprechen kam.

Y: Er- (.) kanns=te noch=n bisschen erzählen, was ihr da so gemacht habt
            oder was da so passiert is?
Anne: Also wir haben? (.) Wir haben es gab da ne Poetry-AG. Und ähm da war ich
            mit dabei? Und wir sollten einen Rap schreiben. Und (.) ja dann haben wir
            so einen Rap geschrieben und dann haben wir den vorgeführt.
Y: Weißt du noch wie der ging oder(.) oder um(.)
Anne: Also die andern haben=s (.) haben was gerappt, ich hatte hier mein
            Sockengedicht.
Y: @Okay@ nen Sockengedicht, mhm,
Anne: Ja, äh (2) ich mag Socken . Also ich hab viele verschiedene Socken,
            weiße, bunte, schwarze, also ich hab sehr viele Socken.

Reflektierende Interpretation der Sequenz

Auch wenn der Vorschlag, einen Rap zu schreiben, von Erwachsenen initiiert
wurde, erzählt Anne die Umsetzung dieser Idee als eine selbstständige Leistung
der Kindergruppe. Die Aktivitäten in der Poetry-AG stehen im positiven Horizont: Die Kinder dürfen sich hier selbst etwas ausdenken und gestalten und ihre
Bemühungen münden nicht in eine, an standardisierten Kriterien ausgerichteten, individuellen Benotung, sondern in eine kollektive Aufführung, in der es
gilt, die Zuschauer*innen mit einer „gekonnten" Leistung gut zu unterhalten.
Wenn Anne dann ihr eigenes „Sockengedicht" erläutert, dokumentiert sich
zum einen der Stolz über eine individuelle Performance, zum anderen der Mut,
etwas von sich selbst preis zu geben und sich selbst „vor aller Augen" als So-
ckenliebhaberin zu inszenieren. Anne kann hier ihr Können zeigen, ohne dass
es dabei um die Benotung einer normierten Leistungserbringung geht (wie das
etwas bei einer Klassenarbeit der Fall ist). Später schildert Anne, dass die
Poetry-AG mittlerweile eingestellt ist, dafür aber eine Hortzeitung ins Leben
gerufen wurde, an der sie sich ebenfalls gern beteiligt:

Abbildung 3: Interview zur Hortzeitung

Anne: Also ich hab=nen Artikel geschrieben, über das Klima und den Klimawandel und der Greta Thunberg?

[...]

Y: Und das mit der Hortzeitung, kannst du ungefähr sagen, was da in dem Artikel drinsteht, mit der Greta Thunberg?

Anne: Ich hab halt nicht nur über die Greta Thunberg, sondern auch über das Klima und die Bäume, wie wichtig die Bäume für uns sind. Und ähm (.) über Greta Thunberg hab ich so geschrieben (.) so sie ist ähm (.) ich glaube war=s mit elf oder mit zwölf? is sie auf die Sch- das erste Mal auf die Straße gegang- (.) und hat demonstriert gegen das heftige Klimawandel, und ähm und jetz=is sie einige der wichtigsten ähm halt Mitglieder von diesem Umweltdingsdabumsda. Und dieses und die macht jetzt Frei- fridays for future. Ähm und sie hat halt immer wieder die Schule geschwänzt, damit sie auf die Straße gehen kann und demonstriert. Und jetzt ist sie sechzehn, hab ich auch so geschrieben und hab ich auch geschrieben, wie=s mit den Bäumen so ist, dass die mit ihren Blättern, ähm das CO_2 nehmen, (.) und das halt umwandeln, in Zucker? Das hab ich vielleicht nicht so genau beschrieben, aber die verwandeln das CO_2 in Zucker, und dabei entsteht die Luft. Und die Luft atmen sie dann aus die Blätter, und halt für die ist das Müll. Und für uns ist das halt gut und für die Tiere. (.) Und den Zucker brauchen die zum (.) leben uns so und ja.

Reflektierende Interpretation

Offenbar bietet der Hort Anne verschiedene „Bühnen", die sie für den kreativen Ausdruck und das Finden einer eigenen Meinung bzw. Stimme nutzt. So schildert sie verschiedene künstlerische Aktivitäten, wie Rappen, Dichten oder Texteschreiben, die sie mit Freude und Engagement ausprobiert.

Am Beispiel des Artikels in der Hortzeitung wird deutlich, dass sie ein aktuelles, komplexes und existenziell wichtiges Thema erfasst und einordnet – sie erklärt, ganz wie ein Zeitungsartikel in Tageszeitungen das auch tun könnte – das Prinzip der Fotosynthese und verbindet dies mit der aktuellen Fridays-for-Future-Bewegung.

Der Rückgriff auf Greta Thunberg ist dabei besonders interessant, da diese ein Symbol für die Autonomie, die Zukunftsgerichtetheit und den Wunsch nach (Mit-) Gestaltungsmöglichkeiten und Wirkmächtigkeit der jüngeren Generation darstellt, mit der sich Anne offenbar identifiziert. Es ist ihr ein Anliegen, über das Thema Klimawandel zu schreiben, das sie bewegt – damit wird sie zur handelnden Akteurin. Zudem steht die jugendliche Aktivistin Thunberg mit dem Schuleschwänzen und dem Rebellieren gegen das Machtmonopol der Erwachsenen für einen maximalen Kontrast zu einer Welt, in der die Themen und Anliegen der Kinder nachrangig verhandelt oder missachtet werden.

Diese und zahlreiche weitere Interpretationen zusammenfassend, ergab sich die folgende Dimensionsbeschreibung:

Qualitätsdimension 2.3:
Handlungspraktischen Tätigkeiten langanhaltend nachgehen und sich in Situationen mit ‚Ernstcharakter' bewähren

Kinder wünschen sich, im Ganztag Zeit zu haben, um ungestört lebenspraktischen Tätigkeiten nachzugehen. Sie wollen sich nützliche, z. B. handwerkliche Fähigkeiten aneignen und diese in Ernstsituationen möglichst auch schon anwenden. Dabei wollen sie für sich selbst sorgen: Obwohl sie manchmal noch auf die Erwachsenen angewiesen sind, steht im positiven Horizont, Herausforderungen allein oder in der Kindergemeinschaft zu bewältigen und Probleme selbstständig zu lösen. Solche lebensnahen, selbstgesuchte Arbeiten sind ihnen wichtig als Pendant zur eher theoretischen Auseinandersetzung mit Lernstoff in konventionellen Unterrichtssettings.

3.3   Empirisches Beispiel: *Kletterbaum*

Die Kinderzeichnung „Kletterbaum" steht exemplarisch für gleich zwei Qualitätsdimensionen. In dem Bild und dem anschließenden Gespräch wird deutlich, wie wichtig es für Kinder ist, Freunde zu haben (Qualitätsdimension 3.4: Freunde haben, Freundschaft erleben und sich auf Freund*innen verlassen können) und die Natur mit allen Sinnen zu erleben (Qualitätsdimension 4.1: Naturerfahrungen machen). Nachfolgend wird zunächst die Kinderzeichnung, dann das sich anschließende Gespräch interpretiert, wobei aus Platzgründen auf die für die Interpretation wesentlichsten Aspekte fokussiert wird.

Abbildung 4: Zeichnung „Kletterbaum" mit Planimetrie

Interpretation der Zeichnung[7]

Durch den zweifach eingezeichneten Goldenen Schnitt (Abbildung 4) wird deutlich, wie das Bild formal aufgebaut ist. Die eingezeichneten Hilfslinien unterstreichen die zentrale Bedeutung des Baumes, der auch durch seine Größe sofort ins Auge fällt. Er nimmt fast die Hälfte des Bildes ein und teilt das Bild in rechts und links sowie in oben und unten. Er ist dabei das einzige Element, das alle Ebenen einnimmt und sie verbindet.

Auf den ersten Blick wirken alle Felder ausgefüllt und bunt, sodass es auf allen Ebenen und zu allen Seiten hin Interessantes zu entdecken gibt. Jedes Feld wird zudem durch ein Wesen bzw. ein Wesenspaar „bevölkert".

Durch die Schnitte entstehen auf den zweiten Blick allerdings jeweils Sphären, die eine unterschiedliche Gewichtung erhalten. Die beiden oberen Sphären sind durch den Himmel verbunden: Auf der einen Seite ist eine Sonne mit Augen und Kussmund zu erkennen, die ihre breiten Strahlen aussendet. Auf der anderen Seite schweben zwei sich in Form und Farbe deutlich unterscheidende Insekten. Die beiden unteren Sphären werden durch die Wiese verbunden; hier ergibt sich durch den Baum eine Spiegelung der beiden Personenpaare. Dabei zieht die linke Seite, auf der die Zeichnerin sich und ihre Freundin darstellt

---

7 Für ein ausführliches Beispiel der dokumentarischen Interpretation von Kinderzeichnungen siehe Bakels & Nentwig-Gesemann (2019).

(Information aus dem malbegleitenden Gespräch), die Blicke auf sich: Mit den Gegenständen rechts und links des Paares sowie der Blume, die eine zusätzliche Spannung in dieses Feld bringt, scheint dieser Bereich ausgefüllter und interessanter als die rechte Seite: Es scheint so, als hätte das Paar hier etwas Gemeinsames zu tun bzw. als hätte es sich den Ort schön eingerichtet. Die zwei Figuren am rechten Bildrand erscheinen dagegen durch ihre Positionierung am Bildrand, die geringere Größe, den Mangel an zusätzlichen Dingen und die Erhöhung, auf der sie stehen und die sie in die Ferne rücken lässt, wie hinzukommende Besucher.

Schließlich durchqueren die breiten Strahlen der Sonne drei der vier Felder, womit diese als allgegenwärtig und wirkmächtig wirkt. Indem die Sonne zu den beiden Insekten und den Figuren unten links durchdringt (nicht aber zum Figurenpaar im Feld rechts unten), wird deren Bedeutung unterstrichen.

Helen hat für ihre Zeichnung eine Szene im Außengelände der Schule gewählt. Durch die Elemente des Baums mit breitem Stamm und ausladender grüner Baumkrone, der türkisgrünen Wiese, dem blauen Himmel, der strahlenden Sonne, der rot leuchtenden Blume und den fliegenden Insekten wird das In-der-Natur- bzw. Draußen-Sein besonders betont. Die Naturelemente sind zudem in kräftigen Farben gemalt und das gesamte Setting lässt an einen Sommertag, fernab von Häusern bzw. Institutionen wie der Schule denken.

Neben der Bedeutung des Naturraums dokumentiert sich in der Kinderzeichnung auch die Relevanz des Sozialen. So sind außer der Sonne alle Figuren als Paar und damit als soziale Wesen dargestellt, die jeweils eng miteinander verbunden bzw. einander zugewandt sind.

Der Fokus liegt dabei auf dem Paar im linken, unteren planimetrischen Feld, bei denen es sich um die Zeichnerin Helen (blondes Mädchen) und ihre Freundin Nora handelt. Dass die Arme in der Zeichnung ineinander übergehen und die Personen in ihrer Struktur ganz ähnlich gezeichnet sind, unterstreicht die besondere Verbindung der beiden. Zudem scheinen sie in der Beziehung gleichwertig zu sein, was die gleichgroße Darstellung sowie die doppelte Darstellung der Gegenstände verdeutlicht. Die unterschiedlichen Haare markieren beide jedoch eindeutig als Individuen. Das Paar im Feld rechts unten – die weiteren Freundinnen Lisa und Ida, wie im malbegleitenden Gespräch expliziert wird – wird ebenfalls als eng zusammengehörig und dem Freundinnenpaar Helen und Nora lächelnd zugewandt dargestellt. Damit wird jeweils die Bedeutung der Zweier-Beziehung hervorgehoben (Prinzip der „besten Freundin"), die hier durch den Baum symbolisch vor Eindringlingen von außen geschützt wird, wohl aber offen ist für die Beziehung zu anderen Freundinnenpaaren. Helen legt in ihrer Zeichnung des Ganztags also ihren Fokus auf die Ebene der Freundschaftsbeziehungen, die es auszugestalten und zu sichern gilt.

Schließlich lässt sich das Gespräch von Helen und Nora zu dem Bild heranziehen:

Y: Helen erzähl du mir doch noch was zu deinem Bild, oder zu eurem Bild, ihr habt ja jetzt zusammen gemalt oder?

Helen: Naja ich hab den Baum gemalt weil ich den echt toll find. Das ist Nora, das bin ich. Nee das is- ja das ist ist @(.)@

Y: @(.)@ stimmt ich seh das, dieses, Nora hat dunkle Haare und du blonde ne?

Helen: Ja aber das is Ida, Ida hat auch dunkle und ich kann noch nicht die Beine soweit spreizen weil Ida ist grad dabei Spagat zu machen, die kann nämlich richtigen Spagat

Y: Ah und da macht die grad Spagat auch?

Helen: Das ist Lisa::

Y: Das sind alleeu-deine Freunde?

Helen: (2) Ja und (.) das bin ich und das ist Nora. Noras Trinkflasche, Noras Brotbüchse, meine Brotbüchse, Noras äh meine Trinkflasche

Y: Ah und ihr frühstückt da neben dem Baum?

Helen: Ja (.) Und wir ha=m die hier unten hingestellt und dann geht einer auf den Baum und denn, der andere nimmt dem, gibt dem immer die Sachen hoch und der andere nimmt=s dann ab

Y: Ach und dann habt ihr, im Baum frühstückt ihr dann?

Helen: Ja (.) Das mach ich nämlich auch sehr gerne.

Y: Wow

Helen: Da schmeckt das Essen nämlich auch viel besser.

Y: @(.)@ wenn man das im Baum isst?

Helen: @(Ja)@

Y: Wieso? Wie kommt das?

Nora: Na ja weil das, da ist so=n schöner Duft

Helen: Na ja weil wenn man das Essen im Duft drin isst (2) dort gibt es ja ganz verschiedene Orte, wo man essen darf und dort auf=m, nee dort, die, da darf man nur an einer, ein Ort essen und draußen essen dann immer, darf man dann immer am Baum rumklettern und so, das finde ich dann immer schöner zum Essen. Da kann man immer seinen Platz verändern und so

In der initialen Proposition von Helen bestätigt sich gleich die besondere Relevanz des Baumes. Als zweites beschreibt sie die Figuren, die zum einen sie selbst und ihre Freundin Nora darstellen, zum anderen Ida und Lisa. Während es in Bezug auf Ida um das Vergleichen von Kompetenzen geht, darum, etwas besser oder noch nicht so gut zu können (hier: Spagat), geht es in der Beziehung zwischen Helen und Nora um das gemeinsame genussvolle Erleben.

Für Helen ist das Frühstück mit ihrer Freundin auf dem Baum ein besonderes und entspannendes Ereignis. Sie hat die Frühstücksutensilien der Freundinnen gemalt und in ihrer Elaboration wird deutlich, dass die Freundinnen sich gegenseitig helfen, auf den Baum zu klettern – hier geht es nicht darum, wer von beiden besser klettern kann. Zudem wird deutlich, dass sich durch das

Besteigen des Baumes eine zweite Ebene eröffnet, die für die Freundschaftspraxis der beiden eine besondere Bedeutung hat: Der Baum bietet einen Rückzugsraum, der exklusiv diesen beiden Mädchen vorbehalten ist und damit auch den Stellenwert ihrer besonderen Freundschaftsbeziehung verdeutlicht.

Wenn Helen und Nora schließlich den guten Geschmack oder besonderen Duft betonen, den das Frühstück im Baum ausmacht, dokumentiert sich darin die Wertschätzung gemeinsam geteilter, sinnlicher und genussvoller Momente, in denen es nicht um das bewertende Vergleichen von Kompetenzen geht. Abseits der Rollen, Regeln und Prinzipien innerhalb eines Schulgebäudes bzw. eines unterrichtlichen Settings und ohne Anwesenheit der Erwachsenen genießen die beiden Mädchen offenbar die konjunktive Freundschaftserfahrung.

Diese und zahlreiche weitere Interpretationen sind in die beiden folgenden Dimensionsbeschreibungen eingegangen:

Qualitätsdimension 3.4:
Freunde haben, Freundschaft erleben und sich auf Freund*innen verlassen können

Kinder im Ganztag wünschen sich Zeiten und exklusive Orte für die Ausgestaltung und Sicherung ihrer Freundschaften. Sie wollen Geheimnisse mit ihren Freund*innen teilen, zusammen Abenteuer erleben, ihren Freund*innen helfen und auf deren Hilfe vertrauen können. Ihre Freundschaften müssen auch Streitphasen oder ‚Konkurrenzfreundschaften‘ überstehen und damit ihre Belastbarkeit unter Beweis stellen. Als Pendant zum potenziellen Leistungs- und Konkurrenzdruck unter Kindern in derselben Klasse oder Stufe, schätzen die Kinder zudem freundschaftliche Beziehungen über Jahrgangsstufen hinweg.

Qualitätsdimension 4.1:
Naturerfahrungen machen

Kinder nutzen in der Natur die große Vielfalt an Bewegungs-, Explorations- und Spielgelegenheiten. Sie suchen und schätzen starke, alle Sinne ansprechende Eindrücke und Erfahrungen und die Vielfalt der nicht-normierten Materialität in natürlichen Umgebungen. Dabei stehen der direkte Kontakt zu Pflanzen und Tieren sowie Erfahrungen mit den Elementen und Wetterphänomenen im positiven Horizont der Kinder. Das Draußen-Sein stellt in ihrer Perspektive ein wichtiges Pendant zum Drinnen-Sein, zur kontrollierten Unterrichtskultur sowie zu normierten Lern- und Spielmaterialien dar.

Zusammenfassung auf der Ebene der vier Qualitätsbereiche

Der Ganztag ist ein außerunterrichtliches Setting, in dem Kinder und pädagogische Fachkräfte Beziehungen gestalten, deren Qualität entscheidend dafür ist, dass Kinder sich wohl und sicher, in ihren Rechten anerkannt und wertgeschätzt sowie beim Verfolgen ihrer Interessen, Aktivitäten und Arbeiten unterstützt fühlen. Kinder wünschen sich pädagogische Fachkräfte, die zusammen mit ihnen nicht nur eine rollenförmige Pädagog*in-Schüler*in-Beziehung gestalten, sondern eine persönliche Beziehungsebene pflegen, die von Freundlichkeit und Respekt geprägt ist. Sie wünschen sich vertrauensvolle, emotional warme Interaktionen, in denen sie ebenbürtig sind, ernst genommen werden, Verantwortung übernehmen können und zur Partizipation eingeladen werden. Bei der Entwicklung und Festigung eines friedlichen und solidarischen Miteinanders wünschen Kinder sich starke Erwachsene, die gerecht sind und ihnen bei der Konfliktlösung helfen.

Der Ganztag ist zudem ein außerunterrichtliches Setting, das sich weder primär an den Fächern und Themen des Lehrplans noch an einer vergleichenden Leistungsbewertung zu orientieren hat. Daher könn(t)en den Kindern wesentlich mehr Freiräume eröffnet werden, sich mit den eigenen Entwicklungsthemen und -aufgaben, mit ihren aktuellen Ideen und Interessen zu beschäftigen. Kinder wünschen sich, herausfordernde Themen und Entwicklungsaufgaben aufzugreifen und an der Grenze von Normorientierung und Normbruch zu arbeiten. Sie wollen sich einerseits einfach entspannen und andererseits anstrengende, schwierige und verantwortungsvolle Arbeiten erledigen.

Im Ganztag sind die Beziehungen der Kinder untereinander anders gerahmt sind als im Unterricht: Hier geht es nicht primär um lehrplanadäquate Schulleistungen, gute Bewertungen bzw. Noten und die damit verbundene Konkurrenz. Umso mehr entscheidet die Qualität der Peer-Beziehungen darüber, ob sich Kinder im Ganztag gut aufgehoben, integriert und wohl fühlen. Kinder wünschen sich, außerhalb des leistungs- und konkurrenzlastigen Unterrichts, mit ihren Freund*innen zusammen sein, ihren Themen nachgehen und ungestört spielen zu können. Sich langanhaltend in Rollenspiele vertiefen zu können, ermöglicht das Ausprobieren verschiedenster sozialer Rollen und Konstellationen. Haben Kinder Freund*innen, auf die sie sich verlassen können, fühlen sie sich gestärkt und geschützt.

Der Ganztag kann mit seinen Angeboten zudem über das hinausgehen, was in einem lehrplanorientierten und stark einzelfachzentrierten Unterricht möglich ist. So kann der Bildungsraum der Kinder in den Natur- und den Sozialraum hinein ausgedehnt werden. Das „Draußensein" erweitert die Bildungsgelegenheiten der Kinder, indem sich ihnen hier andere Handlungs- und Gestaltungsmöglichkeiten eröffnen als in der Institution Schule/Ganztag. Die Natur bietet ihnen zum anderen einen idealen Raum für die Gestaltung einer positiven Peer-Kultur, eine unerschöpfliche Vielfalt von Spiel- und Arbeitsmöglichkeiten und Selbstwirksamkeitserfahrungen.

4. Diskussion: Potenziale und Herausforderungen des Ganztags aus Kindersicht

Insgesamt wird in der Studie deutlich, welches Potenzial der Ganztag aus Kindersicht hat, um (konventionellen) Unterricht in Grundschulen als Pendant zu ergänzen und zu einem in seiner Gesamtheit anreichernden und lebenswerten Lebensort zu machen.

4.1 Potenziale

Es wird deutlich, wie wichtig es für die Kinder ist, Frei- und Rückzugsräume zu haben, in denen sie ungestört ihre sozialen Beziehungen und vor allem ihre Freundschaften pflegen können. Auch die Möglichkeit, mitbestimmen und den Ganztag mitgestalten zu können, ist den Kindern ein wichtiges Anliegen. Allerdings konnte nicht in allen Einrichtungen eine selbstverständliche Beachtung des damit verbundenen „Rechts auf Gehör" der UN-Kinderrechtskonvention (Artikel 12, UN-KRK) beobachtet werden. Die in der österreichischen Studie diagnostizierten diesbezüglichen Entwicklungsbedarfe (vgl. Gspurning et al. 2010, S. 194) scheinen vielerorts also weiter zu bestehen. Auch die Bedeutung von freiem Spiel und interessanten Bewegungsmöglichkeiten kann nicht genug unterstrichen werden.

Einige, weitere Themen sollten aus unserer Sicht in Zukunft stärker in der Diskussion um einen guten Ganztag berücksichtigt werden:

Beispielsweise wird die Bedeutung von Pausen für Kinder zwar unter dem Schlagwort Rhythmisierung aufgegriffen, jedoch allein unter dem Aspekt der Bildung verhandelt. Die Ergebnisse zeigen, dass zerstreuende, unterhaltsame und entspannende Aktivitäten für die Kinder einen Wert an sich haben und nicht nur unter dem Aspekt einer Steigerung ihrer Lernfähigkeit betrachtet werden sollten. Zudem konnte die Bedeutung des Spielens, von Fantasie- und Rollenspielen, von riskanten oder wilden Spielen und auch von Spielen, in denen es um die Suche nach einer Geschlechts(rollen)identität geht, herausgearbeitet werden. Im Grunde spiegelt sich damit die Bedeutung des Rechtes auf Spiel, Freizeit und Erholung aus der UN-Kinderrechtskonvention wider (Artikel 31), das dort denselben Stellenwert einnimmt, wie das Recht auf Bildung (Artikel 28).

Die Ergebnisse der hier vorgelegten Studie beleuchten einige, bislang in der Forschung zum Ganztag noch nicht thematisierte Aspekte. So scheint gerade das altersheterogene Setting, in dem die Kinder sowohl mit jüngeren als auch mit älteren Kindern in Kontakt kommen können, prädestiniert für eine Auseinandersetzung mit Identitätsfragen und Entwicklungsthemen. Zudem wird deutlich, dass die Kinder Angebote und Möglichkeiten schätzen, sich langanhaltend, nicht nur theoretisch sondern vor allem handlungspraktisch mit Projekten, Themen und Arbeiten zu beschäftigen.

Schließlich kann das Potenzial des Ganztags, sich nach außen zu öffnen und den Erfahrungshorizont bzw. die Erfahrungsräume der Kinder über die Themen des Lehrplans und des Unterrichts hinaus zu erweitern, nicht deutlich genug unterstrichen werden. Während die Sozialraumorientierung in den Diskussionen um die Qualitätsentwicklung des Ganztags bereits eingefordert wird (vgl. Deinet et al. 2018), scheint es aus der Perspektive der Kinder besonders wichtig, die Möglichkeiten des Draußen-Seins und der Naturerfahrungen deutlich zu erweitern.

4.2 Herausforderungen in Bezug auf die Einführung des Rechtsanspruchs

In Bezug auf die Einführung des Rechtsanspruchs auf Ganztagsbetreuung ergeben sich aus der Studie auch Herausforderungen. Wenn damit die Institutionalisierung der Kindheit weiter zunimmt, stellt sich die Frage, wie im Sinne Staudners „nicht-verpädagogisierte" (Staudner 2018, S. 216) Freiräume- und Zeiten für Kinder sichergestellt werden können. Wie kann also das Recht der Kinder auf Spiel, Freizeit und Erholung verlässlich gewährt werden?

Des Weiteren werden Professionalisierungsnotwendigkeiten deutlich: Zu einen scheint eine Mindestanzahl an professionellen Fachkräften notwendig, die konstant präsent sind und eine persönliche Beziehung zu Kindern aufbauen können. Zum anderen sind alle Fachkräfte gefordert, nicht nur freundlich und ihre Rechte respektierend mit den Kindern umzugehen, sondern ihnen mit einer forschenden, selbst-reflexiven Haltung zu begegnen. Sie müssen in der Lage dazu sein, einerseits Freiräume, Rückzugsräume und die Auseinandersetzung der Kinder unter sich zulassen, andererseits aber auch als Beziehungspartner*innen zur Verfügung stehen und bei Übergriffen oder Mobbing konsequent eingreifen.

Da bei keinem Kind in der Studie die begleitete Erledigung von Hausaufgaben im positiven Horizont stand, stellt sich die Frage, ob traditionelle Formen der Hausaufgaben und deren Betreuung tatsächlich geeignet sind, die Kinder in ihren Lern- und Bildungsprozessen angemessen zu unterstützen. Die Herausforderung scheint darin zu bestehen, mit Lehrkräften, Leitungskräften und Eltern abgestimmte Lösungen zu finden, die auf das Abarbeiten von Arbeitsblättern oder Schulbuchseiten verzichten und stattdessen den Fokus auf längerfristige, projektorientierte Arbeiten und AGs sowie informelle Bildungsgelegenheiten (im Sozial- und Naturraum) legen, die bei den Kindern Interesse und intrinsische Lernmotivation wecken.

Schließlich scheint eine kontinuierliche Herausforderung zu sein, einem *interperspektivischen* Verständnis von Qualität folgend, Kinder als Qualitätsexpert*innen „in eigener Sache" stets gleichwertig einzubeziehen und ihr Wohl vorrangig zu berücksichtigen (vgl. Nentwig-Gesemann et al. 2020). Dafür müssen Erwachsene ihnen im Ganztag mit einer offenen, fragenden Haltung begegnen, ihnen Fragen stellen und wirklich neugierig auf ihre Antworten sein, sich in Gespräche und Diskussionen mit ihnen verwickeln lassen und ihre Ideen, Vorschläge und Beschwerden ernsthaft in die Qualitätsentwicklung einbeziehen.

Kinder haben ein Recht darauf, als wertvolle und gleichwürdige Mitglieder der Gemeinschaft anerkannt zu werden; sie haben ein Recht auf Teilhabe und Mitbestimmung – auch dann, wenn sie etwas Anderes wollen, als die Erwachsenen. Und sie haben ein Recht darauf, dass organisationalen Strukturen und Regeln kein höherer Wert beigemessen wird als dem Recht der Kinder auf den heutigen Tag und das Erleben erfüllter, glücklicher Momente.

Literatur

Autorengruppe Bildungsberichterstattung (2020): Bildung in Deutschland 2020. Ein indikatorengestützter Bericht mit einer Analyse zu Bildung in einer digitalisierten Welt. Bielefeld: wbv Media.

Baader, M. S. (2014): Die reflexive Kindheit. In: Baader, M. S./Eßer, F./Schröer, W. (Hrsg.): Kindheiten in der Moderne. Eine Geschichte der Sorge. Frankfurt am Main: Campus, S. 414–455.

Bakels, E./Nentwig-Gesemann, I. (Hrsg.) (2019): Dokumentarische Interpretation von Kinderzeichnungen: Kinder malen ihre KiTa (Fallarchiv Kindheitspädagogische Forschung – 2.4). Schwerpunkt: Dokumentarische Methode.

Beher, K./Hänisch, H./Hermens, C./Nordt, G./Prein, G./Schulz, U. (Hrsg.) (2007): Die offene Ganztagsschule in der Entwicklung: Empirische Befunde zum Primarbereich in Nordrhein-Westfalen. Weinheim und München: Juventa.

Bohnsack, R. (2014): Rekonstruktive Sozialforschung: Einführung in qualitative Methoden. 9. Auflage. Opladen u. a.: Budrich.

Bohnsack, R. (2017): Praxeologische Wissenssoziologie. Opladen u. a.: utb.

Bohnsack, R./Nentwig-Gesemann, I./Nohl, A.-M. (Hrsg.) (2013): Die dokumentarische Methode und ihre Forschungspraxis. Grundlagen qualitativer Sozialforschung. Wiesbaden: Springer VS.

Clark, A. (2017): Listening to Young Children: A Guide to Understanding and Using the Mosaic Approach. 3. Auflage. London: National Children's Bureau.

Deinet, U. (2009): Analyse- und Beteiligungsmethoden. In: Deinet, U. (Hrsg.): Methodenbuch Sozialraum. Wiesbaden: VS Verlag, S. 65–86.

Deinet, U./Gumz, H./Muscutt, C./Thomas, S. (Hrsg.) (2018): Offene Ganztagsschule – Schule als Lebensort aus Sicht der Kinder. Opladen u. a.: Budrich.

Fukkink, R./Boogaard, M. (Hrsg.) (2020): Pedagogical quality of after-school care: Relaxation and/or enrichment? Children and Youth Services Review, 112. https://doi.org/10.1016/j.childyouth.2020.104903 (Vorabveröffentlichung)

Glaser, B./Strauss, A. (Hrsg.) (1967): The discovery of Grounded Theory. Strategies for Qualitative Research. New Brunswick/London: Aldine Transaction.

Gspurning, W./Heimgartner, A./Leitner, S./Sting, S. (Hrsg.) (2010): Soziale Qualität von Nachmittagsbetreuungen und Horten. Wien/Berlin: LIT Verlag.

Heinzel, F./Thole, W./Cloos, P./Köngeter, S. (Hrsg.) (2010): „Auf unsicherem Terrain". Ethnografische Forschung im Kontext des Bildungs- und Sozialwesens. Wiesbaden: VS Verlag.

Krüger, H.-H. (2006): Forschungsmethoden in der Kindheitsforschung. Diskurs Kindheits- und Jugendforschung 1, H. 1, 91–115.

Nentwig-Gesemann, I. (2010): Regelgeleitete, habituelle und aktionistische Spielpraxis. Die Analyse von Kinderspielkultur mit Hilfe videogestützter Gruppendiskussionen. In: Bohnsack, R./Przyborski, A./Schäffer, B. (Hrsg.): Das Gruppendiskussionsverfahren in der Forschungspraxis. 2. Auflage. Opladen u. a.: Budrich, S. 267–284.

Nentwig-Gesemann, I./Gerstenberg, F. (2014): Gruppeninterviews. In: Tillmann, A./Fleischer, S./Hugger, KU (Hrsg.): Handbuch Kinder und Medien. Digitale Kultur und Kommunikation. Wiesbaden: Springer VS, S. 273–285.

Nentwig-Gesemann, I./Gerstenberg, F. (2018): Typen der Interaktionsorganisation in (früh-)pädagogischen Settings. In: Bohnsack, R./Hoffmann, N. F./Nentwig-Gesemann, I. (Hrsg.): Typenbildung und Dokumentarische Methode. Forschungspraxis und methodologische Grundlagen. Opladen u. a.: Budrich, S. 131–150.

Nentwig-Gesemann, I./Walther, B./Bakels, E./Munk, L.-M. (2020): Kinder als Akteure in Forschung und Qualitätsentwicklung. Eine rekonstruktive Studie zu KiTa-Qualität aus der Perspektive von Kindern. Gütersloh: Verlag Bertelsmann Stiftung (im Erscheinen).

Nentwig-Gesemann, I./Walther, B./Fried, F. (Hrsg.) (2020): Kinderperspektiven auf Ganztag im Grundschulalter. Eine rekonstruktive Studie. Gütersloh: Verlag Bertelsmann Stiftung (in Vorbereitung).

Nentwig-Gesemann, I./Walther, B./Munk, L.-M. (Hrsg.) (2020): Mittagessen in der KiTa im Spannungsfeld von Norm und Habitus. Praktiken von Kindern und pädagogische Interaktionen in dokumentarischer Analyse. Forschung in der Frühpädagogik, Band 13. Schwerpunkt: Frühpädagogischen Alltag gestalten und erleben. Freiburg: FEL Verlag (im Erscheinen).

Przyborski, A./Wohlrab-Sahr, M. (Hrsg.) (2014): Qualitative Sozialforschung: Ein Arbeitsbuch. 4. Auflage. München: Oldenbourg.

Staudner, S. (2018): Bildungsprozesse im Ganztag. Wahrnehmung und Wertung erweiterter Bildungsgelegenheiten durch Kinder. Wiesbaden: Springer VS.

Wagner-Willi, M./Bischoff-Pabst, S./Nentwig-Gesemann, I. (2019): Editorial: Die Dokumentarische Methode in der kindheitspädagogischen Forschung. Fallarchiv Kindheitspädagogische Forschung 2, H. 1, 3–9.

Digitalisierung und Ganztag – Ein Praxisbericht

Holger Braune

Die Schlagworte „Digitalisierung" und „Ganztag" erfassen zwei der grundlegendsten Schulentwicklungsfelder der letzten Jahre. Im Prozess der konkreten Umsetzung von Digitalisierung und Ganztag in Schule zeigt sich, dass beide Bereiche tiefenstrukturell und inhaltlich-konzeptionell mehr verbindet, als ein intuitives Spontanurteil vermuten lässt:

1. Als Phänomen und in Hinblick auf die Wirkung lassen sich Digitalisierung und Ganztag adäquat nur interdisziplinär und multiprofessionell erfassen und gestalten.
2. Digitalisierung und Ganztag bilden Querschnittsthemen der Schulentwicklung und beeinflussen daher maßgeblich die personelle, unterrichtliche und organisatorische Ebene von Schule.
3. Digitalisierung und Ganztag gehören zu den vornehmsten Paradigmen partizipativer Schulentwicklung, die je nach Ausgestaltung ganz wesentlich das Schulprofil ausschärfen und der individuellen Förderung dienen.

Eingangs wurde konstatiert, dass Digitalisierung und Ganztag die Schulentwicklung der vergangenen Jahre maßgeblich prägten. Es bedarf keiner Glaskugel, um zu prognostizieren, dass die konkrete Ausgestaltung und Fortentwicklung von Digitalisierung und Ganztag auch in den kommenden Jahren zu den wesentlichen Handlungsfeldern systematischer Schulentwicklung zählen werden. Eingedenk dieser Prognose und den oben genannten drei Thesen wird in diesem Beitrag die Position vertreten, dass Digitalisierung und Ganztag in einem partizipativen Entwicklungsprozess so gestaltet werden können, dass sich beide Vorhaben wechselseitig produktiv bedingen. Dies soll nachfolgend auf der personellen, organisatorischen und unterrichtlichen Dimension von Schulentwicklung (vgl. Rolff 2010) exemplarisch illustriert werden.

Die personelle Dimension: Qualifizierung und Kommunikation

Vorrangig thematisieren schulische Digitalisierungsdiskurse Aspekte der IT-Infrastruktur, die Umsetzung der Datenschutzgrundverordnung (DSGVO) und des Jugendschutzes sowie Fragen der Finanzierung, der Administrierung und der Kompatibilität. Die Qualifizierung der Lehrkräfte und des weiteren pädagogisch tätigen Personals kommen in schulischen Digitalisierungsdiskursen bestenfalls randständig und in der Regel viel zu spät zur Sprache. Dies ist doppelt bedauerlich:

Einerseits ist der Erfolg schulischer Digitalisierungsprozesse untrennbar an eine ganze Kaskade von Qualifizierungsmaßnahmen geknüpft. Hierbei geht es nicht nur um die souveräne Handhabung von Hard- und Software. Mindestens ebenso wichtig sind digitaldidaktisch orientierte Fortbildungsmodule, an welche die Curriculumarbeit und die Ausgestaltung der Ganztagsbausteine praxisorientiert andocken können. Dies ist beispielsweise darum unverzichtbar, damit die Vermittlung von Medienkompetenz über alle Fächer, außerunterrichtliche Projekt und die Ganztagsangebote hinweg systematisch, verbindlich und beständig erfolgt.

Andererseits lässt sich der fachpolitisch artikulierte Anspruch einer umfangreichen Kooperationspraxis in der Ganztagsschulgestaltung, die diverse professionell fundierte und bildungsgerechtere Perspektiven auf Schüler*innen zusammenführt, mit den empirische Daten zur tatsächlichen internen wie externen Kooperationspraxis in Schulen mit Ganztagsbetrieb schwer in Deckung bringen (vgl. Wiesener et al. 2016; Heinrich et al. 2014). Statt multiprofessioneller Teamwork dominiert weite Teile der Ganztagsschulpraxis multiprofessionelle Koexistenz (vgl. Böhm-Kasper et al. 2016). Um dieses Nebeneinander zwischen Lehrkräften, außerschulischen Kooperationspartner*innen und weiteren pädagogisch tätigen Personal aufzubrechen, bedarf es vielfältiger Änderungen auf der organisatorischen, schulprogrammatischen und letztlich auch habituellen Ebene. Insbesondere die den Ganztag gestaltenden Mitarbeiter*innen verlangen eine stärkere und institutionell verbindlich geregeltere Kooperation (vgl. Idel in diesem Band). Dieses Bedürfnis speist sich zum einen aus der Absicht, Schüler*innen über den gesamten Schultag besser zu fördern, zum anderen aus der Erwartung, dass die eigene Arbeitsleistung in allen Bereichen der Organisationsform Ganztagsschule merklich registriert und wertgeschätzt wird. Ganztagsschulen, in denen eine interne Kooperationskultur horizontal und vertikal gelebt und gepflegt wird, weisen eine höhere Zufriedenheit mit der Kooperationskultur bei den unterschiedlichen Akteuren auf (vgl. Wiesener et al. 2016).

Ein naheliegender Auftakt im Prozess von multiprofessioneller Koexistenz hin zu multiprofessioneller Kooperation und institutionell verankerten Kommunikationsprozeduren können gemeinsam initiierte und besuchte Fortbildungsmodule im Zuge der schulischen Digitalisierung bilden. Die aufeinander abzustimmenden Fortbildungsmodule dienen der Professionalisierung aller Akteure zum Zwecke einer digitaldidaktischen und digitalorganisatorischen Vernetzung der verschiedenen Bereiche und Handlungsfelder einer Ganztagsschule. Dass einer solch langfristig anzulegenden und zugleich veränderungsoffenen Qualifizierungsstrategie umfangreiche Evaluationen von Fortbildungsbedarfen und Planungsrunden in diversen Gremien vorausgehen müssen (vgl. Hass et al. 2018), liegt auf der Hand und soll im Folgekapitel stärker in den Fokus rücken.

An dieser Stelle sei angemerkt, dass bereits auf Fachschaftsebene die Interessen mit Blick auf Ganztag und Digitalisierung höchst disparat ausfallen – unabhängig davon über welche Größe die konkrete Schule verfügt. Nimmt man die Interessen und Bedarfe des weiteren pädagogisch tätigen Personals und der außerschulischen Kooperationspartner*innen hinzu, wird unmittelbar einsichtig, dass jedwede Möglichkeit der Komplexitätsreduktion genutzt werden sollte, um nicht bei der Gestaltung von Ganztag und Digitalisierung den Überblick zu verlieren.

In der von mir geleiteten Freien Christlichen Gesamtschule Düsseldorf[1] dynamisieren, konzipieren und realisieren die digitale Ganztagschulentwicklung neben Fach-, Lehrer*innen- und Schulkonferenz vorrangig drei partizipativ ausgelegte offene Gremien. Die drei Gremien eint bei aller Unterschiedlichkeit, dass sie über keine Beschlussfähigkeit verfügen. Dieser vermeintliche Mangel erwies sich bisher als vorteilhaft, da in den drei Gremien ohne den starren Rahmen einer Konferenz und den Druck einer Beschlussfindung innoviert, ausprobiert und verworfen werden darf. Der erweiterten Schulleitungsrunde fällt die Aufgabe zu, wesentliche Entwicklungen dieser drei Gremien in Beschlussvorlagen für Fach-, Lehrer*innen- und Schulkonferenz zu transformieren und allgemein den Informationsfluss zwischen allen Schulentwicklungsgremien sicherzustellen:

1. Mit dem ART.BOT.LAB verfügt die Freie Christliche Gesamtschule Düsseldorf über einen permanenten Makerspace. Wie der Name suggeriert, fungiert unser Makerspace als kreativitätsfördernde Schnittstelle zwischen Informatik, Robotik, Kunst, Musik und Design. In unterschiedlichen unterrichtlichen Projekten sowie außerunterrichtlichen Initiativen und Wettbewerben, die dem Ganztagsbetrieb zugeordnet sind, wird im ART.BOT.LAB in den Themenfeldern Künstliche Intelligenz, Licht- und Sound-Design, 3D-Druck, Webprogrammierung, Homepage-Entwicklung und Roboter-

---

1 Die Freie Christliche Gesamtschule Düsseldorf ist eine vierzügige Gesamtschule mit gebundenem Ganztag (https://fcgs-duesseldorf.de/).

anwendungen wissenschaftspropädeutisch innoviert. Das ART.BOT.LAB besteht aus einem Team von vier betreuenden Pädagogen, Seiteneinsteigern, einem Netzwerk- und Systemadministrator und vor allem etwa zwanzig Schüler*innen, die in jahrgangsstufengemischten Teams an unterschiedlichen Projekten im Ganztag arbeiten – dabei teilweise völlig selbständig agieren. Das Digital-Labor dient im Ganztagsbetrieb jederzeit zugleich als Keimzelle für spätere Unterrichtsvorhaben. Selbst kühnen Pilotprojekten und ambitionierten Wettbewerb-Beiträgen ist ein Praxistest für anschlussfähige Unterrichtsvorhaben inhärent. Die zentrale Frage des ART.BOT.LAB-Teams lautet: Wie kann, was im Ganztag als Kreatividee reift, im Regelunterricht beispielsweise beim Medienkompetenzausbau Früchte tragen?

2. Die AG Schulprofil ist unser partizipativer Thinktank. Eltern, Schüler*innen, Lehrkräfte, Ganztagspersonal, Vertreter des Schulträgers und die Schulleitung brainstormen gemeinsam, wie sich unsere Ganztagsgesamtschule als Bildungsort der Zukunft gestalten soll. Darum stehen auch digitale Themen auf der Agenda der regelmäßigen Sitzungen. Die AG Schulprofil gleicht einem Seismographen, da hier Stimmungen aus allen Bereichen der Schulgemeinde frühzeitig artikuliert, wahrgenommen und niederschwellig in Schulentwicklungsprozesse konstruktiv einbezogen werden können.

3. Eine sechsköpfige Organisationsgruppe für Digitales setzt sich aus Lehrkräften, qualifiziertem weiteren pädagogisch tätigen Personal und der Schulleitung zusammen. Dieses Gremium sondiert relevante Impulse aus dem ART.BOT.LAB und der AG Schulprofil, pflegt den Kontakt zu den Schulentwicklungsnetzwerken „Zukunftsschule NRW" und „SMART-SCHOOL"[2], in denen wir uns in digitaldidaktischen Projekten als Pilotschule engagieren, sowie zu BarCamps und außerschulischen Kooperationspartner*innen. Die Organisationsgruppe für Digitales filtert aus allen Innovationsansätzen jene Konzeptideen, die für die FCGS relevant werden könnten oder relevant werden sollten. Diese Ergebnisse fließen über die erweiterte Schulleitungsrunde planvoll in die nichtbeschlussfähigen und beschlussfähigen Gremien ein. Die erweiterte Schulleitungsrunde prüft hierfür insbesondere die praktische und schulrechtskonforme Realisation der Konzeptideen. Im Nachgang

---

2 Im Frühjahr 2020 wurde die Freie Christliche Gesamtschule Düsseldorf für ihr Medienkonzept, die Implementation des Medienkompetenzrahmens NRW in sämtliche Curricula, die planvolle IT-Infrastruktur und die stringente BYOD-Praxis als Siegerschule im Schulentwicklungswettbewerb „SMART-SCHOOL 2020" vom Bundesverband Informationswirtschaft, Telekommunikation und Neue Medien e.V. (BITKOM) ausgezeichnet.

verabschiedeter Beschlüsse werden von der erweiterten Schulleitungsrunde unter Einbezug der Fachkonferenzvorsitzenden und des Ganztagspersonals Anpassungen auf Ebene der Curricula, des Ganztagsprogramms und der Fortbildungsplanung geprüft und gegebenenfalls initiiert.

Die skizzierte Gremienstruktur mag redundant erscheinen. Doch sie garantiert Partizipationsoffenheit bereits im Anfangsstadium vielschichtiger Innovations- und Transformationsprozesse. Diese Offenheit ist eine wesentliche Prämisse erfolgreicher digitaler Schulentwicklung, als deren Herzstück ein Medienkonzept zu entwerfen ist, das eine multiperspektivische Sicht auf Qualitätsdimensionen ganztagsschulischer Medienbildung auszeichnet (vgl. Heldt et al. 2020; Eickelmann 2017). Darüber hinaus führen nicht selten informellen Gespräche zwischen Lehrkräften und Vertretungen des weiteren pädagogisch tätigen Personals im Rahmen gründlicher Gremienarbeit bestehende Probleme frühzeitig vor Augen und deuten zumeist en passant Wege zu deren Lösung an.

Die organisatorische Dimension: Homogenisierung und Verzahnung

Als vielfältig und vielfältig widersprüchlich lassen sich die Wünsche bezeichnen, die aus den verschiedenen Bereichen einer Ganztagsschule heraus an digitale Innovationsvorhaben adressiert werden. Ebenso mannigfaltig sind die Anforderungen, mit denen sich das Personal, die Schüler*innen und deren Eltern bei der Einführung digitaler Anwendungen konfrontiert sehen. Aus diesem Grund lautet das oberste Gebot beim digitalen Innovieren, sich in den beteiligten Gremien größtmögliche Klarheit darüber zu verschaffen, worin der Zweck einer digitalen Innovation bestehen soll.

Was wollen wir warum und wozu? Was wollen wir nicht? Wer sind Wir und wen haben wir vergessen? Diese basale Dreifach-Frage begleitet und leitet alle Arbeit am schulischen Medienkonzept. Ihr wohnt ein pädagogischer und didaktischer Impetus inne, der Anfang und Weg tiefgreifender schulischer Innovationsvorhaben sein sollte. Die Beantwortung aller berechtigten technischen, datenschutzrechtlichen, anwendungsbezogenen und finanziellen Fragen erfolgt stringenter, wenn ein Konsens über die pädagogische und didaktische Zielsetzung in der Schulgemeinde unter Einbindung des Schulträgers, Sachaufwandsträger und gegebenenfalls der oberen Schulaufsicht vorliegt. Den Einwand, dass dieser Ansatz zu langwierig sei, habe ich bereits an anderer Stelle mit verschiedenen Argumenten zu entkräften versucht (vgl. Braune 2019). Lediglich drei Gegengründe sollen hier wiederholend genannt werden:

1. Schulische Digitalisierungsdiskurse verkommen überraschend schnell zu eher ideologisch geführten Kämpfen zwischen Windows-Vasallen, Apple-Adepten und Open-Office-Oraklern. Auch die Frage nach Dienstgeräten rückt zügig in den Fokus. Andere wiederum ereifern sich über die Finessen einer WLAN-Ausleuchtung und Server-Konfiguration oder den vermeintlichen beziehungsweise tatsächlichen Falltüren der DSGVO. Gerade diese Debatten stören die Kreativität in der Anfangsphase eines digitalen Schulentwicklungsprozesses und lenken bedauerlich früh von grundlegenden (sozial-)pädagogischen und didaktischen Standortbestimmungen ab. Umgekehrt lassen sich viele technischen Fragen leichter beantworten, wenn eine Schule nicht nur weiß, dass sie digitaler werden möchte, sondern über klare Vorstellungen bezüglich der inhaltlichen und formalen Ziele und Zwecke ihrer Digitalisierungsstrategie verfügt.

2. Investitionen in die digitale Transformation sind kostspielig und aufgrund des dynamischen technischen Fortschritts insbesondere dann mehrheitsfähig und nachhaltig, wenn sie multiperspektivisch umfassend durchdacht wurden. Daher erweist es sich als klüger, länger um eine in allen Bereichen einer Ganztagsschule einvernehmlichen Lösung zu ringen. Wahrscheinlich wird hierdurch der Startzeitpunkt für den Digitalisierungsprozess weiter in die Zukunft rücken. Ebenso wahrscheinlich werden dann bessere technische Innovationen zur Verfügung stehen bzw. etablierte Lösungen im Preis gesunken sein.

3. Die Schülerschaft jeder Schule kennzeichnet Heterogenität. Gute Schulen nutzen diesen Umstand, um daraus im Fachunterricht, in außerschulischen Projekten und den Ganztagsangeboten planvoll authentische und lebensweltbezogene Lerngelegenheiten abzuleiten. Steht der Heterogenität von Schüler*innen eine heterogene IT-Architektur gegenüber, nimmt das Risiko zu, dass Teile der Schulgemeinschaft im Geäst des technisch Machbaren und von Schule Beherrschbaren den Überblick verlieren. Bereits oben deutete ich an, wie essentiell jede Form der Komplexitätsreduktion bei Digitalisierungsprozessen sei. Schüler*innen sollen sich nicht aufgrund plötzlich auftretender Inkompatibilitätshindernisse in ungeplanten Problemlösesettings irgendwie bewähren. Die dysfunktionalen Kräfte von Inkompatabilitätsproblemen führten nicht zuletzt während des Corona-Lockdowns Legionen von Homeschoolingberichten aus ganz Deutschland eindrücklich vor Augen. Im analogen wie digitalen Modus gelingt das Lehr-Lern-Geschäft am besten in planvoll didaktisierten Problemaufwürfen. Um eine möglichst homogene IT-Architektur umzusetzen, bedarf es neben der Einbindung des Schulträgers zwingend die Beteiligung der Elternschaft. Mit einer homogenen IT-Architektur, die zudem eine cloudbasierte Datenspei-

cherung involviert, gelingt die Verzahnung von Fachunterricht und Ganztag effektiver und vielfältiger, was im nachfolgenden Kapitel besprochen wird.

Verfügt eine Ganztagsschule über ein digitales Verwaltungsprogramm, das in sich auch ein digitales Klassenbuch, die Ganztagsorganisation und den Vertretungsplan bündelt, lassen sich An- und Abwesenheiten, Mittagsbestellungen, die Ausleihe von Spielgeräten, Tablets oder Büchern, die Buchung von regelmäßigen und zeitlich begrenzten Ganztagsangeboten und vieles weiter noch effektiv organisieren und transparent dokumentieren. Lehrkräfte und das weitere pädagogisch tätige Personal können bei entsprechender Ausgestaltung der Soft- und Hardware in Echtzeit erkennen, wo sich wer befindet beziehungsweise befinden sollte. Terminfindungen für Besprechungen gelingen leichter. Manche der bisher unverzichtbaren Besprechungsanlässe können entfallen, da sich bestimmte Absprachen online treffen lassen. In der Praxis erfolgt dies am einfachsten, wenn das Verwaltungsprogramm über ein DSGVO-konformes Messengertool verfügt. Sind in dieses auch Schüler*innen einbezogen, lassen sich Nachrichten, digitale Lernmaterialien und Hilfsangebote leicht und sicher übermitteln. In das skizzierte Verwaltungsprogramm können außerdem die Eltern mit begrenztem Blick auf ihr Kind eingebunden werden. Dies erhöht die Transparenz und reduziert die Distanz zwischen Elternhaus, Fachunterricht und Ganztag. All das von mir angedeutete stellt keine Zukunftsmusik dar. Es ist gelebte Praxis an verschiedenen Ganztagsschulen wie beispielsweise der Freien Christlichen Gesamtschule Düsseldorf.

Neben einer stringenteren inhaltlichen und organisatorischen Verzahnung von Fachunterricht und Ganztag können holistisch angelegte Verwaltungsprogramme einen Beitrag leisten, auf Ebene des Schultages, der Schulwoche und des Schuljahres ambitionierter zu rhythmisieren. Dieses Vorhaben erschweren häufig planerische Schulverwaltungsprozeduren. Der Einsatz digitaler Unterstützung kann helfen die Ressourcen Zeit und Raum so effektiv wie möglich in den Dienst des Ganztagsschulbetriebs zu stellen. Zudem liefern offene digitale Planungsinstrumentarien bei der Anbahnung von Projekten mit außerschulischen Kooperationspartnern schnell eine Übersicht und Kommunikationsplattform, zu welchen Zeiten in einem Schuljahr bezogen auf bestimmte Lerngruppen und bestimmte Mitarbeiter*innen ein Projekt besonders gut durchgeführt werden kann. So werden Planungsabläufe beschleunigt und Abstimmungsprozesse reduziert.

Einen Markerspace wie das ART.BOT.LAB einzurichten, der Fachunterricht, Ganztag, Studien- und Berufsorientierung variantenreich vernetzt, der außerdem der MINT-Profilierung dient und einen gezielten Beitrag zur MINT-Förderung von Schüler*innen leisten kann, ist uneingeschränkt empfehlenswert. Nicht überall liegen die finanziellen, räumlichen oder personellen Voraussetzungen für einen derartigen Markerspache vor. Aber auch niederschwellige digitaldidaktische Initiativen können auf motivierende Weise die Medienkompetenz der Schüler*innen fördern, das Schulprofil ausschärfen und inhaltliche sowie organisatorische Schneisen zwischen Fachunterricht und Ganztag schlagen. Insbesondere im Bereich Netiquette und sozialpädagogischer Prävention gegen Mediensucht und Cybermobbing bieten sich diverse Handlungsfelder, um aus dem Ganztag heraus – gegebenenfalls unter Einbindung externer Kooperationspartner – positiv in den Fachunterricht und die Pausen zu wirken. Illustrierend sei die Bildungsinitiative „Medienscouts" zur Medienerziehung von Kindern und Jugendlichen genannt. Auch bei derartigen Vorhaben gilt: Je homogener die IT-Architektur, umso unwahrscheinlicher sind Inkompatibitätsprobleme und desto mehr Ressourcen stehen für die Didaktisierung von Problemaufwürfen mit individualisierten Lösungswegen für heterogene Lern- und jahrgangsübergreifende Arbeitsgruppen zur Verfügung.

Die unterrichtliche Dimension: Individualisierung und Kolaboration

Wenn wir über Lernstudios, über Neigungskurse, über Coachingangebote, über Lernzeiten, über Präventionsprogramme oder über Digitalisierung reden, dann reden wir jeweils zugleich über individuelle Förderung. An Schulen wird nicht nur viel über individuelle Förderung gesprochen, sondern viel zu häufig dabei aneinander vorbeigeredet. Denn der Begriff der „individuellen Förderung" erweist sich im Schulalltag als ungemein schillernd und semantisch nuancenreich. Jede Schulgemeinde scheint mir gut beraten, Zeit in die Beantwortung der Frage zu investieren, was sie unter individueller Förderung ganz konkret versteht und was nicht. Die Beantwortung der Frage gewinnt an Bedeutung, wenn Ganztagsangebote den Regelunterricht flankieren und digitale Techniken nicht nur organisatorisch, sondern auch zur Neubestimmung von individualisierten Lehren und Lernen zum Einsatz kommen (vgl. Bastian 2018). Erneut gilt, dass die möglichst partizipativ zu ermittelnde Antwort auf die Frage, was konkret unter individueller Förderung zu verstehen sei, in allen Ganztagsschulbereichen der Profilschärfung und Professionalisierung dient. Der Beantwortungsprozess legt zudem personelle, organisatorische und im weitesten Sinne unterrichtliche Erfordernisse und Wünsche offen, die im Zuge der Digitalisierung zu berücksichtigen wären.[3]

---

3 Auf einem pädagogischen Halbtäger können wesentliche Elemente des schulischen Selbstverständnisses von individueller Förderung gesamtkollegial und partizipativ ausgelotet und präzisiert werden, um in die zukünftige Schulentwicklung und auch in das schulische Medienkonzept einzufließen (vgl. Braune 2018).

Es ist weitgehend unstrittig, dass ein sinnstiftend didaktisierter Einsatz digitaler Medien im Unterricht den Medienkompetenzausbau der Schüler*innen fördert, den Unterricht interessanter und in seiner Qualität besser macht, zu höherer Motivation führt und ganz neue Formen des Lehrens und Lernens ermöglicht (vgl. Galley et al. 2018; Tillmann et al. 2018; BITKOM 2011, 2015). Gerade die viel Materialeinsatz erfordernden und aufwendig zu pflegenden Aufgabenkonvolute im Kontext individueller Förderung (Tippkarten, Selbstlerntheken, Drehtürprojekte etc.) können durch digitale Formate ergänzt respektive ersetzt werden. Der Einwand, dass im Zuge einer digitalen Ersetzung manch haptischer Reiz verloren gehe, ist nicht von der Hand zu weisen. Zur Wahrheit gehört allerdings ebenso, dass die Gestaltung und Organisation digitaler Lernmaterialien, ihre Verteilung, ihre individuelle oder kolaborative Bearbeitung durch die Schüler*innen und auch die Rückmeldungen zu Lösungen durch Lehrkräfte effektiver, standardisierter, transparenter und ressourcenschonender erfolgt und zugleich die Unterrichtsqualität verbessen sowie den Abbau bestehender Ungleichheiten begünstigen können (vgl. Klieme 2020).

Öffnen wir die Perspektive über die Grenzen des Fachunterrichts: Digitale Lernzeitaufgaben können differenzierter, variantenreicher und zuverlässiger aus dem Fachunterricht in den Ganztag erwachsen und als Lernprodukt in den Fachunterricht zurückfließen, wenn die zur Bearbeitung erforderlichen Materialien in einer Lern-Cloud vorliegen. Statt Lernmaterialien in bestimmten Räumen vorzuhalten, die von den Schüler*innen aufgesucht werden müssen, entnehmen die Schüler*innen alle relevanten Materialien der Lern-Cloud. Dort hinterlegt sind selbstverständlich auch weiterführende Aufgaben und unterstützende Impulse gestufter Stärke. Vergessene Materialien können nun viel seltener Lernprozesse stören. Dafür müssen allerdings die Lern-Cloud, das (vermutlich mobile) Endgerät und das Netzwerk stabil laufen. Selbst auf die Gefahr hin durch Redundanz den Lesefluss zu stören, sei wiederholt: Wahrscheinlicher wird dies, je homogener, mithin störungsresistenter die IT-Architektur gestaltet ist.

Die Lern-Cloud bliebe weit unter ihren Möglichkeiten, gebrauchte man sie als virtuellen Ort zur Ablage, Verteilung, Rückmeldung und Dokumentation. Eine Lern-Cloud ließe sich auch zu einem Forum entwickeln, in dem Schüler*innen im Regelunterricht und im Ganztagsbereich kolaborativ und jahrgansübergreifend an interdisziplären Projekten arbeiten. Die Projektergebnisse können anschließend quartalsweise auf einer Werkschau der Schulöffentlichkeit präsentiert werden. Denkbar wäre ferner, dass Schüler*innen in Ganztagprojekten digitale Lernprodukte hervorbringen, die anschließend im Fachunterricht Anwendung erfahren. Diesen Ansatz verfolgt die von mir geleitete Schule letztlich mit dem ART.BOT.LAB. Alternative Rückflussoptionen von Projektergebnissen aus dem Ganztag in den Fachunterricht stellen Erklärvideos, themenbezogene digitale Pinnwände (z. B. *Padlet*) oder spielbasierte

Lernplattformen (z. B. *Kahoot!*) dar. Auch bewährte Peer-Förderprojekte des Ganztags wie „Schüler*innen helfen Schüler*innen" lassen sich durch Einbindung in eine schulische Lern-Cloud enger an den Fachunterricht koppeln.[4] So kann bei Bedarf eine Fachlehrkraft im Rahmen einer Onlinesprechstunde über die Lern-Cloud und den DSGVO-konformen Massengerdienst unterstützen, falls helfenden Peers einmal nicht weiterwissen. Die Zeitfenster hierzu nennt das Schulverwaltungsprogramm via App auf dem Smartphones der Schüler*innen.

Die Vorteile eines digitalen Kombimodells aus Verwaltungsprogramm, Messengertool und Lern-Cloud treten übrigens nicht nur im Lockdown einer Pandemie zutage: Erkrankte Schüler*innen können je nach körperlicher Verfassung zumindest teilweise am Unterricht von zu Hause aus teilnehmen. Ein verhindertes Kind stellt beispielsweise raumzeitlich getrennt seinen Beitrag für ein kollaborativ zu bearbeitendes Gruppenprojekt in die Lern-Cloud ein. Die übrigen Gruppenmitglieder in der Schule können nun auf diesem Beitrag aufbauen und bei Verständnisschwierigkeiten über das Messengertool Rückfragen an das abwesende Kind adressieren. Aber auch das klassische Bearbeiten eines aktuellen Handouts wird verhinderten Schüler*innen plötzlich zeitnah möglich. Hierzu lädt das Kind aus der Lern-Cloud das Handout herunter, bearbeitet es und stellt anschließend die Lösung in der Lern-Cloud wieder ein. Alsdann kann das Personal im Ganztag oder im Fachunterricht hierzu ein kurzes Feedback zurücksenden.[5]

Abschließend sollen die Lehrkräfte und das weitere pädagogisch tätige Personal kurz in den Blick genommen werden. Dass der Informationsfluss zwischen Fachunterricht und Ganztag sowie Fachlehrkraft und Klassenleitung in einer durchdacht digitalisierten Ganztagsschule schneller und sicherer erfolgt, wurde bereits herausgearbeitet.[6] Eine cloudbasierte Lehr-Lern-Plattform bietet darüber hinaus einen Rahmen, in dem Fachschaften, Klassen-, Jahrgangs- und

---

4 In der Peer-Mentoring-Praxis zeigt sich, dass ältere Schüler*innen oftmals nicht wissen, bei welchen Aufgaben jüngere Schüler*innen Unterstützung benötigen, welche (zusätzlichen) Arbeitsblätter erledigt werden könnten und eine engere Absprache mit den jeweiligen Lehrkräften befürworten – die sich auch digital realisieren ließe (vgl. Brisson et al. 2019a, 2019b).

5 Übrigens tritt nun seltener das Phänomen auf, dass genesene Schüler*innen noch nach Tagen ihrer Rückkehr sich im Regelunterricht oder Ganztag ahnungslos geben, weil sie nicht die Information erhielten, dass sie bestimmte Materialien mitbringen oder Aufgaben nachbereiten sollten: Alle relevanten Informationen können in der Lern-Cloud dokumentiert und über den Massangerdienst kommuniziert werden. Es bleibt dann die Freiheit der Schule, ob sie so viel Transparenz wünscht, dass sie einsehen kann, ob das Kind nach seiner Genesung überhaupt die Nachrichten las und etwaige Dokumente herunterlud. Technisch möglich wäre dies.

6 Derart digitalisierte Schulen entwickeln übrigens zügig regulierende Standards, um den Informationsfluss nicht zu einer Kakophonie anschwellen zu lassen.

Ganztagsteams kollaborativ schulinternene Lernprodukte konzipieren und optimieren. Hierbei offenbart sich unmittelbar, dass die Überarbeitung und Weiterentwicklung digitaler Lernmaterialien viel zügiger vonstatten geht, als es bei analogen Lernmaterialien der Fall ist. Lehrkräfte, die den früheren Laminier-Exzessen nachtrauern, sind mir aus meinem Kollegium nicht bekannt. Hingegen weiß ich von nicht wenigen Kolleg*innen, die es schätzen, beispielsweise in Fachkonferenzen ein Forum gefunden zu haben, um gemeinsam fachlich, methodisch und didaktisch an Lernmaterialien zu arbeiten, auf die später alle Mitglieder der Fachschaft zurückgreifen. Dank digitaler Techniken können Konferenzen und Arbeitsgruppen einen facettenreicheren, tiefgreifenderen und konkreteren Einfluss auf die Schulentwicklung ausüben, als es in der Vergangenheit häufig zu konstatieren war.

Fazit

Im Zuge der voranschreitenden Digitalisierung nahezu aller gesellschaftlichen Bereiche dynamisiert sich unser Transformationsprozess zur Wissens- und Informationsgesellschaft. Infolge des technischen Fortschritts und der verschiedenen substanziellen Investitionsprogramme erhalten etablierte und vollkommen innovative digitale Lehr-Lern-Formen in Schulen Einzug. Auch wenn das Innovationstempo und der gesellschaftliche Digitalisierungsdruck auf Schule hoch sind, sollte eine digitalorientierte Ganztagsschulentwicklung versuchen, mit Umsicht, Offenheit und unter Einbindung möglichst vieler Akteure eine eigene Position im digitalen Wandel von Ganztagsschule und Gesellschaft einzunehmen. Die zur Entwicklung eines schulischen Medienkonzepts gebrauchte Zeit hilft, das Risiko von Fehlentwicklungen und Fehlinvestitionen zu reduzieren. Zudem ermöglicht sie das Profil einer Ganztagsschule zukunftsweisend und selbstbewusst auszuschärfen.

Es wäre übertrieben zu behaupten, dass Digitalisierung und Ganztag zwei Seiten einer Medaille sind. Die Wechselwirkungen zwischen Ganztag und Digitalisierungen, so hoffe ich hier angedeutet zu haben, erweisen sich allerdings als mannigfaltig und gestaltungsbedürftig. Daher empfehle ich vom Standpunkt einer holistisch angelegten Ganztagsschulentwicklung wo immer es sich als sinnstiftend erweist Ganztag und Digitalisierung zusammenzudenken.

Literatur

Bastian, J. (2018): Tablets zur Neubestimmung des Lernens? Befragung und Unterrichtsbeobachtung der Integration von Tablets in den Unterricht. In: Bastian, J./Aufenanger, S. (Hrsg.): Tablets in Schule und Unterricht. Forschungsmethoden und -perspektiven zum Einsatz digitaler Medien. Wiesbaden: Springer VS, S. 139–173.

BITKOM (Bundesverband Informationswirtschaft, Telekommunikation und Neue Medien e.V., 2011): Schule 2.0 – Eine repräsentative Untersuchung zum Einsatz elektronischer Medien an Schulen aus Lehrersicht. www.bitkom.org/sites/default/files/file/import/BITKOM-Publikation-Schule-20.pdf (Abfrage: 07.07.2020).

BITKOM (Bundesverband Informationswirtschaft, Telekommunikation und Neue Medien e.V., 2015): Digitale Schule – vernetztes Lernen. Ergebnisse repräsentativer Schüler- und Lehrerbefragungen zum Einsatz digitaler Medien im Schulunterricht. www.bitkom.org/sites/default/files/pdf/noindex/Publikationen/2015/Studien/Digitale-Schulevernetztes Lernen/BITKOM-Studie-Digitale-Schule-2015.pdf (Abfrage: 07.07.2020).

Böhm-Kasper, O./Dizinger, V./Gausling, P. (Hrsg.) (2016): Multiprofessional Collaboration Between Teachers and Other Educational Staff at German All-day Schools as a Characteristic of Today's Professionalism. In: International Journal for Research on Extended Education 4, H. 1, S. 29–51.

Braune, H. (2019). Mehr Digitalisierung wagen?! – Auf dem Weg zu einer schulbezogenen IT-Strategie. In: Fordern und Fördern in der Sekundarstufe 1. Heft 53, S. 1–12 (E 8.19).

Braune, H. (2018): Was verstehen wir unter „Individueller Förderung"? Ein pädagogischer Halbtäger zur kollegialen Standortbestimmung. In: Fordern und Fördern in der Sekundarstufe 1. Heft 47, S. 1–14 (A 1.14).

Brisson, B./Dohrmann, J./Fischer, N./Heer, J./Heyl, K./Klieme, E./Sauerwein, M./Theis, D. (2019a): StEG-Tandem. In: StEG-Konsortium (Hrsg.): Individuelle Förderung Potenziale der Ganztagsschule. S. 26–35.

Brisson, B./Sauerwein, M./Heyl, K./Theis, D. (2019b): StEG-Tandem: Eine Schulentwicklungsstudie zur Einführung von kooperativen Lernformen in Hausaufgabenbetreuung bzw. Lernzeiten an Ganztagsschulen Hintergrund, Konzeption und erste Ergebnisse. In: Maschke, S./Schulz-Gade, G./Stecher, L. (Hrsg.): Hausaufgaben und Lernzeiten pädagogisch sinnvoll gestalten. Aktuelle Entwicklungen und Diskussionslinien. Frankfurt/M.: Debus Pädagogik. S. 121–138.

Eickelmann, B. (2017): Schulische Medienkonzepte als Instrument der Schulentwicklung. Journal für Schulentwicklung 21, H. 3, S. 49–52.

Galley, K./Mayrberger, K. (2018): Tablets im Schulalltag. Potenziale und Herausforderungen bei der Integration von mobilen Endgeräten an beruflichen Gymnasien. MedienPädagogik: Zeitschrift für Theorie Und Praxis der Medienbildung. Themenheft Nr. 31 („Digitale Bildung". Medienbezogene Bildungskonzepte für die „nächste Gesellschaft"), S. 36–57.

Hass, C./Fluck, J./Zimmer-Müller, M. (2018): Wahrgenommener Fortbildungsbedarf von Lehrkräften – eine explorative Studie zum Vergleich von Fortbildungswünschen mit den Anforderungen an das Professionswissen von Lehrpersonen. In: Empirische Pädagogik, 32. Jg. (1), S. 77–95.

Heinrich, M./Faller, C./Thieme, N. (2014): Neue alte Bildungsungleichheit durch professionskulturellen Dissonanzausgleich in differenziellen Lernmilieus? Zum möglichen Einfluss von Struktur- und Kompositionseffekten und schulkulturellen Institutionen-Milieu-Passungen auf Deutungen von Lehrkräften und Professionellen der Sozialen Arbeit. In: Die Deutsche Schule (DDS). 106, H. 1, S. 30–49.

Heldt, R./Lorenz, R./Eickelmann, B. (2020): Relevanz schulischer Medienkonzepte als Orientierung für die Schule im Zuge der fortschreitenden Digitalisierung. In: Unterrichtswissenschaft. Zeitschrift für Lernforschung. H. 2. https://doi.org/10.1007/s42010-020-00070-y.

Klieme, E. (2020): Guter Unterricht – auch und besonders unter Einschränkungen der Pandemie? In: Die Deutsche Schule, Sonderheft, 07/2020, S. 117–135.

Rolff, H.-G. (2010): Schulentwicklung als Trias von Organisations-, Unterrichts- und Personalentwicklung. In: Bohl, T./Helsper, W./Holtappels, H. G/Schelle, C. (Hrsg.): Handbuch Schulentwicklung. Bad Heilbrunn: Julius Klinkhardt, S. 29–36.

Tillmann, A./Bremer, C. (2018): Einsatz von Tablets in Grundschulen. Umsetzung und Ergebnisse des Projektes Mobiles Lernen in Hessen (MOLE). In: Bastian, J./Aufenanger, S. (Hrsg.): Tablets in Schule und Unterricht. Forschungsmethoden und -perspektiven zum Einsatz digitaler Medien. Wiesbaden: Springer VS, S. 241–276.

Wiesener, T./Olk, T./Speck, K. (2016): Kooperation im Ganztag: Wohin steuern die Schulen? – Ergebnisse aus einer Evaluationsstudie zum Ganztagsgeschehen in Brandenburg. In: Fischer, N./Kuhn, H. P./Tillack, C. (Hrsg.): Was sind gute Schulen? Teil 4: Theorie, Forschung und Praxis zur Qualität von Ganztagsschulen. Prolog-Verlag, S. 202–215.

Autor*innen

Alt, Christian, Dr. phil., Deutsches Jugendinstitut München. Arbeitsgebiete: Kindheit in Deutschland und elterliche Bedarfe an institutionalisierter Kinderbetreuung; Sozialberichterstattung zum Aufwachsen von Kindern.

Braune, Holger, Dr. phil., Schulleiter der Freien Christlichen Gesamtschule Düsseldorf und Mitglied der Kommission „Forschungsmonitor Schule" am QUA-LiS NRW. Für ihre Digitalisierungsstrategie gewann die Freie Christliche Gesamtschule Düsseldorf die nationalen Schulentwicklungspreise „Smart School 2020" und „Digitale Schule 2020".

Brust, Theresa, wissenschaftliche Mitarbeiterin und Referentin für Lehre im Lehr-und Forschungsreferat am Institut für Sozial- und Organisationspäadgogik an der Stiftung Universität Hildesheim. Arbeits- und Forschungsschwerpunkte: Personal- und Organisationsentwicklung in Bildungsorganisationen, Multiprofessionalität und Schulleitungsforschung.

Graßhoff, Gunther, Dr. phil., Professor für Sozialpädagogik am Insitut für Sozial- und Organisationspädagogik der Stiftung Universität Hildesheim. Arbeitsgebiete: Kinder- und Jugendhilfe, Ganztagsschule, Migration.

Guglhör-Rudan, Angelika, Dr. phil., Deutsches Jugendinstitut München. Arbeitsgebiete: Lebenswelten und Lebenslagen von Kindern; institutionalisierte Betreuung von Kindern im Grundschulalter.

Idel, Till-Sebastian, Dr. phil., Professor für Schulpädagogik und Allgemeine Didaktik an der Carl von Ossietzky Universität Oldenburg, Fakultät I – Bildungs- und Sozialwissenschaften, Institut für Pädagogik. Arbeitsgebiete: Transformation von Schule, Unterricht und pädagogischer Professionalität; rekonstruktive Unterrichts- und Schulforschung; Theorien des Unterrichts und der Schule.

Lossen, Karin, Dr. phil., wissenschaftliche Mitarbeiterin am Institut für Schulentwicklungsforschung (IFS), Technische Universität Dortmund. Arbeitsgebiete/-schwerpunkte: Ganztagsschulentwicklung, Qualität und Wirkungen von Ganztagsschulen, Individuelle Förderung im Ganztag, Angebotsqualität, Leseförderung und -kompetenz, Innovationsbereitschaft von Lehrkräften.

Markert, Thomas, Dr. phil., Dipl.-Soz.arb./Soz.päd. (FH), Professor für Theorien und Methoden der Sozialen Arbeit, Bildung und Erziehung mit dem Schwerpunkt Jugendarbeit und Jugendsozialarbeit an der Hochschule Neubrandenburg. Arbeitsgebiete: Soziale Arbeit und Schule, Rekonstruktive Methoden der Sozialforschung, Spielpädagogik und digitalisierte Lehrformen in der Sozialen Arbeit.

Nentwig-Gesemann, Iris, Dr. phil., Professorin für Allgemeine Pädagogik und Sozialpädagogik mit dem Schwerpunkt Frühpädagogik an der Freien Universität Bozen, Fakultät für Bildungswissenschaften. Arbeits- und Forschungsschwerpunkte: Erziehung und Bildung in der Kindheit; Qualitative Forschungsmethoden, insbes. Dokumentarische Methode und Dokumentarische Kindheitsforschung; Forschungsethik; Professionalisierung und Qualitätsentwicklung; Sprachbildung und Gesprächsführung mit Kindern; Kinderrechte und Partizipation; Natur als Bildungsraum.

Offermanns, Arne, Dr. phil, Behörde für Schule und Berufsbildung Hamburg, Referat Ganztag – Struktur- und Prozessentwicklung. Arbeitsgebiet: Inhaltliche Gestaltung und Kooperationen im Ganztag.

Rother, Pia, Dr. phil., wissenschaftliche Mitarbeiterin an der Johannes Gutenberg-Universität Mainz, Fachbereich 02, Institut für Erziehungswissenschaft, Allgemeine Erziehungswissenschaft mit dem Schwerpunkt Kindheitsforschung. Arbeitsgebiete: rekonstruktive Organisationsforschung, Kooperation von Kinder- und Jugendhilfe mit Schule, Forschung zu Bildungsbenachteiligung und -ungleichheit, Organisationstheorien.

Sauerwein, Markus, Dr. phil., Professur für Theorien und Methoden Sozialer Arbeit an der Fliedner Fachhoschschule. Arbeitsgebiete. Soziale Arbeit und Schule, Bildungsgerechtigkeit und Teilhabe, Ganztagsschule, Jugend im internationalen Vergleich, Professionalisierung im Kontext Ganztagsbildung, Mixed Methods.

Schütz, Anna, Dr. phil., Teil des Leitungsteams der Serviceagentur Ganztag Berlin. Arbeitsgebiete: (Ganztags-)Schulentwicklung, Pädagogische Professionalität, Qualitätsentwicklung auf Steuerungsebene.

Speck, Karsten, Dr. phil. Professor für Forschungsmethoden an der Carl von Ossietzky Universität Oldenburg, Fakultät I – Bildungs- und Sozialwissenschaften, Institut für Pädagogik. Arbeitsgebiete: Multiprofessionelle Kooperation, Schulabsentismus, Kooperation Jugendhilfe und Schule/Schulsozialarbeit, Partizipation und ehrenamtliches Engagement.

Täubig, Vicki, Dr. phil., Professorin für Erziehungswissenschaft mit dem Schwerpunkt Außerschulische Bildung und Sozialisation an der Universität Rostock, Philosophische Fakultät, Institut für Allgemeine Pädagogik und Sozialpädagogik. Arbeitsgebiete: Kinder- und Jugendhilfe, erziehungswissenschaftliche Essensforschung, Jugendforschung, Fluchtmigration.

Thieme, Nina, Dr.in phil., wissenschaftliche Mitarbeiterin an der Universität Bielefeld, Fakultät für Erziehungswissenschaft, Wissenschaftliche Einrichtung Oberstufenkolleg. Arbeitsgebiete: Profession, Professionalisierung und Professionalität im Kontext Sozialer Arbeit; Kinder- und Jugendhilfe; bildungsbezogene Ungerechtigkeit; Fallkonstitution; multiprofessionelle Kooperation; qualitativ-rekonstruktive Sozialforschung.

Walther, Bastian, Kindheitspädagoge (B.A.) und Bildungswissenschaftler (M.A.), wissenschaftlicher Mitarbeiter am DESI-Institut und Lehrbeauftragter an der Alice-Salomon-Hochschule in Berlin. Arbeitsgebiete/-Forschungsschwerpunkte: Projekte „Kinderperspektiven auf Ganztag im Grundschulalter" und „Gelingensbedingungen einer nachhaltigen Verankerung von Kinderrechten in der Grundschule", Fortbildungen zum Kinderperspektivenansatz in der KiTa.